教育部哲学社会科学系列发展报告
MOE Serial Reports on Developments in Humanities and Social Sciences

# 2015中国财政发展报告

中国政府综合财务报告制度研究

Annual Report on China's Fiscal Development:
Research on China's Government Comprehensive
Financial Report System

上海财经大学中国公共财政研究院
主编 徐曙娜

北京大学出版社
PEKING UNIVERSITY PRESS

### 图书在版编目(CIP)数据

2015 中国财政发展报告:中国政府综合财务报告制度研究/徐曙娜主编.—北京:北京大学出版社,2015.12

（教育部哲学社会科学系列发展报告）

ISBN 978-7-301-26610-6

Ⅰ.①中… Ⅱ.①徐… Ⅲ.①财政政策—研究报告—中国—2015 Ⅳ.①F812.0

中国版本图书馆 CIP 数据核字(2015)第 293414 号

| | |
|---|---|
| 书　　　名 | 2015 中国财政发展报告——中国政府综合财务报告制度研究<br>2015 Zhongguo Caizheng Fazhan Baogao |
| 著作责任者 | 徐曙娜　主编 |
| 责 任 编 辑 | 赵学秀 |
| 标 准 书 号 | ISBN 978-7-301-26610-6 |
| 出 版 发 行 | 北京大学出版社 |
| 地　　　址 | 北京市海淀区成府路 205 号　100871 |
| 网　　　址 | http://www.pup.cn |
| 电 子 信 箱 | em@pup.cn　QQ:552063295 |
| 新 浪 微 博 | @北京大学出版社　@北京大学出版社经管图书 |
| 电　　　话 | 邮购部 62752015　发行部 62750672　编辑部 62752926 |
| 印 刷 者 | 北京大学印刷厂 |
| 经 销 者 | 新华书店 |
| | 730 毫米×980 毫米　16 开本　28 印张　518 千字<br>2015 年 12 月第 1 版　2015 年 12 月第 1 次印刷 |
| 定　　　价 | 79.00 元 |

未经许可,不得以任何方式复制或抄袭本书之部分或全部内容。
**版权所有,侵权必究**
举报电话:010-62752024　电子信箱:fd@pup.pku.edu.cn
图书如有印装质量问题,请与出版部联系,电话:010-62756370

各级政府财政部门应当按年度编制以权责发生制为基础的政府综合财务报告,报告政府整体财务状况、运行情况和财政中长期可持续性,报本级人民代表大会常务委员会备案。

——2014版《预算法》第九十七条

## 学术委员会

主　任　丛树海
委　员　胡怡建　蒋　洪　刘小兵
　　　　刘小川　马国贤　朱为群

## 编写组名单

主　编　徐曙娜

副主编　刘　伟　高　琳　邓淑莲

## 课题组成员

(以姓氏笔画为序)

马骏王　邓淑莲　任晓辉　任雅静　刘立佳
刘　伟　李　珺　宋达飞　张耀丹　陈明艺
欧　岩　赵伊琳　耿友祥　徐曙娜　凌思霞
高　琳　揭发阳

# 总　　序

哲学社会科学的发展水平,体现着一个国家和民族的思维能力、精神状态和文明素质,反映了一个国家的综合国力和国际竞争力。在社会发展历史进程中,哲学社会科学往往是社会变革、制度创新的理论先导,特别是在社会发展的关键时期,哲学社会科学的地位和作用就更加突出。在我国从大国走向强国的过程中,繁荣发展哲学社会科学,不仅关系到我国经济、政治、文化、社会建设以及生态文明建设的全面协调发展,而且关系到社会主义核心价值体系的构建,关系到全民族的思想道德素质和科学文化素质的提高,关系到国家文化软实力的增强。

党的十六大以来,以胡锦涛同志为总书记的党中央高度重视哲学社会科学,从中国特色社会主义发展全局的战略高度,把繁荣发展哲学社会科学作为重大而紧迫的任务进行谋划部署。2004年,中共中央下发《关于进一步繁荣发展哲学社会科学的意见》,明确了新世纪繁荣发展哲学社会科学的指导方针、总体目标和主要任务。党的十七大报告明确指出:"繁荣发展哲学社会科学,推进学科体系、学术观点、科研方法创新,鼓励哲学社会科学界为党和人民事业发挥思想库作用,推动我国哲学社会科学优秀成果和优秀人才走向世界。"2011年,党的十七届六中全会审议通过的《中共中央关于深化文化体制改革、推动社会主义文化大发展大繁荣若干重大问题的决定》,把繁荣发展哲学社会科学作为推动社会主义文化大发展大繁荣、建设社会主义文化强国的一项重要内容,深刻阐述了繁荣发展哲学社会科学一系列带有方向性、根本性、战略性的问题。这些重要思想和论断,集中体现了我们党对哲学社会科学工作的高度重视,为哲学社会科学繁荣发展指明了方向,提供了根本保证和强大动力。

为学习贯彻党的十七届六中全会精神,教育部于2011年11月17日在北京召开全国高等学校哲学社会科学工作会议。中共中央办公厅、国务院办公厅转发《教育部关于深入推进高等学校哲学社会科学繁荣发展的意见》,明确提出到2020年基本建成高校哲学社会科学创新体系的奋斗目标。教育部、财政部联合印发《高等学校哲学社会科学繁荣计划(2011—2020年)》,教育部下发《关于进一步改进高等学校哲学社会科学研究评价的意见》《高等学校哲学社会科学"走出去"计

划》《高等学校人文社会科学重点研究基地建设计划》等系列文件,启动了新一轮"高校哲学社会科学繁荣计划"。未来十年,高校哲学社会科学将着力构建九大体系,即学科和教材体系、创新平台体系、科研项目体系、社会服务体系、条件支撑体系、人才队伍体系、现代科研管理体系和学风建设工作体系等,同时,大力实施高校哲学社会科学"走出去"计划,提升国际学术影响力和话语权。

当今世界正处在大发展大变革大调整时期,我国已进入全面建设小康社会的关键时期和深化改革开放、加快转变经济发展方式的攻坚时期。站在新的历史起点上,高校哲学社会科学面临着难得的发展机遇和有利的发展条件。高等学校作为我国哲学社会科学事业的主力军,必须充分发挥人才密集、力量雄厚、学科齐全等优势,坚持马克思主义立场观点方法,以重大理论和实际问题为主攻方向,立足中国特色社会主义伟大实践进行新的理论创造,形成中国方案和中国建议,为国家发展提供战略性、前瞻性、全局性的政策咨询、理论依据和精神动力。

自2010年始,教育部启动哲学社会科学研究发展报告资助项目。发展报告项目以服务国家战略、满足社会需求为导向,以数据库建设为支撑,以推进协同创新为手段,通过组建跨学科研究团队,与各级政府部门、企事业单位、校内外科研机构等建立学术战略联盟,围绕改革开放和社会主义现代化建设的重点领域和重大问题开展长期跟踪研究,努力推出一批具有重要咨询作用的对策性、前瞻性研究成果。发展报告必须扎根社会实践、立足实际问题,对所研究对象的发展状况、发展趋势等进行持续研究,强化数据采集分析,重视定量研究,力求有总结、有分析、有预测。发展报告按照"统一标识、统一封面、统一版式、统一标准"纳入"教育部哲学社会科学发展报告文库"集中出版。计划经过五年左右,最终稳定支持百余种发展报告,有力支撑"高校哲学社会科学社会服务体系"建设。

展望未来,夺取全面建设小康社会新胜利、谱写人民美好生活新篇章的宏伟目标和崇高使命,呼唤着每一位高校哲学社会科学工作者的热情和智慧。我们要不断增强使命感和责任感,立足新实践,适应新要求,以建设具有中国特色、中国风格、中国气派的哲学社会科学为根本任务,大力推进学科体系、学术观点、科研方法创新,加快建设高校哲学社会科学创新体系,更好地发挥哲学社会科学认识世界、传承文明、创新理论、咨政育人、服务社会的重要功能,为全面建设小康社会、推进社会主义现代化、实现中华民族伟大复兴作出新的更大的贡献。

教育部社会科学司

# 前　言

政府财务报告制度是现代财政制度的重要构成内容。一个负责任的政府必须向公众提供相关的信息,以实现公众的受托责任。另外作为政府政策的决策者和各方信息需求者也要求有一个全面、系统、透明和科学的政府财务报告制度。政府财务报告制度是财政透明度的核心内容之一,也是控制财政风险、促进财政稳定持续健康发展的重要工具。

上海财经大学公共经济与管理学院紧密结合我国公共财政改革的热点问题,选择政府财务报告制度作为《2015年中国财政发展报告》(简称本报告)的研究主题。本报告主要分为四篇:宏观经济运行与财政状况、政府财务报告制度的基础理论、政府财务报告制度国际实践研究、我国权责发生制的政府综合财务报告制度的建立。第一篇是对2014—2015年宏观经济运行与财政状况的分析和预测。第二篇论述了政府综合财务报告制度的基础理论。第三篇介绍和分析了美国、法、德、澳大利亚、新西兰和加拿大各国的实践。第四篇是本报告的重点,回顾了我国政府财务报告的现状和政府会计制度的改革和发展;分析了政府财务报告使用者的信息需求,并提出按照政府财务报告使用者的信息需求确定政府财务报告的目标和信息边界的观点;提出了完善我国预算体系的具体建议,并按照该思路设计了权责发生制的政府综合财务报告、部门财务报告和基金财务报告的三大报告体系;最后按照政府财务报告的要素,分析并提出了资产、负债、净资产、收入和费用的确认和计量、财务报表合并的方式和范围、财务报告编制程序和财务报告附注及信息披露等内容。

建立权责发生制的政府综合财务报告制度不仅能够全面、完整地反映政府公共部门财务活动情况、财务状况、公共资金使用情况及政府履行财务受托责任情况,还可以为各类报告使用者提供所需要的各种信息,特别是可以为新公共管理运动中所推行的项目、部门、政策、制度和管理等各类绩效评价提供所需要的各类财务和非财务绩效信息。权责发生制的政府综合财务报告具有以下四个具体的意义:

(1) 权责发生制的政府综合财务报告制度有利于公共受托责任的实现。公共受托责任是政府受公众的委托通过公共权力和公共资源的使用为公众

提供公共服务,并对这种使用承担责任。而政府综合财务报告是反映政府使用公共资源的具体用途和信息的主要载体。随着我国公共财政体制的建立,政府与公众之间的委托代理关系日益明显。为了更好地实现受托责任,政府有责任和义务向社会公众解释其所控制的资源状况、财务收支状况和现金流量状况,说明其所控制的经济存量和流量,反映其提供的公共产品和提供公共产品的程度。而政府财务报告是实现政府受托责任、提高透明度的载体和手段。

(2) 权责发生制政府综合财务报告制度的会计基础更能全面、真实地反映政府的财务状况和运营情况,并为政府预算决策提供信息。

权责发生制基础有助于提供更全面的政府资产和负债信息。权责发生制可以弥补收付实现制的缺陷,提供更为全面的政府财务信息,全面反映政府的各项资产和负债,满足政府内部管理和外部监管的信息需求。权责发生制基础有助于提供更准确的政府服务成本信息,为政府绩效评价提供技术基础。收付实现制下的现金流入、流出和收入、费用没有相应的对应关系,无法进行准确的费用分配和核算。在收付实现制下,管理者可能通过操纵现金流入或流出的时间来操控各年的收入和支出,形成代理问题中的"道德风险",这样政府的真正运行成本就得不到反映,从而导致政府财务信息缺乏可靠性,不利于正确评价政府绩效和成本的关系。因此,与收付实现制相比,权责发生制能够更加准确地反映政府的经营和财务状况。运用权责发生制能够反映主体的经营活动成果、经济资源及其变化,提供评价经营管理者绩效的依据。

(3) 权责发生制政府综合财务报告制度可以为中期预算提供所需要的会计信息,并为科学的中长期财政政策提供基础。

《国务院关于深化预算管理制度改革的决定》中提出"实行中期财政规划管理","财政部门会同各部门研究编制三年滚动财政规划,对未来三年重大财政收支情况进行分析预测,对规划期内一些重大改革、重要政策和重大项目,研究政策目标、运行机制和评价办法"。这意味着我国将建立滚动的中期预算制度。为了更科学地对未来三年的财政收支情况进行分析预测,并制定年度预算限额,必须准确掌握现有年度财政收支的真实情况、未来需要承担偿付责任的支出情况,以及可以用于偿付的资产情况等财务信息。这就需要在以权责发生制为会计基础的政府综合财务报告上进行分析,只有这样才能准确地预测未来的财政现金流量,并在准确预测的基础上制定科学合理的中长期财政政策。

(4) 权责发生制政府综合财务报告制度为加强我国地方政府性债务管理提供了必需的技术支撑。

权责发生制政府综合财务制度可以为政府信用评级、债务风险评定提供技术基础,并为中央分配地方债限额和投资者购买地方债的决策提供信息基础。按照新《预算法》第三十五条第二款的规定,国务院报全国人大或者人大常委会批准债务规模,各地在国务院确定的限额内发行地方债。按照《国务院关于加强地方政府性债务管理的意见》的规定,我国对地方政府债务实行规模控制,按照地区的债务风险和财力状况等因素分配地方债限额,所以必须了解各省份的债务风险和真实的财力状况。政府的信用评级和债务风险评定都必须建立在政府综合财务报告制度的基础上。按照前文分析,权责发生制的政府综合财务报告能够真实地体现地方政府的资产、负债、收入、支出和净资产,有利于分析地方政府的综合偿债能力、短期偿债能力和长期偿债能力,为地方信用评级和债务风险评定提供必需的会计和财务信息。购买地方债的投资者,也需要了解地方政府的偿债能力,了解地方政府的财政健全性和财政风险性。因为按照国务院现在的规定,中央不对地方政府的债务承担救济责任,这意味着地方政府债务有违约的风险,投资者有投资的风险,地方债的本金和利息有可能不安全。而这种不安全的概率主要取决于地方政府的财务状况。按照市场规律,高风险高收益,所以投资者也要求了解各地政府债务风险程度,从而对地方债利率会有不同的要求,这样也从市场上对地方政府的债务进行了限制,是一种供给控制。而投资者只能通过公开的政府综合财务报告才能了解和分析地方政府的债务风险和财务状况,才能做出进一步的决策。

但权责发生制的政府综合财务报告制度的改革和发展深受政府会计和财政预算管理制度改革的影响。所以,政府财务报告改革必须有相应的制度基础。

(1) 进一步推进财政预算管理改革。

按照新公共管理思想改革财政预算制度,建立预算全过程绩效管理制度。以项目为载体,将财政资金归集到各个项目中去,包括基本支出中应归属项目承担的部分。对项目实行全过程绩效管理,从立项前的目标制定、前期评审到项目预算编制;从项目执行中的绩效跟踪和绩效、预算双调整到项目化的成本管理;从项目执行后的绩效评价到评价结果的应用。实现以项目管理为预算载体、部门为预算主体、政府为预算整体的预算管理制度,从而有利于公共受托责任的实现,有利于政府问责制度的实施。

(2) 完善政府会计制度改革。

建立政府预算会计、财务会计和成本会计组成的政府会计制度。按照"支出周期"概念完善政府会计,全面反映政府资金运动。首先,现行预算会计核算应由"拨款"阶段扩展延伸至预算执行全过程,即拨款(对应预算授权而非资金划拨)、承诺(对应支出义务)、核实(对应应计支出)与付款(对应现金支出)四要素,每一要素构成一个特定的预算账户。其次,核心部门与支出机构应使用相同的账户体系核算,拓展总预算会计交易的记录模式,实现对机构层交易的同步记录。积极稳妥、分步引入权责发生制是我国政府会计改革的必然趋势,改革任重道远。研究开发出能同时满足政府部门和各单位会计核算要求的政府会计信息系统作为支撑,把财政性资金运行的上、中、下游的管理,包括预算编制、国库集中支付、政府采购、会计核算等各环节都纳入一个总体框架中,做到无缝对接。

本报告的分工如下,第一篇的负责人是刘伟,参加者有马骏王、欧岩、任雅静、凌思霞和赵伊琳;第二篇的负责人是高琳,参加者有刘立佳;第三篇的负责人是邓淑莲,参加者有耿友祥、陈明艺和李珺;第四篇的负责人是徐曙娜,参加者有任晓辉、宋达飞、揭发阳和张耀丹。

在本报告的撰写过程中上海财经大学学术委员会的丛树海教授、蒋洪教授、刘小兵教授、刘小川教授和朱为群教授全程提供学术支持。课题组表示衷心的感谢。特别鸣谢的是刘小兵教授不仅在学术上予以支持,在日常组织和沟通上也做了大量的工作。另外北大出版社的赵学秀编辑在本报告的出版方面给予了大量的帮助,这里也一起表示感谢。

徐曙娜

2015 年 10 月

# 目　录

总论 ·················································································· (1)

## 第一篇　宏观经济运行与财政状况

第1章　2014年宏观经济运行·················································· (25)

第2章　2014年中国财政收入分析············································· (55)

第3章　2014年中国财政支出分析············································· (84)

第4章　中国财政计量经济运行分析············································ (115)

## 第二篇　政府财务报告制度的基础理论

第5章　政府财务报告的基本概念··············································· (137)

第6章　政府财务报告的目标···················································· (144)

第7章　政府财务报告的编制基础：收付实现制和权责发生制············ (158)

第8章　政府财务报告的主体···················································· (180)

第9章　政府财务报告的形式和主要内容······································ (192)

## 第三篇　政府财务报告制度国际实践研究

第10章　美国政府财务报告制度················································ (211)

第11章　法、德政府财务报告制度············································· (218)

第12章　澳大利亚和新西兰政府财务报告制度······························· (230)

第13章　加拿大政府财务报告制度············································· (245)

## 第四篇 我国权责发生制的政府综合财务报告制度的建立

第 14 章 我国政府财务报告制度现状 ………………………………（263）

第 15 章 我国政府财务报告使用者的使用需求分析 …………………（284）

第 16 章 我国政府会计财务制度及其改革 ……………………………（294）

第 17 章 预算体系及其综合财务报告体系的构建 ……………………（324）

第 18 章 我国财务报告制度的基本要素 ………………………………（360）

第 19 章 我国财务报表会计要素 ………………………………………（387）

第 20 章 我国财务报告制度的其他内容 ………………………………（410）

参考文献 …………………………………………………………………（429）

# 总　　论

## 0.1　导言

权责发生制的政府综合财务报告制度的构建与国家治理体系和治理能力现代化目标的提升息息相关，是成功推进和完成新一轮财政改革任务的必然要求。首先，随着我国公共财政体制的建立，政府与公众之间的委托代理关系日益明显。为了更好地实现受托责任，政府有责任和义务向社会公众解释其所控制的资源状况、财务收支状况和现金流量状况，说明其所控制的经济存量和流量，反映其提供的公共产品和提供公共产品的程度。而政府财务报告是实现政府受托责任，提高透明度的载体和手段。其次，近年来由于地方政府债务不断积累，财政风险越来越大。为了改变这种状况，我国政府准备将"地方债"这种显性的债务管理模式作为将债务纳入预算管理的主要措施，就是所谓的"堵后门，开前门"。而地方债的发行，必须对地方财政的风险和可持续以及地方政府的信用做科学的评价。这就需要真实科学的政府财务报告作为分析的信息基础。权责发生制政府财务报告比收付实现制更能全面真实地反映政府资产和负债信息。最后，为了提高我国财政管理能力，实现中期预算，政府必须拥有科学全面规范的会计信息，而权责发生制的政府财务报告是更好地发挥政府作用的信息基础，是实现财政管理能力现代化的重要推手。而我国现在只有预决算报告制度，所以非常有必要建立权责发生制的政府财务报告制度。

2011 年 3 月，第十一届全国人民代表大会第四次会议批准的《中华人民共和国国民经济和社会发展第十二个五年规划纲要》提出"进一步推进政府会计改革，逐步建立政府财务报告制度"，正式提出了建立政府财务报告制度的要求。2013 年 11 月，十八届三中全会审议通过的《中共中央关于全面深化改革若干重大问题的决定》提出"改进预算管理制度"，实施全面规范、公开透明的预算制度，"建立跨年度预算平衡机制，建立权责发生制的政府综合财务报告制度，建立规范合理的中央和地方政府债务管理及风险预警机制"，对建立权责发生制的政府综合财务报告制度提出了明确要求。财政部部长楼继伟在随后召开的全国财政工作会议上强调要"围绕建立权责发生制政府综合财务报告制度，研究制定政府综合财务报告制度改革方案、制度规范和操作指南"。2014年全国"两会"上,李克强总理所做的政府工作报告中将"推行政府综合财务报告制度"列为2014年财税改革的"重头戏",并把它作为"防范和化解债务风险"的重要举措。10月,《国务院关于深化预算管理制度改革的决定》提出"研究制定政府综合财务报告制度改革方案、制度规范和操作指南,建立政府综合财务报告和政府会计标准体系,研究修订总预算会计制度。待条件成熟时,政府综合财务报告向本级人大或其常委会报告。研究将政府综合财务报告主要指标作为考核地方政府绩效的依据,逐步建立政府综合财务报告公开机制"。

2015年1月1日开始实行的新《预算法》第九十七条明确规定,各级政府财政部门应当按年度编制以权责发生制为基础的政府综合财务报告,报告政府整体财务状况、运行情况和财政中长期可持续性,报本级人民代表大会常务委员会备案。将"编制以权责发生制为基础的政府综合财务报告"首次写入《预算法》中,奠定了权责发生制的政府综合财务报告制度的法律地位。

## 0.2 政府综合财务报告的基础理论

国际会计师联合会公共部门委员会(IFAC-PSC)在其1991年公布的第1号研究报告《中央政府的财务报告》中,对政府财务报告的定义为"为外部信息使用者提供信息的重要载体与外部信息使用者获取财务信息的重要来源",并且特别指出,虽然政府财务报告应该以政府财务报表为核心,但是政府财务报告也应该包含其他的如政府业绩和政府预算的信息。我国财政部《关于印发2011年度权责发生制政府综合财务报告试编办法的通知》中,政府综合财务报告被定义为"以权责发生制为基础,以政府财务信息为主要内容,全面反映一级政府整体财务状况、运行成果和受托责任履行情况等的综合性年度报告"。IFAC-PSC的定义更强调外部信息使用者服务目标以及包含内容的全面性,而我国财政部的定义则强调权责发生制。

### 0.2.1 政府财务报告的类型

政府财务报告至少存在三种类型:内部财务报告、特定目的外部财务报告以及通用目的外部财务报告。

内部财务报告的使用对象是政府内部的管理人员和其他利益相关方。政府的有效运营由政府内部的管理部门负责,为了履行这个重要职责,政府内部管理人员就需要可靠的财务数据。因为政府管理人员属于政府自身的一部分,所以这些人员自然被视为政府财务数据的内部使用者,为满足他们的需要而编制的财务报告就是内部财务报告。

特定目的外部财务报告是由外部各方要求政府提供的,必须适应那些外部主体的特定信息需求。比如,作为是否给予补助的条件,中央/联邦机构可能要求接受方政府定期提供关于补助行为和补助余额的专门财务报告。它们的格式、内容和时间由施加这些规定的外部团体决定。

通用目的外部财务报告的使用对象为那些对政府财务状况感兴趣但没有直接途径获取政府财务数据的利益相关方。会计人员通常假设政府机构内部人员能够决定其收到的财务报告的内容、格式和时间。同样的假设对于能够要求提交特定目的外部财务报告的外部主体来说也成立。但是,许多其他利益相关方并不能规定它们将要收到的财务信息的类型,它们必须依靠通用目的外部财务报告满足其对政府财务信息的需求。

本报告研究的是第三种财务报告。

### 0.2.2 政府财务报告的目标

政府财务报告的目标大体可以分为两个层次,首先是最高目标,然后在最高目标下设定若干具体目标。从两者之间的关系上来看,最高目标决定了具体目标的内容,具体目标是根据最高目标的要求而展开的。比如,IFAC-PSC、GASB等都提出,受托责任和决策有用是政府财务报告的最高目标。在这一最高目标下,政府财务报告目标又被分别阐述为多个具体目标。

政府财务报告的具体目标是复杂多样的,并且在不同的时期会不断地变化。一方面,具体目标的确定要服从于最高目标,最高目标的变化必然导致具体目标的调整。如果最高目标为反映政府的受托责任,则具体目标当然也就应围绕受托责任展开;如果最高目标是满足决策需要,那么具体目标也需要围绕决策需要来展开。另一方面,具体目标会随着环境的变化而变化。在政府财政法治化欠缺的环境下,具体目标可能更关注合规性,如说明资源是否是按照法定预算取得和使用的,是否符合法律和合同的要求。当然,政府财务报告的具体目标究竟应该是怎样的,并没有一个统一的标准,需要根据宏观经济政策、所面临的环境进行具体调整。

### 0.2.3 政府财务报告的编制基础:收付实现制和权责发生制

收付实现制的目标在于向财务报告使用者提供一定期间内现金的来源、使用及余额的信息,所以,如果会计目标重点在于关注政府部门的现金收支是否与法定预算相符合,那么选择收付实现制更为合适;如果认为反映拥有或控制的所有资源、评价财务业绩是最重要的会计目标,那么相较于收付实现制,权责发生制就更为合适,因为这种确认基础更具决策相关性。不同的政府会计基础适应财务信息的不同需求,各有其计量的重点,也都可以从不同的层面实现相应的政府会计目标。但是不存在任何一种确认基础能达到所有的政府会计目标,实务中应根据最需要实现的会计目标来选择合适的政府会计确认基础,甚至选择某一种确认基础的实施程度。实际上,在很多国家的政府会计目标中,在对政府财务状况和运营结果越来越关注的同时,也并没放弃对预算符合性的信息需求,这种双重目标就导致采用以权责发生制为主、收付实现制为辅的确认基础(何悦,2014)。

### 0.2.4 政府财务报告的主体

用来界定政府财务报告主体范围的方法和标准有许多。IFAC-PSC 在《第11号研究报告——政府财务报告》中,确定了四种标准:基金授权分配(Authorized Allocation of Funds)标准、控制概念(Concept of Control)标准、法律主体(Legal Entity)标准以及政治性受托责任概念(Political Accountability Concept)标准,其中,基金授权分配标准和控制标准在实务中更为常见。政府则通常由预算部门(Budget Sector)和非预算部门(No-budget Sector)两类单位组成。所谓预算部门,是指基金全部或主要来自公共基金的授权分配的主体和交易。所谓非预算部门,则是指完全自筹基金或者依靠政府提供一些有限的基金的主体和交易。

基金授权分配标准:根据这种标准,凡是全部或主要依靠政府基金的分配来维持运营的主体和交易,都属于政府财务报告的主体。采用基金授权分配标准,政府财务报告主体即为预算部门主体。

控制概念标准:政府财务报告的主体应当包括所有被政府控制的主体和交易,以更好地满足为明确受托责任和制定决策目的的信息需求。使用控制标准通常意味着政府财务报告主体范围超出了预算部门。

法律主体标准:是指依据法律法规来确定哪些主体或哪类主体应当包括在政府财务报告中。这种方法的缺陷是,即使一个政府采用了法律主体标准,也仍然需要一个概念基础来确定主体的范围。

政治受托责任概念标准:是以社会公众委托政府的职责作为确定政府财务报告范围的标准,即政府报告主体包括所有履行政府职责的主体,而不管实施这些活动的法律依据或组织结构如何,政府与私立主体以及其他政府间的合作活动均包括在内。

### 0.2.5 政府财务报告的形式和主要内容

在讨论政府综合财务报内容的构成时,需要把握关键的两点:其一,财务报告应包括财务信息和非财务信息;其二,财务报表是财务报告的核心构成。建立在这样的认识基础上,一份完整的政府综合财务报告,通常需要至少提供包括财务报表、报表附注以及文字说明和分析等在内的信息内容。

政府财务报表在政府综合财务报告中占据核心地位,它是对主体财务状况和财务业绩的结构性表述。财务报表的目标是提供有助于广大使用者对资源分配制定和评价决策的有关主体财务状况、财务业绩和现金流等信息。

报表附注主要针对财务报表的内容提供需要进一步解释的附加信息,是政府财务报告不可或缺的组成部分。报表附注要对报表未包括的主体范围、会计政策、报表项目明细以及未在报表中反映的一些重要事项(比如承诺事项以及或有事项)等进行解释说明,目的是帮助报告使用者更好地理解财务报表。

文字说明主要是以书面文字的形式对政府在报告期内的预算执行情况、整体财务状况及运营结果、宏观经济分析与展望、审计声明等所做的综合性说明。在发达国家,政府财务报告一般都提供了大量的文字描述和分析,用来说明政府履行公共受托责任的情况,说清楚"做了没有、如何做以及做的效果"。

## 0.3 财务报告制度实践研究

西方政府财务报告采用了组织主体和基金主体并用的双重主体模式,以"基金"构造政府会计和报告主体,能够细化政府在不同活动领域的受托责任,防止政府在不同活动领域之间转嫁受托责任,切实保证财政性资金的专款专用。这也反映了我国当前政府财务报告主体界定方式存在的现实差距。

政府财务报告模式目前主要有美国模式、澳新(英国)模式和德法模式。美国模式以美国为典型,联邦政府在引入权责发生制建设政府会计体系的同时,也加强政府会计体系对预算体系执行的监督,但是政府会计在很多方面又独立于预算会计;澳新(英国)模式与美国模式不同,这种模式下政府所有财政活动都采用权责发生制,基本摆脱了预算的限制,即使是预算体系本身也是采用权责发生制,实施一套应计制会计与预算体系(Accrual Accounting and Budgeting Systems, AABS);大部分欧洲国家都采用德法模式,以德国和法国为代表,这种模式下政府会计的目标是行政控制,政府会计和财务报告附属于政府的财政预算管理,主要采用收付实现制为会计基础,即使引入权责发生制也是作为收付实现制的补充。这三种政府会计模式也就对应着三种政府财务报告模式。

### 0.3.1 美国模式

按联邦政府层次划分,联邦政府财务报告分为联邦部门与单位财务报告和联邦政府合并财务报告两大类。前者由联邦部门与单位编制,后者由财政部编制,前者是后者的基础。

当前联邦部门与单位的年度财务报告包括管理层讨论与分析(MD&A)、财务报表及相关附注、补充管理信息(RSSI)、补充资料(RSI),主体是财务报表与附注。联邦部门与单位出具的财务报表主要是四张表,分别为资产负债表(Balance Sheet)、净成本表(Statement of Net Cost)、净资产变动表(Statement of Changes in Net Position)和预算资源表(Statement of Budgetary Resources)。这四张表中都包含了当年数与上一年度数,目的是便于比较。资产负债表反映部门与单位的年末财务状况,净成本表和净资产变动表则相当于企业的损益表。最后一张是预算资源表。预算资源是指联邦部门与单位从国会得到使用预算资金的法律授权,其中最常见的形式是拨款。除拨款之外,有些政府部门与单位被授权可以在接到拨款前借款或签订合同(即借款权和合同权)。有些联邦部门与单位被授权保留和使用征收到的服务费(即支出权)。因此,一个部门或单位的预算资源是拨款、借款权、合同权和支出权的总和。国会于 2000 年通过《合并报告法案》(the Reports Consolidation Act),要求部门与单位将各项报告内容合并在"绩效与责任报告"中统一报送。近年来,管理与预算局对联邦部门与单位报告方式进行改革试点,以年度财务报告、年度绩效报告和公民报告(Citizen Report)三个报告的方式替代了绩效与责任报告。当前,联邦部门与单位既可以选择合并报送绩效与责任报告的方式,也可以选择报送独立的年度财务报告和独立的年度绩效报告的方式。

根据 1994 年《政府管理改革法案》要求,美国财政部于 1997 财年开始编制联邦政府合并财务报告。当前,联邦政府合并财务报告主体包括六张报表,即资产负债表(Balance Sheets)、净成本表(Statements of Net Cost)、运营与净资产变动表(Statements of Operations and Changes in Net Position)、统一预算和其他活动现金余额变动表(Statements of Changes in Cash Balance from Unified Budget and Other Activities)、净运营成本和统一预算赤字协调表(Reconciliations of Net Operating Cost and Unified Budget Deficit)、社会保险表(Statements of Social Insurance)。这套合并财务报表主要以权责发生制为会计计量基础。

联邦政府财务报表的合并范围包括联邦行政部门与单位、立法部门与司法部门。列入年初总统预算的部门与单位均纳入合并财务报表范围。由于法律不要求司法部门向财政部提交财务报表信息,因此司法部门只需提交预算活动的信息。

美国州和地方政府财务报告制度经过了三次改革。1999 年 6 月 GASB 颁布第 34 号公告,要求州与地方政府采用双重财务报告模式。除提供政府作为各独立基金的集合、采用修正的权责发生制基础编制的重要个别基金层面的报告外,还应编制将政府全部业务综合起来、以政府所有经济资源为计量对象、采用应计制基础的政府整体层面财务报告。双重财务报告由管理讨论与分析、政府层面和基金层面的基本财务报表、财务报表附注和其他补充信息等组成。政府层面财务报表包括净资产表和作业表两张基本报表,采用会计应计基础;基金层面财务报表按基金类型分为修正应计制基础的政府基金财务报表(包括资产负债表、收入、费用和基金余额变动表)、应计制基础的权益基金财务报表(包括净资产报表、收入、费用和基金余额变动表、现金流量表)和信托基金财务报表(包括净资产报表和净资产变动表等)。其他补充信息中则包含了重要基金的预算比较表,反映社会和经济数据、财务趋势以及政府财务能力的统计表等。由此可见,这套财务报告体系反映的政府财务状况和运营活动信息量非常庞大。此外,政府会计准则委员会资助并在投入产出方面进行了大量的研究,以期在不久的将来,能够在财务报告中提供使用者评价政府主体的服务投入、成本和产出方面的信息。

## 0.3.2 德法模式

法德政府财务报告制度的主要特点是略显保守,以法国为例,法国的政府会计采用双重基础:预算的执行采用修正的收付实现制基础,而政府会计报告采用权责发生制。在此基础上建立预算会计、财务会计和成本会计系统披露财务信息。

双重会计基础最小化了权责发生制预算可能带来的复杂性和操纵机会,同时在权责发生制下估计政府的固定资产和成本更为可靠,可以更好地反映政府的财政状况。

目前,在双重基础模式下,法国政府会计建立起三套会计系统:(1) 预算会计系统,该系统使用收付实现制,对预算活动的现金流入和流出进行核算;(2) 财务会计系统,该系统使用权责发生制,对中央政府所有活动进行核算;(3) 成本会计系统,法国中央政府预算改革目标为采用项目预算,为了加强对项目的成本控制和绩效评价,法国准备建立成本会计系统对每个预算项目进行核算和分析。

法国政府财务报告由机构和政府整体两个层面组成,所有财务报表均详细地提供了以报告日为基准最近三年内的财务状况比较信息,具体包括:财务状况表,以账户式资产负债表形式编报;盈余(赤字)表,由净费用表、净主权收入表和净经营盈余/赤字表三张表组成;现金流量表;报表附注。除此之外,政府财务报告还详细列支了收支项目预算与实际差异,以及各年收支结余与赤字数额。

## 0.3.3 澳新(英国)模式

此种模式的最大特点是采用完全的权责发生制,编制政府财务报告以及预算都采用权责发生制,这两个系统组成英国模式的政府财务信息披露体系。虽然实行完全的权责发生制,满足外部信息需求者的要求,但是这种改进又是同公共管理的需要紧密联系的,所以说英国模式带有双重导向的特征。

英国实行的是资源会计和预算制度。所谓资源会计是指以权责发生制为基础报告中央政府支出的会计技术以及按照部门目标对支出进行分析,并尽可能将目标与产出相挂钩的一整套支出分析体系,资源预算则是以资源会计为基础对公共支出进行规划和控制。这套体系的特点就是采用完全的权责发生制,其中也包括预算管理,摆脱了传统预算,资源会计和预算体系分别按照政府部门和政府整体提供财务报告。

资源会计和预算体系依托权责发生制披露的预算文件,包括年度型预算文件和包括本财政年度在内的3年期预算(每隔两年编制一次)即滚动预算文件,每一个财政年度都存在两类不同的预算文件。年度型预算文件在每年预算日后,由财政部按照部门分别上报下议院,这些预算中的任何一份都是既有收付实现制基础,又有权责发生制基础,提供非常具体的信息和高度加总性的数据。而 3 年期预算则是财政部和各部门经协议以权责发生制为基础编制的。

资源会计报告体系按照政府部门分别以权责发生制为基础编制财务报表,然后再编制以政府整体为主体、权责发生制为基础的合并财务报表,包括财务绩效报表、财务状况表(资产负债表)和现金流量表。资源会计与预算的年度报表体系由政府汇总报表和部门财务报告构成。

## 0.4 我国政府财务报告制度的建立

### 0.4.1 我国政府财务报告制度现状

新《预算法》明确要求各级政府财政部门应当按年度编制以权责发生制为基础的政府综合财务报告,报告政府整体财务状况、运行情况和财政中长期可持续性,报本级人民代表大会常务委员会备案。这一决定意味着权责发生制政府综合财务报告制度的建立有了正式的法律要求,改革势在必行。从过去四年各地的试编工作来看,我国的政府财务报告制度在具体推进过程中仍存在一些难点和障碍,有待突破。

1. 缺乏统一的政府会计准则和制度体系

目前我国规范政府会计核算的主要会计制度多达二十多个,其中除了仅适用于事业单位的事业单位会计准则以外,没有统领整个政府会计核算规范的基础规范。目前政府综合财务报告试编工作不是以政府会计为基础,而是采取调整报表数据和估算办法进行的。以财政部试编指南为编报依据,采用会计与统计并用的方法,通过汇总和转换预算会计数据来形成政府综合财务报告。由于缺乏政府会计准则和统一标准,试编政府综合财务报告难以确认有些重大事项和会计要素。有些虽然有标准但难以操作。

2. 权责发生制的运用范围、程度和实施路径不明确

新《预算法》要求编制以权责发生制为基础的政府综合财务报告,标志着我国已通过立法以法律形式确定了权责发生制在政府综合财务报告中的地位。从现实看,我国政府财务管理目标的多样性、业务活动的广泛性、财政资金使用过程的多环节、政府行为和财政资金使用结果影响的延伸性,决定了权责发生制的运用要比在营利性组织中更为复杂,考虑的因素更为综合。近年来,虽然我国对行政事业单位会计制度进行了较大幅度的修改,增加了不少权责发生制元素,但在部分事项上还缺乏明确的规定。因此,现阶段我国政府综合财务报告尚无法一步到位,采用完全的权责发生制。我国长期以来实行以收付实现制为基础的决算报告

制度,若贸然在原预算报告体系中摒弃收付实现制,直接采用权责发生制,不仅收付实现制和权责发生制难以协调匹配,还将削弱预算会计功能,造成预算管理目标和绩效受托责任目标都不能有效实现的两难境地。这么做显然不符合改革的初衷。

3. 政府综合财务报告的合并范围和标准不清晰

政府综合财务报告的合并范围和标准是影响报告所提供信息的广度和信息整合情况的重要因素。在从"预算决算报告"这个供给方视角的制度转向"政府综合财务报告"这个需求方视角的制度的过程中,立法机构、政府和公众等不同信息使用者的监督、决策和问责等不同信息需求以及国家治理的宏观需求等,都是影响合并范围的因素。合并标准则决定了被合并方的哪些信息能够进入合并财务报告,直接影响到纳入政府整体财务报告的单位。

4. 集中统一的政府综合财务报告管理信息系统还未建成

目前我国还未建成覆盖政府财政管理业务全流程的一体化信息系统,还不能通过信息系统完成政府综合财务报告的编制和汇总工作。从试编省市的试编经验来看,试编工作涉及大量的数据之间的转换、合并,单纯依靠人工进行操作,不但时间较长、计算复杂,而且极容易出现错误,需加快建立集中统一、互联互通、信息共享的政府综合财务报告管理系统。

5. 相关领域管理制度尚不能满足报告编制需求

政府综合财务报告的核心内容是编制政府的资产负债表和收入费用表,离不开所有政府单位的相关数据基础。从编制政府综合财务报告要求的数据基础看,目前政府会计核算中尚有很多空白,相关数据也不全面。

## 0.4.2 我国政府财务报告使用者的使用需求

政府财务报告的主要使用者有负责监督和管理的上级政府、国内及国外的债权投资者、该级政府部门自身的部门主管以及作为政府最终负责对象的社会公众四大群体。

1. 上级政府的需求

上级政府作为管理者,主要希望能了解政府各部门的运营情况,同时也希望能够获取必要的相关数据和信息用以进行宏观决策。所以,上级政府对财务报告主要有宏观数据信息获取和政府部门本身运营绩效评价两方面的使用需求。对于政府部门本身运营绩效评价的需求又可以分为两项:评价该政府部门上一年度的运营成果;评价该政府部门以后年度的行政能力。

2. 国内及国外投资者的需求

政府的现时和潜在的投资者、信贷者及其他信息使用者对政府财务报告的使用需求,主要是希望通过政府发布的财务报告,获得有利于其投资和信贷决策及其他决策的信息。该类信息需求主要反映了财务报告所应当具备的决策有用的特质。

债权人关心的主要是发债方能否如期还本付息。基于此,他们需要了解发债方资产与负债的总体结构,分析发债方资产的流动性,评价发债方的获利能力以及产生现金流量的能力,从而作出是否向发债方提供贷款、维持原贷款数额、追加贷款、收回贷款或改变信用条件的决策。

3. 财务报告主体自身的需求

政府内部管理人员主要是对上级领导部门负有完成既定工作建设目标的责任。为了保证预期工作目标的完成,政府内部主管人员会希望了解本级政府部门自身的财务状况和具体的运营绩效,判断自身是否达到预计的工作目标以及要达到任务目标需要进行的改进措施。财务报告主体自身对财务报告的信息需求主要反映了财务报告者应履行其所承担的受托责任。

4. 社会公众的需求

公众对于从政府财务报告中所想要获得的关于政府财务的信息主要是政府资金的投入领域、在各领域的资金投入量以及各领域各项公共事务的总体建设成果,以便藉此来评价代理人的工作效率和廉洁情况。

### 0.4.3 我国政府会计财务制度及其改革

我国现行的政府预算会计体系自1998年开始执行,该框架按照财政总预算会计、行政单位会计和事业单位会计三大分支设立,已经形成了以《财政总预算会计制度》《行政单位会计制度》《事业单位会计准则》和《事业单位会计制度》为主体框架的"一则三制"的格局,三类制度采用不同会计科目记录"各自"的交易,相应的财务报告也自成体系。这一会计体系中的各个子系统经过2012年和2013年的改革正在不断地与部门预算、国库集中收付、政府采购以及政府非税收入管理等方面的改革相融合,基本完成了向政府会计过渡的准备工作。但是从全面反映政府预算和会计信息,满足各方会计信息需求,为编制政府综合财务报告奠定基础的角度看,还存在一些问题,面临诸多挑战,需要进一步完善。

1. 健全政府会计体系,逐步建立政府成本会计

健全的政府会计体系应该由政府预算会计、政府财务会计和政府成本会计组成。预算会计主要通过反映预算计划及其执行结果来实现其管理功能,提供与支出周期各阶段交易相关的信息用以监控预算过程;财务会计主要反映政府的财务运营状况,提供现金信息或应计信息,主要用于报告和披露政府财务状况;成本会计反映政府提供公共服务的成本和费用,以实现成本控制,为政府绩效管理提供全面信息。目前我国实行的预算会计体系,将预算会计与政府财务会计混淆在一起,加之成本会计缺失,无法对政府经济资源、现时义务和业务活动全貌进行全面

有效的反映,限制了信息的质量和决策的准确性。

建立健全政府会计体系应推进财务会计与预算会计适度分离并相互衔接,在完善预算会计功能的基础上,增强政府财务会计功能。政府会计科目设置要实现预算会计和财务会计双重功能:预算会计科目完整反映政府预算收入、预算支出和预算结余等预算执行信息;财务会计科目全面准确反映政府的资产、负债、净资产、收入、费用等财务信息。条件成熟时,推行政府成本会计,规定政府运行成本归集和分摊方法等,反映政府向社会提供公共服务支出和机关运行成本等财务信息。

2. 按照"支出周期"概念完善政府会计,全面反映政府资金运动

我国现行的政府会计体系按照组织类别分为总预算会计、行政单位会计和事业单位会计三个分支。这种按组织类别构造会计核算框架的做法,客观上形成了相互分割、互不衔接的"三张皮"格局,一方面导致会计信息支离破碎,失去可比性,另一方面导致总预算会计和核心部门无力追踪支出机构层次上的交易信息。更严重的是:现行预算会计的三个分支虽然都记录各自的交易,但没有哪一个分支完整地记录了支出周期上游阶段的预算拨款(授权)信息、中游阶段的支出义务(对应承诺交易)和应计支出(对应核实交易),(事前)财政监督、管理财政风险、评估财务状况和财政政策的可持续性这些关键的管理决策(Managerial Decision)职能几乎完全落空(王雍君,2004)。

与支出周期概念相适应,我国建立全面政府预算会计系统的重点是对支出层面实施有效的预算执行控制,以确保公款的取得、使用和结果符合相关法律法规的意图和要求。首先,现行预算会计核算应由"拨款"阶段扩展延伸至预算执行全过程,即拨款(对应预算授权而非资金划拨)、承诺(对应支出义务)、核实(对应应计支出)与付款(对应现金支出)四要素,每一要素构成一个特定的预算账户(Budget Accounts)。其次,核心部门与支出机构应使用相同的账户体系核算,拓展总预算会计交易的记录模式,实现对机构层交易的同步记录。

3. 积极稳妥、分步引入政府会计权责发生制

总体来看,我国政府会计领域已完成由收付实现制向修正的收付实现制转变,除部分事业单位引入较多权责发生制外,大部分仍以收付实现制为基础。因此,积极稳妥、分步引入权责发生制是我国政府会计改革的必然趋势,改革任重道远。结合我国国情,预算会计应主要以收付实现制为基础,财务会计则应采用修正的权责发生制,以充分反映我国政府的财务状况与运营状况。

4. 制定统一的政府会计基本准则

现阶段,我国没有统一的政府会计准则,只针对事业单位制定了相应的会计准则,但是准则的范围又过宽,包括了一部分已经实行市场化、企业化管理的部门

和单位。政府会计基本准则将用于规范政府会计目标、政府会计主体、政府会计信息质量要求、政府会计核算基础,以及政府会计要素定义、确认和计量原则、列报要求等原则事项,并指导具体准则的制订,为政府会计实务问题提供处理原则,规范政府发生的经济业务或事项的会计处理。

新修订的《事业单位会计准则》《事业单位会计制度》和《行政单位会计制度》已经先后施行,财政总预算会计也正在修订过程中。总体上,制订政府会计准则的时机基本成熟。2014 年 12 月 26 日,财政部发布《政府会计准则——基本准则》(征求意见稿),表明这一改革已正式启动。

5. 完善政府会计信息系统

政府会计信息的传递、加工和生成离不开强大的信息系统。比起其他国家,我国的政府级次更多、政府单位数量更大、范围更广,如要编制政府整体财务报告,必须研究开发出能同时满足政府部门和各单位会计核算要求的政府会计信息系统作为支撑,把财政性资金运行的上、中、下游的管理,包括预算编制、国库集中支付、政府采购、会计核算等各环节都纳入到一个总体框架中,做到无缝对接。

6. 满足编制政府综合财务报告的需要

建立权责发生制的政府综合财务报告制度不仅要求政府会计系统能够准确地反映政府预算收支执行情况,满足财政预算管理要求,而且还要全面地反映政府财政资产负债状况。我国财政总预算会计、行政单位会计和事业单位会计制度中均规定了相应的一套会计报表。但是,政府会计报表中的资产负债表不能全面反映政府资产负债情况,收入支出表不能完全反映成本和费用的使用、控制情况,而且由于不存在严格意义上的现金流量表,现金流的具体情况缺乏客观反映。而且各报表自成体系、分别编制,没有一套能够完整地反映各级政府财务状况全貌的汇总会计报告和综合财务报告。为政府综合财务报告编制创造条件,政府会计制度的配套改革和完善显得更为迫切。

**0.4.4 预算体系及其综合财务报告体系的构建**

1994 年的《预算法》和 1995 年的《预算法实施条例》规定:各级政府预算按照复式预算编制,分为政府公共预算、国有资产经营预算、社会保障预算和其他预算。2000—2013 年进一步完善复式预算体系,规范公共资金管理。这一阶段形成了包括公共预算、政府性基金预算、国有资本经营预算和社会保险基金预算在内的政府预算体系,不同性质的公共资金有了更适合的子预算加以管理。2014 年新《预算法》第五条明确规定了我国的预算体系:一般公共预算、政府性基金预算、国有资本经营预算、社会保险基金预算。从 2014 年《预算法》的四大预算与 1994 年《预算法》的四大预算比较之中可以看出:首先,预算体系中取消了定义模糊并且没有得到实际编制的其他预算；其次，将政府公共预算中的两个部分——一般公共预算和政府基金预算明确规定为两个模块，分开编制；再次，正式将国有资产经营预算改为国有资本经营预算；最后，将社会保障预算更名为社会保险基金预算，明确了其中包含的范围。

(一) 预算体系的重构

1. 理想的长远的预算体系

我国理想的预算体系应该分为政府公共预算、社会保障基金预算、债务预算和税式预算，政府公共预算再区分一般政府预算和特种政府基金预算。

我们主张建立上述预算体系的依据是各种预算资金的所有者不同：政府公共预算资金的所有权归属于政府；社会保障基金是信托基金，所有者是信托者，即缴纳社会保障基金的大众；债务预算资金的所有权归属于债权者；税式支出预算比较特殊，是为了更好地体现真实政府的财政净收入。

在理想的模式中我们主张取消国有资本经营预算，把国有资本经营收支合并入一般政府预算，因为国有资本经营收入的所有权同样归属于政府，并适合于统筹使用。

我们主张将社会保险基金预算扩大为社会保障基金预算，除了所有权性质外，还基于社会保障基金有自己的收入来源、收支对应性较强的性质。把社会保障基金单列，便于对这些基金的管理，如果将这些基金列入公共预算有可能这些资金会被挪用。我国2014年《预算法》采用社会保险基金预算，在我国社会保险基金范围较狭窄，特指养老、医疗、失业、工伤和生育。社会保障基金可以将所有与社会保障相关的具有信托基金性质的资金包括在内，如住房公积金等。

2. 我国现行可采用的预算体系

由于我国现在已经开始编制国有资本经营预算，所以按照理想的预算体系将国有资本经营预算列入政府公共预算的一般预算中，会破坏政府预算管理的延续性，所以我们建议现阶段还是保留国有资本经营预算，但我们可以把国有资本经营预算作为政府公共预算中特种基金预算的一种进行编制，为以后纳入一般预算奠定基础。由于我国没有编制包括社会补助、社会安抚等的社会保障预算，目前根据2014年《预算法》规定的是社会保险基金预算，所以我们认为现阶段我们就可以在现行的社会保险基金预算基础上扩展为社会保障基金预算。

在近阶段除理顺预算体系外，还应该扩大预算范围，把事业单位的事业收入和其他收入、政府的财政专户资金全部纳入政府公共预算体系。将所有国有资本经营收益纳入国有资本经营预算的范围，而不仅仅是来自几家国企的国有资本经营收益。

## (二) 各预算(基金)的财务报告

借鉴美国政府会计的经验,并结合我国实际国情和社会经济情况,按照我们之前设计的现阶段的预算体系,可以对我国预算综合财务报告进行定位。政府公共预算包括一般公共预算、国有资本经营预算和其他特种政府基金预算,所以每一个政府公共预算中的子预算都应该有自己的财务报表,包括资产负债表和收入支出表。社会保障基金预算和债务预算也应该编制自己的财务报表(资产负债表和收入支出表)。

### 0.4.5 我国财务报告制度的基本要素

政府财务报告制度由财务报告的目标,以及与目标密切联系的其他基本要素(如信息范围、报告主体、编制基础、报告形式等)共同组成。政府财务报告的目标规定了其目的和宗旨,是构建整个政府财务报告制度的逻辑起点,而其他要素则是政府财务报告在确认、计量、列报时需要遵循和采用的原则和工具。这些要素之间相互关联,相互影响,共同形成了指导、评估和发展政府财务报告的理论基础。

## (一) 我国政府财务报告的目标

我国政府财务报告目标的选择,应在我国现有政府会计体系发展现状的基础上,结合我国当前政治、经济和社会的发展特点,借鉴国外先进经验,根据我国政府综合财务报告制度改革的逻辑顺序,以不同类别的信息使用者为基础,按照重要性和改革推进的难易程度,分层次、分类别地加以确定。

我国政府财务报告应该是主要面向外部使用者的通用报告,其最重要的目标是反映政府的公共受托责任。具体体现在财政受托责任和运营受托责任两个方面,前者指政府需要证明当期活动遵守了短期内有关公共资金收入和支出的公共决策的责任,而后者指政府对其使用所有可能资源、有效和高效率地实现运营目标的程度,以及是否能够在可预见的将来继续实现目标进行报告的责任。向利益相关群体提供决策有用信息和向政府内部管理人员提供财务信息则是其可以兼顾的两个次要目标。作为政府内部管理人员,本身可轻易地获取各类详细的政府会计基础数据,完全可以根据实际需要提取有关信息,而不必从政府整体的财务报告中获取。因此,向内部管理者提供信息虽然是政府财务报告的目标之一,但并不适合作为其主要目标。

## (二) 我国政府财务报告的信息范围

应该按照财务报告的目标确定信息范围。我国政府财务报告应该是面向外部使用者的,以反映政府公共受托责任为首要目标的通用型报告。因此,政府财务报告所披露的信息应该以解除政府受托责任为核心,同时向利益相关群体提供决策有用信息,兼顾向政府内部信息使用者提供财务信息。

为充分地反映政府的公共受托责任，政府财务报告应至少提供合规性信息、财务状况信息、成本绩效信息这三方面的信息。其中，合规性信息主要反映政府预算和预算外资金的使用情况，要向公众清楚地反映，财政收入的来源及其变动情况，预算的执行情况如何，财政支出的规模、结构及其变动情况如何等。财务状况信息主要反映政府资产负债和政府财政资源流动情况，在静态上要向公众完整客观地呈现政府所持有或掌控的各类资产，包括公益性国有企业的资产状况以及非公益性国有企业中的国有权益，包括对固定资产、继承资产和无形资产的计量方式等。同时向公众全面披露政府的负债情况，包括债务类别和结构，对或有及隐性债务的估计等。在动态上要向公众披露当期政府各类财务资源的流入和流出情况，及其对政府净资产的影响等。成本绩效信息主要反映政府提供各类公共产品和服务的规模、结构，及其为了完成上述职能所发生的各项成本情况。同时，政府对各类财务资源的运作效率情况也是成本绩效的重要方面。此外，为向外部使用者完整地呈现政府的情况，政府财务报告还需要提供多层次的合并信息。合并信息是将不同部门、单位以及各级政府间的信息进行整合，以反映政府活动的某一领域或者一级政府财务信息的全貌。

政府财务报告的信息范围应该以政府财务会计体系产出的财务信息为主体，同时有选择性地整合了与反映政府公共受托责任直接相关的预决算信息和社会经济统计信息，完整而简洁地展现政府收支的合规性、财务状况和成本绩效等情况，使之成为我国政府财务信息披露体系的核心。

（三）我国政府财务报告的主体

近年来我国在政府综合财务报告的试编工作中，已明确纳入政府综合财务报告合并范围的主体包括"单位主体"和"资金主体"。其中，"单位主体"包含两个层次，一是本级政府财政，二是纳入部门决算管理范围的行政单位、事业单位和部分社会团体，以及编报基建项目决算的国有建设单位、政府直接管理的国有企业和政府部门管理的国有企业。"资金主体"主要包括财政一般预算资金、政府性基金预算资金、国有资本经营预算资金、国债转贷资金、农业综合开发资金、财政专户管理资金、国际金融组织贷款、外国政府赠款资金、外国政府贷款资金和其他财政专户资金。此外，为了反映政府对国有资产的受托责任履行情况，土地储备资金、公益性国有企业、物资储备资金等也纳入了政府综合财务报告范围。

由此可见，在实践中我国政府综合财务报告的双主体模式已初步确立，而且范围相对较广，划分相对较细。在"单位主体"部分，增加了国有建设单位和国有企业，对政府实际控制的资产、负债情况有了更全面的披露。在"资金主体"部分，不仅包括一般预算资金、政府性基金预算资金等财政性基金，也包含了大量资本项目基金和权益性基金，但对政府承担托管责任的基金，如社会保障基金则未纳

入其中。我们认为,托管基金的收支虽然在理论上相对独立,且严格意义上并不构成政府的财务资源,但政府实际上承担着最终担保义务,给政府带来了直接的隐性负债。因此,社会保障基金等各类政府托管基金虽不作为政府财务报告的主体,但在报告中也应对其收支状况作出披露和分析,以更全面地反映政府的财务状况。

(四)我国政府财务报告的编制基础

以权责发生制为基础编制政府财务报告是符合实际需求的,也是我国政府财务报告发展的必然趋势。但同时应注意,对政府公共受托责任履行情况的反应是多角度和多层次的,对不同问题的关注和考察会要求使用者获取不同的财务数据。当使用者关注的问题是政府整体的财务状况和成本绩效状况时,权责发生制的优势是不言而喻的。但当使用者关注的问题是财政预算执行的合规性和进度时,由收付实现制所提供的财务信息是更加有说服力的。若使用者关注更多的是政策限制内政府当期可用财务资源的流动和变化情况,那么收付实现制也是有其明显优势的。因此,我们认为,我国政府财务报告的编制应该以权责发生制为基础,但并不是说报告披露的任何信息都是以权责发生制来确认的。在披露以权责发生制为基础编制的资产负债表、收入费用表等诸多报表外,也同时需要披露以收付实现制为基础编制的收入支出表或现金流量表,以及预算执行情况表,以更加全面地满足外部使用者的分析需要,更加完整地反映政府的公共受托责任履行情况。

(五)我国政府财务报告的形式

首先,在完善政府财务报表,加入收入支出表(现金流量表)的同时,将预算执行信息单独列入报告体系。与西方国家不同,我国政府会计主体范围较为宽泛,不仅包括行政机构,也包括大量的事业单位,若再考虑公益性国有企业以及非公益性国有企业中的国有权益部分,则范围将继续扩大。这些会计主体除了财政性收入外,还会通过其他经营活动取得相当规模的非财政性收入,即便在财政性收入内,还是存在着一部分非预算收入。因此,以收付实现制为基础的预算执行报表并不能完全反映现金流量情况。前者应侧重于反映政府的公共受托责任,突出预算执行的合规性,而后者应侧重于对政府财务状况进行补充,反映各类政府资产的变动情况。

其次,在披露财务信息的基础上,将有关非财务信息纳入报告信息范围,如部分财政统计信息和国民经济核算统计信息等。解除公共受托责任的目标要求政府财务报告应全面反映政府的运营情况,而财务信息反映的只是能够货币化的政府信息,对于无法货币化而又与政府运营活动高度相关的信息则无法反映。只有在报告体系内补充有关的非财务信息,才能完整反映政府运营的全部情况。

再次,在披露合规性信息的基础上,突出反映政府财务的成本绩效信息。无论是从解除受托责任,还是提供决策有效信息的角度,都需要对政府活动的成本和支出绩效进行考察。由于长期受预算会计的影响,我国当前试编的政府综合财务报告对成本绩效信息的反映并不充分。虽然在试编办法中,收入费用表中的各个项目已按照经济分类,比预决算报告中仅按照功能分类有了一定的进步,但若能够同时也按照功能分类,甚至形成矩阵式的二维报表,则将对深入评价政府活动的绩效有着深远的意义。

最后,鉴于政府财务信息的使用者既包括社会大众等一般使用者,也包括政府管理人员、立法和审计机关、公债投资者等利益相关群体、学术专家等专业使用者,每一类使用者对政府财务报告披露信息理解的层次、深度都不相同。因此,为满足各类使用者的需求,应在编制通用型报告的同时,针对当期的特殊问题、重要事项来细化有关辅助数据类信息和非数据类信息,在条件允许的前提下可制作专题型报告。

### 0.4.6 我国财务报告制度的会计要素

(一) 资产

政府的资产明确定义为,政府过去交易或事项形成并由其拥有或控制的资源,该资源预期会导致政府服务潜能增加或经济利益流入。由此可见,是否能够带来公共服务潜能是政府资产定义与企业资产定义的主要区别。

政府资产的确认不仅要符合资产的定义,还必须满足两个条件:一是与该资源有关的服务潜能很可能(一般认为大于50%)增加,经济利益很可能流入;二是该资源的成本或价值能够被可靠地计量。

对已经探明储量和政府目前持有的大部分自然资源,包括土地和矿产品,我们认为,虽然在表内披露这些资产项目会带来一定的风险性,但在表外通过附注等形式揭示这些信息对于合理评价政府长期财政风险和持续服务能力是具有重要意义的。

(二) 负债

政府的负债定义为,政府因过去交易或事项形成的现时义务,履行该义务预期会导致政府服务潜能减少或经济利益流出。

负债的确认不仅要符合负债的定义,还必须满足两个条件:一是与该义务有关的服务潜能很可能(概率大于50%)降低或经济利益很可能流出;二是未来降低的服务潜能或流出的经济利益能够可靠计量。

我们认为,在政府财务报告中,对资产负债项目的列报是为了反映政府的财务状况,因此资产与负债的确认范围应该是大体匹配的。在表内资产项目均为确定性的情况下,对无法准确确定数量、需要进行估计的负债项目在其计量技术尚不成熟，或未得到公共认可的情况下列入资产负债表，是不大合适的。但可以通过报表附注的形式予以披露和说明。

(三) 收入

政府的收入定义为，政府在日常活动中形成的、会导致净资产增加的服务潜能总增强或经济利益总流入。政府收入与企业有着本质的区别，企业收入必须通过生产交付产品或提供劳务而获得，而政府大部分收入具有无偿性的特征。由于政府运营大多情况下是不以盈利为目的的，虽然也有可能向服务对象收费，但收取的费用往往低于付出的成本，不能为政府提供补足开展活动所耗费的资源。因此，向服务对象收费并不是政府的主要收入来源。政府的收入主要来自税收，无偿性和非交换性是政府收入的主要特征。

收入的确认必须以政府净资产的增加或经济利益流入为前提。在权责发生制下的"收入"与以收付实现制为基础的预算会计报告中的"收入"是有所区别的。确认收入时，除了满足收入的定义外，还应满足以下条件：一是收入应具有可计量性、相关性和可靠性；二是收入的确认应符合实现原则，也即当服务潜能或经济利益已实现或很有可能实现；三是收入的结果会导致资产的增加或负债的减少。

(四) 费用

政府的费用定义为，政府为提供公共产品和公共服务所发生的、会导致净资产减少的服务潜能总降低或经济利益总流出。

不同于决算报告中的支出根据财政资金流出进行确认，政府财务报告的费用根据经济事项实质进行确认。确认费用时，除了符合费用的定义外，还应满足以下条件：一是与费用相关的服务潜能很可能降低或经济利益很可能流出；二是服务潜能的降低额或经济利益的流出额能够可靠计量；三是费用的结果会导致资产的减少或负债的增加。

基础设施资产由许多组成部分构成，但不同组成部分的服务潜力按不同的比率进行消耗。要想对这种系统从整体上确定单一的使用寿命和折旧率，是非常困难的。由于基础设施资产的使用寿命长或不确定，这一特点意味着确认费用时考虑的某些因素对基础设施资产的状态和价值将产生较大的影响。所以，如果采用对固定资产计提折旧的会计政策，那么对于折旧费用的确定方法要因地制宜，避免固定资产账面价值与实际价值的过分背离。

(五) 净资产

净资产是指政府资产扣除负债后的差额，包括当期盈余和以前年度累计净资产。由此可见，政府主体的净资产主要来自三个方面：一是按照预算、合同协议限定未支用的财务资源；二是政府主体通过预算安排动用当期财务资源购置或接受捐赠的长期资产对应形成的基金；三是历年运营收支结余的积累。

政府还可能存在着某些较为重要的资产和负债,由于这些资产和负债不满足确认的标准,因此没有纳入政府财务报表。由此可以认为,在政府财务报表中反映的净资产或权益的数字,并不是一个对预期未来资金流动的完整计量。对这一问题的弥补,可以通过在财务报表注释中对净资产信息进行补充披露,以增加净资产信息的决策有用性。

### 0.4.7 我国财务报告制度的其他内容

(一) 财务报告合并的方式和范围

目前流行的政府财务报告合并方式主要有两种:一种是按政府资金的各项具体用途进行分类合并,主要的代表有美国联邦政府编制的政府财务报告和新西兰政府编制的政府整体财务报告;另一种是按政府的各级职能部门进行分类合并,主要的代表有英国的政府合并财务报告和澳大利亚的政府合并财务报告。

相应地,我国的政府合并财务报告的编制也有两种方式可选:一种是按四大基金分类进行汇总合并;另一种是按各级政府的各职能部门分类进行合并。

按四大基金分类进行合并的主要优点是操作方便,与财政预算管理结合紧密,便于计量和汇总。主要缺点则是,有些履行政府公共服务职能的机构会因某些年度没有得到政府资金支持而被排除在报告范围之外。此外无法提供不同性质的财政资金来源和使用的具体信息,导致政府财务报告无法全面地反映政府受托责任履行情况。除此以外,我国大多数政府组织中既有预算单位,也有非预算单位,政府可能通过经营某些其他主体来控制资金流动的时间,进而对财务报表形成影响。

按部门分类进行合并的主要优点是:即使有些履行政府公共服务职能的机构在某些年度没有得到政府资金支持,也不会被排除在报告范围之外,这使得政府财务报告的信息覆盖更加全面;此外按部门分类进行汇总不考虑政府部门的属性,无论是预算单位还是非预算单位都要如实和全面地反映自身的财务状况,这减小了各级政府对本身财务数据进行操控从而虚假汇报的可能;还有就是按部门进行分类汇总,由于政府是按不同行政职能进行的部门设置,这一汇总方式可以清晰有效地反映各部门的财务运营状况,从而给评价政府各方面工作的进展提供了极大的便利。按部门分类进行合并的主要缺点是:该种方式编制的财务报告与政府预算报告的结合不够紧密,报告中既列示了来自四大预算基金的财务数据,也有来自政府自身经营的财务数据。而按部门分类合并编制的财务报告无法直观反映四大基金用于各项用途资金的使用情况,只能反映各部门各级政府的运营情况,对评价宏观政策的效果和实施情况帮助不大。

为了避免各自的缺点,我们主张两种合并方式并存。既有按部门合并的财务报告,又有按基金合并的财务报告。

目前适合我国的整体财务报告的合并范围应该包括以下几个部分：中央政府,包括国务院、最高人民法院和最高人民检察院；地方政府；由政府控制的非营利机构；由政府控制下的企业。其中,与西方国家差异较大的当属由政府控制的企业,因为西方国家虽然也有政府控股的国有企业,但是其占比较小,例如美国的国有企业资产和就业人数仅占全国总人数的1%左右,只占据了部分关系国计民生的行业。而中国的国有企业几乎涉及了所有行业,占全国市场的比重也大大超过了美国,甚至占据了部分细分行业的绝大部分份额。所以,在中国政府整体财务报告中,应重点对待国有企业的财务状况,将其纳入到政府合并财务报告中。

(二) 财务报告附注

参考企业财务会计中财务报告附注的编制经验,结合政府会计的特点,政府财务报告的批注应该包含编制报表时使用的计量基础、具体会计政策、重要会计政策和会计估计变更的说明、基准日后的事项说明、财务报告中重要项目的明细资料、关于重要事项的揭示、合并会计报表的说明以及该级政府部门的主要职能和工作内容等。

(三) 财务报告信息披露

政府财务报告在信息披露方面目前亟须做出的改进主要有以下几项：

1. 全面、系统地披露政府的债务

我国政府的债务目前主要包括我国政府向外国政府及国际金融机构借入的债务、国债的未来还本付息负担、国有商业银行的不良资产坏账、社会保障支出缺口、政府担保的各种借款等。这些债务有些已按收付实现制的确认条件,在会计上得到确认,并已在政府财务报告中予以披露,如我国政府向外国政府及国际金融机构借入的债务,而更多的隐性债务在会计上没有得到确认,在政府财务报告中也没有予以披露,如国债的未来还本付息负担、政府担保的各种借款等。从国际经验来看,一些市场经济国家能够在政府财务报告中全面、系统地披露政府所有的债务信息。我国政府财务报告也应改进对政府债务信息的披露,对于符合权责发生制基础下负债的确认条件和计量标准的政府债务,财政总预算会计应按权责发生制的要求进行会计确认、计量,并在资产负债表中有关项目予以披露；对于不符合具体的负债确认条件和计量标准、无法量化的政府隐性债务,应在政府财务报告附注中披露相关信息,以全面、系统地披露政府所有的债务信息。

2. 增加现金流量表

目前,我国学术界正在进行预算会计改革有关问题的探讨,对于是否应在政府财务报告中增加现金流量表意见不一。但李云强、李闻一(2007)认为,我国政府财务报告应增加现金流量表,原因主要有二：第一,在推行国库集中收付制度改革后,国库现金的流入、流出数量及余额大大增加了,为了加强对国库现金的监督管理,政府财务报告必须全面、真实地披露国库现金流入、流出信息及政府对国库现金余额的运营信息;第二,随着我国政府履行的受托责任越来越广泛,内、外部信息使用者对于政府财务报告信息的需求量越来越大,政府财政年度的现金流量情况是他们进行分析评价和作出各种决策必不可少的信息,特别是今后我国预算会计的核算基础由收付实现制度变为权责发生制后,这方面的信息更为重要。

3. 在政府财务报告中增加审计报告

政府财务报告必须接受客观、公正的审计,只有在此基础上对政府财务报告进行分析才具有现实意义。李云强、李闻一(2007)认为,政府行政当局编制政府财务报告,社会公众、立法机构等使用政府财务报告,由于使用政府财务报告的立场与提供政府财务报告的立场不一致,政府行政当局提供的政府财务报告内容的真实性和可靠性就会受到使用者的怀疑,这就要求政府审计机关或其他社会审计机构以其公正、中立的身份通过对政府财务报告进行审计,提供客观、公正的鉴定报告,使政府财务报告取信于使用者,以解除其受托责任。因此,我国可以借鉴国外的经验,在政府财务报告中增加审计报告,借以保证政府财务报告披露内容的真实性和可靠性。

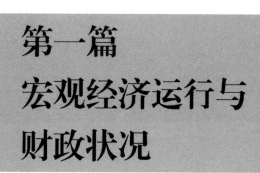

# 第一篇
# 宏观经济运行与财政状况

# 第1章 2014年宏观经济运行

## 1.1 2014年生产活动运行状况

### 1.1.1 经济增长步入相对低速增长区间，结构调整和提质增效成为经济发展的重点

2014年，面对复杂多变的国际环境和艰巨繁重的国内发展改革稳定任务，党中央、国务院坚持稳中求进工作总基调，牢牢把握发展大势，全力深化改革开放，着力创新宏观调控，奋力激发市场活力，努力培育创新动力，国民经济在新常态下保持平稳运行，呈现出增长平稳、结构优化、质量提升、民生改善的良好态势。2014年国内生产总值为636 463亿元，比上年增长7.4%。

从GDP的季度累计同比增长数据来看，我国GDP增长率在2010年的第四季度达到了12.4%的高峰之后明显下降，并在2012年之后保持稳中有降的趋势(见图1-1)。2012年以来，季度累计增长率呈现出7.7%左右的稳定增长局面，2014年降为7.4%左右，经济发展步入相对低速增长的新常态。转变经济发展方式、提升经济产业结构、提质增效成为我国经济未来一段时间的主题。

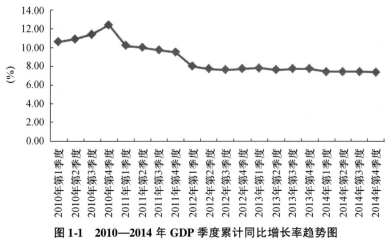

图1-1 2010—2014年GDP季度累计同比增长率趋势图

资料来源：国家统计局。

### 1.1.2 资本形成仍是支出法 GDP 构成中占比最大的项目,但最终消费占比和对 GDP 增长的贡献稳步上升

在支出法 GDP 总量的构成中,资本形成与最终消费占据着绝对的优势,基本上维持各占半壁江山的态势。自 2008 年以来,最终消费在经济总体中的影响力逐渐增加,并于 2010 年首次超过资本形成占比。净出口占比虽然在 2004—2010 年呈现上升趋势,但由于全球金融危机导致海外市场颓靡,从 2010 年开始呈现出明显的下降趋势(见图 1-2)。

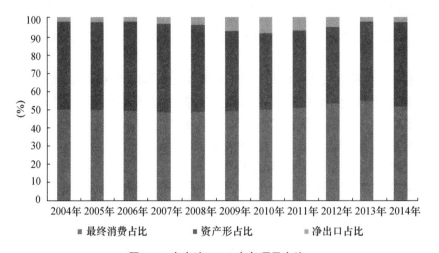

图 1-2 支出法 GDP 中各项目占比

资料来源:国家统计局。

从各构成项目对 GDP 增长的贡献来看,自 2010 年以来,经济增长的最大贡献因素由资本形成转变为最终消费。在国际经济增长低位徘徊的背景下,净出口对经济增长的贡献连续 3 年维持负值(见图 1-3)。这说明在多种政策的调控和影响下,我国的经济增长开始由投资拉动逐渐转向消费拉动阶段。这一改变与我国当前转变经济增长方式、拉动内需、优化增长结构的宏观调控目标保持一致,也是经济结构良性发展的一个重要体现。

### 1.1.3 三次产业中,第三产业增加值绝对额和增速均名列前茅,增速再次超过第二产业

在产业结构方面,2014 年第三产业继续保持高速增长,增加值为 30 851.70 亿元,同比增长 8.10%,增速降低 0.2 个百分点。与此同时,2014 年第二产业增加值为 14 582.40 亿元,增长 7.3%,增速下降 1.6 个百分点;第三产业增加值比第二产业增加值多出 15 999.30 亿元,增速快了 0.8 个百分点,第三产业占 GDP 比重达到

了 48.20%。自 2013 年第三产业增速超过第二产业增速,我国第三产业快速增长,第三产业增速再次超过第二产业。如图 1-4 和图 1-5 所示。

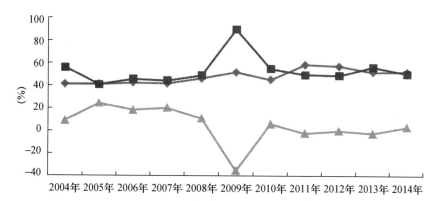

**图 1-3 支出法下 GDP 各项目对增长的贡献**

资料来源:中国统计局。

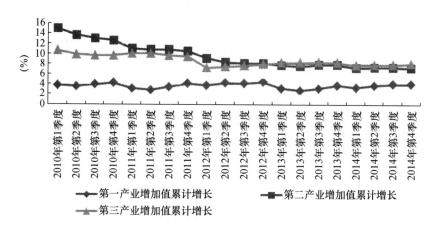

**图 1-4 三次产业季度增加值累计同比增长率**

资料来源:国家统计局。

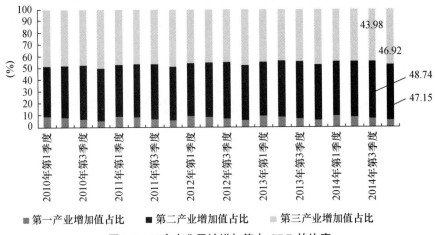

图 1-5 三次产业累计增加值占 GDP 的比率

资料来源：国家统计局。

### 1.1.4 工业企业增加值增速整体放缓，企业经营绩效明显下滑，经济面临较大的下行压力

根据按经济类型划分的工业企业增加值累计增速数据，私营企业增速继续保持领先的水平，但增速从 2013 年的 14.3% 下降到 2014 年 12 月的 10.2%，增速下降明显；股份制合作企业累计增加值在上半年增速明显，但在下半年大幅下滑；外商及港澳台投资企业累计增加值增速放缓但下降幅度不大，维持在 6.5% 左右；国有及国有控股企业累计增加值增长率在 2014 年上半年稳步上升，下半年增速放缓，稳定在 5% 左右；集体企业增加值累计增速下滑明显，2014 年 12 月降至 1.7% 的低位。从图 1-6 可以看出，不同成分企业增加值的相对低位没有发生大的变化，私营企业仍然是我国当前最有活力和成长潜力的成分；股份制企业的相对活跃度和贡献有所改善；国有及国有控股企业的对经济增长的贡献有待提升。

从工业企业经营绩效来看，2014 年上半年亏损企业数量保持稳定，进入下半年来亏损企业数量明显上升，从 2014 年 7 月的 2%，上升到 2014 年 12 月的 12.2%。利润总额的增速也呈现出放缓趋势，从 2014 年 7 月的 11.7%，下降至 2014 年 12 月的 3.3%。这些数据说明我国工业企业的整体经营状况比较严峻，企业经营环境恶化。与此同时，我们也观察到 2014 年前三个季度企业的资产、负债和主营业务收入规模增速保持平稳，但在 2014 年最后一个季度呈现明显的下降趋势，说明伴随利润降低，企业开始缩减生产规模（见图 1-7）。

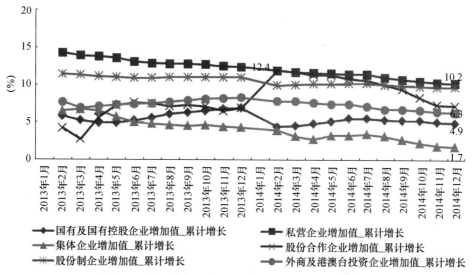

**图 1-6 按经济类型分工业企业增加值累计同比增速**

资料来源:国家统计局。

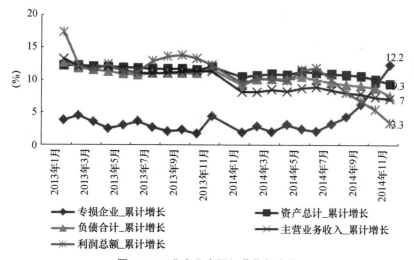

**图 1-7 工业企业主要经营指标变化**

资料来源:国家统计局。

### 1.1.5 购买者价格指数(PPI)继续维持在负值区域,通胀压力较低

PPI 是一个用来衡量制造商出厂价的平均变化的指数,它是统计部门收集和整理的若干个物价指数中的一个,市场敏感度非常高。PPI 反映了一个厂商获得原材料的价格波动情况,如果厂商获得的原材料价格上涨,厂商可以通过产品价

格转移,最后会导致通货膨胀。从 2014 年数据来看,我国的 PPI 指数的增速均较低,经济整体的通胀压力较小(见图 1-8)。

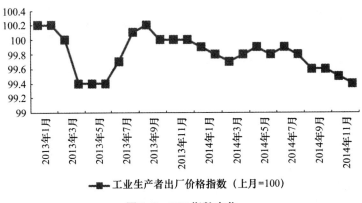

图 1-8　PPI 指数变化

资料来源:国家统计局。

### 1.1.6　采购经理人指数(PMI)上半年有小幅上升,在下半年呈现下降趋势

2014 年,我国制造业和非制造业 PMI 指数均保持在 50 以上的水平,但相比去年同期,非制造业 PMI 指数均呈现一定的下降趋势(见图 1-9)。反映出经理人对未来经济增长仍有乐观预期,但是随着整体经济情况的走低,预期开始变得谨慎。

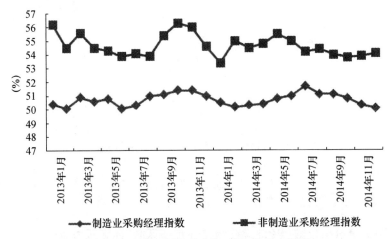

图 1-9　制造业和非制造业 PMI 指数走势图

资料来源:国家统计局。

从我国制造业 PMI 分类指数数据(见表 1-1)来看,在我国的制造业中,近年来表现出弱势的是原材料库存和从业人员的短缺。可见,我国的廉价劳动力优势开始逐渐降低,取而代之的是劳动力的短缺和不足问题。另外,企业增加库存方面的意愿不足。这一方面是由于企业对未来销售的悲观预期,原材料采购意愿不强;另一方面也跟物流行业的快速发展、原材料价格下滑等因素有关。

表 1-1　中国制造业 PMI 分类指数　　　　　　　　单位:%

| | PMI | 分类指数 | | | | |
| --- | --- | --- | --- | --- | --- | --- |
| | | 生产 | 新订单 | 原材料库存 | 从业人员 | 供应商配送时间 |
| 2013 年 10 月 | 51.4 | 52.5 | 48.6 | 49.2 | 50.8 | 51.4 |
| 2013 年 11 月 | 51.4 | 52.3 | 47.8 | 49.6 | 50.6 | 51.4 |
| 2013 年 12 月 | 51.0 | 52.0 | 47.6 | 48.7 | 50.5 | 51.0 |
| 2014 年 1 月 | 50.5 | 50.9 | 47.8 | 48.2 | 49.8 | 50.5 |
| 2014 年 2 月 | 50.2 | 50.5 | 47.4 | 48.0 | 49.9 | 50.2 |
| 2014 年 3 月 | 50.3 | 50.6 | 47.8 | 48.3 | 49.8 | 50.3 |
| 2014 年 4 月 | 50.4 | 51.2 | 48.1 | 48.3 | 50.1 | 50.4 |
| 2014 年 5 月 | 50.8 | 52.3 | 48.0 | 48.2 | 50.3 | 50.8 |
| 2014 年 6 月 | 51.0 | 52.8 | 48.0 | 48.6 | 50.5 | 51.0 |
| 2014 年 7 月 | 51.7 | 53.6 | 49.0 | 48.3 | 50.2 | 51.7 |
| 2014 年 8 月 | 51.1 | 52.5 | 48.6 | 48.2 | 50.0 | 51.1 |
| 2014 年 9 月 | 51.1 | 52.2 | 48.8 | 48.2 | 50.1 | 51.1 |
| 2014 年 10 月 | 50.8 | 51.6 | 48.4 | 48.4 | 50.1 | 50.8 |
| 2014 年 11 月 | 50.3 | 50.9 | 47.7 | 48.2 | 50.3 | 50.3 |
| 2014 年 12 月 | 50.1 | 50.4 | 47.5 | 48.1 | 49.9 | 50.1 |

资料来源:国家统计局。

### 1.1.7　宏观经济景气指数在上半年缓慢增长,下半年加速下滑

2014 年 1—7 月,宏观经济景气指数由 99.3 上升到 100.2,但下半年以来,宏观经济景气指数下降至 12 月的 98.8 的低点(见图 1-10)。

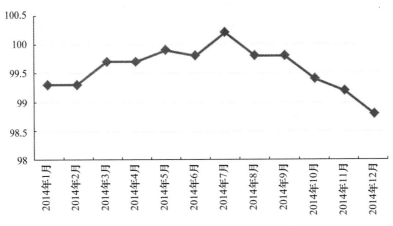

图 1-10 2014 年宏观经济景气指数月走势图

资料来源:国家统计局。

## 1.2 2014 年收入分配活动运行状况

### 1.2.1 城乡居民收入同比增速放缓,农村增速高于城镇增速,城乡差距总额进一步扩大

2014年,居民收入继续保持较高速度增长,其中城镇居民人均可支配收入比上年增长7.01%,达到28 844元;农村居民人均纯收入达到9 892元,比上年增长11.2%。从城镇居民人均可支配收入与农村人均纯收入来看,前者基本上维持着后者3倍左右的水平,二者间差距的绝对水平仍在上升;但农村居民人均纯收入增速显著高于城镇居民人均可支配收入增速。另外,居民收入增速大体上均高于GDP增长率,但考虑到GDP增长率中有剔除价格因素(居民收入增速计算中没有剔除),结合年内CPI的变化情况,城镇居民的实际人均可支配收入的增速低于GDP增速(无剔除价格因素8.24%),农村居民的实际人均纯收入高于GDP增速(见图1-11)。

### 1.2.2 基尼系数从2008年的历史高点逐渐下降,但仍维持在较高水平,收入差距较大

基尼系数是一个用来描述收入整体差距程度的重要指标。联合国有关组织根据基尼系数的取值范围,给出了一个判断收入差距水平的标准:低于0.2表示收入绝对平均;0.2—0.3表示比较平均;0.3—0.4表示相对合理;0.4—0.5表示收入差距较大;0.6以上表示收入差距悬殊。从图1-12中我们可以看到,2003—2013年我国的基尼系数一直维持在0.47之上,反映我国居民收入总体差距较大。

图 1-11 2006—2014 年城乡居民收入变化趋势图

资料来源：国家统计局。

自 2008 年达到历史高点 0.491 以来，该指标呈现明显的下降趋势，2014 年基尼系数降到 0.469，达到近十年最低，是自 2003 年公布基尼系数以来的历史最低点，说明居民收入差距有了一定程度的缓和，但我国的基尼系数仍处于较大值，收入差距较大。

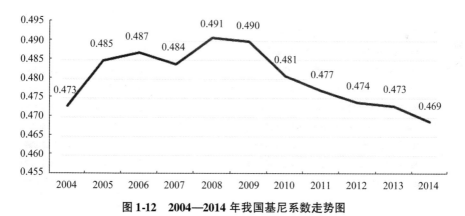

图 1-12 2004—2014 年我国基尼系数走势图

资料来源：国家统计局。

### 1.2.3 从收入结构上来看，农村和城镇居民的收入结构及变化趋势差异明显

从 2014 年公布的数据来看，按收入来源分，全国居民人均可支配收入及其占比为：财产净收入 1 588 元，占 7.9%；经营净收入 3 732 元，占 18.5%；工资性收入 11 421 元，占 56.6%；转移净收入 3 427 元，占 17%（见图 1-13）。

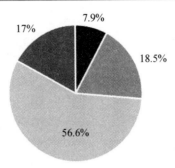

图1-13 2014年全国居民收入结构

资料来源:国家统计局。

从截止到2013年的数据来看,农村居民现金收入中,工资性现金收入比例逐渐增加,经营现金收入逐渐降低,财产性收入略有上升,转移性收入稳步增加。但从内部结构来看,经营现金收入仍然是占比最大的一部分收入,约占50%;工资性收入排在第二位,约占35%。这与农民工规模和比例的上升,以及社会平均工资水平的提高相吻合(见图1-14)。

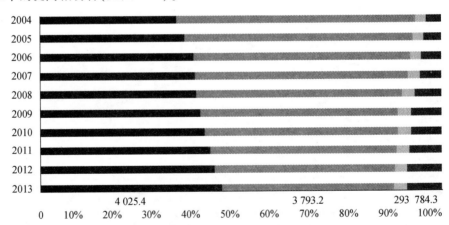

图1-14 农村居民现金收入结构及其变化

资料来源:国家统计局。

从城镇居民可支配收入数据的变化来看,工资性收入的比重在逐渐降低,经营性和财产性收入比例稳步上升,转移性收入比较为稳定。从内部结构来看,城镇居民可支配收入中,工资性收入占有绝对优势,占比高达65%左右,其次是转移性收入,约占25%(见图1-15)。

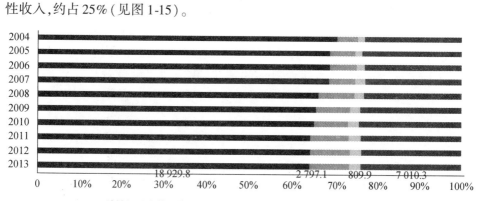

图1-15 城镇居民可支配收入结构及其变化

资料来源:国家统计局。

### 1.2.4 就业总量继续增加,但就业总量压力和结构性矛盾依旧突出

2014年年末全国就业人员77 253万人,其中城镇就业人员39 310万人。全国就业人员继续增加,城镇就业人员总量延续增加趋势,农村就业人员延续下降趋势,至2014年年底,城镇和农村就业人员基本保持持平。全年城镇新增就业1 322万人。年末城镇登记失业率为4.09%。全国农民工总量为27 395万人,比上年增长1.9%(见图1-16)。其中,外出农民工16 821万人,增长1.3%;本地农民工10 574万人,增长2.8%。2014年,各级政府继续坚持劳动者自主就业、市场调节就业、政

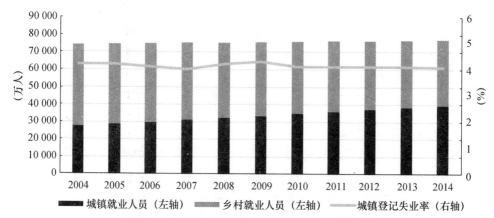

图1-16 城乡就业人员数量和城镇登记失业率

资料来源:国家统计局。

府促进就业和鼓励创业的方针,实施就业优先战略和更加积极的就业政策,对做好就业工作发挥了积极作用。从城镇登记失业率数据来看,2014年失业率较上年略微下降,从4.1%降至4.09%。但是,面对国内经济转型和结构升级的压力,以及国际经济大环境缓慢复苏的现状,我国居民的就业压力仍然较大。另外,劳动生产率稳步提高。全年国家全员劳动生产率为72 313元/人,比上年提高7.0%。

### 1.2.5 政府财政收入稳步增长,但增速保持下降趋势,税收收入依旧是财政收入的主要来源

2014年全年全国一般公共财政收入为140 350亿元,比上年增加11 140亿元,增长8.6%;财政收入同比增速10年间呈现上下波动趋势,近三年财政收入同比增速下滑。其中税收收入119 158亿元,增加8 627亿元,增长7.8%;税收收入占财政收入的比重从2004年的91.55%下降到2014年的84.9%,虽然比重逐年下降但一直在80%以上,说明税收收入依然是财政收入的主要来源(见图1-17)。

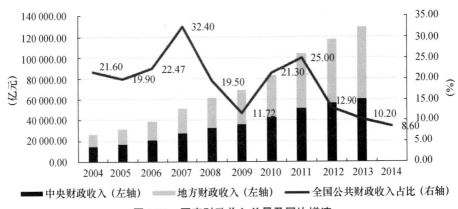

图1-17 国家财政收入总量及同比增速

资料来源:国家统计局。

## 1.3 2014年消费活动运行状况

### 1.3.1 社会消费品零售总额保持较高速度增加,但增速延续放缓趋势

2014年市场销售稳定增长,社会消费品零售总额快速增长。社会消费品零售总额反映一定时期内人民物质文化生活水平的提高情况、社会商品购买力的实现程度,以及零售市场的规模状况。社会消费品零售总额由社会商品供给和有支付能力的商品需求的规模所决定,是研究居民生活水平、社会零售商品购买力、社会生产、货币流通和物价的发展变化趋势的重要资料。2014年全年社会消费品零售

总额为262 394亿元,比上年增长12.0%,扣除价格因素,实际增长10.9%。按经营地统计,城镇消费品零售额为226 368亿元,增长11.8%;乡村消费品零售额为36 027亿元,增长12.9%。按消费类型统计,商品零售额为234 534亿元,增长12.2%;餐饮收入额为27 860亿元,增长9.7%。

2004年至今,我国的社会消费品零售总额由2003年的5.95万亿元增加到2014年的26.2万亿元,增长约4.5倍,消费品市场快速发展,说明人民物质文化生活水平和社会商品购买力提高,零售市场的规模稳步增大。2005—2014年我国社会消费品零售总额增长率一直保持在10%以上,2008年达到近10年最高值22.72%,之后呈下降趋势,增速逐年放缓(见图1-18)。

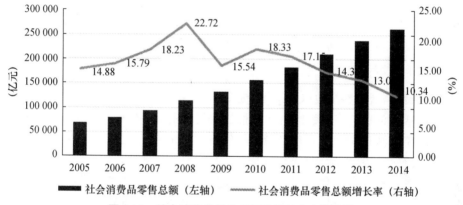

图1-18 社会消费品零售总额及增长率变化趋势

资料来源:国家统计局。

在限额以上企业商品零售额中,粮油、食品、饮料、烟酒类零售额比上年增长11.1%;服装、鞋帽、针纺织品类增长10.9%;化妆品类增长10.0%;金银珠宝类与上年持平;日用品类增长11.6%;家用电器和音像器材类增长9.1%;中西药品类增长15.0%;文化办公用品类增长11.6%;家具类增长13.9%;通信器材类增长32.7%;石油及制品类增长6.6%;建筑及装潢材料类增长13.9%;汽车类增长7.7%(见图1-19)。

全年网上零售额27 898亿元,比上年增长49.7%,其中限额以上单位网上零售额4 400亿元,增长56.2%。

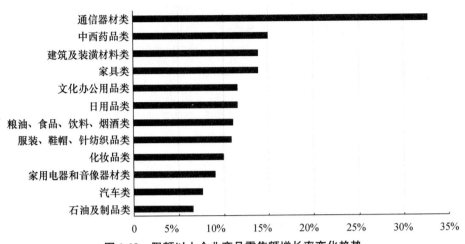

图 1-19 限额以上企业商品零售额增长率变化趋势

资料来源:国家统计局。

### 1.3.2 居民消费价格指数(CPI)上涨放缓

全年居民消费价格指数比上年上涨2.0%,其中食品价格上涨3.1%。固定资产投资价格上涨0.5%,工业生产者出厂价格下降1.9%,工业生产者购进价格下降2.2%,农产品生产者价格下降0.2%。

消费者价格指数(CPI)是反映居民家庭一般所购买的消费商品和服务价格水平变动情况的宏观经济指标。它是度量一组代表性消费商品及服务项目的价格水平随时间而变动的相对数,用来反映居民家庭购买消费商品及服务的价格水平的变动情况。

居民消费价格统计调查的是社会产品和服务项目的最终价格。自2004年以来,我国居民消费价格指数一般都处于100以上,只有2009年下降到100以下(见图1-21)。这说明我国物价基本上处于不断通货膨胀的状态,对居民的消费产生了一定的影响。2014年CPI有所下降,但水平依旧较高。

CPI构成成分可以按食品和非食品两大类。相对于非食品价格的波动,食品价格的波动要大得多,说明CPI的波动主要是由食品价格波动引起的。这主要有以下几点原因:第一,农产品的供应受动植物自然生长规律限制,不能根据需求的变化迅速调整;第二,食品需求弹性较小,因此当供给保持不变时,食品需求和非食品需求增长相同的量,食品需求会引起价格较大幅度的增长;第三,随着我国经济的发展,居民生活经历"温饱—小康—富裕"的逐级提高过程,对食品需求的增长速度过快,食品需求种类也由低档转向高档。同时,食品价格的波动幅度有减缓的趋势,CPI中的服务价格涨幅稳定在CPI和消费品价格的涨幅之上。

图 1-20　2014 年居民消费价格月度环比和同比

资料来源:国家统计局。

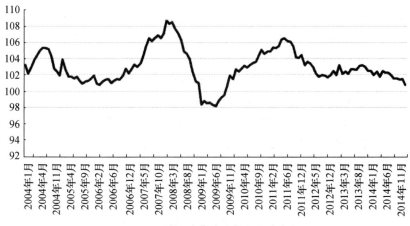

图 1-21　居民消费价格指数历史数据

资料来源:国家统计局。

表 1-2　2014 年居民消费价格比上年涨跌幅度　　　　　　单位:%

| 指标 | 全国 | 城市 | 农村 |
| --- | --- | --- | --- |
| 居民消费价格 | 2.00 | 2.10 | 1.80 |
| 其中:食品 | 3.10 | 3.30 | 2.60 |
| 烟酒及用品 | -0.60 | -0.70 | -0.50 |
| 衣着 | 2.40 | 2.40 | 2.40 |
| 家庭设备用品及维修服务 | 1.20 | 1.20 | 1.20 |

(续表)

| 指标 | 全国 | 城市 | 农村 |
|---|---|---|---|
| 医疗保健和个人用品 | 1.30 | 1.20 | 1.50 |
| 交通和通信 | -0.10 | -0.20 | 0.00 |
| 娱乐教育文化用品及服务 | 1.90 | 1.90 | 1.70 |
| 居住 | 2.00 | 2.10 | 1.90 |

### 1.3.3 城镇居民恩格尔系数继续维持在35.5%左右,农村居民恩格尔系数持续走低,但仍高于城镇数值

恩格尔系数是食品支出总额占个人消费支出总额的比重。19世纪德国统计学家恩格尔根据统计资料,对消费结构的变化得出一个规律:一个家庭收入越少,家庭收入中(或总支出中)用来购买食物的支出所占的比例就越大;随着家庭收入的增加,家庭收入中(或总支出中)用来购买食物的支出比例则会下降。推而广之,一个国家越穷,每个国民的平均收入中(或平均支出中)用于购买食物的支出所占比例就越大,随着国家的富裕,这个比例呈下降趋势。恩格尔系数达59%以上为贫困,50%—59%为温饱,40%—50%为小康,30%—40%为富裕,低于30%为最富裕。联合国根据恩格尔系数的大小,对世界各国的生活水平有一个划分标准,即一个国家平均家庭恩格尔系数大于60%为贫穷,50%—60%为温饱,40%—50%为小康,30%—40%属于相对富裕,20%—30%为富裕,20%以下为极其富裕。从近十年的历史数据可以看出,我国城镇居民恩格尔系数稳定在35%—38%,处于相对富裕水平阶段;农村居民恩格尔系数从2004年的47.2%的高位,逐年稳步下降到2013年的35%,下降了12个百分点,介于小康和相对富裕之间。这一变化说明,农村居民用于食品的支出比例在逐渐降低,城乡居民生活差距进一步缩小(见图1-22)。

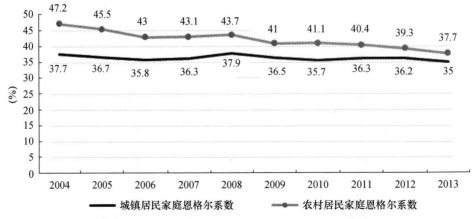

图1-22 城镇居民家庭与农村居民家庭恩格尔系数变化

### 1.3.4 城镇和农村居民人均消费支出总额均保持上升态势,但城镇居民人均消费支出的增速高于农村,二者间的消费支出结构存在差异

2014年全国居民人均消费支出为14 491元,比上年增长9.6%,扣除价格因素,实际增长7.5%。按常住地分,城镇居民人均消费支出为19 968元,增长8.0%,扣除价格因素,实际增长5.8%;农村居民人均消费支出为8 383元,增长12.0%,扣除价格因素,实际增长10.0%。

2004—2014年从绝对量来看,城镇居民人均消费支出显著高于农村居民,二者之间的差距在不断增加;城镇居民的人均消费支出增速也大于农村居民的人均消费增速,两者的差额在拉大(见图1-23)。从结构上来看,以2013年的数据为例,食品支出仍是现有居民消费支出中比例最大的一项。但是,其他的支出项目比重,二者间呈现出明显的差异性。排在城镇居民现金消费支出第2—4名的分别是交通和通信、文教娱乐服务、衣着;排在农村居民现金消费支出第2—4名的分别是居住、医疗保健和文教娱乐服务。之所以会出现这种结果,是因为这里统计的是现金消费支出。城市居民中,大多数都有自有住房,因而这部分支出反而少。农村居民中有很大一部分农民工,在城市务工的过程中反而要支付较多的现金。此外,城镇和农村医疗保障的差异,在这里也体现了出来。城镇居民的人均医疗现金支出总额约为农村居民的一倍,但是在其总支出中的占比较低(见图1-24)。

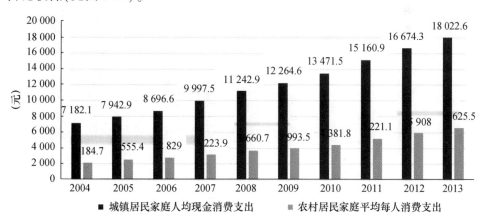

**图1-23 城镇与农村居民家庭人均消费支出**

资料来源:国家统计局。

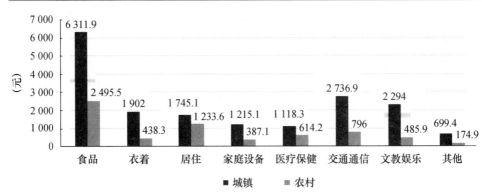

图1-24 2013年城镇与农村居民人均消费支出情况

资料来源：国家统计局。

### 1.3.5 财政支出总额进一步增长,结构进一步优化

2013年,全国公共财政支出为139 744亿元,比上年增加13 791亿元,增长10.9%。其中,中央本级支出为20 472亿元,比上年增加1 707亿元,增长9.1%;地方财政支出为119 272亿元,比上年增加12 084亿元,增长11.3%(见图1-25)。

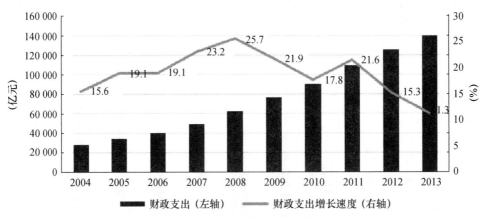

图1-25 2013年财政支出及增速

资料来源：国家统计局。

截至2013年12月底,全国公共财政支出中,教育支出为21 877亿元,同比增长3.0%,主要是上年基数较高(增长28.0%);科学技术支出为5 063亿元,同比增长13.7%;文化体育与传媒支出为2 520亿元,同比增长11.1%;医疗卫生支出为8 209亿元,同比增长13.3%;社会保障和就业支出为14 417亿元,同比增长

14.6%;农林水事务支出为 13 228 亿元,同比增长 9.7%;城乡社区事务支出为 11 067 亿元,同比增长 21.9%;节能环保支出为 3 383 亿元,同比增长 14.2%;交通运输支出为 9 272 亿元,同比增长 13.1%。可以看到在 2013 年政府在关系民生和社会方面的教育、医疗卫生、社会保障和就业和环保支出都有较大投入,这四项的投入金额都有很大增长,特别是后三者的增幅都超过了 10%,表明国家财政对这些方面的支持力度在不断增加,考虑到国家财政收入增速的放缓和地方政府债务的增加,这样的增速是来之不易的(见图 1-26)。

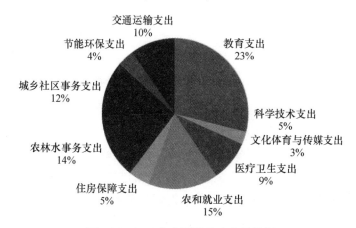

图 1-26 2013 年中国财政支出结构图

资料来源:财政部。

## 1.4 2014 年积累活动运行状况

### 1.4.1 固定资产投资总额继续高速增长,但是增速进一步放缓

2014 年全年固定资产投资完成额达到 512 761 亿元,比 2013 年全年的 446 294.09 亿元高出 14.89%,固定资产继续保持增长趋势。从增速上看,2014 年固定资产累计同比增速明显下降,固定资产累计同比增速自 2013 年 2 月的 21.2%下降至 2014 年 12 月的 15.7%,这与我国国内经济结构调整和转型升级等因素有直接的关系(见图 1-27)。

### 1.4.2 三次产业投资增长率呈现下降趋势,第三产业投资增长率继续超过第二产业

从产业投资总体结构来看,投资的产业结构有所优化,第三产业的投资比重逐步提高。分产业看,2014 年 12 月,第一产业投资为 11 983.16 亿元,同比增长 33.9%,与 2013 年年底相比基本持平,表明我国加强对第一产业投入的持续

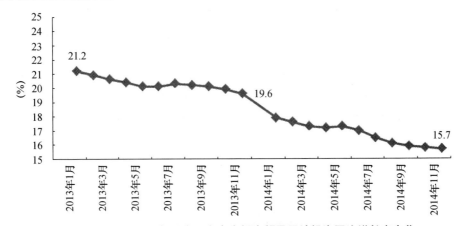

**图 1-27　2013—2014 年月度固定资产投资额及累计投资同比增长率变化**

资料来源：国家统计局。

增加；第二产业投资为 208 106.86 亿元，增长 13.2%，增速出现了一定程度的下降；第三产业投资为 281 914.89 亿元，增长 16.8%，与上年相比增长率下降。从三大产业投资的绝对值来看，第二、三产业的固定资产投资额仍然远高于第一产业，第三产业略高于第二产业，二者在投资拉动经济增长中占有重要地位（见图 1-28）。

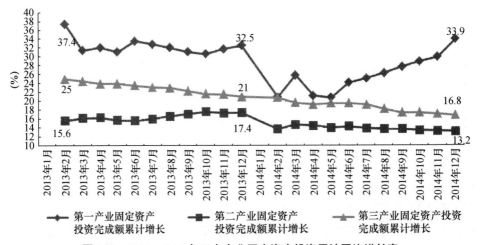

**图 1-28　2013—2014 年三大产业固定资产投资累计同比增长率**

资料来源：国家统计局。

### 1.4.3 民间投资增速低于去年水平,但高于总体投资增速,并且增速呈现下降趋势

2014年12月,全国民间固定资产投资累计值为321 576亿元,同比名义增长18.1%,增速与2013年相比有所下降。但从走势来看,2014年全年民间固定资产投资累计增长率呈现下降趋势。从结构上看,2014年我国民间投资增速继续保持着高于总体投资增速的态势。1—12月,我国民间投资累计同比增长18.1%,高出同期总体投资增速2.4个百分点,占总体投资的比重达到64.06%(见图1-29)。

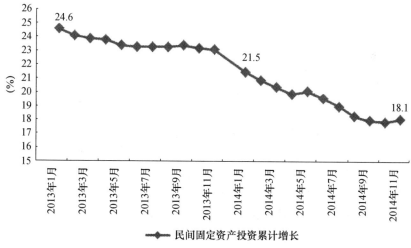

图1-29 2013—2014年民间固定资产投资增速(%)

### 1.4.4 固定资产投资的内部区域、企业类型和项目隶属关系结构变化呈现差异性

从固定资产投资的区域结构来看看,2014年12月,东部地区投资为227 452亿元,同比增长14.6%,增速同比回落3.3个百分点;中部地区投资为141 644亿元,增长17.2%,增速同比回落5.6个百分点;西部地区投资为125 980亿元,增长17.5%,增速同比回落5.5个百分点。

从项目隶属关系看,2014年12月,中央项目投资为25 371亿元,同比增长10.8%,增速同比回落1.6个百分点;地方项目投资为476 634亿元,增长15.9%,增速同比回落4.2个百分点。

从登记注册类型看,2014年12月,内资企业投资为477 023亿元,同比增长16.3%,增速同比下降4.2个百分点;港澳台商投资为11 986亿元,增长8.7%,增速同比增加1.0个百分点;外商投资为11 090亿元,下降0.3%,增速同比下降9.3个百分点(见表1-3)。

表1-3  2013—2014年固定资产投资的增速对比                单位:%

|  | 2014年12月 | 2013年12月 | 变化 |
|---|---|---|---|
| 各地区投资 | | | |
| 　东部地区 | 14.6 | 17.9 | -3.3 |
| 　中部地区 | 17.2 | 22.8 | -5.6 |
| 　西部地区 | 17.5 | 23.0 | -5.5 |
| 项目隶属关系 | | | |
| 　中央项目 | 10.8 | 12.4 | -1.6 |
| 　地方项目 | 15.9 | 20.1 | -4.2 |
| 企业类型 | | | |
| 　内资 | 16.3 | 20.5 | -4.2 |
| 　港澳合资 | 8.7 | 7.0 | 1.0 |
| 　外商投资 | -0.3 | 4.5 | -4.8 |

资料来源:国家统计局。

### 1.4.5 证券市场总体规模扩大,股票发展态势良好

2014年证券市场总体规模较2013年显著上升,增长率为36.2%。同时,从结构上看,各种金融工具的市场规模都在增加,其中增长幅度最大的是股指期货,达到151.0%;而债券市场的增长幅度最低,为19.7%。2014年的沪深股市,在上半年保持平稳运行,下半年出现较快增长,总体上看全年股票市场处于上扬阶段,打破了前几年的疲软态势(见表1-4)。

表1-4  我国证券市场结构

| 金融工具 | 2014年12月30日 | | 2013年12月31日 | | 2014年比2013年 | |
|---|---|---|---|---|---|---|
|  | 规模总额（亿元） | 规模占比（%） | 规模总额（亿元） | 规模占比（%） | 规模变化（%） | 规模占比变化 |
| 封闭式基金 | 1 135.41 | 0.14 | 1 054.24 | 0.17 | 7.7 | -0.03 |
| 股指期货 | 2 117.53 | 0.26 | 843.71 | 0.14 | 151.0 | 0.12 |
| 商品期货 | 9 011.17 | 1.09 | 6 933.60 | 1.14 | 30.0 | -0.05 |
| 开放式基金 | 39 505.11 | 4.76 | 28 432.15 | 4.66 | 38.9 | 0.10 |
| 债券 | 358 871.28 | 43.23 | 299 882.75 | 49.19 | 19.7 | -5.96 |
| 股票 | 419 502.01 | 50.52 | 272 499.64 | 44.70 | 53.9 | 5.82 |
| 合计 | 830 142.51 | 100.00 | 609 646.08 | 100.00 | 36.2 | 0.00 |

资料来源:Wind数据库。

### 1.4.6 货币发行稳步增加,突出结构式方式调整的货币政策

2014 年,中国人民银行继续实施稳健的货币政策,面对全球经济增长动力不足,国内经济处于增速换挡期、结构调整阵痛期、前期政策消化期三期叠加的复杂情况,既保持定力又主动作为,不断补充和完善货币政策工具组合,瞄准经济运行中的突出问题,用调结构的方式适时适度预调微调。在外汇占款投放基础货币出现阶段性放缓的情况下,增强主动提供基础货币的能力,综合运用公开市场操作、短期流动性调节工具、常备借贷便利等多种货币政策工具,保持流动性合理充裕,创设中期借贷便利(MLF)和抵押补充贷款工具(PSL),引导金融机构向国家政策导向的实体经济部门提供低成本资金。非对称下调存贷款基准利率,增强公开市场操作利率弹性,引导社会融资成本下行。

2014 年年末,广义货币供应量 M2 余额为 122.8 万亿元,按可比口径同比增长 12.2%,增速比上年年末低 1.4 个百分点。狭义货币供应量 M1 余额为 34.8 万亿元,同比增长 3.2%,增速比上年年末低 6.1 个百分点。流通中货币 M0 余额为 6.0 万亿元,同比增长 2.9%,增速比上年年末低 4.3 个百分点(见图 1-30)。全年现金净投放 1 688 亿元,同比少投放 2 227 亿元。2014 年下半年以来,货币增速有

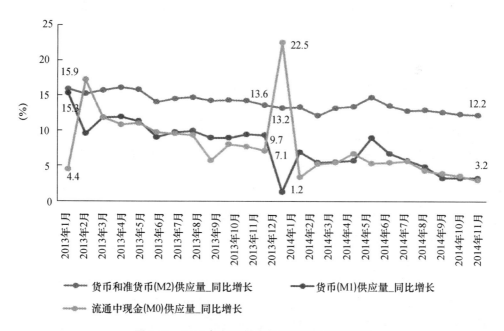

图 1-30　2014 年货币供应量月度同比增速变化

资料来源:国家统计局。

所放缓,主要与经济结构调整步伐加快、表外融资收缩、监管措施强化以及国际收支变化有关。当前M2增速仍高出名义GDP增速3个百分点左右,可以满足实体经济的有效需求。

### 1.4.7 融资规模稳步增加,融资结构多样化

2014年年末,金融机构本外币贷款余额为86.8万亿元,同比增长13.3%,比年初增加10.2万亿元,同比多增8223亿元。人民币贷款增长较快,年末余额为81.7万亿元,同比增长13.6%,增速连续两个月回升,比10月末高0.4个百分点,比上年年末低0.5个百分点。全年新增人民币贷款9.78万亿元,同比多增8900亿元,增量创历史新高。

初步统计,2014年社会融资规模为16.46万亿元,比上年少8598亿元,为历史次高水平。从全年社会融资规模整体情况看,主要有以下四个特点:第一,人民币贷款占比明显上升。2014年,新增人民币贷款占社会融资规模的59.4%,同比高8.1个百分点。第二,外币贷款增量低于上年。新增外币贷款折合人民币为3554亿元,同比少增2294亿元;占同期社会融资规模的2.2%,比上年低1.2个百分点。其中,12月外币贷款折合人民币增加540亿元,由之前连续五个月减少转为增加。第三,债券和股票融资大幅增加,拉动直接融资金额和占比均创历史最高水平。非金融企业境内债券和股票合计融资2.86万亿元,比上年多8273亿元;占同期社会融资规模的17.3%,创历史最高水平,比上年高5.5个百分点。第四,表外融资同比大幅少增。2014年,实体经济以委托贷款、信托贷款和未贴现的银行承兑汇票方式合计融资2.90万亿元,同比少2.27万亿元;占同期社会融资规模的17.5%,比上年低12.3个百分点。12月,表外融资恢复增长态势,合计融资7254亿元,分别比上月和上年同期多6966亿元和1737亿元,其中,信托贷款和未贴现银行承兑汇票融资由之前连续五个月为负转为正增长。

## 1.5 2014年我国对外经济活动运行情况

### 1.5.1 我国对外贸易总额仍稳定增长,但增速有所下滑

2014年,我国进出口总值26.43万亿元,同比增长2.3%,其中出口14.39万亿元,增长4.9%,进口12.04万亿元,下降0.6%,贸易顺差2.35万亿元,扩大45.9%。从2014年的数据可以看出,1—12月进口和出口的月度当期数值除在2月明显下降外,总体上呈现稳步上升的趋势(见图1-31)。

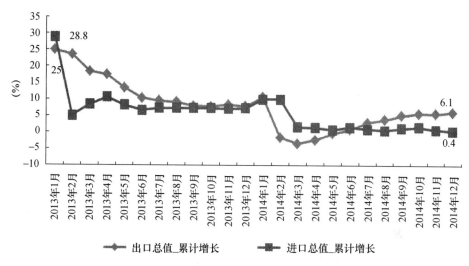

**图 1-31　2014 年我国进出口月度数据总额变化**

资料来源：国家统计局。

同时,受国际经济环境的影响,以及国内劳动力成本上升,我国的进出口贸易的增速有所下滑。2014 年月度累计出口增速从 1 月的 10.6% 下降到 3 月的 -3.4%,然后逐步回升到 12 月的 6.4%(见图 1-32)。

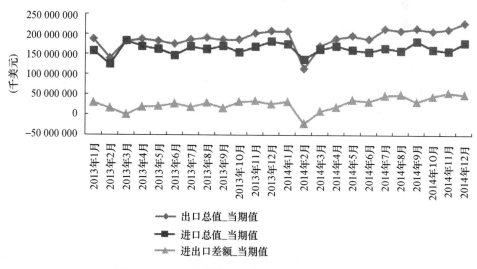

**图 1-32　2014 年我国进口和出口月度累计增长率**

资料来源：国家统计局。

## 1.5.2 我国对外贸易回归传统市场,对外贸易的内部区域结构和产业结构进一步优化

随着发达国家经济复苏态势逐步稳固,传统市场需求得到改善。2014年我国对主要发达市场的进出口贸易扭转了上年低迷态势,增速有所提高。2014年,我国对美双边贸易增长6.58%,其中出口增长7.51%,美国继续为我国第一大贸易伙伴;对欧贸易恢复性增长10.1%,出口增长9.9%,增速扭转了上年同期下跌局面,并显著高于其他发达市场;对日双边贸易增长0.4%,其中出口增长0.2%,实现了由负转正。与此同时,我国对新兴市场贸易呈现分化,对周边东盟、印度、俄罗斯等国家和地区出口保持了较快增长,对部分经济波动较大的国家贸易增速下滑。

2014年1—11月,我国中西部地区出口继续快于东部地区,在贸易总额中所占比重进一步提升。东部地区向中西部地区产业转移加速,同时近几年已转移的投资逐步形成产能,并推动中西部地区出口迅速增长。重庆、四川、江西、广西和湖南等中西部省份的出口增速明显高于同期我国总体出口,而广东、江苏等南部7省份对外贸易比重回落,1—11月占进出口总值较上年同期下降2个百分点左右。

世界主要国家经济发展分化,新兴市场经济风险逐步显现,并影响到我国某些领域产品出口。2014年1—11月,我国机电产品出口增长2.8%,占出口总值的55.8%,比重较2013年下降近2个百分点,高新技术出口负增长1.3%。这与新兴经济体市场不旺、投资品需求缩减有关。劳动密集型产品出口提速,占比提升至20.9%,鞋帽、玩具等产品出口增速明显高于机电产品。

中国商品出口替代能力不断增强,一般贸易增长持续快于加工贸易。2014年1—11月,一般贸易进出口增长5.6%,加工贸易下降3.2%。目前,一般贸易占我国出口比重达到51.4%,加工贸易降至37.7%。贸易方式结构变化,表明我国在品牌、技术、产品附加值等方面取得进展,有利于提升我国在全球价值链中的位置与优势。

## 1.5.3 服务贸易总额快速增长,但是仍处于逆差状态

2014年,中国服务贸易保持较快增长,服务进出口总额为6 043.4亿美元,首次突破6 000亿美元,同比增长12.6%。其中出口为2 222.1亿美元,同比增长7.6%;进口为3 821.3亿美元,同比增长15.8%;服务进出口占对外贸易的比重为12.3%,比上年提高0.8个百分点。服务外包保持高速发展,2014年,我国承接国际服务外包合同金额和执行金额分别为718.3亿美元和559.2亿美元,同比分别增长15.1%和23.1%。截至2014年年底,服务外包产业吸纳就业607.2万人,其中大学(含大专)以上学历404.7万人,占从业人员的66.7%。

### 1.5.4 我国实际利用外商直接投资规模稳步增加,主要来源于外资企业的贡献

从企业类型划分,我国实际利用外商直接投资包括合资经营企业、合作经营企业、外资企业、外商投资股份制企业四类。从这四类企业的结构来看,我国实际利用外商直接投资主要来自外资企业和合资经营企业。根据近十年的数据走势,外资企业的贡献约在76%左右,合资企业的贡献约在20%左右(见图1-33)。

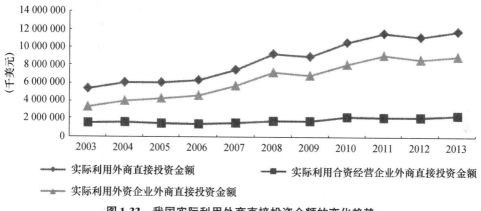

**图 1-33 我国实际利用外商直接投资金额的变化趋势**

资料来源:国家统计局。

### 1.5.5 服务业实际利用外资保持快速增长,中西部地区增速高于东部地区

服务业实际使用外资保持增长。1—12月,服务业实际使用外资金额为4 068.1亿元(折合662.4亿美元),同比增长7.8%,在全国总量中的比重为55.4%;其中分销服务业、运输服务业实际使用外资规模较大,分别为473.7亿元(折合77.1亿美元)、273.5亿元(折合44.6亿美元)。农、林、牧、渔业实际使用外资金额93.5亿元(折合15.2亿美元),同比下降15.4%,在全国总量中的比重为1.3%。制造业实际使用外资金额为2 452.5亿元(折合399.4亿美元),同比下降12.3%,在全国总量中的比重为33.4%;其中通信设备、计算机及其他电子设备制造业,交通运输设备制造业,化学原料及化学制品业实际使用外资规模较大,分别为377.4亿元(折合61.5亿美元)、234.7亿元(折合38.2亿美元)、195.1亿元(折合31.8亿美元)。

从地区结构来看,中部地区实际使用外资增长较快,东、西部地区实际使用外资规模稳定。2014年1—12月,东部地区实际使用外资6 014.9亿元(折合979.2亿美元),同比增长1.1%;中部地区实际使用外资666.9亿元(折合108.6亿美元),同比增长7.5%;西部地区实际使用外资661.6亿元(折合107.8亿美元),同比增长1.6%。

### 1.5.6 我国双向投资首次接近平衡,跨境并购活动日益趋向多元化

2014年全年,我国境内投资者共对全球156个国家和地区的6 128家境外企业进行了直接投资,累计实现非金融类对外直接投资6 320.5亿元。以美元计,全年累计实现非金融类对外直接投资1 028.9亿美元,同比增长14.1%。其中12月当月,实现非金融类对外直接投资804.1亿元,以美元计为130.9亿美元,同比增长31.8%。截至2014年年底,我国累计非金融类对外直接投资3.97万亿元(折合6 463亿美元)。

我国双向投资首次接近平衡。据商务部和国家外汇管理局统计,2014年我国共实现全行业对外直接投资1 160亿美元,同比增长15.5%,其中金融类131.1亿美元,同比增长27.5%,非金融类1 028.9亿美元,同比增长14.1%。全国对外直接投资规模与同期我国吸引外资规模仅差35.6亿美元,这也是我国双向投资按现有统计口径首次接近平衡。

2014年我国大型对外投资并购项目投资领域呈现多元趋势。能源矿产领域继续成为投资热点,五矿资源等企业联营体以58.5亿美元收购秘鲁拉斯邦巴斯铜矿;国家电网公司以21.01亿欧元(折合25.4亿美元)收购意大利存贷款能源网公司35%股权。制造业领域并购活跃,联想集团以29.1亿美元收购美国摩托罗拉公司移动手机业务;东风汽车有限公司以10.9亿美元收购法国标致雪铁龙集团14.1%股权。农业领域跨国并购取得突破,中粮集团以15亿美元并购新加坡来宝农业公司和以12.9亿美元并购荷兰尼德拉公司,成为迄今农业领域对外投资最大的两个项目。

对外直接投资产业结构继续优化。2014年对外直接投资产业门类广泛,涉及租赁和商务服务业、采矿业、批发和零售业、建筑业、制造业、房地产业、交通运输、仓储和邮政业等15大类,其中租赁和商务服务业为372.5亿美元,采矿业为193.3亿美元,批发零售业为172.7亿美元,上述三个行业成为对外直接投资的主要领域。

## 1.6 2015年宏观经济走势分析

展望2015年,国内外发展环境仍将复杂多变,世界经济可能继续保持低增长态势,不稳定因素依然较多;国内经济增速换挡,结构深刻变动,改革深入推进会使部分行业和地区继续处于转型"阵痛"之中。同时,我国全面深化改革不断取得新进展,政府简政放权不断取得新成效,经济运行有望保持在合理区间。

### 1.6.1 经济结构性减速,GDP增速预期下调至7%

导致经济结构性减速的因素都来自实体经济层面,包括实体经济经营环境恶化、创新能力滞后以及资源环境约束增强等。展望2015年,由于实际经济复苏缓

慢和国际市场竞争压力增大,外部需求对我国出口的拉动作用难以大幅上升。同时,由于需求增长面临的诸多制约、传统产业产能过剩以及企业生产经营的困难,国内经济增长的内生动力仍然不足。但是,由于改革红利的释放、服务业发展的拉动力、转型升级带来的巨大潜力等有利因素,2015年的新经济有望保持平稳发展。

### 1.6.2 消费继续保持平稳增长,投资增长稳中趋缓,进出口将继续保持低增长

我国经济增长对就业的吸纳能力不断提高,居民收入持续增长,基本公共服务保障水平不断提升,消费环境不断改善。国家扩大内需的战略安排将进一步释放居民消费潜力。

投资方面,房地产市场调整仍在继续,去库存压力较大,对新建开发投资的影响将持续呈现。企业杠杆率较高,部分行业供大于求,将制约企业投资空间。基础设施投资受到地方政府债务危机影响,难以保持较快增速。但随着政府简政放权的进一步推进、投资体制改革的进一步深化,以及民间投资准入的进一步放宽,投资增长仍有支撑。总体来看,2015年投资增长将保持缓中趋稳的态势。

对外贸易方面,国际市场需求有望继续回暖,加上我国促进外贸稳定发展的政策效果进一步发挥,外贸增速可能略高于2014年。但由于近年来国际贸易保护主义强化以及主要发达经济体再工业化的影响,预计2015年我国对外贸易总量将保持个位数增长。

### 1.6.3 货币政策走向宽松,资本市场繁荣发展

2014年,定向宽松已经成为货币政策的主基调,央行下一步可能采取下调正回购利率,扩大定向降准、降息的范围和规模,扩大SLF的范围和规模等措施,2015年这些政策仍然会被继续使用。

从资金层面来看,2014年资金面保持相对宽松。在中速增长常态化的大背景下,2015年资金面保持相对宽松将常态化。为了便于经济转型,同时使得市场利率保持在最低水平,2015年货币政策将继续维持宽松的局面,并推动资本市场进一步繁荣发展。

### 1.6.4 全球经济仍将保持低速增长,贸易保护主义加剧

2014年,全球经济复苏步伐弱于预期,美国经济复苏势头较好,但欧元区和日本经济出现停滞不前现象;受金融动荡及乌克兰危机影响,新兴经济体增速继续放缓,但改革力度较大的印度经济表现较好;全球就业市场出现积极变化,但青年失业率仍处较高水平;发达国家物价低位徘徊,新兴经济体仍存在较大通胀压力;全球贸易低速增长。

2015年,再工业化有望推动美国经济继续扩张,结构调整将会促进全球经济复苏,但美国货币政策正常化将会对新兴市场形成一定冲击,发达国家高负债及

主要经济体潜在增长率下移也将对世界经济构成一定的不利影响。预计2015年世界经济表现将好于2014年,但仍属缓慢复苏,IMF预计增速将在3.8%左右。

**1.6.5 国企混合所有制改革助推经济发展,提升国企活力**

十八届三中全会《关于全面深化改革若干重大问题的决定》中提出,"要积极发展混合所有制经济"。在此背景下,新一轮国企改革大幕亦随之开启,全面深化改革浪潮涌动,混合所有制成为推动国企改革焦点。

积极发展混合所有制经济,将有利于改善国有企业、集体企业和非公有制企业的产权结构,推动企业建立适应市场经济发展的现代企业制度;有利于国有资本放大功能、保值增值、提高竞争力;有利于推动各类所有制企业产权的流动和重组,优化资本配置,使效益最大化;有利于依托多元产权架构和市场化的运营机制提高国有经济或公有经济效益;有利于非公有制经济进入基础设施、公用事业等更多领域,拓展发展空间。积极发展混合所有制经济,必将对发展中国特色社会主义产生重大影响。

**1.6.6 经济结构进一步调整,"互联网+"模式推动经济转型升级**

目前全球经济危机不断,主要经济体都主张修复自身资产负债表,具体政策上表现为"去杠杆化""去库存化"等。目前我国地方政府债务负担沉重,企业间接融资占比过高,以及企业的高库存的现象都限制了中国经济的发展。2015年3月12日,财政部发文确认置换1万亿地债,置换债券由地方政府自发自还,并且必须用于2015年到期的债务,占2015年到期政府债务的53.8%。同时资本市场注册制改革将拓宽企业融资渠道,降低间接融资比例,减轻企业利息负担。

"互联网+"是互联网与传统行业融合发展的新形态、新业态,它代表一种新的经济增长形态,有助于充分发挥互联网在生产要素配置中的优化和集成作用,将互联网的创新成果深度融合于经济社会各领域之中,从而提升实体经济的创新力和生产力,形成更广泛的以互联网为基础设施和实现工具的经济发展模式。

# 第 2 章　2014 年中国财政收入分析

## 2.1　2013 年财政收入决算回顾

2013 年以来,我国经济发展总体平稳,经济运行保持在合理区间,经济形势总体符合宏观调控和发展预期。面对极为错综复杂的国内外形势,各地区、各部门在党中央、国务院的坚强领导下,团结一心、奋力拼搏,经济社会发展稳中有进、稳中向好。在此基础上,财政工作与财政改革发展有序推进,预算执行总体良好。

### 2.1.1　2013 年财政收入决算

2013 年全国公共财政收入为 129 142.9 亿元,比 2012 年增长 10.1%,其中中央财政收入为 60 173.77 亿元,完成预算的 100.2%,增长 7.1%,加上从中央预算稳定调节基金调入 1 000 亿元,中央财政实际可用的收入总量为 61 173.77 亿元。2013 年年末中央财政国债余额为 86 750.46 亿元,控制在年度预算限额 91 208.35 亿元以内。地方本级收入为 68 969.13 亿元,加上中央对地方税收返还和转移支付 48 037.64 亿元,地方财政调入资金为 149.74 亿元,地方财政收入总量为 117 156.51 亿元。地方财政收入总量为 106 439.97 亿元,增长 10.1%。

2013 年全国政府性基金收入为 52 238.61 元,比 2012 年增长 39.2%,其中中央政府性基金收入为 4 231.7 亿元,为预算的 116.9%,增长 27.5%。超过预算的原因主要是中央财政向烟草总公司收取部分税后利润,用于支持铁路建设支出。加上 2012 年结转收入为 834.73 亿元,2013 年中央政府性基金收入总量为 5 066.43 亿元;地方政府性基金本级收入为 48 006.91 亿元,增长 40.3%,其中国有土地使用权出让收入为 41 249.52 亿元。加上中央政府性基金对地方转移支付 1 498.61 亿元,地方政府性基金收入为 49 505.52 亿元。

2013 年全国国有资本经营收入为 1 651.36 亿元。其中,中央国有资本经营收入 1 058.27 亿元,为预算的 104.7%,增长 9%。加上 2012 年结转收入为 71.95 亿元,收入总量为 1 130.22 亿元。地方国有资本经营收入为 593.09 亿元,地方国有资本经营支出为 535.41 亿元。地方国有资本经营收大于支的部分结转下年使用。

### 2.1.2　2013 年财政收入特点

2013 年财政收入的完成情况,正如表 2-1 和图 2-1、图 2-2 所示,主要有以下特点:

表 2-1 2003—2013 年财政收入及增长状况

| 年份 | 财政收入（亿元） | 增长率（%） | 占GDP比重（%） | 中央财政收入 ||| 地方财政收入 ||| 税收收入（亿元） | 税收/财政收入（%） |
|---|---|---|---|---|---|---|---|---|---|---|---|
| | | | | 收入（亿元） | 增长率（%） | 占收入比（%） | 收入（亿元） | 增长率（%） | 占收入比（%） | | |
| 2003 | 21 715 | 14.87 | 15.90 | 11 865 | 14.21 | 54.64 | 9 850 | 15.68 | 45.36 | 20 017 | 92.18 |
| 2004 | 26 396 | 21.56 | 16.42 | 14 503 | 22.23 | 54.94 | 11 893 | 20.75 | 45.06 | 24 166 | 91.55 |
| 2005 | 31 649 | 19.90 | 17.03 | 16 549 | 14.10 | 52.29 | 15 101 | 26.97 | 47.71 | 28 779 | 90.93 |
| 2006 | 38 760 | 22.47 | 17.81 | 20 457 | 23.62 | 52.78 | 18 304 | 21.21 | 47.22 | 34 804 | 89.79 |
| 2007 | 51 304 | 32.36 | 19.15 | 27 739 | 35.60 | 54.07 | 23 565 | 28.75 | 45.93 | 45 622 | 88.92 |
| 2008 | 61 330 | 19.54 | 19.36 | 32 681 | 17.81 | 53.29 | 28 650 | 21.58 | 46.71 | 54 224 | 88.41 |
| 2009 | 68 518 | 11.72 | 19.82 | 35 916 | 9.90 | 52.42 | 32 603 | 13.80 | 47.58 | 59 522 | 86.87 |
| 2010 | 83 080 | 21.25 | 20.32 | 42 470 | 18.25 | 51.12 | 40 610 | 24.56 | 48.88 | 73 202 | 88.11 |
| 2011 | 103 740 | 24.87 | 21.46 | 51 306 | 20.81 | 49.46 | 52 434 | 29.12 | 50.54 | 89 720 | 86.49 |
| 2012 | 117 254 | 13.00 | 21.95 | 56 175 | 9.40 | 47.91 | 61 078 | 16.49 | 52.09 | 100 614 | 85.81 |
| 2013 | 129 143 | 10.14 | 21.97 | 60 174 | 7.10 | 46.59 | 68 969 | 12.90 | 53.41 | 110 531 | 85.59 |

注：① 中央财政收入与地方财政收入均指本级政府收入，未包括中央对地方的税收返还和转移支付；② 为保证与当年财政支出状况统一口径，GDP名义增长率未经过价格指数调整，以当年价格计算。

资料来源：根据《中国统计年鉴 2014》和财政部网站相关资料汇总计算整理。

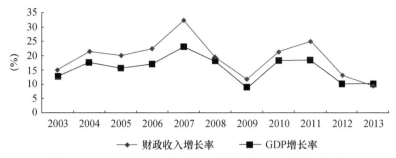

**图 2-1　2003—2013 年财政收入增长率及 GDP 增长率比较**

资料来源：根据《中国统计年鉴 2014》和财政部网站相关资料汇总计算整理。

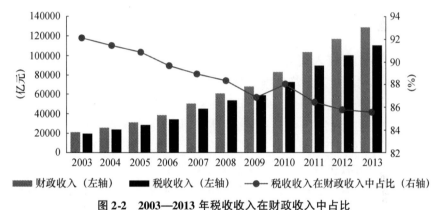

**图 2-2　2003—2013 年税收收入在财政收入中占比**

资料来源：根据《中国统计年鉴 2014》和财政部网站相关资料汇总计算整理。

(1) 从收入总量来看,财政收入增长速度继续放缓。2013 年全国公共财政收入 129 142.9 亿元,比 2012 年增长 10.1%,增幅比上一年度降低了 2.9 个百分点,从表 2-1 看出,这一增幅低于 2003—2012 年内的其他年份,处于十年内最低水平。从中央与地方财政收入的比重关系来看,自 2007 年以来中央财政收入占比连续降低,2013 年与 2007 年相比降低了 7.48 个百分点。

(2) 财政收入增速与经济增长速度大致持平。继 2012 年的较大回落之后,2013 年我国宏观经济增长速度实现了平稳增长,2013 年的 GDP 增长率与 2012 年相比基本不变。随着我国结构性减税政策的推进,2013 年我国财政收入的增速有了小幅下降,形成了财政收入与宏观经济同比例增长的状态。

(3) 从收入结构来看,税收收入占财政收入的比重总体继续呈下降趋势。从财政收入的构成来看,税收收入从 2003 年的 20 017 亿元增加到 2013 年的 110 531 亿元,增长了近 5 倍;非税收入从 2003 年的 1 698 亿元增加到 2013 年的 18 612 亿元,增长了近 10 倍,相比税收收入占财政收入的相对比重依旧保持扩大的趋势。税收收入在财政收入中所占比重除 2010 年有所反弹之外,呈现逐年下降趋势,2013 年下降到最低点 85.59%,反映出财政收入中非税收入的增长要快于税收收入的增长速度。

(4) 结构性减税依旧是 2013 年度的工作重点,2013 年为促进经济平稳较快发展,我国实施积极的财政政策,充分发挥财税政策在调结构方面的作用,推动经济转型升级。主要相关举措包括:进一步扩大营改增试点,交通运输业和部分现代服务业营改增试点顺利推向全国;实施了部分资源品目资源税从价计征改革试点;取消或免征了 348 项行政事业性收费,减轻企业负担 1 500 多亿元;暂免征收部分小微企业增值税和营业税,为超过 600 万户小微企业带来实惠;扩大了企业研发费用税前加计扣除范围,新增研发人员"五险一金"等扣除项目。

## 2.2 2014 年财政收入总量分析

### 2.2.1 2014 年财政收入预算安排情况①

根据我国经济社会发展的中长期趋势变化、未来几年各领域支出需求,以及党中央、国务院确定的 2014 年经济社会发展预期指标和重点任务情况,按照收入预算实事求是、积极稳妥、留有余地的原则,对公共财政预算、政府性基金预算、国有资本经营预算和社会保险基金预算统筹安排如下:

(1) 公共财政预算安排情况。从中央财政预算来看,中央财政收入为 64 380 亿元,比 2013 年执行数(下同)增长 7%;从中央预算稳定调节基金调入 1 000.00 亿元,合计可使用的收入总量为 65 380 亿元。从地方财政预算来看,根据地方预算初步安排情况,地方本级收入为 75 150 亿元,增长 9%,加上中央对地方税收返还和转移支付收入为 51 874 亿元,地方财政收入合计预计为 127 024 亿元。汇总中央和地方预算安排,全国财政收入为 139 530 亿元,增长 8%。加上从中央预算稳定调节基金调入 1 000 亿元,可安排的收入总量为 140 530 亿元。

2014 年中央财政主要收入项目指标安排如下②:

国内增值税为 21 760 亿元,预算数为上年执行数的 106.0%;国内消费税为 8 870 亿元,预算数为上年执行数的 107.8%;进口货物增值税、消费税 14 935 亿元,预算数为上年执行数的 106.7%;企业所得税为 15 610 亿元,预算数为上年执行数的 108.1%;个人所得税为 4 290 亿元,预算数为上年执行数的 109.5%;出口

---

① 《关于 2013 年中央和地方预算执行情况与 2014 年中央和地方预算草案的报告》,中央政府门户网站。

② 《2014 年中央公共财政收入预算表》,中华人民共和国财政部网站。

货物退增值税、消费税为 11 333 亿元,预算数为上年执行数的 107.8%;关税为 2 805 亿元,预算数为上年执行数的 106.6%;非税收入为 3 735 亿元,预算数为上年执行数的 105.5%。

中央对地方税收返还和转移支付安排情况:中央对地方税收返还和转移支付为 51 874 亿元,增长 8%。其中,一般性转移支付为 27 217.87 亿元,增长 10.9%;专项转移支付为 19 569.22 亿元,增长 6.1%。在一般性转移支付中,均衡性转移支付为 10 807.81 亿元,增长 10.1%。

(2) 政府性基金预算安排情况。中央政府性基金收入为 4 168.62 亿元,下降 1.5%。加上上年结转收入为 806.96 亿元,中央政府性基金收入总量为 4 975.58 亿元。地方政府性基金本级收入为 43 140.61 亿元,下降 10.1%。其中,国有土地使用权出让收入为 36 371.31 亿元,下降 11.8%。加上中央政府性基金对地方转移支付为 1 553.21 亿元,地方政府性基金收入为 44 693.82 亿元。汇总中央和地方预算,全国政府性基金收入为 47 309.23 亿元,下降 9.4%,加上上年结转收入为 806.96 亿元,全国政府性基金收入总量为 48 116.19 亿元。

(3) 国有资本经营预算安排情况。2014 年,中央国有资本经营收入为 1 426 亿元,增长 34.7%。加上上年结转收入为 152.03 亿元,中央国有资本经营收入总量为 1 578.03 亿元。地方国有资本经营收入为 555.79 亿元。汇总中央和地方预算,全国国有资本经营收入为 1 981.79 亿元,加上上年结转收入为 152.03 亿元,全国国有资本经营收入总量为 2 133.82 亿元。

(4) 社会保险基金预算。全国社会保险基金收入为 37 666.51 亿元,增长 9.1%,其中,保险费收入为 28 087.56 亿元,财政补贴收入为 8 211.85 亿元。全国社会保险基金支出 32 581 亿元,增长 13.9%。本年收支结余 5 085.51 亿元,年末滚存结余 48 527.36 亿元。

## 2.2.2 2014 年财政收入实际执行情况

(1) 公共财政收入情况。2014 年 1—12 月累计,全国财政收入为 140 350 亿元,比上年增加 11 140 亿元,增长 8.6%。其中,中央一般公共财政收入为 64 490 亿元,比上年增加 4 292 亿元,增长 7.1%;地方一般公共财政收入(本级)为 75 860 亿元,比上年增加 6 849 亿元,增长 9.9%。一般公共财政收入中的税收收入为 119 158 亿元,同比增长 7.8%。

(2) 政府性基金收入情况。2014 年 1—12 月累计,全国政府性基金收入为 54 093 亿元,比上年同期增加 1 854 亿元,增长 3.5%。其中,中央政府性基金收入为 4 098 亿元,为预算的 98.3%,同比减少 134 亿元,下降 3.3%。地方政府性基金本级收入为 49 996 亿元,同比增加 1 989 亿元,增长 41%。

### 2.2.3 2014年财政收入总体趋势

2014年,全国一般公共财政收入增长8.6%,比2012、2013年分别回落4.3个和1.6个百分点。主要影响因素:一是工业生产、消费、投资、进出口、企业利润等指标增幅均不同程度回落,增值税、营业税、进口环节税收、企业所得税等主体税种增幅相应放缓。二是工业生产者出厂价格(PPI)持续下降,影响以现价计算的财政收入增长。三是房地产市场调整影响扩大,商品房销售额明显下滑,与之相关的房地产营业税、房地产企业所得税、契税、土地增值税等回落较多。四是扩大营改增试点范围等政策,在减轻企业负担的同时,对财政形成减收。分中央和地方看,中央一般公共财政收入增长7.1%,其中前三季度增长6%,第四季度受部分金融机构上缴国有资本经营收入增加等影响,中央收入增幅回升到11.2%。地方一般公共财政收入增长9.9%,自2003年以来首次回落至个位数增长,其中一、二、三季度增幅逐季回落,分别为11.8%、10.5%、7.6%,第四季度受房地产相关税收有所回升等影响,地方收入增幅回升到9.5%。

## 2.3 2014年财政收入结构分析
### 2.3.1 财政收入的月度结构分析

从总体上来看,2014年财政收入增幅比上年同期明显回落。2014年1—12月累计,全国财政收入为129 143亿元,比上年同期增加11 889亿元,增长10.1%。具体月度增长情况如表2-2和图2-3所示。

表2-2  2014年1—12月全国财政收入及其增长

|   | 2014年全国财政收入(亿元) | 中央财政收入(亿元) | 地方财政收入(亿元) | 2013年全国财政收入(亿元) | 同期增长额(亿元) | 同期增长率(%) |
|---|---|---|---|---|---|---|
| 1 | 15 435 | 7 021 | 8 414 | 13 655.9 | 1 778.6 | 13.02 |
| 2 | 9 488 | 4 750 | 4 738 | 8 770.3 | 717.7 | 8.18 |
| 3 | 10 103 | 3 774 | 6 329 | 9 607.8 | 495.2 | 5.15 |
| 4 | 12 481 | 5 812 | 6 669 | 11 430.8 | 1 050.2 | 9.19 |
| 5 | 13 670 | 7 494 | 6 176 | 12 748.9 | 921.1 | 7.22 |
| 6 | 13 461 | 5 477 | 7 984 | 12 377.0 | 1 084.0 | 8.76 |
| 7 | 12 662 | 6 335 | 6 327 | 11 848.6 | 813.4 | 6.86 |
| 8 | 9 109 | 4 454 | 4 655 | 8 588.6 | 520.4 | 6.06 |
| 9 | 9 953 | 4 482 | 5 471 | 9 361.7 | 591.3 | 6.32 |

(续表)

| | 2014年全国财政收入（亿元） | 中央财政收入（亿元） | 地方财政收入（亿元） | 2013年全国财政收入（亿元） | 同期增长额（亿元） | 同期增长率（%） |
|---|---|---|---|---|---|---|
| 10 | 13 280 | 6 663 | 6 617 | 12 136.4 | 1 143.6 | 9.42 |
| 11 | 9 953 | 4 801 | 5 152 | 9 125 | 828 | 9.07 |
| 12 | 10 755 | 3 427 | 7 328 | 9 493 | 1 262 | 13.29 |
| 总计 | 140 350 | 64 490 | 75 860 | 129 143 | 11 207 | 8.68 |

注:2013年12月和2014年12月的财政收入数据根据全年总额倒推计算得出。
资料来源:根据中经网数据中心和中国财政部网站有关数据整理编制。

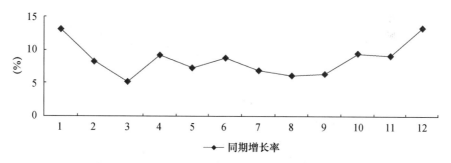

图 2-3　2014 年 1—12 月全国财政收入同比增长情况

在月度增长结构方面,2014 年财政收入除 1 月和 12 月增长率较高之外,其他月份增长幅度都在 5%—10%,其中上半年的增长率呈现波动状态,下半年的增长趋势为先下降后上升。从财政收入的月度数据来看,有以下方面值得关注:

(1) 1—3 月,全国财政收入总和为 35 026 亿元,比上年同期增长 9.3%,增幅逐月回落,各月增幅分别为 13%、8.2%、5.2%。其中,中央财政收入增长 6.4%,比预算增长(7%)低 0.6 个百分点,主要受上年同期基数低的影响,进口两税增长 12.2%,扣除基数低等特殊因素,第一季度中央财政收入增长约 5%;地方财政收入增长 11.8%,扣除与房地产交易直接相关的房地产营业税和企业所得税、契税、土地增值税的增收后增长约 8%。财政收入增速放缓的主要原因:一是工业生产、消费、投资、企业利润等与财政收入增长密切相关的指标增幅均有不同程度回落,增值税、营业税、企业所得税等主体税种增幅相应放缓;二是工业生产者出厂价格(PPI)降幅扩大,影响以现价计算的财政收入增长;三是扩大营改增试点范围,减轻企业税负,增值税、营业税等相应减收,且减收主要体现在中央;四是商品房销售额增幅回落,使地方房地产相关税收增幅回落。

(2) 2—7 月,全国财政收入增长率在 5%—10% 呈波动状态,其中 3 月增长率最低,为5.2%,4月最高,为9.2%。而全国财政收入的波动主要来自中央财政收入的波动。2—7月地方财政收入的增长率稳定在9%—11%,中央财政收入则变化幅度较大,其中3月中央财政收入为3 774亿元,同比下降1.4%,4月中央财政收入为5 812亿元,同比增长8.5%。这也是3月全国财政收入增长率较低而4月全国财政收入增长率较高的原因。1—7月累计,全国财政收入87 300亿元,比上年同期增加6 860亿元,增长8.5%。其中,中央财政收入为40 663亿元,同比增长6%,比预算增幅(7%)低1个百分点;地方财政收入(本级)为46 637亿元,同比增长10.8%。

(3) 8—12月,除了11月的增长率略低于10月之外,全国财政收入增长率基本呈现逐步增长的趋势,这主要有赖于中央财政收入的逐步增长。从8月份开始,地方财政收入的增长率与前7个月相比明显降低,稳定在7%的水平小幅波动。而中央财政收入的增长率由8月份的5.5%上升到12月份的12.1%。8月份之后中央财政收入增幅继续回升,主要原因是部分金融机构上缴中央财政的国有资本经营收入增加,以及前期出口退税进度较快、后半年出口退税相应减少;地方财政收入维持增幅偏低态势,比上年同期增幅明显回落,主要原因是受房地产相关税收增幅回落等因素影响。

### 2.3.2 财政收入的省际结构分析

2014年全国一般公共财政收入为140 350亿元,比上年增加11 140亿元,增长8.6%。其中,中央一般公共财政收入为64 490亿元,比上年增加4 292亿元,增长7.1%;地方一般公共财政收入(本级)为75 860亿元,比上年增加6 849亿元,增长9.9%。一般公共财政收入中的税收收入119 158亿元,同比增长7.8%。

从全国各地方政府的财政收入来看,大多数省份2014年财政收入的增幅都较2013年低。表2-3显示了各地区公共预算收入的完成情况和增长率。2014年各省区的公共预算收入完成情况有以下几个基本特点:第一,从各地方政府2014年公共预算收入的数量来看,规模最大的为广东,为8 060.06亿元,规模最小的为西藏,为124亿元,但西藏的增速是全国最高的,较2013年增长30.8%。第二,公共预算收入超过五千亿元的有三个省,分别是江苏省、山东省和广东省;公共预算收入不足千亿元的有4个地区,分别是青海、甘肃、宁夏和新疆;其他地区的公共预算收入为1 000—5 000亿元。第三,从各地政府当年财政收入的增长率来看,西藏增速最快,为30.8%,其次是湖北的17.1%和江西的16.1%,辽宁为负增长,增速为-4.6%,增速较慢的其他省份包括黑龙江的1.8%和吉林的4.0%,其他省份的增长率保持在5%—15%。由上可以看出,2014年我国西部地区公共预算收入水平最低,东北地区公共预算收入的增速最慢。

表 2-3　2014 年全国各省(区市)地方财政情况

| 序号 | 省份 | 公共预算收入(亿元) | 增长率(%) | 2013 年增长率(%) | 占全国地方财政收入总额的比例(%) |
|---|---|---|---|---|---|
| 1 | 北京 | 4 027.2 | 10.0 | 10.4 | 5.07 |
| 2 | 天津 | 2 390.0 | 15.0 | 18.1 | 3.01 |
| 3 | 河北 | 2 446.6 | 6.6 | 11.2 | 3.08 |
| 4 | 辽宁 | 3 190.7 | -4.6 | 7.5 | 4.02 |
| 5 | 上海 | 4 585.6 | 11.6 | 9.8 | 5.78 |
| 6 | 江苏 | 7 233.1 | 10.1 | 12.1 | 9.11 |
| 7 | 浙江 | 4 121.2 | 8.5 | 10.3 | 5.19 |
| 8 | 福建 | 3 828.0 | 11.6 | 14.0 | 4.82 |
| 9 | 山东 | 5 026.7 | 10.2 | 12.3 | 6.33 |
| 10 | 广东 | 8 060.1 | 13.9 | 15.2 | 10.15 |
| 11 | 山西 | 1 820.1 | 7.0 | 12.1 | 2.29 |
| 12 | 吉林 | 1 203.4 | 4.0 | 11.1 | 1.52 |
| 13 | 黑龙江 | 1 301.0 | 1.8 | 9.8 | 1.64 |
| 14 | 安徽 | 2 218.0 | 8.9 | 11.2 | 2.79 |
| 15 | 江西 | 1 881.5 | 16.1 | 18.1 | 2.37 |
| 16 | 湖北 | 2 567.0 | 17.1 | 20.1 | 3.23 |
| 17 | 湖南 | 3 629.7 | 9.5 | 12.6 | 4.57 |
| 18 | 陕西 | 1 890.0 | 13.6 | 16.8 | 2.38 |
| 19 | 贵州 | 1 366.4 | 13.3 | 18.9 | 1.72 |
| 20 | 宁夏 | 339.8 | 10.2 | 16.7 | 0.43 |
| 21 | 新疆 | 1 282.6 | 13.7 | 24.1 | 1.62 |
| 22 | 青海 | 252.0 | 12.3 | 15.3 | 0.32 |
| 23 | 甘肃 | 672.2 | 13.6 | 18.2 | 0.85 |
| 24 | 四川 | 3 058.5 | 9.8 | 14.5 | 3.85 |
| 25 | 重庆 | 1 921.9 | 13.9 | 15.5 | 2.42 |
| 26 | 内蒙古 | 1 843.2 | 7.1 | 10.7 | 2.32 |
| 27 | 云南 | 1 697.8 | 5.4 | 20.4 | 2.14 |
| 28 | 广西 | 1 422.1 | 8.0 | 12.9 | 1.79 |
| 29 | 西藏 | 124.0 | 30.8 | 18.6 | 0.16 |
| 30 | 海南 | 1 242.8 | 12.1 | 8.7 | 1.57 |
| 31 | 河南 | 2 738.5 | 13.4 | 18.3 | 3.45 |
|  | 全国合计 | 79 381.7 |  | 13.0 | 100.00 |

资料来源:根据中华人民共和国财政部网站相关资料整理。

### 2.3.3 财政收入的类型结构分析

由于从 2011 年年初开始,我国正式按照改革后的预算管理制度实施,将原预算外资金(不含教育收费)全部纳入预算管理,但当年因为各省市的实际执行结果有所不同,只有部分省份做到了将预算外资金全部纳入预算管理。而从 2012 年开始,全国范围都要求做到将全部财政收支纳入预算盘子中,预算外资金正式成为历史。

2014 年 8 月,第十二届全国人大常委会第十次会议表决通过了全国人大常委会关于修改《预算法》的决定,新《预算法》于 2015 年 1 月 1 日起施行。新《预算法》第五条规定了预算包括一般公共预算、政府性基金预算、国有资本经营预算、社会保险基金预算。一般公共预算、政府性基金预算、国有资本经营预算、社会保险基金预算应当保持完整、独立。政府性基金预算、国有资本经营预算、社会保险基金预算应当与一般公共预算相衔接。

按照新《预算法》的规定,财政部公布了 2014 年全口径财政收入四类收入的信息。以下部分从全口径财政收入中四类收入构成比例、公共财政收入中税收收入和非税收入的构成比例,以及税收收入内部各税种之间的构成比例来进行分析财政收入的类型结构。

(一) 全口径财政收入中四类收入构成比例分析

2014 年全年全国公共财政预算收入为 140 350 亿元,比上年增加 11 140 亿元,增长 8.6%。其中,中央一般公共财政收入为 64 490 亿元,比上年增加 4 292 亿元,增长 7.1%;地方一般公共财政收入(本级)为 75 860 亿元,比上年增加 6 849 亿元,增长 9.9%。一般公共财政收入中的税收收入为 119 158 亿元,同比增长 7.8%。

2014 年全国政府性基金收入为 54 093.38 亿元,全国政府性基金支出为 51 387.75 亿元。中央政府性基金收入为 4 097.51 亿元,为预算的 98.3%,下降 3.3%。加上 2013 年结转收入为 907.13 亿元,中央政府性基金收入总量为 5 004.64 亿元。地方政府性基金本级收入为 49 995.87 亿元,增长 4.1%。其中,国有土地使用权出让收入为 42 605.9 亿元。加上中央政府性基金对地方转移支付收入为 1 355.62 亿元,地方政府性基金收入为 51 351.49 亿元。

2014 年全国国有资本经营预算收入为 2 023.44 亿元,全国国有资本经营预算支出为 1 999.95 亿元。其中,中央国有资本经营预算收入为 1 410.91 亿元,为预算的 98.9%,增长 33.3%。加上 2013 年结转收入为 152.19 亿元,收入总量为 1 563.1 亿元。地方国有资本经营预算收入为 612.53 亿元,地方国有资本经营预算支出为 580.83 亿元。

2014 年全国社会保险基金收入为 39 186.46 亿元,为预算的 104%。其中,保险费收入为29 104.1亿元,财政补贴收入为8 446.35亿元。全国社会保险基金支出为33 669.12亿元,完成预算的103.3%。当年收支结余5 517.34亿元,年末滚存结余50 408.76亿元。

四类收入的占比情况如图2-4所示。

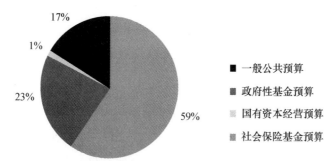

**图2-4　2014年全口径财政收入中四类收入构成比例**

资料来源:财政部网站。

## (二) 公共财政收入中税收收入构成结构分析

从收入总量上来看,2014年1—12月累计,全国公共财政预算收入为140 350亿元。其中,税收收入为119 158亿元,占公共财政预算收入比例为84.9%;其他收入为21 192亿元,占比为15.1%。从收入增速上来看,2014年1—12月累计,全国公共财政收入同比增长为8.68%。其中,税收收入同比增长为7.84%,非税收入同比增长为13.65%,对财政收入总体的增长贡献较大。

2014年税收收入增长的主要特点有:

一是税收总收入增速继续回落,为近五年最低水平,2014年全国税收总收入增速分别比2013年和2012年低2.2和4.4个百分点。2005—2014年全国税收收入增长率如图2-5所示。

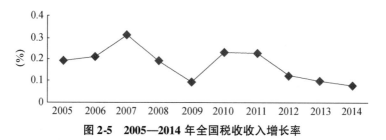

**图2-5　2005—2014年全国税收收入增长率**

二是分季度来看,税收收入增速在前三个季度逐步降低,三季度增速比一、二季度增速分别回落5.11和1.9个百分点,而在第四季度大幅提高。

三是分地区看税收增速"东高西低"。前三个季度东、中、西地区税收收入分别增长8.3%、6.7%和6.2%。部分资源类产业集中地区税收收入形势恶化。山西、内蒙古、辽宁和黑龙江省税收收入分别下降9.6%、9.3%、3.2%和3.1%。分级次看,地方税收收入增速高于中央税收,前三个季度中央、地方税收收入同比增速分别为6.1%和9.7%。

四是分行业看"三产"税收增速继续高于"二产"。前三季度第二、三产业税收增速分别为5.1%和9.9%。第三产业税收占全部税收的比重也超过第二产业8.7个百分点,达到54.3%。第一产业的税收比重很小,仅为0.2%,但前三季度增速达到34%,增速很快。

五是分税种看,2014年1—12月国内增值税为30 849.78亿元,主要是工业增加值增幅、物价涨幅低于年初预期,以及营改增后增值税进项税额抵扣增加较多。国内消费税为8 906.82亿元,为预算的100.4%。进口货物增值税、消费税为14 424.4亿元,占预算的96.6%,主要是大宗商品进口价格下滑、进口额下降等。关税为2 843.19亿元,占预算的101.4%。企业所得税15 812.5亿元,为预算的101.3%。个人所得税4 425.96亿元,为预算的103.2%。出口货物退增值税、消费税11 356.48亿元,为预算的100.2%。非税收入4 457.58亿元,为预算的119.3%,主要是部分金融机构上缴利润增加。如表2-4所示。

表2-4 2014年全国税收总收入和主要税种收入表

| 税种 | 2014年1—10月 | | | 2014年1—12月 | | |
| --- | --- | --- | --- | --- | --- | --- |
| | 收入规模（亿元） | 同期增长率（%） | 占税收收入比重（%） | 收入规模（亿元） | 同期增长额（%） | 同期增长率（%） |
| 国内增值税 | 25 115.23 | 7.9 | 24.5 | 30 849.78 | 2 046.8 | 7.1 |
| 国内消费税 | 7 618.88 | 7.4 | 7.4 | 8 906.82 | 676.8 | 8.2 |
| 进口货物增值税、消费税 | 11 807.21 | 5.5 | 11.5 | 14 424.40 | 421.4 | 3.0 |
| 出口货物退增值税、消费税 | -9 436.12 | 12.2 | -9.2 | -11 356.48 | -841.5 | 8.0 |
| 关税 | 2 361.85 | 11.7 | 2.3 | 2 843.19 | 213.2 | 8.1 |
| 营业税 | 14 757.55 | 1.7 | 14.4 | 17 781.82 | 564.3 | 3.3 |
| 车辆购置税 | 2 381.06 | 12.9 | 2.3 | 2 884.73 | 288.7 | 11.1 |
| 企业所得税 | 24 595.10 | 9.2 | 24.0 | 24 632.49 | 2 216.5 | 9.9 |
| 个人所得税 | 6 225.87 | 12.8 | 6.1 | 7 376.37 | 845.4 | 12.9 |

(续表)

| 税种 | 2014年1—10月 | | | 2014年1—12月 | | |
|---|---|---|---|---|---|---|
| | 收入规模（亿元） | 同期增长率（%） | 占税收收入比重（%） | 收入规模（亿元） | 同期增长额（%） | 同期增长率（%） |
| 城市维护建设税 | 3 017.49 | 6.2 | 2.9 | 3 644.96 | — | — |
| 证券交易印花税 | 459.72 | 17.5 | 0.4 | 667.11 | — | — |
| 资源税 | 887.92 | 8.2 | 0.9 | 1 083.82 | — | — |
| 房产税 | 1 583.04 | 17.5 | 1.5 | 1 851.50 | — | — |
| 土地增值税 | 3 244.57 | — | 3.2 | 3 914.44 | 620.4 | 18.8 |
| 耕地占用税 | 1 559.98 | — | 1.5 | 2 058.50 | 250.5 | 13.9 |
| 城镇土地使用税 | 1 698.99 | — | 1.7 | 1 992.72 | 273.7 | 15.9 |
| 税收总收入 | 102 500.92 | 7.6 | 100.0 | 119 158.05 | 8 661.1 | 7.8 |

注：印花税、烟叶税、车船税、船舶吨税等小税种2014年1—10月及1—12月数据暂缺。城市维护建设税、证券交易印花税和资源税2013年全年数据暂缺；土地增值税和城镇土地使用税2013年1—10月数据暂缺。

资料来源：根据财政部网站相关资料及中经网统计数据库整理。

（三）税收收入各税种的构成结构及变动分析

从按课税对象的性质划分税制结构，一般可将税收划分为对商品（或劳务）的课税、对所得的课税和对财产的课税。从我国的税法体系来看，通常将税收分为流转税、所得税、资源税、财产税、行为税五大类，共二十多种。表2-4主要根据2014年我国各税种的收入规模和增长情况及其对税收收入的贡献和比例，进行了简要的归纳和整理。

1. 2014年税制结构

从整体上看，表2-4所给出的数据表明：一方面，我国的税制结构依旧呈现出流转税占主体的税制结构模式。2014年1—10月累计，货物与劳务税的总额（印花税和烟叶税除外）占税收收入的比重约为53.3%，与2013年相比有所下降；企业所得税和个人所得税的占比之和为30.1%。可以看出，流转税占比虽有降低，但仍占主要地位。以下简要分析一些主要税种的变动情况：

第一，2014年国内增值税收入为30 849.8亿元，占税收总收入的比重为24.6%，同比增长7.1%，增幅与上年同期基本下降了1.9个百分点。扣除营改增转移收入因素后增长2.5%。增幅偏低，主要受工业生产增速放缓、工业生产者出厂价格下降、扩大营改增试点范围、增加进项税抵扣等因素影响。

第二，2014年国内消费税为8 907亿元，同比增长8.2%。其中，卷烟消费税为4 823亿元,增长12.5%。

第三,2014年进口货物增值税、消费税为14 424亿元,同比增长3%;关税为2 843亿元,同比增长8.1%。进口环节税收增幅较低,主要是受部分大宗商品进口价格下滑等因素影响。

第四,2014年营业税为17 782亿元,同比增长3.2%,考虑营改增收入转移因素后增长10.1%。分行业看,受房地产市场调整、商品房销售额下降影响,房地产营业税为5 627亿元,增长4%;建筑业营业税为4 789亿元,增长11%;金融业营业税为3 817亿元,增长20.3%。

第五,2014年企业所得税为24 632亿元,同比增长9.8%。分行业看,工业企业所得税为7 837亿元,增长5.6%;金融业企业所得税为7 529亿元,增长20%;房地产企业所得税为2 961亿元,增长3.9%。

第六,2014年地方小税种情况:受房地产市场调整影响,契税为3 986亿元,同比增长3.7%;土地增值税为3 914亿元,同比增长18.8%;耕地占用税为2 059亿元,同比增长13.8%;城镇土地使用税为1 993亿元,同比增长15.9%。

2. 2014年税收收入变动的原因

总体来看,2014年税收收入增速较前一年继续下滑,2014年税收收入的增长率为7.1%,比2013年降低了2.7个百分点。主要原因是经济增长放缓、企业效益下滑、进口减少以及实施结构性减税政策等的综合反映。

第一,从宏观经济层面来看,国内外经济环境收紧是税收收入增速回落的根本原因。作为财政收入主体部分的税收收入,其增长情况与经济环境密切相关。2014年,首先工业生产、消费、投资、进出口、企业利润等指标增幅均不同程度回落,增值税、营业税、进口环节税收、企业所得税等主体税种增幅相应放缓。二是工业生产者出厂价格指数(PPI)持续下降,影响以现价计算的财政收入增长。三是房地产市场调整影响扩大,商品房销售额明显下滑,与之相关的房地产营业税、房地产企业所得税、契税、土地增值税等回落较多。

第二,从税收政策和征管方面来看,结构性减税政策对税收减收也有较大影响。主要是扩大营改增试点范围等政策,将电信业纳入营业税改征增值税试点,在减轻企业负担的同时,对财政形成减收。

2014年其他结构性减税政策主要包括:

《财政部、国家税务总局关于小型微利企业所得税优惠政策有关问题的通知》规定,自2014年1月1日至2016年12月31日,对年应纳税所得额低于10万元(含10万元)的小型微利企业,其所得减按50%计入应纳税所得额,按20%的税率缴纳企业所得税。

《关于支持电影发展若干经济政策的通知》规定,对电影制片企业销售电影拷贝

(含数字拷贝)、转让版权取得的收入,电影发行企业取得的电影发行收入,电影放映企业在农村的电影放映收入,自2014年1月1日至2018年12月31日免征增值税。

《关于简并增值税征收率政策的通知》规定,为进一步规范税制、公平税负,经国务院批准,决定简并和统一增值税征收率,将6%和4%的增值税征收率统一调整为3%。

《关于免征储备大豆增值税政策的通知》规定,增值税免税政策适用范围由粮食扩大到粮食和大豆,并可对免税业务开具增值税专用发票。

《关于促进公共租赁住房发展有关税收优惠政策的通知》规定,从城镇土地使用税、印花税、土地增值税、企业所得税、个人所得税、房产税等多个税收的角度对公共租赁住房的经营管理进行了减免税。

《关于免征新能源汽车车辆购置税的公告》规定,自2014年9月1日至2017年12月31日,对购置的新能源汽车免征车辆购置税。

《关于调整消费税政策的通知》规定,取消气缸容量250毫升(不含)以下的小排量摩托车消费税。气缸容量250毫升和250毫升(不含)以上的摩托车继续分别按3%和10%的税率征收消费税。取消汽车轮胎税目。取消车用含铅汽油消费税,汽油税目不再划分二级子目,统一按照无铅汽油税率征收消费税。取消酒精消费税。取消酒精消费税后,"酒及酒精"品目相应改为"酒",并继续按现行消费税政策执行。

## 2.4　2014年国债发行总量结构

### 2.4.1　2014年我国国债总量规模

根据2014年年初公布的本年财政预算数与2013年决算数的比较,可以看出,2014年中央财政总收入和中央财政总支出的增长率分别为7%和9.3%,分别比上年增长率增加了3.2和1.2个百分点;从财政赤字的角度来看,2014年的赤字较2013年增加了1 000元,比上年增加了11.8%,增幅比上年降低了27.3个百分点;国债余额增长率16.1%,增幅提高了1.5个百分点(见表2-5)。

表2-5　2013年和2014年财政收支及债务数据比较

| 项目 | 2013年决算数(亿元) | 2014年预算数(亿元) | 增长率(%) |
| --- | --- | --- | --- |
| 中央财政总收入 | 60 173.77 | 64 380.00 | 7.0 |
| 中央财政总支出 | 68 509.39 | 74 880.00 | 9.3 |
| 财政赤字 | 8 500.00 | 9 500.00 | 11.8 |
| 中央财政国债余额 | 86 750.46 | 100 708.35 | 16.1 |

资料来源:财政部《关于2013年中央和地方预算执行情况与2014年中央和地方预算草案的报告》。

在国债余额管理制度下,经全国人民代表大会批准,2014年年末国债余额限额为100 708.35亿元。而根据2014年年初公布的《2014和2015年中央财政国债余额情况表》,2014年年末中央财政债务余额实际数为95 655.45亿元,比预算数少5.0%,与2013年决算数相比增长10.3%。

### 2.4.2 2014年国债余额结构分析

从国债余额内外债构成来看,2014年年末中央财政债务余额中,内债为94 676.31亿元,外债为979.14亿元,分别占全部国债余额的99.0%和1.0%。近五年内内债与外债占全部国债余额的比例如表2-6所示。

表2-6 近五年我国国债余额中内债余额与外债余额所占比例  单位:%

| 债务类型 | 2010 | 2011 | 2012 | 2013 | 2014 |
| --- | --- | --- | --- | --- | --- |
| 内债 | 99.17 | 99.12 | 98.95 | 98.95 | 98.70 |
| 外债 | 0.83 | 0.88 | 1.05 | 1.05 | 1.02 |

资料来源:中国统计局统计数据。

由表2-6看出,我国外债在全部债务余额中仅占1%左右,但2010年和2011年所占比例略有上升,2013年与2012年的比例基本保持不变,2014年占比有小幅下降。

从政府外债规模及结构来看,截至2011年年底,我国累计借入外债为1 433.42亿美元,债务余额为746.25亿美元。其中:世界银行、亚洲开发银行等国际金融组织已支付贷款累计620.5亿美元,贷款余额为337.72亿美元;日本、德国、法国、科威特等26个国家和区域性金融机构的双边优惠贷款累计651.54亿美元,贷款余额为332.99亿美元;境外发行本外币债券35笔,累计发行金额折合161.38亿美元,债券余额为75.54亿美元。从国债余额品种结构看,2011年年末实际国债余额中,内债为71 411亿元,外债为634亿元,分别占全部国债余额的99.1%和0.9%。内债余额中,储蓄国债为8 115亿元,包括4 810亿元凭证式国债和3 305亿元储蓄国债(电子式),占全部国债余额的11.3%;记账式国债为63 296亿元,包括47 794亿元普通国债和15 502亿元特别国债,占全部国债余额的87.8%。从国债余额的期限结构来看,2011年年末国债平均剩余期限为8.4年(不含外债),比2010年年末延长0.3年。2011年年末国债余额中,剩余期限1年及以下的占13%,1—5年(含5年)的占29%,5—10年(含10年)的占29%,10年以上的占29%。

### 2.4.3 2014年国债发行品种结构分析

(1)可流通国债品种。我国可流通国债的品种是记账式国债,其中包括了贴现债券和附息债券。2012年我国财政部才对记账式国债名称沿用之前的划分,分为记账式贴现国债和记账式附息国债,分别独立编号。2013年度共发行记账式贴现国债8期,实际发行量为1 200亿元;记账式付息债券共发行30期,另外第3、4、5、6、12、13、21、24、29分别续期两次,第1、8、20、26分别续期一次,实际发行期数为52期,实际发行量为14 523.33亿元,发行次数比上年度增加8次,发行量增长8.95%。

综观2014年记账式国债的发行情况,有如下特点:记账式贴现国债计划数量保持稳定,记账式附息国债规模有所增加。中长期贴息式国债如第1、8、20、26期(皆为3年期或5年期)分别续期一次,第3、5、6、12、13、21、24、29(皆为7年期或10年期)分别续期两次,唯一特例是第4期(3年期)也被续期两次,而1—2年偿还本金并支付最后一次利息的短期国债以及超过10年偿还本金并支付最后一次利息的长期国债并未续发。

(2)非流通国债品种。我国非流通国债的品种有两种,一是凭证式国债,二是储蓄国债。2014年凭证式国债共发行了4期,发行量为1 500亿元;储蓄国债共发行了10期,实际发行量为1 900亿元。与2013年相比,2014年非流通国债发行总额有所降低。其中凭证式国债发行量由2013年的1 400亿元增加到1 500亿元,增长了7.1%;储蓄国债发行量由2013年的2 200亿元降至1 900亿元,减少了13.6%。非流通国债总发行量由2013年的3 600亿元降为2014年的3 400亿元,减少了5.6%。

(3)国债发行品种情况归纳:第一,国债品种保持原有特色。我国的国债品种继续保持近年来的趋势。一方面可流通债券继续保持着国债市场主体的地位。2014年记可流通国债占国债发行总量的82.2%,由于2014年可流通国债发行量总额增加,而非流通国债发行总量减少,所以这个比例与上年度相比有所增长。第二,国债发行次数和发行量增长较大。2014年共发行国债74次,较2013年增加了8次。而在发行量上,2014年共发行国债19 123.33亿元,比上年度增长了12.3%。

### 2.4.4  2014年国债发行期限结构分析

(1)记账式国债期限组成情况。通常,政府发行的债券会具有多种不同的期限,我国的国债也是如此。从国际上看,国债期限的划分并无统一标准。我们在这里将1年期以内的国债视为短期国债,将1—10年期以内的国债定义为中期国债,而将10年期和超过10年期的国债看作长期国债。记账式国债的期限结构根据上面所定的标准,就可以从短期、中期和长期三个方面来分析其期限结构(见图2-6)。

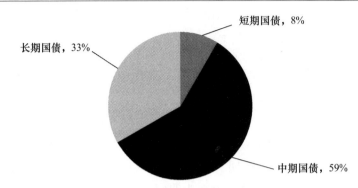

图 2-6 记账式国债期限结构图

资料来源：财政部网站。

我国 1 年期以内的短期记账式国债采用贴现发行方式。2014 年财政部在国债市场上共发行了 8 期记账式贴现国债,规模为 1 200 亿元。它们的期限均小于 1 年,期限分别为 91 天、182 天和 273 天。其中 91 天国债 3 期,共计 450 亿元;182 天国债 3 期,共计 450 亿元;273 天国债两期,共计 300 亿元。本年度记账式贴现国债的计划发行量为每期 150 亿元,共 8 期,与上年持平,但由于上年度实际发行量低于计划发行量,因此 2014 年记账式贴现国债实际发行量略高于上年水平。

中期记账式国债各期限品种均是附息国债,而且都采用一年付息一次。2014 年财政部发行中期记账式国债的次数增加了,共发行了 34 期①,规模为 8 533.23 亿元,与上年相比增长 1.1%,期限有 1 年期、2 年期、3 年期、5 年期和 7 年期。具体来看,2014 年财政部发行了 8 期期限为 1 年的记账式国债,比上年多发行了 4 期,而发行规模合计为 1 689.1 亿元,与上年相比降低了 24.7%;2014 年发行的 2 年期记账式国债有 3 期,与上年发行期数相同,总发行规模为 745.9 亿元,与上年相比有所降低;2014 年发行的 3 年期记账式国债有 5 期,总发行规模为 1 406.9 亿元,与上年相比增长 21.2%;2014 年发行的 5 年期记账式国债有 6 期,与上年发行期数相同,总发行规模为 1 510.4 亿元,减少 8.6%;2014 年发行的 7 年期记账式国债 14 期,与上年相比增加一期,总发行规模为 3 182.93 亿元,减少 14.6%。图 2-7 为记账式中期国债不同期限规模占比分布图。

---

① 包括各期续发期数,下同。

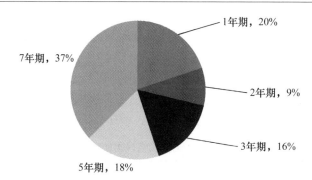

图 2-7 记账式中期国债期限结构图

资料来源:财政部网站。

长期记账式国债也都是附息国债,但它们的付息方式不是一年付息一次,而是半年付息一次。长期记账式国债的期限有 10 年期、20 年期、30 年期和 50 年期,总体上看,2013 年长期记账式国债共发行 18 期,比上年度增加 4 期,总发行规模为 4 790.1 亿元,与上年度相比增长了 26.5%。2014 年财政部发行的 10 年期记账式国债有 12 期,总发行规模为 3 230.1 亿元,比上年度增长 25.8%,占据全部长期国债发行规模的 67.4%;2013 年发行的 20 年期、30 年期、50 年期记账式国债各 2 期,发行规模同为每期 260 亿元。

总结前文,2014 年我国记账式国债都发行期限结构与上年度相同,但各期限所占比例有所不同,中期国债所占比重有所增加,而短期国债和长期国债占比降低。具体分析中期国债可发现,1 年期的国债占比增加了,而 7 年期的国债占比降低了。

(2)凭证式国债期限和储蓄国债期限组成情况。凭证式国债期限与上年度相同,为 3 年期和 5 年期,共筹集资金 1 900 亿元,与上年相比减少 13.6%。2009 年下半年开始,我国的凭证式国债期限从原来的 3 年期和 5 年期改为 1 年期和 3 年期,在 2012 年又恢复为 3 年期和 5 年期。从储蓄国债期限结构来看,2014 年我国共发行储蓄国债 10 期,其中 3 年期和 5 年期的发行次数分各为 5 次。3 年期储蓄国债共募集资金 1 140 亿元,下降 13.6%;5 年期储蓄国债共募集资金 880 亿元,下降 13.6%。

### 2.4.5 2014 年国债发行利率结构分析

国债是由中央政府发行并以国家财力和国家信誉为保证的债券,是债券市场中信誉最高、安全性最好、风险最小的债券品种。按照市场上收益与风险对等的原则,国债利率在市场利率体系中往往是较低的,并可以作为基准利率供市场参照。不过,目前我国国债主要分为可以上市交易的记账式国债和不可以上市交易的凭证式国债及储蓄国债。记账式国债通过招标方式发行,其利率已经市场化;凭证式国债和储蓄国债由于不流通,因此发行时票面利率由财政部比照银行同期限储蓄存款利率设计。

(1)记账式国债利率的变化情况。2014年记账式贴现国债共发行了8期,其中91天国债三期,共计450亿元;182天国债三期,共计450亿元;273天国债两期,共计300亿元。表2-7显示了各期记账式贴现国债的发行利率等信息。

表2-7 2014年记账式贴现国债发行情况

| 期数 | 发行量(亿元) | 发行价(元) | 期限(天) | 利率(%) | 起息日 |
| --- | --- | --- | --- | --- | --- |
| 1期 | 150 | 97.434 | 273天 | 3.55 | 4月21日 |
| 2期 | 150 | 97.466 | 273天 | 3.55 | 5月12日 |
| 3期 | 150 | 98.115 | 182天 | 3.90 | 7月28日 |
| 4期 | 150 | 98.087 | 182天 | 3.96 | 8月25日 |
| 5期 | 150 | 98.098 | 182天 | 3.93 | 9月15日 |
| 6期 | 150 | 99.116 | 91天 | 3.70 | 10月11日 |
| 7期 | 150 | 99.158 | 91天 | 3.48 | 10月28日 |
| 8期 | 150 | 99.178 | 91天 | 3.40 | 12月15日 |

资料来源:根据财政部网站公布的数据整理,发行量指的是实际发行量。

从整体上看,与2012年的V形特征和2013年三级台阶特征不同,2014年记账式贴现国债的利率变化呈现出倒U形结构。其中第1—2期利率水平在3.5%左右,第3—6期利率水平超过3.9%,第7—8期利率又降为不足5%的水平。全年来看,2014年记账式贴现国债的利率在上半年高于2013年同期水平,下半年与2013年水平持平,但第8期例外,主要原因是上年度第8期的利率水平较高。

2014年记账式附息国债发行的次数较多,共52期,期限有9种,包括1年、2年、3年、5年、7年、10年、20年、30年和50年。与2013年的显著上行特征不同,2014年记账式附息国债利息波动幅度较小,整体利率水平保持在4%左右,其中利率小于3.5%的共4期,都为1年期和2年期记账式付息国债;利率大于4.5%的共4期,都是发行期限超过20年的国债。图2-8为2014年记账式付息国债利率变化情况,其中只包括首次发行的国债,续发债券并未列出。

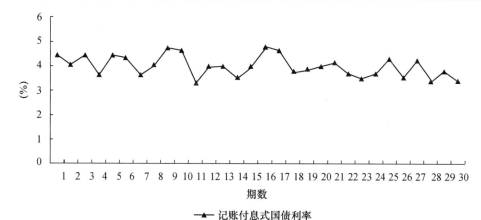

图 2-8　记账式付息国债利率变化图

资料来源:财政部网站。

（2）凭证式国债和储蓄国债利率的变化情况。2013 年凭证式国债共发行了 4 期,有 3 个期限,1 年期、3 年期和 5 年期;储蓄国债共发行了 10 期,有 2 个期限,3 年期和 5 年期。从数据看,2014 年凭证式国债和储蓄国债利率全年保持不变,1 年期票面利率为 3.6%,3 年期票面利率为 5.00%,5 年期票面利率为 5.41%。

### 2.4.6　2014 年我国地方政府债券发行情况

按照发行主体分类,公债可分为中央政府公债和地方政府公债。中央政府公债一般称为国债,其发行由中央政府决定,公债收入列入中央预算,由中央财政支配,还本付息由中央政府承担。地方政府公债一般称为地方债,由地方政府发行并偿还。考虑到财政风险因素,2014 年以前我国《预算法》规定禁止地方政府发债。

这一政策松动始于 2009 年,当年为应对国际金融危机,并帮助地方政府解决"四万亿"投资计划中配套资金不足的问题,在现行《预算法》基础上有所突破,通过中央财政代发地方政府债券的形势,发行了 2 000 亿元地方债,列入省级预算管理,外界称之为财政部代发地方政府债。

2011 年 10 月,财政部发布了《关于〈2011 年地方政府自行发债试点办法〉的通知》,经国务院批准,允许上海、浙江、广东、深圳四地开展地方政府自行发债试点。

2012 年 5 月,财政部继续发布了《关于印发〈2012 年地方政府自行发债试点办法〉的通知》,经国务院批准,2012 年上海市、浙江省、广东省、深圳市继续开展地方政府自行发债试点,《办法》中地方债券期限由原来的 3 年和 5 年改为 3 年、5 年和 7 年。

2012 年 6 月,这一政策又有所收紧,十一届全国人大常委会第二十七次会议重申了现行《预算法》中的条款:"除法律和国务院另有规定外,地方政府不得发行地方政府债券。"2012年不仅试点省份没有进一步扩大,相反,32个省份的地方政府债券仍由财政部代理发行,此政策曾让人一度怀疑我们的地方政府距离"自主发债"还有多远。

2013年6月,财政部发布了《关于印发〈2013年地方政府自行发债试点办法〉的通知》,经国务院批准,2013年适当扩大自行发债试点范围。2013年上海市、浙江省、广东省、深圳市、江苏省、山东省开展自行发债试点。试点地区由四个增加到六个,并对承销团成员等做了进一步规范。

2014年5月,财政部发布了《关于印发〈2014年地方政府债券自发自还试点办法〉的通知》,经国务院批准,2014年上海、浙江、广东、深圳、江苏、山东、北京、江西、宁夏、青岛试点地方政府债券自发自还。试点地区由六个增加到十个,新增北京、江西、宁夏和青岛四个地区。

《2014年地方政府债券自发自还试点办法》第四条规定:试点省(市)发行的政府债券为记账式固定利率附息债券。2014年政府债券期限为5年、7年和10年,结构比例为4∶3∶3。2014年地方政府自行发债情况如表2-8所示。

表2-8 2014年地方政府自发自还试点情况

| 地方政府 | 招标时间 | 期限(年) | 发行量(亿元) | 利率(%) |
| --- | --- | --- | --- | --- |
| 上海 | 9月11日 | 5 | 50.4 | 4.01 |
| | | 7 | 37.8 | 4.22 |
| | | 10 | 37.8 | 4.33 |
| 广东 | 6月23日 | 5 | 59.2 | 3.84 |
| | | 7 | 44.4 | 3.97 |
| | | 10 | 44.4 | 4.05 |
| 山东 | 7月11日 | 5 | 54.8 | 3.75 |
| | | 7 | 41.1 | 3.88 |
| | | 10 | 41.1 | 3.93 |
| 江苏 | 7月24日 | 5 | 69.5 | 4.06 |
| | | 7 | 52.2 | 4.21 |
| | | 10 | 52.2 | 4.29 |
| 北京 | 8月21日 | 5 | 42 | 4.00 |
| | | 7 | 31.5 | 4.18 |
| | | 10 | 31.5 | 4.24 |

(续表)

| 地方政府 | 招标时间 | 期限(年) | 发行量(亿元) | 利率(%) |
|---|---|---|---|---|
| 江西 | 8月5日 | 5 | 57.2 | 4.01 |
| | | 7 | 42.9 | 4.18 |
| | | 10 | 42.9 | 4.27 |
| 宁夏 | 8月11日 | 5 | 22 | 3.98 |
| | | 7 | 16.5 | 4.17 |
| | | 10 | 16.5 | 4.26 |
| 青岛 | 8月18日 | 5 | 10 | 3.96 |
| | | 7 | 7.5 | 4.17 |
| | | 10 | 7.5 | 4.23 |
| 浙江 | 8月19日 | 5 | 54.8 | 3.96 |
| | | 7 | 41.1 | 4.17 |
| | | 10 | 41.1 | 4.23 |
| 深圳 | 10月23日 | 5 | 16.8 | 3.63 |
| | | 7 | 12.6 | 3.79 |
| | | 10 | 12.6 | 3.81 |

与2013年地方政府自行发债试点相比,2014年度的自发自还试点从数量和规模上都有较大增加,从试点地区的数目上看,2014年试点地区由六个增加到了十个。从发行期数上看,2013年的试点地区各自发行了2期,分别是5年和7年,2014年则各发行了3期,分别是5年、7年和10年,结构比例为4∶3∶3。从发行规模上看,2014年试点地区共发债1091.9亿元,与2013年相比增加了67.5%,其中原试点地区,即山东、上海、广东、江苏、浙江、深圳六个地区的发债规模为763.9亿元,与2013年相比增加了17.2%,新增试点地区共发债328亿元,占2014年总发债规模的30%。

除试点地区外,其他省市的地方政府债券仍由财政部代理发行,2014年财政部总共发行13期地方政府债券,为26个省市总共募集了2908亿元,比2013年度增长2.1%。具体情况如表2-9所示。

表 2-9　2014 年财政部代理发行地方政府债券情况

| 省份 | 期数 | 发行量(亿元) | 利率(%) | 期限(年) |
| --- | --- | --- | --- | --- |
| 福建 | 1 | 46 | 4 | 3 |
| | 2 | 46 | 3.99 | 5 |
| | 3 | 24 | 4.1 | 7 |
| 广西 | 1 | 43 | 4 | 3 |
| | 2 | 43 | 3.99 | 5 |
| | 10 | 3 | 4.16 | 5 |
| | 3 | 22 | 4.1 | 7 |
| 四川 | 1 | 80 | 4 | 3 |
| | 2 | 80 | 3.99 | 5 |
| | 3 | 40 | 4.1 | 7 |
| 新疆 | 1 | 44 | 4 | 3 |
| | 2 | 44 | 3.99 | 5 |
| | 3 | 22 | 4.1 | 7 |
| 甘肃 | 1 | 45 | 4 | 3 |
| | 2 | 45 | 3.99 | 5 |
| | 3 | 23 | 4.1 | 7 |
| 湖北 | 3 | 31 | 4.1 | 7 |
| | 4 | 61 | 4.01 | 3 |
| | 10 | 2 | 4.16 | 5 |
| | 5 | 62 | 4.12 | 5 |
| 青海 | 3 | 21 | 4.1 | 7 |
| | 4 | 43 | 4.01 | 3 |
| | 5 | 43 | 4.12 | 5 |
| 河北 | 4 | 59 | 4.01 | 3 |
| | 5 | 59 | 4.12 | 5 |
| | 8 | 30 | 4.5 | 7 |

(续表)

| 省份 | 期数 | 发行量(亿元) | 利率(%) | 期限(年) |
| --- | --- | --- | --- | --- |
| 山西 | 4 | 42 | 4.01 | 3 |
| | 5 | 42 | 4.12 | 5 |
| | 8 | 21 | 4.5 | 7 |
| 陕西 | 4 | 55 | 4.01 | 3 |
| | 5 | 55 | 4.12 | 5 |
| | 8 | 27 | 4.5 | 7 |
| 黑龙江 | 6 | 51 | 4.15 | 3 |
| | 7 | 50 | 4.28 | 5 |
| | 8 | 25 | 4.5 | 7 |
| 河南 | 6 | 70 | 4.15 | 3 |
| | 7 | 70 | 4.28 | 5 |
| | 8 | 36 | 4.5 | 7 |
| 重庆 | 6 | 39 | 4.15 | 3 |
| | 7 | 40 | 4.28 | 5 |
| | 8 | 20 | 4.5 | 7 |
| 湖南 | 6 | 74 | 4.15 | 3 |
| | 7 | 74 | 4.28 | 5 |
| | 13 | 38 | 4.12 | 7 |
| 云南 | 8 | 39 | 4.5 | 7 |
| | 9 | 77 | 4.1 | 3 |
| | 10 | 77 | 4.16 | 5 |
| 辽宁 | 9 | 40 | 4.1 | 3 |
| | 10 | 40 | 4.16 | 5 |
| | 13 | 21 | 4.12 | 7 |
| 安徽 | 9 | 69 | 4.1 | 3 |
| | 10 | 69 | 4.16 | 5 |
| | 13 | 35 | 4.12 | 7 |

（续表）

| 省份 | 期数 | 发行量(亿元) | 利率(%) | 期限(年) |
| --- | --- | --- | --- | --- |
| 厦门 | 9 | 6 | 4.1 | 3 |
| | 10 | 6 | 4.16 | 5 |
| | 13 | 4 | 4.12 | 7 |
| 贵州 | 9 | 45 | 4.1 | 3 |
| | 10 | 45 | 4.16 | 5 |
| | 13 | 22 | 4.12 | 7 |
| 西藏 | 9 | 5 | 4.1 | 3 |
| | 10 | 5 | 4.16 | 5 |
| | 13 | 3 | 4.12 | 7 |
| 天津 | 11 | 21 | 4.14 | 3 |
| | 12 | 21 | 4.15 | 5 |
| | 13 | 10 | 4.12 | 7 |
| 内蒙古 | 11 | 50 | 4.14 | 3 |
| | 12 | 50 | 4.15 | 5 |
| | 13 | 25 | 4.12 | 7 |
| 大连 | 11 | 9 | 4.14 | 3 |
| | 12 | 9 | 4.15 | 5 |
| | 13 | 6 | 4.12 | 7 |
| 吉林 | 11 | 48 | 4.14 | 3 |
| | 12 | 48 | 4.15 | 5 |
| | 13 | 25 | 4.12 | 7 |
| 宁波 | 11 | 11 | 4.14 | 3 |
| | 12 | 11 | 4.15 | 5 |
| | 13 | 6 | 4.12 | 7 |
| 海南 | 11 | 24 | 4.14 | 3 |
| | 12 | 24 | 4.15 | 5 |
| | 13 | 12 | 4.12 | 7 |

资料来源：财政部网站。

与2013年相比,2014年财政部代理发行地方债的地区数目减少了,由30个减少为26个,但每个地区的发行次数由2期增加到3期,分别为3年、5年和7年,总发行规模为2 908亿元,比2013年度增长2.1%。若与2013年同地区进行对比,即2014年的26个地区与2013年对应的26个地区的发行总规模进行比较,则增长了13.7%。

结合自发自还地方债和财政部代理发行地方债,2014年共发行地方债3 999.9亿元,与2013年相比增长14.3%。另外,2014年的地方债发行期数有所增加,发行期限变长,地方政府自发自还债务增加了10年期,财政部代理发行地方债增加了7年期。

## 2.5  2015年财政收入预期分析
### 2.5.1  2014年财政收入总结

回顾2014年财政收入的完成情况,主要有以下特点:

(1)从财政收入总量来看,全国财政收入140 350亿元,比上年增加11 140亿元,增长8.6%,增幅比2013年同期回落1.5个百分点,其中税收收入增幅同比回落2.2个百分点。收入增幅回落,主要原因是工业生产、消费、投资、进出口、企业利润等指标增幅均不同程度回落,增值税、营业税、进口环节税收、企业所得税等主体税种增幅相应放缓,以及结构性减税政策力度较大等因素影响。

(2)从财政收入走势看,2013年四个季度财政收入增长逐季上升,第1—4个季度的增长率分别为11.8%、10.5%、7.6%和9.5%,前三个季度增幅逐渐放缓,最后一个季度有所回升。在月度增长结构方面,2014年财政收入除1月和12月增长率较高之外,其他月份增长幅度都在5%—10%,其中上半年的增长率呈现波动状态,下半年的增长趋势为先下降后上升。

(3)从财政收入的层级结构看,中央财政收入64 490亿元,比上年增加4 292亿元,增长7.1%,占比45.9%,与上年度相比占比略有降低;地方本级财政收入75 860亿元,比上年增加6 849亿元,增长9.9%,占比54.1%。中央财政收入的增幅低于地方财政收入的增幅是因为:全部或大部分归属于中央财政收入的进口环节税收、中央增值税、证券交易印花税等低增长或下降影响了中央财政收入增幅;而地方增值税、其他地方税种及地方非税收入增长较快,带动了地方收入增长。

(4)从财政收入的构成结构看,在全国公共财政预算收入的140 350亿元中,税收收入为119 158亿元,占公共财政预算收入比例为84.9%,与上年度相比有所降低;非税收入为21 192亿元,占比为15.1%。其中,税收收入同比增长7.84%,非税收入同比增长13.65%,对财政收入总体的增长贡献较大。从非税收入的层级结构来看,中央非税收入同比增加 899 亿元,增长 25.3%,主要是部分金融机构上缴国有资本经营收入增加;地方非税收入同比增加 1 614 亿元,增长 10.7%。

(5)从税收改革方向来看,结构性减税政策继续落实,力度进一步加大。减税政策涉及增值税、营业税、企业所得税、个人所得税等税种。从政策效果上来看,减轻了中小企业特别是小微企业的税收负担,带动了就业和创业,增强了经济发展的内在动力;营业税改增值税在全国范围稳步推进,完善增值税税制,促进经济结构调整优化和服务业发展;扩大了企业研发费税前扣除范围,减轻企业负担,促进科技进步。

#### 2.5.2　2015 年财政收入预期

2015 年是全面深化改革的关键之年,是全面推进依法治国的开局之年,也是全面完成"十二五"规划的收官之年。本年国内外经济形势依然错综复杂。受经济下行压力加大、结构调整深化、全面推进改革、财政收入增速下降等影响,收支矛盾更加突出。

2014 年 8 月 31 日,第十二届全国人大常委会第十次会议通过了《全国人民代表大会常务委员会关于修改〈中华人民共和国预算法〉的决定》,并重新颁布了修改后的《预算法》,自 2015 年 1 月 1 日起施行。因此 2015 年中央和地方预算编制,严格落实新《预算法》要求。一是详细报告新《预算法》规定的人民代表大会审查预算的重点事项,包括上年度预算执行、本年度预算安排、政府债务、转移支付等。二是重点报告支出预算和财政政策,自觉接受监督。三是盘活财政存量资金。中央和地方财政进一步清理结转结余资金,严格控制新增结转结余,将清理出来的资金统筹用于经济社会发展的重点领域。四是加大预算统筹力度。将政府性基金预算中地方教育附加等 11 项基金收支列入一般公共预算;进一步提高国有资本经营预算调入一般公共预算的比例。五是细化预算编制。将预算草案中的中央本级和中央部门基本支出预算细化到经济分类科目;在分项目编报转移支付预算的基础上,分地区编报转移支付预算;进一步压缩代编预算规模,提高年初预算到位率。六是全面推进预算公开。除涉密信息外,所有使用财政拨款的部门都要做好预算公开。

在财政政策方面,2015 年将继续实施积极的财政政策并适当加大力度,实行结构性减税和普遍性降费,加强对实体经济的支持。结合税制改革,在清理规范税收等优惠政策的同时,力争全面完成营改增任务,进一步消除重复征税。落实好普遍性降费措施,减免涉及小微企业的有关行政事业性收费和政府性基金,继续清理乱收费,切实减轻小微企业负担。在经济性减税因素和结构性减税政策的双重影响之下,税收收入增速将进一步降低。

总体而言,展望 2015 年,机遇和挑战并存,国际经济形势存在较多不确定性,国内经济运行趋于平稳的同时还面临不少困难。从宏观经济来看,预计 2015 年国内经济增速略有回升,价格涨幅基本持平,企业经济效益难有明显改观,结构性减税力度有所加大。从财政收入方面来看,其增速可能进一步降低,低于 2014 年的水平,退至 7% 左右。

# 第3章 2014年中国财政支出分析

## 3.1 2013年财政支出决算回顾

2013年是实施"十二五"规划承前启后的关键一年,面对极为错综复杂的国内外形势,我国政府加强和改善宏观调控,国民经济朝着宏观调控预期方向发展,经济结构调整取得积极进展,引领我国经济发展提质增效,人民生活水平不断提高。在此基础上,财政工作与财政改革发展有序推进,预算执行总体良好公共财政支出决算、政府性基金支出决算、国有资本经营支出决算以及社会保险基金决算情况如下。

### 3.1.1 公共财政支出决算

2013年,全国公共财政支出为142 292.64亿元,比2012年增长10.9%。[①]加上补充中央预算稳定调节基金1 164.38亿元以及地方政府债券还本支出1 384亿元,支出总量为142 292.64亿元。当年全国财政支出超过收入12 000亿元。

(一) 中央公共财政支出决算情况

首先,从中央公共财政支出决算的总体情况来看,2013年中央公共财政支出为68 509.39亿元,完成预算的98.5%,增长6.8%。其中,中央本级支出为20 471.75亿元,增长9.1%,完成预算的101.3%;[②]中央对地方税收返还和转移支付为48 037.64亿元,增长5.8%。加上补充中央预算稳定调节基金1 164.38亿元,支出总量为69 673.77亿元。中央公共财政支出超过收入8 500亿元,与预算持平。

其次,从中央公共财政支出决算的结构来看,完成预算低于100%的支出项目包括外交、公共安全、教育、科学技术、文化体育与传媒、医疗卫生、节能环保、城乡社区事务、农林水事务、商业服务业等事务、金融监管等事务支出、国债付息支出等13项,除以上13项支出外,其他各项支出均完成或超额完成年初预算。其中,超出预算10%以上的支出项目仅国土资源气象等事务一项。此外,税收返还

---

① 在《2013年财政支出决算回顾》部分,如无特别说明,增长都是相对于2012年的增长。
② 主要是执行中压减补助地方的零散项目,将部分原列中央对地方转移支付的基建投资、用车辆购置税安排的支出,调整用于增加铁路投资等,相应增列中央本级支出。

5 046.7 亿元,一般性转移支付 27 217.87 亿元①,专项转移支付 19 569.22 亿元。

再次,从中央公共财政支出决算的增长速度来看,增长率最高的项目是其他支出,其支出增长率为 489.2%。增长率在 20%—50% 的项目主要包括医疗卫生和粮油物资储备事务 2 项;增长率在 10%—20% 的项目包括社会保障和就业、国防支出以及对地方一般性转移支付等 4 项。除此之外,其余项目支出的增长率都小于 10%,其中城乡社区事务、金融监管等事务支出、地震灾后恢复重建支出、住房保障支出与节能环保支出的增长率为负。

最后,从中央本级支出所占的比重看,2013 年中央本级支出占该项目总支出比率超过 50% 的有一般公共服务支出、外交支出以及国防支出等 10 项,中央本级支出的比重体现了中央政府的职责范围。

详细情况如表 3-1 所示。

表 3-1　2013 年中央公共财政支出情况

| 项目 | 预算数（亿元） | 决算数（亿元） | 决算数占预算的比重（%） | 比上年增长（%） | 中央本级支出（亿元） | 中央本级支出所占比重（%） |
|---|---|---|---|---|---|---|
| 一、一般公共服务 | 1 350.6 | 1 381.6 | 102.3 | 3.9 | 1 001.5 | 72.5 |
| 二、外交 | 357.4 | 354.4 | 99.2 | 6.6 | 354.4 | 100.0 |
| 三、国防 | 7 201.7 | 7 202.0 | 100.0 | 10.7 | 7 177.4 | 99.7 |
| 四、公共安全 | 2 029.4 | 1 934.3 | 95.3 | 2.9 | 1 297.0 | 67.1 |
| 五、教育 | 4 132.5 | 3 883.9 | 94.0 | 2.7 | 1 106.7 | 28.5 |
| 六、科学技术 | 2 529.9 | 2 460.5 | 97.3 | 7.4 | 2 369.0 | 96.3 |
| 七、文化体育与传媒 | 540.5 | 531.5 | 98.3 | 7.5 | 204.5 | 38.5 |
| 八、社会保障和就业 | 6 550.8 | 6 571.8 | 100.3 | 14.2 | 640.8 | 9.8 |
| 九、医疗卫生 | 2 602.5 | 2 588.5 | 99.5 | 26.4 | 76.7 | 3.0 |
| 十、节能环保 | 2 101.3 | 1 803.9 | 85.8 | -9.7 | 100.3 | 5.6 |
| 十一、城乡社区事务 | 193.8 | 127.8 | 65.9 | -71.3 | 19.1 | 14.9 |
| 十二、农林水事务 | 6 195.9 | 6 005.4 | 96.9 | 0.2 | 526.9 | 8.8 |
| 十三、交通运输 | 3 973.9 | 4 139.2 | 104.2 | 4.3 | 723.0 | 17.5 |
| 十四、资源勘探电力信息等事务 | 899.0 | 928.9 | 103.3 | -3.0 | 453.7 | 48.8 |
| 十五、商业服务业等事务 | 488.0 | 470.3 | 96.4 | -0.1 | 25.5 | 5.4 |

---

①　表 3-1 中对地方一般性转移支付未包括对教育、社会保障和就业、医疗卫生等科目的转移支付,如加上这部分转移支付,则与这一数值一致。

(续表)

| 项目 | 预算数（亿元） | 决算数（亿元） | 决算数占预算的比重（%） | 比上年增长（%） | 中央本级支出（亿元） | 中央本级支出所占比重（%） |
|---|---|---|---|---|---|---|
| 十六、金融监管等事务支出 | 215.4 | 164.9 | 76.6 | -35.7 | 164.3 | 99.6 |
| 十七、地震灾后恢复重建支出 | — | 9.4 | — | -80.1 | 0.0 | 0.0 |
| 十八、国土资源气象等事务 | 430.7 | 491.6 | 114.1 | 3.0 | 267.2 | 54.4 |
| 十九、住房保障支出 | 2 229.9 | 2 320.9 | 104.1 | -10.8 | 404.7 | 17.4 |
| 二十、粮油物资储备事务 | 1 236.6 | 1 266.4 | 102.4 | 27.9 | 905.1 | 71.5 |
| 廿一、国债还本付息支出 | 2 294.5 | 2 315.4 | 100.9 | 12.4 | 2 315.4 | 100.0 |
| 廿二、对地方税收返还 | 5 052.8 | 5 046.7 | 99.9 | -1.6 | — | — |
| 廿三、对地方一般性转移支付 | 15 820.0 | 15 954.0 | 100.8 | 12.2 | — | — |
| 廿四、其他支出 | 632.7 | 538.9 | 85.2 | 489.2 | 338.7 | 62.9 |
| 中央本级和补助地方支出 | 69 060.0 | 68 492.0 | 99.2 | 6.8 | 20 472.0 | 29.9 |
| 中央预备费 | 500.0 | | | | | |
| 中央公共财政支出 | 69 560.0 | 68 492.0 | 98.5 | 6.8 | | |
| 补充中央预算稳定调节基金 | — | 1 206.8 | — | 384.8 | | |

资料来源:财政部网站并经简单计算得到。

(二) 地方公共财政支出决算情况

首先,从地方公共财政支出决算的总体情况来看,2013年地方公共财政支出为119 272.51亿元,占预算的103.3%,增长11.5%,加上地方政府债券还本支出1 384亿元,支出总量为120 656.51亿元。地方公共财政支出超过收入3 500亿元。

其次,从地方公共财政支出决算的结构来看(见表3-2),外交支出、粮油物资储备事务、商业服务业等事务支出、住房保障支出与教育等完成预算的比例为90%—100%。农林水事务、地方政府债券还本支出恰好完成预算。除以上各支出项目外,其他支出项均超额完成预算。其中超出预算最大的项目是地震灾害恢复重建支出,超出幅度为327.9%;其次是金融监管等事务支出,超出幅度为22.9%;再次是国土资源气象等事务、城乡社区事务和科学技术,超出幅度分别为15.2%、15%和

11.1%；除此之外，其余项目超出预算的比例都在10%以内。需要说明的是，以上各项支出中包括地方用中央税收返还和转移支付资金安排的支出。

表3-2  2013年地方公共财政支出情况

| 项目 | 预算数（亿元） | 决算数（亿元） | 决算数占预算数的比重（%） | 增长率（%） |
| --- | --- | --- | --- | --- |
| 一、一般公共服务 | 12 259.0 | 12 754.0 | 104.0 | 9.0 |
| 二、外交 | 1.5 | 1.4 | 92.1 | -4.1 |
| 三、国防 | 228.9 | 233.3 | 101.9 | 10.8 |
| 四、公共安全 | 6 400.9 | 6 489.8 | 101.4 | 9.5 |
| 五、教育 | 21 913.0 | 20 895.0 | 95.4 | 3.7 |
| 六、科学技术 | 2 444.8 | 2 715.3 | 111.1 | 21.1 |
| 七、文化体育与传媒 | 2 267.5 | 2 339.9 | 103.2 | 12.8 |
| 八、社会保障和就业 | 13 655.0 | 13 850.0 | 101.4 | 15.4 |
| 九、医疗卫生 | 8 064.4 | 8 203.2 | 101.7 | 14.4 |
| 十、节能环保 | 3 192.8 | 3 334.9 | 104.5 | 15.0 |
| 十一、城乡社区事务 | 9 696.6 | 11 147.0 | 115.0 | 23.0 |
| 十二、农林水事务 | 12 817.0 | 12 823.0 | 100.0 | 11.0 |
| 十三、交通运输 | 7 910.0 | 8 625.8 | 109.1 | 17.6 |
| 十四、资源勘探电力信息等事务 | 4 099.9 | 4 445.4 | 108.4 | 13.0 |
| 十五、商业服务业等事务 | 1 414.0 | 1 336.6 | 94.5 | -1.1 |
| 十六、金融监管等事务支出 | 173.2 | 213.0 | 122.9 | 26.2 |
| 十七、地震灾后恢复重建支出 | 10.0 | 42.8 | 427.9 | -58.8 |
| 十八、援助其他地区支出 | — | 158.5 | — | 25.3 |
| 十九、国土资源气象等事务 | 1 422.7 | 1 638.9 | 115.2 | 19.8 |
| 二十、住房保障支出 | 4 313.7 | 4 075.8 | 94.5 | 0.2 |
| 廿一、粮油物资储备事务 | 788.5 | 744.3 | 94.4 | 1.8 |
| 廿二、地方政府债务付息支出 | 685.9 | 740.8 | 108.0 | 28.8 |
| 廿三、其他支出 | 2 833.6 | 2 933.1 | 103.5 | 20.0 |
| 廿四、预备费 | 950.0 | — | — | — |
| 地方公共财政支出 | 117 543.0 | 119 740.0 | 101.9 | 11.7 |
| 地方政府债券还本支出 | 1 384.0 | 1 384.0 | 100.0 | -30.8 |

资料来源：财政部网站。

最后,从各主要支出项目的增长速度来分析,地方政府债务付息支出的增长幅度最大,其增长率达28.8%;其次是金融监管等事务支出,增长率达到26.2%。与人民群众生活直接相关的社会保障和就业支出、医疗卫生支出以及文化体育与传媒支出等方面的增长幅度也很明显,其增长率都在10%—15%,分别为15.4%、14.4%与12.8%;这明确地反映了地方政府的政策取向。

### 3.1.2 政府性基金支出决算

2013年,全国政府性基金支出为50 116.46亿元。下面我们分别说明中央与地方政府性基金的支出决算情况。

(一)中央政府性基金支出决算情况

2013年,中央政府性基金支出为4 259.47亿元,完成预算的96.8%,增长27%。其中,中央本级支出为2 760.86亿元,增长26.9%。铁路建设基金支出为625.8亿元,港口建设费安排支出为95.48亿元,彩票公益金用于社会福利、体育、教育等社会公益事业支出为303.08亿元,中央农网还贷资金支出为125亿元,等等。中央本级政府性基金支出的具体项目如表3-3所示。

表3-3 2013年中央本级政府性基金支出决算表

| 项目 | 预算数(亿元) | 决算数(亿元) | 决算数占预算数的比重(%) | 增长率(%) |
| --- | --- | --- | --- | --- |
| 一、中央农网还贷资金支出 | 131.2 | 125.0 | 95.3 | 14.0 |
| 二、铁路建设基金支出 | 653.6 | 625.8 | 95.7 | 0.5 |
| 三、民航发展基金支出 | 125.8 | 101.3 | 80.5 | -3.0 |
| 四、港口建设费安排的支出 | 105.7 | 95.5 | 90.3 | 30.4 |
| 五、旅游发展基金支出 | 2.2 | 2.3 | 105.0 | -5.0 |
| 六、文化事业建设费安排的支出 | 10.9 | 10.9 | 100.3 | -35.2 |
| 七、国家电影事业发展专项资金支出 | 0.7 | 0.7 | 101.4 | 2.8 |
| 八、新增建设用地土地有偿使用费安排的支出 | 0.8 | 7.0 | 848.8 | 90.2 |
| 九、森林植被恢复费安排的支出 | 1.3 | 0.1 | 6.3 | -96.7 |
| 十、中央水利建设基金支出 | 25.5 | 23.4 | 92.0 | 153.8 |
| 十一、南水北调工程基金支出 | 44.7 | 28.3 | 63.4 | 88.5 |
| 十二、大中型水库移民后期扶持基金支出 | 0.8 | 0.6 | 77.5 | 3.3 |
| 十三、三峡水库库区基金支出 | 3.5 | 0.3 | 7.1 | -10.7 |

(续表)

| 项目 | 预算数（亿元） | 决算数（亿元） | 决算数占预算数的比重（%） | 增长率（%） |
|---|---|---|---|---|
| 十四、中央特别国债经营基金财务支出 | 682.9 | 682.9 | 100.0 | 0.0 |
| 十五、彩票公益金安排的支出 | 319.1 | 303.1 | 95.0 | 13.9 |
| 十六、国家重大水利工程建设基金支出 | 203.4 | 199.8 | 98.2 | -3.3 |
| 十七、船舶港务费安排的支出 | 46.9 | 43.9 | 93.6 | -7.8 |
| 十八、长江口航道维护支出 | 6.3 | 6.3 | 100.0 | -12.9 |
| 十九、核电站乏燃料处理处置基金支出 | 64.6 | 0.7 | 1.1 | -16.7 |
| 二十、可再生能源电价附加收入安排的支出 | — | 85.7 | — | — |
| 廿一、船舶油污损害赔偿基金支出 | 1.5 | — | — | — |
| 廿二、铁路资产变现收入安排的支出 | 4.1 | 4.1 | 100.0 | — |
| 廿三、电力改革预留资产变现收入安排的支出 | 51.4 | — | — | — |
| 廿四、无线电频率占用费安排的支出 | 39.6 | 3.7 | 9.2 | 26.7 |
| 廿五、废弃电器电子产品处理基金支出 | 36.5 | 7.5 | 20.6 | — |
| 廿六、烟草企业上缴专项收入安排的支出 | — | 400.0 | — | — |
| 廿七、其他政府性基金支出 | 0.9 | 0.3 | 37.6 | 3 100.0 |
| 中央本级政府性基金支出 | 2 564.0 | 2 759.3 | 107.6 | 26.9 |

资料来源：财政部网站。

此外，中央对地方政府性基金转移支付为1 498.61亿元，增长27.1%，中央政府性基金结转下年支出806.96亿元。

(二) 地方政府性基金支出决算情况

2013年，地方政府性基金支出为47 355.6亿元，完成预算的135.4%，增长38.6%。其中，国有土地使用权出让金收入安排的支出为40 600.45亿元，彩票公益金用于社会福利、体育、教育等社会公益事业支出为492.43亿元，城市基础设

施配套支出为1 122.6亿元,地方教育附加安排的教育支出为797.34亿元,地方政府性基金支出的具体情况如表3-4所示。

表3-4 2013年地方政府性基金支出决算表

| 项目 | 预算数<br>(亿元) | 决算数<br>(亿元) | 决算数占<br>预算数的比重<br>(%) | 增长率<br>(%) |
| --- | --- | --- | --- | --- |
| 一、地方农网还贷资金支出 | 28.6 | 29.3 | 102.6 | -6.5 |
| 二、山西省煤炭可持续发展基金支出 | 190.0 | 146.4 | 77.1 | -14.2 |
| 三、民航发展基金支出 | 176.3 | 135.3 | 76.8 | 2.8 |
| 四、海南省高等级公路车辆通行附加费安排的支出 | 13.8 | 14.0 | 101.3 | 7.2 |
| 五、转让政府还贷道路收费权收入安排的支出 | 24.5 | 24.8 | 101.0 | 8.5 |
| 六、港口建设费安排的支出 | 105.6 | 108.0 | 102.3 | 35.6 |
| 七、散装水泥专项资金支出 | 14.3 | 11.0 | 76.7 | 22.8 |
| 八、新型墙体材料专项基金支出 | 68.5 | 56.1 | 81.9 | 19.2 |
| 九、旅游发展基金支出 | 7.1 | 4.6 | 65.3 | 18.2 |
| 十、文化事业建设费安排的支出 | 84.4 | 73.4 | 86.9 | 9.7 |
| 十一、地方教育附加安排的支出 | 980.3 | 797.3 | 81.3 | 34.7 |
| 十二、国家电影事业发展专项资金支出 | 15.0 | 12.1 | 80.7 | 127.2 |
| 十三、新菜地开发建设基金支出 | 8.7 | 10.4 | 118.9 | 51.8 |
| 十四、新增建设用地有偿使用费安排的支出 | 1 266.2 | 1 212.9 | 95.8 | 34.6 |
| 十五、育林基金支出 | 37.5 | 35.0 | 93.4 | -2.2 |
| 十六、森林植被恢复费安排的支出 | 73.8 | 79.1 | 107.2 | 12.5 |
| 十七、地方水利建设基金支出 | 412.1 | 546.9 | 132.7 | 25.7 |
| 十八、南水北调工程基金支出 | 13.4 | 19.4 | 144.3 | 129.3 |
| 十九、残疾人就业保障金支出 | 201.5 | 185.8 | 92.2 | 19.4 |

(续表)

| 项目 | 预算数（亿元） | 决算数（亿元） | 决算数占预算数的比重（%） | 增长率（%） |
|---|---|---|---|---|
| 二十、政府住房基金支出 | 212.8 | 268.1 | 126.0 | 63.2 |
| 廿一、城市公用事业附加安排的支出 | 233.1 | 223.8 | 96.0 | 5.2 |
| 廿二、国有土地使用权出让金收入安排的支出 | 25 661.0 | 38 266.0 | 149.1 | 43.5 |
| 廿三、国有土地收益基金支出 | 926.5 | 1 194.4 | 128.9 | 37.3 |
| 廿四、农业土地开发资金支出 | 192.1 | 204.8 | 106.6 | 20.8 |
| 廿五、大中型水库移民后期扶持基金支出 | 354.1 | 261.9 | 74.0 | 67.9 |
| 廿六、大中型水库库区基金支出 | 36.7 | 24.8 | 67.6 | 0.1 |
| 廿七、三峡水库库区基金支出 | 7.3 | 5.2 | 71.1 | −28.2 |
| 廿八、彩票公益金安排的支出 | 546.4 | 492.4 | 90.1 | 20.5 |
| 廿九、城市基础设施配套费安排的支出 | 794.5 | 1 122.6 | 141.3 | 37.9 |
| 三十、小型水库移民扶助基金支出 | 8.8 | 13.6 | 154.9 | 27.3 |
| 卅一、国家重大水利工程建设基金支出 | 137.8 | 115.0 | 83.4 | 52.3 |
| 卅二、车辆通行费安排的支出 | 1 315.9 | 1 374.2 | 104.4 | 14.0 |
| 卅三、船舶港务费安排的支出 | 4.9 | 6.3 | 129.2 | −18.5 |
| 卅四、可再生能源电价附加收入安排的支出 | 240.3 | 196.6 | 81.8 | 34.5 |
| 卅五、无线电频率占用费安排的支出 | 21.8 | 21.8 | 100.0 | 31.5 |
| 卅六、其他政府性基金支出 | 557.5 | 448.8 | 80.5 | 7.9 |
| 地方政府性基金支出 | 34 973.0 | 47 742.0 | 136.5 | 39.8 |

资料来源：财政部网站。

### 3.1.3 国有资本经营支出决算

2013年全国国有资本经营支出为1 513.6亿元,全国国有资本经营收入为1 651.36亿元。

(一) 中央国有资本经营支出决算情况

2013年,中央国有资本经营支出为978.19亿元,完成预算的90.3%,增长5.2%。其中,调入公共财政预算用于社会保障等民生支出为65亿元,增长30%。中央国有资本经营结转下年支出为152.03亿元。其中,支出额度最大的三项为资源勘探电力信息等事务支出701.19亿元、交通运输支出56.16亿元、商业服务业等事务支出97.55亿元。具体情况如表3-5所示。

表3-5 2013年中央国有资本经营支出决算表

| 项目 | 预算数（亿元） | 决算数（亿元） | 决算数占预算数的比重（%） | 决算数占上年决算数的比重（%） |
| --- | --- | --- | --- | --- |
| 一、教育 | 4.00 | 1.98 | 49.5 | 90.8 |
| 二、文化体育与传媒 | 14.00 | 10.00 | 71.4 | 161.3 |
| 三、社会保障和就业 | 11.34 | 19.29 | 170.1 | 112.1 |
| 四、农林水事务 | 22.51 | 17.02 | 75.6 | 115.1 |
| 五、交通运输 | 93.50 | 56.16 | 60.1 | 158.9 |
| 六、资源勘探电力信息等事务 | 724.67 | 701.19 | 96.8 | 102.3 |
| 七、商业服务业等事务 | 109.98 | 97.55 | 88.7 | 89.8 |
| 八、其他支出 | 38.11 | 10.00 | 26.2 | 33 333.0 |
| 九、转移性支出 | 65.00 | 65.00 | 100.0 | 130.0 |
| 中央国有资本经营支出 | 1 083.10 | 978.19 | 90.3 | 105.2 |
| 结转下年支出 | — | 152.19 | — | 211.5 |

资料来源:财政部网站。

(二) 地方国有资本经营支出决算情况

地方国有资本经营收入为593.09亿元,地方国有资本经营支出为535.41亿元。地方国有资本经营收大于支的部分结转下年使用。其中,支出额度最大的几项为资源勘探电力信息等事务支出185.83亿元、商业服务业等事务支出99.53亿元、交通运输支出80.63亿元,各科目中国有经济结构调整支出累计达146.49亿元[①]。具体情况如表3-6所示。

---

① 表3-6中略去了各科目下的子项"国有经济结构调整支出",该子项的详细数据可参阅财政部网站。

表 3-6  2013 年地方国有资本经营支出决算表

| 项目 | 预算数（亿元） | 决算数（亿元） | 决算数占预算数的比重（%） | 决算数占上年决算数的比重（%） |
|---|---|---|---|---|
| 一、教育 | 1.25 | 6.57 | 525.6 | 233.8 |
| 二、科学技术 | 16.47 | 26.81 | 162.8 | 230.7 |
| 三、文化体育与传媒 | 8.33 | 5.42 | 65.1 | 92.5 |
| 四、节能环保 | 10.41 | 17.12 | 164.5 | 500.6 |
| 五、城乡社区事务 | 36.40 | 38.12 | 104.7 | 181.6 |
| 六、农林水事务 | 9.41 | 12.98 | 137.9 | 47.5 |
| 七、交通运输 | 82.75 | 80.63 | 97.4 | 182.1 |
| 八、资源勘探电力信息等事务 | 232.51 | 185.83 | 79.9 | 85.4 |
| 九、商业服务业等事务 | 77.06 | 99.53 | 129.2 | 130.4 |
| 十、其他支出 | 76.97 | 97.76 | 127.0 | 172.9 |
| 十一、转移性支出 | 6.84 | 12.56 | 183.6 | 199.0 |
| 地方国有资本经营支出 | 558.40 | 583.33 | 104.7 | 123.3 |
| 结转下年支出 | — | 71.60 | — | 137.1 |

资料来源：财政部网站。

## 3.1.4 社会保险基金决算

2013 年全国社会保险基金支出为 28 616.75 亿元，为预算的 102.5%，比上年增长 20%。本年收支结余为 5 898.81 亿元，年末滚存结余为 43 441.85 亿元。其中，基本养老保险本年支出为 16 699 亿元，比上年增加 2 751 亿元，增长 20%，完成预算的 101%。其中，基本养老金支出为 16 090 亿元，比上年增加 2 632 亿元，增长 20%，完成预算的 101%。本年收支结余为 4 091 亿元，年末滚存结余为 26 900 亿元。居民社会养老保险基金本年支出为 1 431 亿元，比上年增加 219 亿元，增长 18%，完成预算的 103%。城镇职工基本医疗保险基金本年支出为 5 667 亿元，比上年增加 941 亿元，增长 20%，完成预算的 105%。居民基本医疗保险基金本年支出为 3 688 亿元，比上年增加 694 亿元，增长 23%，完成预算的 108%。工伤保险基金本年支出为 460 亿元，比上年增加 73 亿元，增长 19%，完成预算的 106%。失业保险基金本年支出为 520 亿元，比上年增加 70 亿元，增长 16%，完成预算的 90%。生育保险基金本年支出为 279 亿元，比上年增加 65 亿元，增长 31%，完成预算的 115%。具体数据如表 3-7 所示。

表 3-7　2013 年全国社会保险基金支出决算情况表　　　　单位：亿元

| 项目 | 合计 | 企业职工基本养老保险基金 | 居民社会养老保险基金 | 城镇职工基本医疗保险基金 | 居民基本医疗保险基金 | 工伤保险基金 | 失业保险基金 | 生育保险基金 |
|---|---|---|---|---|---|---|---|---|
| 支出 | 28 744 | 16 699 | 1 431 | 5 667 | 3 688 | 460 | 520 | 279 |
| 基本养老金支出 | 17 327 | 16 090 | 1 237 | — | — | — | — | — |
| 基本医疗保险待遇支出 | 9 163 | — | — | 5 562 | 3 602 | — | — | — |
| 工伤保险待遇支出 | 454 | — | — | — | — | 454 | — | — |
| 失业保险金支出 | 203 | — | — | — | — | — | 203 | — |
| 生育保险待遇支出 | 278 | — | — | — | — | — | — | 278 |
| 本年收支结余 | 7 250 | 4 091 | 742 | 1 206 | 238 | 131 | 758 | 83 |
| 年末滚存结余 | 44 884 | 26 900 | 3 104 | 7 870 | 1 850 | 973 | 3 687 | 501 |

资料来源：财政部网站。

## 3.2　2014 年财政支出预算安排

2014 年 3 月 5 日，在第十二届全国人民代表大会第一次会议上，财政部发布了《关于 2013 年全国预算执行情况与 2014 年中央和地方预算草案的报告》，该报告对 2014 年公共财政预算、政府性基金预算、国有资本经营预算以及社会保险基金预算的安排情况进行了说明，下面我们对其支出安排情况进行简要分析。

### 3.2.1　公共财政支出预算安排情况

2014 年，全国公共财政支出预算为 153 037 亿元，增长 9.5%，加上地方政府债券还本支出 993 亿元，安排支出总量为 154 030 亿元。其中，中央财政支出 74 880 亿元，增长 9.3%（扣除预备费后增长 8.6%）；地方财政支出 130 031 亿元，增长 9%，加上地方政府债券还本支出 993 亿元，支出总量为 131 024 亿元。在中央公共财政支出中，中央本级支出 22 506 亿元，中央对地方税收返还和转移支付 51 874 亿元，中央预备费 500 亿元。收支总量相抵，中央财政赤字预计为 9 500 亿元，比 2013 年增加 1 000 亿元。中央财政国债余额限额 100 708.35 亿元。中央预算稳定调节基金余额为 483.08 亿元。地方财政收支差额 4 000 亿元，比 2013 年增加 500 亿元，国务院同意由财政部代理发行地方政府债券弥补，并列入省级预算管理。全国公共财政支出超过收入 13 500 亿元，比 2013 年增加 1 500 亿元，赤字率为 2.1% 左右。

（一）中央预算支出安排情况

2014 年中央公共财政预算各主要支出项目的情况如表 3-8 所示。由此可知，2014 年预算数比上年执行数增长最快的项目是其他支出，增长 34%；金融支出、国债还本付息支出、医疗卫生与计划生育支出与国防支出的增长速度分别位列第 2 至第 5 位,其增长幅度达到 10% 以上,这反映了中央财政在 2014 年的支出重点,资源勘探信息等支出、商业服务业等支出与城乡社区支出比上年执行数有所下降,分别下降 20.7%、19.1% 和 3.9%。

表 3-8　2014 年中央公共财政支出预算安排情况

| 项目 | 预算数（亿元） | 预算数占上年执行数的比重（%） | 增长排序 |
| --- | --- | --- | --- |
| 一、一般公共服务支出 | 1 245.2 | 102.6 | 18 |
| 二、外交支出 | 376.8 | 106.3 | 15 |
| 三、国防支出 | 8 082.3 | 112.2 | 5 |
| 四、公共安全支出 | 2 050.7 | 106.1 | 16 |
| 五、教育支出 | 4 133.6 | 109.1 | 10 |
| 六、科学技术支出 | 2 673.9 | 108.9 | 12 |
| 七、文化体育与传媒支出 | 512.3 | 109.2 | 9 |
| 八、社会保障和就业支出 | 7 153.0 | 109.8 | 7 |
| 九、医疗卫生与计划生育支出 | 3 038.1 | 115.1 | 4 |
| 十、节能环保支出 | 2 109.1 | 107.1 | 14 |
| 十一、城乡社区支出 | 122.8 | 96.1 | 21 |
| 十二、农林水支出 | 6 487.5 | 108.6 | 13 |
| 十三、交通运输支出 | 4 345.7 | 105.1 | 17 |
| 十四、资源勘探信息等支出 | 605.8 | 79.3 | 23 |
| 十五、商业服务业等支出 | 366.7 | 80.9 | 22 |
| 十六、金融支出 | 205.7 | 124.8 | 2 |
| 十七、地震灾后恢复重建支出 | — | — | — |
| 十八、国土海洋气象等支出 | 492.0 | 100.2 | 20 |
| 十九、住房保障支出 | 2 528.7 | 109.0 | 11 |
| 二十、粮油物资储备支出 | 1 394.0 | 110.1 | 6 |
| 廿一、国债还本付息支出 | 2 693.6 | 116.3 | 3 |
| 廿二、对地方税收返还 | 5 086.9 | 100.6 | 19 |
| 廿三、对地方一般性转移支付 | 17 954.0 | 109.8 | 8 |
| 廿四、其他支出 | 722.2 | 134.0 | 1 |
| 中央本级和补助地方支出 | 74 380.0 | 108.6 | — |
| 中央预备费 | 500.0 | — | — |
| 中央公共财政支出 | 74 880.0 | 109.3 | — |

资料来源:财政部网站。

其次,从中央本级支出预算情况来看(见表3-9),城乡社区事务、住房保障支出、农林水事务支出、交通运输支出、资源勘探电力信息等事务支出以及商业服务业等事务支出的增长速度为负,其余项目2014年预算数比上年执行数都有增加,增长最快的是医疗卫生支出项目,增幅高达75.7%;此外,其他支出、金融支出与节能环保等项目支出的增长也较快。表中还反映了中央本级支出所占的比重,从中可以看出,外交支出、国债付息支出与金融监管等事务支出完全由中央政府负责,并且中央政府还承担了国防支出和科学技术支出的99.7%与96.5%。另外,一般公共服务支出、公共安全支出、国土资源气象等事务支出、粮油物资储备事务支出、资源勘探电力信息等事务支出以及其他支出的一半以上都由中央政府承担。

表3-9 2014年中央本级支出预算情况

| 项目 | 2014年预算数（亿元） | 预算数占上年执行数的比重（%） | 中央本级支出占比（%） |
| --- | --- | --- | --- |
| 一、一般公共服务 | 1 003.4 | 100.9 | 80.6 |
| 二、外交 | 376.8 | 106.3 | 100.0 |
| 三、国防 | 8 054.5 | 112.2 | 99.7 |
| 四、公共安全 | 1 389.2 | 107.2 | 67.7 |
| 五、教育 | 1 195.0 | 106.9 | 28.9 |
| 六、科学技术 | 2 580.4 | 109.1 | 96.5 |
| 七、文化体育与传媒 | 227.7 | 111.6 | 44.4 |
| 八、社会保障和就业 | 714.9 | 111.6 | 10.0 |
| 九、医疗卫生 | 140.7 | 175.7 | 4.6 |
| 十、节能环保 | 290.7 | 122.2 | 13.8 |
| 十一、城乡社区事务 | 6.2 | 32.6 | 5.1 |
| 十二、农林水事务 | 493.5 | 93.8 | 7.6 |
| 十三、交通运输 | 630.2 | 87.2 | 14.5 |
| 十四、资源勘探电力信息等事务 | 313.2 | 99.1 | 51.7 |
| 十五、商业服务业等事务 | 25.2 | 99.4 | 6.9 |
| 十六、金融支出 | 205.7 | 125.3 | 100.0 |
| 十七、国土资源气象等事务 | 305.2 | 114.2 | 62.0 |
| 十八、住房保障支出 | 378.9 | 93.6 | 15.0 |
| 十九、粮油物资储备事务 | 979.0 | 108.2 | 70.2 |
| 二十、国债付息支出 | 2 693.6 | 116.3 | 100.0 |
| 廿一、其他支出 | 502.1 | 148.2 | 69.5 |
| 中央本级支出 | 22 506.0 | 109.9 | — |

资料来源:财政部网站并经简单计算得到。

最后,简要说明中央对地方税收返还和转移支付的情况。2014 年中央对地方税收返还和转移支付 51 874 亿元,增长 8%。其中,一般性转移支付 27 217.87 亿元,增长 10.9%;专项转移支付 19 569.22 亿元,增长 6.1%。在一般性转移支付中,均衡性转移支付 10 807.81 亿元,增长 10.1%;革命老区、民族和边境地区转移支付 695.22 亿元,增长 11.8%。均衡性转移支付中,县级基本财力保障机制奖补资金 1 678 亿元,增长 10%;重点生态功能区转移支付 480 亿元,增长 13.5%;产粮大县奖励资金 349.81 亿元,增长 10%。

(二) 地方预算支出安排情况

2014 年地方公共财政支出预算安排 130 031 亿元,增长 9%,加上地方政府债券还本支出 993 亿元,支出总量为 131 024 亿元。地方财政收支差额为 4 000 亿元,比 2013 年增加 500 亿元,国务院同意由财政部代理发行地方政府债券弥补,并列入省级预算管理。需要说明的是,地方财政收支预算由地方各级人民政府编制,报同级人民代表大会批准,相关汇总数据并未在《关于 2013 年全国预算执行情况与 2014 年中央和地方预算草案的报告》中列示,因而限于数据的可得性,本报告中未列示地方预算支出安排的详细科目数据。

### 3.2.2 政府性基金支出预算安排情况

2014 年,汇总中央和地方预算,全国政府性基金支出 48 116.19 亿元,下降 4%。中央政府性基金支出和地方政府性基金支出的预算安排情况分别如下。

(一) 中央政府性基金支出预算安排情况

2014 年中央政府性基金支出 4 975.58 亿元,增长 16.8%(见表 3-10)。从各项目的增长速度来看,增长最快的是核电站乏燃料处理处置基金支出,其增长速度高达 12 006%,这主要是上年基数较小所致;其次为废弃电器电子产品处理基金支出,增长速度为 685.1%;紧随其后的是其他政府性基金支出和无线电频率占用费安排的支出,其增长速度分别为 215.2% 和 211.7%;港口建设费安排的支出、烟草企业上缴专项收入安排的支出、长江口航道维护支出、中央水利建设基金支出、新增建设用地土地有偿使用费安排的支出以及南水北调工程基金支出有所下降;中央特别国债经营基金财务支出与去年持平,其余项目都有不同程度的增长。此外,从各项目支出所占的比重来看,中央特别国债经营基金财务支出所占的比重最大,其支出数额为 682.87 亿元,占 13.72%;其次为铁路建设基金支出,支出数额为 657.09 亿元,所占比重为 13.21%;再次为彩票公益金安排的支出和可再生能源电价附加收入安排的支出,支出数额分别为 529.78 亿元和 528.73 亿元,所占比重分别为 10.65% 和 10.63%;其余项目所占比重则在 10% 以下。相对上年来说,高占比科目的比重均有一定程度的下降。

表 3-10 2014 年中央政府性基金支出预算安排情况

| 项目 | 2013年预算数（亿元） | 预算数占上年执行数的比重（%） | 各项目支出占比（%） |
|---|---|---|---|
| 一、中央农网还贷资金支出 | 131.6 | 105.3 | 2.64 |
| 二、铁路建设基金支出 | 657.1 | 105.0 | 13.21 |
| 三、民航发展基金支出 | 324.5 | 128.5 | 6.52 |
| 四、港口建设费安排的支出 | 164.6 | 95.2 | 3.31 |
| 五、旅游发展基金支出 | 9.8 | 123.2 | 0.20 |
| 六、文化事业建设费安排的支出 | 18.0 | 157.3 | 0.36 |
| 七、国家电影事业发展专项资金支出 | 18.6 | 153.1 | 0.37 |
| 八、新增建设用地土地有偿使用费安排的支出 | 335.6 | 70.4 | 6.74 |
| 九、森林植被恢复费安排的支出 | 2.3 | 192.4 | 0.05 |
| 十、中央水利建设基金支出 | 41.3 | 86.5 | 0.83 |
| 十一、南水北调工程基金支出 | 16.0 | 56.4 | 0.32 |
| 十二、农田水利建设资金安排的支出 | 165.0 | 260.9 | 3.32 |
| 十三、大中型水库移民后期扶持基金支出 | 338.8 | 122.2 | 6.81 |
| 十四、大中型水库库区基金支出 | 7.9 | 145.2 | 0.16 |
| 十五、三峡水库库区基金支出 | 10.9 | 174.8 | 0.22 |
| 十六、中央特别国债经营基金财务支出 | 682.9 | 100.0 | 13.72 |
| 十七、彩票公益金安排的支出 | 529.8 | 117.7 | 10.65 |
| 十八、国家重大水利工程建设基金支出 | 285.7 | 100.2 | 5.74 |
| 十九、船舶港务费安排的支出 | 44.7 | 101.8 | 0.90 |
| 二十、长江口航道维护支出 | 5.8 | 92.0 | 0.12 |
| 廿一、核电站乏燃料处理处置基金支出 | 91.0 | 13 006.0 | 1.83 |
| 廿二、可再生能源电价附加收入安排的支出 | 528.7 | 220.0 | 10.63 |
| 廿三、船舶油污损害赔偿基金支出 | 2.6 | — | 0.05 |
| 廿四、铁路资产变现收入安排的支出 | — | — | 0.00 |
| 廿五、电力改革预留资产变现收入安排的支出 | 51.4 | — | 1.03 |
| 廿六、无线电频率占用费安排的支出 | 75.9 | 311.7 | 1.53 |
| 廿七、废弃电器电子产品处理基金支出 | 59.1 | 785.1 | 1.19 |
| 廿八、烟草企业上缴专项收入安排的支出 | 375.0 | 93.8 | 7.54 |
| 廿九、其他政府性基金支出 | 1.0 | 315.2 | 0.02 |
| 中央政府性基金支出 | 4 975.6 | 116.8 | — |

资料来源：财政部网站并经计算得到。

## (二) 地方政府性基金支出预算安排情况

2014 年，地方政府性基金支出 44 693.82 亿元，下降 5.6%。其中，国有土地使用权出让收入安排的支出 36 871.14 亿元，下降 9.2%。支出的来源为：地方政府性基金本级收入 43 140.61 亿元，下降 10.1%，其中，国有土地使用权出让收入 36 371.31 亿元，下降 11.8%；加上中央政府性基金对地方转移支付 1 553.21 亿元。

### 3.2.3 国有资本经营支出预算安排情况

2014 年，安排全国国有资本经营支出总量 2 133.82 亿元亿元。其中，中央国有资本经营支出 1 578.03 亿元，增长 61.3%，其中资本性支出 1 150.83 亿元、费用性支出 37.78 亿元、其他支出 389.42 亿元。调入公共财政预算用于社会保障等民生方面的支出 184 亿元。2014 年，地方国有资本经营支出 555.79 亿元，基本与去年持平。表 3-11 列示了 2014 年中央政府性基金支出预算安排情况的相关数据。可以发现，增长最快的两项是其他支出和交通运输支出，而占比最高的则是资源勘探信息等支出，占比超过总支出的 50%。限于数据可得性，本报告中未列示地方政府性基金支出的详细汇总数据。

表 3-11 2014 年中央政府性基金支出预算安排情况

| 项目 | 预算数（亿元） | 预算数占上年执行数的比重（%） | 各项目支出占比（%） |
| --- | --- | --- | --- |
| 一、教育支出 | 4.08 | 206.1 | 0.3 |
| 二、文化体育与传媒支出 | 14.78 | 147.8 | 0.9 |
| 三、社会保障和就业支出 | 10.42 | 54.0 | 0.7 |
| 四、农林水支出 | 25.66 | 150.8 | 1.6 |
| 五、交通运输支出 | 160.69 | 286.1 | 10.2 |
| 六、资源勘探信息等支出 | 864.57 | 123.3 | 54.8 |
| 七、商业服务业等支出 | 185.15 | 189.8 | 11.7 |
| 八、其他支出 | 128.68 | 1 286.8 | 8.2 |
| 九、转移性支出 | 184.00 | 283.1 | 11.7 |
| 中央国有资本经营支出 | 1 578.00 | 161.3 | — |

资料来源：财政部网站并经计算得到。

### 3.2.4 社会保险基金预算安排情况

全国社会保险基金预算按险种分别编制，包括基本养老保险基金（含企业职工基本养老保险、城乡居民基本养老保险）、基本医疗保险基金（含城镇职工基本医疗保险、城镇居民基本医疗保险和新型农村合作医疗）、工伤保险基金、失业保险基金、生育保险基金等社会保险基金。汇总中央和地方预算，2014 年全国社会保险基金支出 32 581 亿元①,比上年增长 13.9%。本年收支结余 5 086 亿元,年末滚存结余 48 527 亿元。分险种情况如下:企业职工基本养老保险基金支出 19 117 亿元,比上年增长 14.5%,本年收支结余 2 371 亿元,年末滚存结余 28 251 亿元;城乡居民基本养老保险基金支出 1 554 亿元,比上年增长 10.5%,本年收支结余 743 亿元,年末滚存结余 3 790 亿元;城镇职工基本医疗保险基金支出 6 314 亿元,比上年增长 13.3%,本年收支结余 929 亿元,年末滚存结余 8 618 亿元;居民基本医疗保险基金支出 4 083 亿元,比上年增长 11.9%,本年收支结余 316 亿元,年末滚存结余 2 133 亿元;工伤保险基金支出 514 亿元,比上年增长 15.1%,本年收支结余 99 亿元,年末滚存结余 1 061 亿元;失业保险基金支出 676 亿元,比上年增长 18.9%,本年收支结余 554 亿元,年末滚存结余 4 115 亿元;生育保险基金支出 324 亿元,比上年增长 15.8%,本年收支结余 73 亿元,年末滚存结余 560 亿元。

## 3.3 2014 年公共财政支出规模分析

### 3.3.1 预算完成情况

在预算完成方面(见表 3-12),2014 年 1—12 月全国公共财政累计支出 151 662 亿元②,比预算数少 1 375 亿元。分中央和地方看,中央本级支出 22 570 亿元,比预算数增加 64 亿元;地方财政用地方本级收入、中央税收返还和转移支付资金等安排的支出 129 092 亿元,比预算数少 939 亿元。

表 3-12 2014 年公共财政支出数据

| 类别 | | 预算数 | | 预算执行数 | |
| --- | --- | --- | --- | --- | --- |
| | | 金额(亿元) | 增长率(%) | 金额(亿元) | 增长率(%) |
| 全国财政支出 | 总额 | 153 037 | 9.5 | 151 662 | 8.2 |
| | 全国赤字 | 13 500 | 12.5 | — | — |
| 中央财政支出 | 总额 | 74 880 | 9.3 | — | — |
| | 本级支出 | 22 506 | 8.7 | 22 570 | 10.2 |
| | 对地方的税收返还 | 51 874 | 6.2 | — | — |
| | 中央赤字 | 9 500 | 11.8 | — | — |
| 地方财政支出 | 总额 | 130 031 | 9 | 129 092 | 7.8 |
| | 地方赤字 | 4 000 | 14.3 | — | — |

注:"—"代表数据尚未公布。
资料来源:财政部网站并经简单计算得到。

---

① 编制 2014 年社会保险基金预算时,2013 年社会保险基金决算尚未编报完成,故本文作上下年度对比分析时使用 2013 年社会保险基金预计执行数。

② 需要说明的是,2015 年 1 月财政收支整理期结束后,上述 2014 年财政支出数还会有小的变化。

此外,从年度增长的角度来看,2014年全国公共财政支出比上年增加11 449亿元,增长8.2%。其中,中央本级支出比上年增加2 098亿元,增长10.2%;地方财政支出比上年增加9 351亿元,增长7.8%。无论是绝对数额还是增长率,2014年都比2013年有一定程度的增加,这是我国在2014年实施积极财政政策的结果。

### 3.3.2 公共财政支出与收入关系分析

从全年来看(见表3-13),公共财政收入增长率略高于支出增长率,但增速均较往年有所回落,这主要是因为:一方面,受经济增长放缓、价格涨幅回落等影响,税收增幅相对较小;另一方面,预算支出执行管理进一步加强,民生等重点支出得到了切实保障,从而使支出增幅有所上升。从收支差额来看,2014年全年公共财政累计支出139 744亿元,增长8.2%;同期公共财政收入129 143亿元,增长8.6%。从增长率来看,1、2、4、10、11和12月的支出增长率低于收入增长率,其余月份的支出增长率均高于收入增长率。尽管收入增长率较高,但是支出数额仍大于收入数额,2014年,财政支出累计超过收入11 312亿元,比2013年高711亿元。

表3-13 2014年1—12月财政支出与收入关系分析

| 月份 | 财政支出 | | 财政收入 | | 收支差额 |
| --- | --- | --- | --- | --- | --- |
| | 金额(亿元) | 同比增长率(%) | 金额(亿元) | 同比增长率(%) | (亿元) |
| 1—2 | 17 067 | 6.0 | 24 923 | 11.1 | −7 856 |
| 3 | 13 365 | 22.3 | 10 103 | 5.2 | 3 262 |
| 4 | 9 410 | 1.1 | 12 481 | 9.2 | −3 071 |
| 5 | 12 790 | 24.6 | 13 670 | 7.2 | −880 |
| 6 | 16 522 | 26.1 | 13 461 | 8.8 | 3 061 |
| 7 | 10 256 | 9.6 | 12 662 | 6.9 | −2 406 |
| 8 | 10 204 | 6.2 | 9 109 | 6.1 | 1 095 |
| 9 | 14 026 | 9.1 | 9 953 | 6.3 | 4 073 |
| 10 | 9 910 | −5.7 | 13 280 | 9.4 | −3 370 |
| 11 | 12 759 | 0.8 | 9 953 | 9.1 | 2 806 |
| 12 | 25 353 | 1.2 | 10 755 | 13.3 | 14 598 |
| 1—12月累计 | 151 662 | 8.2 | 140 350 | 8.6 | 11 312 |

注:收支差额根据当月财政支出减去财政收入得到。
资料来源:财政部网站。

另外,从历年财政支出增长率与收入增长率的关系来看(见图3-1),除2000年与2002年外,2007年之前财政支出的增长率都低于财政收入的增长率,但2008

年、2009年财政收入增长率急剧下降,大大低于支出增长率。这主要是因为:一方面,2008年以来金融危机的发生造成了我国经济面临着非常严峻的国际经济形势,财政收入增长率较之前明显放缓,2009年降至10年来的最低点;另一方面,为应对这一严峻的经济形势,我国实施了积极的财政政策,财政支出增幅明显增加。2010年与2011年,财政收入大幅回升,从而使其增长率又超过了支出增长率;在2012年,财政收入增长率大幅下降,仅为12.8%,低于财政支出增长率;在2013年,财政收入增长率进一步下降,仅为10.1%,略低于财政支出增长率;到2014年,财政支出和财政收入的增长率均有所回落,两个增长率均刷新了2000年以来的最低纪录。财政收入增长率较低的原因包括:一是工业生产、消费、投资、进出口、企业利润等指标增幅均不同程度回落,增值税、营业税、进口环节税收、企业所得税等主体税种增幅相应放缓;二是工业生产者出厂价格指数(PPI)持续下降,影响以现价计算的财政收入增长;三是房地产市场调整影响扩大,商品房销售额明显下滑,与之相关的房地产营业税、房地产企业所得税、契税、土地增值税等回落较多;四是扩大营改增试点范围等政策,在减轻企业负担的同时,对财政形成减收。伴随财政收入的放缓,财政支出增长率也有一定程度的降低,主要原因是预算支出执行管理进一步加强,2014年没有采取大规模刺激政策。

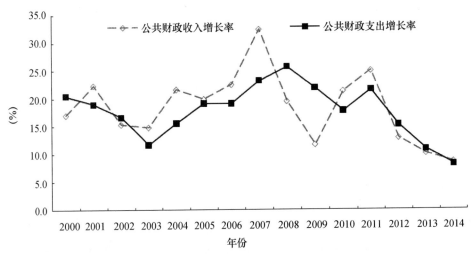

图3-1　2000—2014年公共财政收入增长率与支出增长率

### 3.3.3　公共财政支出与GDP关系分析

表3-14反映了我国2000—2014年公共财政支出、GDP增长率与公共财政支出占GDP的比重情况。从中可以看出:

第一,我国公共财政支出增长率受到经济增长状况的影响,但当经济增长趋缓时,财政支出增长率也相应下降,但财政支出增长率的下降存在 1—2 期的滞后,并且下降幅度要远低于 GDP 的下降情况。相反,当 GDP 增长率上升时,财政支出的增速立即回升。

表 3-14  2000—2014 年公共财政支出与 GDP 的关系  单位:%

| 年份 | 增长率 | | 公共财政支出占 GDP 比重 |
|---|---|---|---|
| | 公共财政支出 | GDP | |
| 2000 | 20.5 | 9.1 | 16.0 |
| 2001 | 19.0 | 10.5 | 17.2 |
| 2002 | 16.7 | 9.7 | 18.3 |
| 2003 | 11.8 | 12.9 | 18.1 |
| 2004 | 15.6 | 17.7 | 17.8 |
| 2005 | 19.1 | 15.7 | 18.3 |
| 2006 | 19.1 | 17.0 | 18.6 |
| 2007 | 23.2 | 22.9 | 18.7 |
| 2008 | 25.7 | 18.1 | 19.9 |
| 2009 | 21.9 | 8.6 | 22.3 |
| 2010 | 17.8 | 17.7 | 22.4 |
| 2011 | 21.6 | 17.9 | 23.1 |
| 2012 | 15.1 | 7.8 | 24.2 |
| 2013 | 10.9 | 7.7 | 24.6 |
| 2014 | 8.2 | 7.4 | 23.8 |

资料来源:财政部网站和《中国统计年鉴》并经计算得到。

第二,除 2003 年与 2004 年外,我国公共财政支出增长率均超过 GDP 增长率,这主要是因为:当经济增长速度放缓时,政府往往趋向于采用扩张性政策以刺激经济,因此在经济增长放缓时,财政支出的增长速度反而提高;当经济增长速度提高时,由于财政刚性,财政支出的增速即使下降,也不会有大幅度地降低,同时由于棘轮效应的存在,在经济增长较快时,财政支出也无法大幅度的下降,从而使得在绝大多数年份,公共财政支出的增长速度都超过 GDP 的增长速度。

第三,公共财政支出占 GDP 的比重不断提高,基本呈逐年上升态势,从 2000 年至 2014 年,公共财政支出占 GDP 的比重由 16% 上升到 24% 左右。

## 3.4 2014年公共财政支出结构分析

### 3.4.1 公共财政支出的月度结构

2014年1—12月全国公共财政支出执行情况如表3-15所示。从中可以看出，2014年全国公共财政支出151 662亿元，比2013年增加11 918亿元，增长8.2%。其中，第1、2、3及4季度的支出数额分别为30 432、38 722、34 486及48 022亿元，第1季度的支出额相对较低，这是由人民代表大会批准预算的体制因素造成的，第2季度与第3季度的支出额则有所增加，特别是第4季度的支出额大幅增长，超过第1季度的1.5倍。此外，从各月支出来看，每一季度中最后一个月的支出都比前两个月的支出要高，即在3月、6月、9月与12月都有较大的支出，这4个月支出所占的比重都是当季最高的，特别是在12月，其支出数额为25 353亿元，占全年总支出的比重高达16.7%[①]，这反映了各预算单位在季末以及年末"突击花钱"的现象仍然存在。此外，表中还反映了各月支出数额的增加情况，同比2013年，除10月外，各月财政支出增加额及增长速度都有不同程度的提高，这主要是由于2014年财政支出在住房保障、医疗卫生以及社会保障和就业等民生领域的支出压力较大所致。

表3-15 2014年1—12月全国公共财政支出及增长情况

| 月份 | 公共财政支出完成额（亿元） | 比上年同期增加额（亿元） | 同比增长（%） | 所占比重（%） |
| --- | --- | --- | --- | --- |
| 1—2 | 17 067 | 962 | 6.0 | 11.3 |
| 3 | 13 365 | 2 433 | 22.3 | 8.8 |
| 4 | 9 410 | 102 | 1.1 | 6.2 |
| 5 | 12 790 | 2 524 | 24.6 | 8.4 |
| 6 | 16 522 | 3 418 | 26.1 | 10.9 |
| 7 | 10 256 | 902 | 9.6 | 6.8 |
| 8 | 10 204 | 597 | 6.2 | 6.7 |
| 9 | 14 026 | 1 170 | 9.1 | 9.2 |
| 10 | 9 910 | -598 | -5.7 | 6.5 |
| 11 | 12 759 | 102 | 0.8 | 8.4 |
| 12 | 25 353 | 306 | 1.2 | 16.7 |
| 1—12月累计 | 151 662 | 11 918 | 8.2 | — |

资料来源：财政部网站。

---

[①] 这一比例比2013年降低1.2个百分点，比2012年高0.1个百分点，分别比2011年和2010年下降1.9个和3.6个百分点。从纵向角度来看，我国财政支出的均衡性趋于提高。

### 3.4.2 公共财政支出的项目结构分析

"十二五"时期是我国推进产业结构优化升级、实现经济发展方式转变的关键时期。2014年是全面贯彻落实党的十八届三中全会精神、全面深化改革的第一年,是全面完成"十二五"规划目标任务的重要一年,财政部门紧紧围绕科学发展主题和加快转变经济方式,继续实施了积极的财政政策。其着力调整国民收入分配格局,推进财税制度改革,优化财政支出结构。2014年我国公共财政支出的项目结构如表3-16所示。

表3-16 2014年公共财政支出项目结构

| 项目 | 执行数（亿元） | 增长率（%） | 增长率排序 | 占比（%） | 占比排序 |
|---|---|---|---|---|---|
| 全国财政支出总额 | 151 662 | 8.2 | — | — | — |
| 一般公共服务 | — | — | — | — | — |
| 外交 | — | — | — | — | — |
| 国防 | — | — | — | — | — |
| 公共安全 | — | — | — | — | — |
| 教育 | 22 906 | 4.1 | 8 | 15.10 | 1 |
| 科学技术 | 5 254 | 3.4 | 9 | 3.46 | 7 |
| 文化体育与传媒 | 2 683 | 5.5 | 6 | 1.77 | 9 |
| 社会保障和就业 | 15 913 | 9.8 | 4 | 10.49 | 2 |
| 医疗卫生与计划生育 | 10 086 | 9.8 | 4 | 6.65 | 6 |
| 节能环保 | — | — | — | — | — |
| 城乡社区事务 | 12 884 | 15.4 | 1 | 8.50 | 4 |
| 农林水事务 | 14 002 | 4.9 | 7 | 9.23 | 3 |
| 交通运输 | 10 371 | 10.9 | 2 | 6.84 | 5 |
| 资源勘探电力信息等事务 | — | — | — | — | — |
| 商业服务业等事务 | — | — | — | — | — |
| 金融监管等事务 | — | — | — | — | — |
| 地震灾后恢复重建支出 | — | — | — | — | — |
| 国土资源气象等事务 | — | — | — | — | — |
| 住房保障支出 | 4 968 | 10.9 | 2 | 3.28 | 8 |
| 粮油物资储备事务 | — | — | — | — | — |
| 国债付息支出 | — | — | — | — | — |
| 其他支出 | — | — | — | — | — |

注:"—"表示数据未获得。
资料来源:财政部网站。

从表中可以看出：

第一，财政部门继续加大对医疗卫生与计划生育、社会保障和就业、住房保障支出以及城乡社区事务等民生支出的支持力度。2014年，全国社会保障和就业支出15 913亿元，占全国财政支出总额的比重高达10.5%，是仅次于教育的第二大民生支出。教育支出22 906亿元，增长了4.1%，主要是过去几年基数较高（2012年增长28.3%），其占全国财政支出总额的比重高达15.1%，排在首位。民生支出特别是由中低收入群体更多受益的民生支出的加大有助于调整国民收入分配格局，缩小收入分配差距。

第二，加大了交通运输方面的支出。2014年，交通运输支出10 371亿元，比上年增长10.9%，说明基建投资支出增速略高，这是积极财政政策的体现。

第三，继续加大统筹城乡发展的农林水事务支出和城乡社区事务支出。2014年，城乡社区事务支出的增幅较大，达到15.4%，其所占比重达到8.5%。农林水事务支出增长4.9%，尽管增长率较低，但占总财政支出的比例高达9.23%。农林水事务支出和城乡社区事务支出是与"三农"问题密切相关的支出，其增幅和所占比重较高反映了我国政府对解决"三农"问题的高度重视。

综合上述重点支出项目，我们可以看出，2014年，尽管存在经济增速放缓的压力，但财政支出结构进一步优化，民生支出比重进一步增加。国家财政支出在刺激实体经济、实现经济发展方式转变、调节国民收入分配、实现社会经济可持续发展等方面进行了积极引导。

### 3.4.3 公共财政支出的上下级结构分析

表3-17反映了我国2001—2014年中央本级和地方财政的支出数额及比重情况。从中可以看出：无论是中央本级还是地方，财政支出的数额都逐年递增，中央本级财政支出数额由2001年的5 768.02亿元增加至2014年的22 570亿元；同期地方财政支出数额由13 134.56亿元增加到129 092亿元。但从中央和地方财政支出占总支出的比重来看，2001—2014年，中央本级财政支出占比持续下降，由2001年的30.5%下降到2012年的14.88%；而地方财政支出比重逐年增加，同期由69.5%增加到85.12%。中央转移支付力度的加大一方面有利于促进地方之间的平衡；但另一方面也说明中央对财政收入的控制能力不断加强，即"分税制"以来财政的"集权"程度反而是不断加强了，这对于地方积极性的提升存在一定的不利影响。

表 3-17  中央本级和地方财政支出数额及比重

| 年份 | 绝对数(亿元) | | | 比重(%) | |
| --- | --- | --- | --- | --- | --- |
| | 全国 | 中央本级 | 地方 | 中央本级 | 地方 |
| 2001 | 18 902.58 | 5 768.02 | 13 134.56 | 30.50 | 69.50 |
| 2002 | 22 053.15 | 6 771.70 | 15 281.45 | 30.70 | 69.30 |
| 2003 | 24 649.95 | 7 420.10 | 17 229.85 | 30.10 | 69.90 |
| 2004 | 28 486.89 | 7 894.08 | 20 592.81 | 27.70 | 72.30 |
| 2005 | 33 930.28 | 8 775.97 | 25 154.31 | 25.90 | 74.10 |
| 2006 | 40 422.73 | 9 991.40 | 30 431.33 | 24.70 | 75.30 |
| 2007 | 49 781.35 | 11 442.06 | 38 339.29 | 23.00 | 77.00 |
| 2008 | 62 592.66 | 13 344.17 | 49 248.49 | 21.30 | 78.70 |
| 2009 | 76 299.93 | 15 255.79 | 61 044.14 | 20.00 | 80.00 |
| 2010 | 89 874.16 | 15 989.73 | 73 884.43 | 17.80 | 82.20 |
| 2011 | 108 930.00 | 16 514.00 | 92 416.00 | 15.20 | 84.80 |
| 2012 | 125 712.00 | 18 765.00 | 106 947.00 | 14.93 | 85.10 |
| 2013 | 139 744.00 | 20 472.00 | 119 272.00 | 14.65 | 85.35 |
| 2014 | 151 662.00 | 22 570.00 | 129 092.00 | 14.88 | 85.12 |

资料来源:财政部网站和《中国财政年鉴》并经计算得到。

## 3.5  2014 年财政支出重点项目分析

2014 年,国家财政继续加大民生方面的支出,同时也增加了节能环保和国防领域的支出。对民生领域倾斜力度继续扩大,对医疗卫生、社会保障以及住房保障支出等重点支出领域的财政保障力度进一步加大。2014 年,中央财政用在与人民群众生活直接相关的教育、医疗卫生、社会保障和就业、住房保障、文化体育与传媒方面的支出安排合计 17 365.7 亿元,比上年执行数增长 10.4%;用在节能环保、城乡社区事务等与人民群众生活密切相关的支出安排合计 8 719.4 亿元。中央财政用于国防支出安排预算 8 082.3 亿元,增长 12.2%。因此,教育支出、社会保障和就业支出、医疗卫生支出、住房保障支出、文化体育与传媒支出以及财政支农支出等民生项目、节能环保支出、国防支出是 2014 年财政支出的重点项目。

### 3.5.1  教育支出

教育投入是支撑国家长远发展的基础性、战略性投资,是教育事业的物质基础,把教育摆在突出位置予以重点保障是公共财政的重要职能。多年来,各级财政部门积极采取措施进一步增加教育投入,努力拓宽财政性教育经费来源渠道,促进教育改革发展,全国财政性教育经费占 GDP 比例逐年提高,教育支出已经成为公共财政的第一大支出。各级财政部门落实教育经费法定增长要求,进一步加大财政教育投入。汇总公共财政预算、政府性基金预算中安排用于教育的支出以及其他财政性教育经费,2012年国家财政性教育经费支出占国内生产总值的比重达到4%以上,这是我国自1993年提出国家财政性教育经费支出占GDP比重4%的战略目标后,首次实现这一目标。2014年,教育支出高达22 906亿元,其中中央财政安排教育支出4 133.6亿元,增长9.1%,中央本级支出1 106.7亿元,对地方转移支付3 026.9亿元。

财政支出持续稳定增长的同时,有必要加强教育经费使用管理,提高资金绩效。适当提高农村义务教育学校生均公用经费补助标准,逐步提高特殊教育学校生均公用经费补助标准,引导企业、个人和社会多渠道投资职业教育。2014年6月22日,国务院发布了《关于加快发展现代职业教育的决定》。《决定》对构建现代职业教育体系提出了明确的目标要求:"到2020年,形成适应发展需求,产教深度融合,中职高职衔接,职业教育与普通教育相互沟通,体现终身教育理念,具有中国特色、世界水平的现代职业教育体系。"时隔9年之后,国务院再次召开全国职业教育工作会议。这次会议是改革开放以来国务院召开的第三次全国职业教育工作会议。而在会议前一天,中共中央总书记、国家主席、中央军委主席习近平就加快职业教育发展作出了重要指示,强调职业教育是国民教育体系和人力资源开发的重要组成部分,是广大青年打开通往成功成才大门的重要途径,肩负着培养多样化人才、传承技术技能、促进就业创业的重要职责,必须高度重视、加快发展。这个指示,与全国职业教育工作会议的召开和《决定》的出台,被认为是职业教育领域发展的一次重大"顶层设计",也表明了我国加强现代职业教育的决心和信心,将极大推动我国教育体制的改革步伐,具有里程碑式的意义。在全面深化财税体制改革的大背景下,国务院的这一部署突出了提高财政资金使用效率,切实为把宝贵资金用在"刀刃"上树立了样本。

### 3.5.2 社会保障和就业支出

完善的社会保障体系是维护社会稳定和国家长治久安的重要保障。近年来,财政部门不断加大对社会保障和就业的支持力度,并取得了良好的效果。如新型农村社会养老保险覆盖范围扩大到60%以上地区,连续10年提高企业退休人员基本养老金,进一步健全企业职工基本养老保险省级统筹制度。此外,各地普遍建立了社会救助和保障标准与物价上涨挂钩的联动机制,落实优抚对象等人员抚恤和生活补助政策等。

2014年,中央财政安排社会保障和就业支出7 153亿元,比上年执行数增长9.8%。其中,中央本级支出640.8亿元,对地方转移支付6 512.2亿元。社会保障和就业支出合计达15 913亿元,增长9.8%。资金的使用方向主要有:继续提高企业退休人员基本养老金水平;巩固新型农村和城镇居民社会养老保险制度全覆盖成果;适当提高城乡居民最低生活保障水平,对中央财政补助地区继续分别按照月人均15元和12元增加补助;调整优抚对象等人员抚恤和生活补助标准;继续对城乡低保对象等困难群众发放春节生活补贴;进一步完善社会救助体系,保障受灾群众基本生活;加大就业政策扶持力度,支持做好重点群体就业工作。

### 3.5.3 医疗卫生支出

医药卫生事业关系亿万人民健康,关系千家万户幸福,是重大民生问题。我国自2009年4月启动医改工作以来,各级财政部门优化财政支出结构,不断加大医疗卫生投入,为医改的成功推进提供了强有力的资金保障;通过政策创新和相应的制度安排,确保了医改的顺利实施。2009—2014年是我国医疗卫生体制改革与制度创新的六年,也是我国医疗卫生事业快速发展的六年。六年以来,国家财政对医疗卫生投入不断增加,占财政支出的比例从4.4%提高到了6.7%,2014年全国财政医疗卫生支出预算安排首破万亿元大关。中央财政对医疗卫生的投入为3 038.1亿元,比上年决算数增长了15.1%。

### 3.5.4 住房保障支出

努力让更多的人特别是低收入群体"居者有其屋"是我们党和国家的住房政策。自2008年起,政府加快建设保障性安居工程,并将其作为扩大内需的十项措施之首。特别是在2010年以后,中央财政对住房保障支出的预算数大幅增长,2010年政府新开工建设保障房580万套,2011年1 000万套,2012年700万套,2013年630万套,2014年700万套。2014年,中央财政住房保障支出2 528.7亿元,比上年执行数增长9%。值得一提的是,为规范中央财政城镇保障性安居工程专项资金的使用和管理,提高资金使用效益,财政部、住房城乡建设部决定从2014年开始,将中央补助廉租住房保障专项资金、中央补助公共租赁住房专项资金和中央补助城市棚户区改造专项资金,归并为中央财政城镇保障性安居工程专项资金。

### 3.5.5 文化体育与传媒支出

文化是民族的血脉,是人民的精神家园。近年来,我国公共文化服务体系建设呈现出良好态势,覆盖城乡的公共文化设施网络基本形成,公共文化服务体系框架基本建立,在提高人民群众科学文化和思想道德素质、促进人的全面发展方面发挥了重要作用。党的十七届六中全会对深化文化体制改革、推动社会主义文化大发展大繁荣作出了重要部署。为支持构建有利于文化繁荣发展的体制机制,促进社会主义文化大发展大繁荣,2014年,财政部门继续加大文化体育与传媒投入,中央财政安排文化体育与传媒支出512.29亿元,增长9.2%;以农村和中西部贫困地区为重点,推进基本公共文化服务标准化、均等化;支持大型体育场馆免费或低收费开放;大力推进文化创意和设计服务与相关产业融合发展。此外,下一步仍需统筹城乡的服务设施网络,在政策、资金等方面加大向农村地区的倾斜力度;另一方面,拓宽公共文化建设投入渠道,形成多元化投入机制。

### 3.5.6 财政支农支出

"三农"问题是关系到我国经济和社会全面发展的根本问题。2014年的中央一号文件连续第十一年聚焦"三农"。财政部门始终把支持解决好"三农"问题作为财政工作的重中之重。多年来,坚决贯彻落实党中央确定的"多予少取放活"的方针,不断完善支持农业农村发展的政策和机制,逐步建立健全财政强农惠农富农政策体系。具体来说,主要有以下几个方面:

第一,以促进农民增收为核心,充分调动农民积极性。积极拓宽农民增收渠道,通过取消农业税、实行农业直接补贴、完善粮食收储体系等措施,促进实现农民连年增收。

第二,以转变农业发展方式为主线,支持提高农业综合生产能力。大力支持农业基础设施建设,推动农业科技创新,扶持优势特色产业发展,积极引导社会资金投入现代农业建设,努力提高粮食和农业综合生产能力。

第三,以着力保障农村民生为目标,建设农民幸福生活的美好家园。积极调整支出结构,加大对农村教育、卫生、社会保障和文化等方面的投入,将农村义务教育全面纳入公共财政保障范围,实现新型农村合作医疗制度和新型农村社会养老保险制度全覆盖,支持丰富农村文化生活。建立完善财政综合扶贫政策体系,促进提高农村贫困地区和贫困人口自我发展能力。

第四,以创新体制机制为抓手,为深化农村改革提供财力和政策支撑。积极推进乡镇机构、农村义务教育和县乡财政管理体制改革,支持集体林权制度改革,促进解放和发展农村生产力。

2014年,财政部门按照中央决策部署,进一步优化支出结构,促进农村各项事业发展。中央财政用于"三农"的支出安排主要用于支持农业生产、对农民的粮食直补等四项补贴、促进农村教育卫生等社会事业发展等方面。同时,进一步完善强农惠农富农政策,加大资金监管力度,提高资金使用效益。

"十二五"以来,全国财政对"三农"的支出提升幅度较大,占总支出的比重也在逐年提高,但是如果考虑到政府性基金支出的分配,"三农"投入在整个国家财政支出中所占比重仍然偏低。目前,财政对"三农"的投入接近一半是针对农业的生产性支出,目的是保障粮食安全,对于"三农"其他方面的支持力度则明显不足。同时,在部委级别的层面上,对支农资金管理就涉及财政部、国家发改委、农业部、水利部等十几个部门,本身就存在有效协调不到位、涉农资金使用分散、投入交叉重复现象等问题,再往下通过省、市、县、乡、村等五个层级,中间的"跑冒滴漏"就更为严重。因而如何规范"三农"资金的使用仍值得进一步探索。

### 3.5.7 农林水事务支出

2014年中央财政安排农林水事务支出6 487.5亿元,比上年执行数增长8.6%。资金主要被用于以下几个方面:(1) 提高小型农田水利重点县建设水平并扩大覆盖面,加强中小河流治理、小型病险水库除险加固和山洪灾害防治;(2) 健全农资综合补贴政策,稳定农作物良种补贴政策;(3) 增加农机购置补贴规模,提高农业机械化水平;(4) 扩大农业保险保费补贴覆盖范围,适当提高部分险种补贴比例;(5) 实施种业等重大农业科技工程,推广防灾减灾稳产增产关键技术,促进农业科技成果转化;(6) 推动现代农业生产和农民专业合作组织发展,支持农业生产经营体制创新和社会化服务组织建设;(7) 增加农业综合开发投入,以粮食主产区和产粮大县为重点,继续改造中低产田、建设高标准农田,加快中型灌区节水配套改造;(8) 健全草原生态保护补助奖励政策,支持草原生态保护后续产业发展;(9) 进一步完善森林生态效益补偿制度并提高补偿标准;(10) 完善财政综合扶贫政策,支持贫困地区培育特色优势产业;(11) 扎实开展村级公益事业建设"一事一议"财政奖补,加强对已建成项目的后续管护;(12) 扩大国有农场办社会职能改革和农村综合改革示范试点范围。

### 3.5.8 节能环保支出

2014年,中央财政预算安排节能环保支出2 109.1亿元,比上年执行数增长7.1%,比上年执行数增长5.1%。资金主要被用于以下几个方面:支持重点地区开展大气污染防治工作;安排奖励资金支持淘汰落后产能;支持重点节能工程建设,扩大节能减排财政政策综合示范的范围;北方采暖区完成既有居住建筑节能改造2亿平方米;支持开展重金属污染综合防治试点;支持开展城市废弃物无害化处理和循环利用;启动无电地区金太阳示范工程,支持页岩气资源规模化开发利用;继续推进天然林资源保护和退耕还林等工程;鼓励使用高效节能产品,支持推广1.6升及以下节能环保汽车和新能源汽车。

### 3.5.9 国防支出

2014年,中央预算安排国防支出8 082.3亿元,比上年执行数增长12.2%。国防费规模的确定,既要适应国家经济社会发展水平,也要适应国防需求。作为经济总量世界第二的大国,我国国防支出总量较低。世界主要国家军费开支一般占GDP的2%到4%,而我国只有约1.5%。1991—2013年,世界各国军费开支占全球GDP总额的平均水平为2.6%,而我国仅为1.28%。当前我国周边环境很不平静,恐怖主义等非传统安全威胁也不容忽视。这些必然要求我们加大国防建设投入,才能持续推进中国特色军事变革,为国家安全提供可靠保障。

## 3.6 财政支出总结与展望

### 3.6.1 2014 年财政支出总结

回首 2014 年,在中央经济工作会议提出的"继续实施积极的财政政策,进一步调整财政支出结构,厉行节约,提高资金使用效率,完善结构性减税政策,扩大营改增试点行业"的基调下,2014 年的财政支出呈现出如下特点:

第一,公共财政支出增速略有回落,公共支出占 GDP 的比重也略有下降。2014 年,全国公共财政支出 151 662 亿元,比上年增加 11 449 亿元,增长 8.2%,增速比 2013 年下降 2.7 个百分点,这也是自 2002 年以来的最低点,财政支出增长速度明显回落。此外,全国公共财政支出总量超过财政收入,财政赤字 11 312 亿元,比上年增加 711 亿元,财政收入增幅超过支出增幅。尽管公共财政支出增速明显回落,但公共财政支出占 GDP 的比重仍维持在高位,为 23.8%,相比 2013 年略有下降,表明政府对于经济生活的参与程度可能渐趋稳定,不再过度追求依靠政府的刺激政策来推动经济增长,而是追求更加有质量的经济增长。

第二,公共财政支出力度增加,民生支出比重继续增加。我们用公共财政支出/公共财政收入来度量财政支出力度,数据显示,尽管 2014 年公共财政支出和收入增速均有所回落,但财政支出力度反而有所回升。2014 年,公共财政支出力度约为 1.09,超过 2013 年的 1.08 和 2012 年的 1.07。从财政支出的具体项目看,2014 年公共财政支出的着力点更多的是放在民生支出方面,2014 年中央财政进一步优化支出结构,突出重点,控制一般,继续加大对民生的投入。中央财政用在与人民群众生活直接相关的教育、医疗卫生、社会保障和就业、住房保障、文化体育与传媒方面的支出安排合计 17 365.7 亿元,比上年执行数增长 10.4%;用在节能环保、城乡社区事务等方面与人民群众生活密切相关的支出安排合计 8 719.4 亿元。中央对地方税收返还和一般性转移支付大部分也用于保障和改善民生。

第三,财政支出透明有待进一步提高,预算管理有待进一步加强。从财政支出信息报告体系来看,我国初步形成了公共财政预算、政府性基金预算、国有资本经营预算以及社会保险基金预算的预算体系。按照全国人大的要求,财政部会同人力资源社会保障部、卫生部编制了 2013 年全国社会保险基金决算和 2014 年全国社会保险基金预算,包括社会保险法已明确的各项基金。下一步,仍需着力推进社会保险基金预算管理制度化、规范化;进一步规范编制方法,提高基金预算编制的准确性;加强预算执行,增强基金预算管理的严肃性;进一步推进预算公开,强化基金预算监督;同时,加快信息化建设,提高基金预算管理水平。预算管理仍需加强,比如国有资本经营预算仅反映了国有企业基金不到 10% 的财务信息。至于公共财政预算与政府性基金预算,其支出方面展示的信息更多的是按功能分类的大类信息,明细信息很少,并且几乎找不到按经济性质分类的相关信息。财政透明度不高在很大程度上制约了人大与社会公众对政府财政活动的监督,造成了不少财政资金的无效使用。中央财政的透明度还不够高,地方政府的财政透明度同样值得担忧,《2014中国财政透明度报告》指出,2014年31个省份的财政透明度仅比上年度略高。因此,应该进一步提高财政透明度、严格预算管理,为加强人大和社会公众对财政资金使用的监督创造条件。

### 3.6.2 2015年财政支出展望

2014年年末中央经济工作会议再次强调了积极的财政政策和着力改善民生的重要性。为了更好地发挥积极财政政策在稳增长、调结构、促改革、惠民生中的作用,我们预计2015年的财政支出安排将会有如下特征:

第一,公共财政支出可能呈现一定程度的增幅,财政赤字有所增加。我国经济运行面临不少困难和挑战,经济下行压力较大,结构调整阵痛显现,企业生产经营困难增多,部分经济风险显现。2015年公共财政支出增幅可能与2014年持平或稍有增加。但从总量上来看,2015年公共财政支出仍将超过财政收入,与2014年相比,财政赤字将进一步增加。这主要是因为:受经济增长放缓拖累,2015年公共财政收入增长应该不会太快,但财政刚性支出增加,特别是要增加保障改善民生支出,巩固农业基础地位,保持对经济增长和结构调整的支持力度,从而必须增加财政赤字和国债规模。

第二,公共财政支出结构进一步优化,民生支出比重进一步上升。这主要是因为:一方面,公共财政支出将继续向医药卫生、社会保障以及住房保障等民生领域和薄弱环节倾斜。2012年,我国首次实现国家财政性教育经费占GDP的比重达到4%的目标,2013年这一比重达到4.3%①,因此,我们可以预计在2015年这一比重应该不会低于4%甚至很可能更高,因此,教育支出的总规模会更大。除教育支出外,其他与人民群众生活直接相关的医疗卫生、社会保障和就业、保障性安居工程、文化方面的支出的增幅也会比较大,中央预算内投资主要投向保障性安居工程、农业、水利、城市管网等基础设施,社会事业等民生工程,节能减排和生态环境等领域,因此,民生支出的比重可能会进一步提高。另一方面,行政管理支出等行政经费比重会下降。2012年国务院办公厅发布了《机关事务管理条例》,其中对公务接待费、公务用车购置和运行费、因公出国(境)费等机关运行经费、政府采购管理以及会议管理等方面作出了很多限制。2013年,中央国家机关各部门一般性支出统一按5%比例压减。同时,财政压减了一些拉动经济作用不明显的中央对地方转移支付,腾出的资金转入预算稳定调节基金,留待以后年度经预算安

---

① 2014年我国国家财政性教育经费占GDP比重的相关数据截至本报告完成时尚未公布。

排主要用于保障改善民生。各地也都压减了支出,四川、山西、河南压减省本级"三公经费"支出的比例达到了10%以上。因此,可以预计行政经费比重应会下降。2014年,财政部发布了《中央本级2013年"三公"经费预算执行和2014年预算安排情况》,对中央本级,包括中央行政单位、事业单位(含参照公务员法管理的事业单位)和其他单位2013年"三公"经费财政拨款执行数和2014年的中央本级"三公"经费预算进行了公示,并提出中央本级年度"三公"经费预算总规模比上年只减不增。"三公"经费的透明度得以提高。此外,"三农"支出仍应是2015年财政支出的重点项目,这主要是由于:近年来,党中央、国务院始终把解决好"三农"问题作为全党工作的重中之重,出台了一系列强农惠农富农政策。2014年,中央一号文件近四分之一篇幅阐述"强化农业支持保护制度",继续把"三农"作为支出重点。预计2015年,我国应会进一步加大"三农"投入,在此基础上,用好财政支农资金以强化农业支持保护制度。

第三,转移支付结构将进一步优化,政府预算体系将更加完善。从前面五年增加一般性转移支付规模、提高一般性转移支付比重的经验来看[1],2015年我国转移支付中一般性转移支付的比重仍会进一步提高,同时应会进一步加大归并和清理专项转移支付的力度,从而使转移支付结构进一步优化。中央对地方转移支付相应形成地方财政收入,并由地方安排用于保障和改善民生等方面的支出,将有力地促进基本公共服务均等化和区域协调发展。此外,在政府预算体系方面,十八届三中全会明确提出要深化财税体制改革、建立现代财政制度。2014年6月,中央政治局会议审议通过《深化财税体制改革总体方案》,明确2016年基本完成深化财税体制改革重点工作和任务,2020年基本建立现代财政制度。由此我们推测,2015年我国政府在完善政府性基金预算和国有资本经营预算制度、推进社会保险基金预算管理规范化方面将有所行动,建立全面规范、公开透明的现代预算制度,建立健全有利于科学发展、社会公平、市场统一的税收制度体系,调整中央和地方政府间财政关系,建立事权和支出责任相适应的制度,为建立现代财政制度打下坚实基础。

---

[1] 2007—2012年,一般性转移支付占转移支付总量的比重由2007年的50.8%提高到2012年的53.3%。2013年预算安排中,一般性转移支付增长14.3%,专项转移支付增长2.5%。2014年,一般性转移支付增长10.9%,专项转移支付增长6.1%。

# 第4章 中国财政计量经济运行分析

## 4.1 概述

本章采用计量经济模型对中国财政经济体系进行分析和评价。虽然建模过程存在着一系列的问题,比如时间序列数据的不连续、统计口径的不一致以及宏观经济变量的时间滞后性和外生性等,使得建立一个完整的财政经济计量模型体系存在着相当大的困难,但这样的尝试,能够反映出我国财政经济体系主要变量的运动轨迹、变化规律以及它们之间的相互影响。

财政的良好运行在经济和社会发展中具有重大作用。财政是实现国家宏观调控的重要手段之一,对实现资源的优化配置起着重要作用。国家通过对财政收支数量、方向的控制,实现社会总需求和总供给的平衡及结构的优化,保证国民经济的持续、快速、健康发展。财政可以有力地促进科学、教育、文化、卫生事业的发展。同时,财政通过税收和社会保障支出,对社会分配进行着广泛的调节,对促进经济发展、提高人民生活水平发挥着积极的作用。可以说,财政问题渗透到一国经济和社会发展的方方面面,处理和分析财政问题往往需要大量结合现实数据,仅仅从定性的角度去分析和理解财政问题是不充分的,需要从定量的角度对财政问题进行全面把握。从计量角度连续地对财政体系进行建模分析,可以宏观地描述和预测财政经济体系主要变量的未来取值、范围和趋势,从总体上把握我国财政经济体系的运行规律,为相关财税政策的制定提供理论依据。

在建模的设计中,为便于事后对预测精度进行分析,我们基本保证了所选择的预测指标与同名的官方统计指标有相同的统计口径,在此基础上尽可能确定中国财政计量经济模型的变量。在模型结构设定和行为方程设计上,尽可能遵循中国财政和经济体系运行的客观过程和实际结构。在建模方法上,除了传统的最小二乘法之外,还运用了时间序列下的协整理论和协整分析。如果数据是平稳的,则采用传统的最小二乘法;如果数据是单位根过程,则采用协整估计和等价的误差纠正估计。

本章的第二部分将简要介绍基本的建模思路、方法和数据,第三部分将简要介绍基本的计量模型设定,第四部分将展示财税计量分析结果。

## 4.2 经济模型构建的基本思路、方法和数据

一般而言,构建经济系统模型遵循两种思路:一种是基于机理(或者理论)的分析,在经济学理论的指导下,运用数理分析方法,对经济系统中关键因素之间所满足的守恒律或者因果关系予以描述,用意刻画各种因素之间的关联以及相互影响机制,从而反映出经济系统的运行状态。另一种是基于数据(或计量)的分析,主要利用经济系统中关键因素的时间数据或者空间数据,通过时间序列或者面板数据分析等计量工具,描述各个因素之间的相关性和因果律,从而反映经济系统中的关键指标或变量在时间、空间上的变化规律及其相互影响。目前,这两种建模思路有相互融合的趋势,或者说,仅仅依靠机理分析或者数据分析,都不能全面、客观地揭示出经济系统的复杂运行机制。

在计量的方法选取上,考虑到时间序列的伪回归以及经济惯性,本文采用如下方式处理:为降低数据的波动性,采取对变量的水平值取对数并差分,运用 ADF 检验法对时间序列进行变量平稳性检验。对非平稳序列的处理,采用线性协整估计,并给出其误差纠正形式。

需要说明的是,由于 2007 年度财政支出分类科目进行了大规模的调整,与 2011 年的发展报告一样,对财政支出的计量分析模型中,本文采用了 2007 年以后的月度数据进行分析,此外在财政计量分析模型不包含预算外的收入和支出方程。最后,本文的计量建模和数据分析采用了 STATA 11.2 和 RATS 8.0 软件,数据来源为中国经济信息网统计数据库和国务院发展研究中心信息网数据库(见表4-1)。

表4-1 数据来源说明

| 数据名称 | 数据来源 |
| --- | --- |
| 财政总收入年度数据(1979—2014) | 国务院发展研究中心信息网数据库 |
| 税收总收入年度数据(1979—2014) | 国务院发展研究中心信息网数据库 |
| 中央财政收入年度数据(1979—2014) | 国务院发展研究中心信息网数据库 |
| 地方财政收入年度数据(1979—2014) | 国务院发展研究中心信息网数据库 |
| 国内生产总值年度数据(1979—2014) | 国务院发展研究中心信息网数据库 |
| 第二产业增加值年度数据(1980—2014) | 国务院发展研究中心信息网数据库 |
| 第三产业增加值年度数据(1980—2014) | 国务院发展研究中心信息网数据库 |
| 工业增加值年度数据(1985—2014) | 国务院发展研究中心信息网数据库 |
| 增值税收入年度数据(1985—2014) | 国务院发展研究中心信息网数据库 |

(续表)

| 数据名称 | 数据来源 |
| --- | --- |
| 营业税收入年度数据(1985—2014) | 国务院发展研究中心信息网数据库 |
| 关税收入年度数据(1985—2014) | 国务院发展研究中心信息网数据库 |
| 社会消费品零售总额年度数据(1985—2014) | 国务院发展研究中心信息网数据库 |
| 财政总支出年度数据(1979—2014) | 国务院发展研究中心信息网数据库 |
| 中央财政支出年度数据(1979—2014) | 国务院发展研究中心信息网数据库 |
| 地方财政支出年度数据(1979—2014) | 国务院发展研究中心信息网数据库 |
| 一般公共服务支出月度数据(2007.1—2014.12) | 国务院发展研究中心信息网数据库 |
| 教育支出月度数据(2007.1—2014.12) | 国务院发展研究中心信息网数据库 |
| 科学技术支出月度数(2007.1—2014.12) | 国务院发展研究中心信息网数据库 |
| 社会保障支出月度数据(2007.1—2014.12) | 国务院发展研究中心信息网数据库 |
| 环境保护支出月度数据(2007.1—2014.12) | 国务院发展研究中心信息网数据库 |
| 医疗卫生支出月度数据(2007.1—2014.12) | 国务院发展研究中心信息网数据库 |
| 城乡社区事务支出月度数据(2007.1—2014.12) | 国务院发展研究中心信息网数据库 |
| 农林水事务支出月度数据(2007.1—2014.12) | 国务院发展研究中心信息网数据库 |
| 交通运输支出月度数据(2007.1—2014.12) | 国务院发展研究中心信息网数据库 |

## 4.3　中国财政计量经济模型的设定

### 4.3.1　财政收入计量经济模型

财政收入计量经济模型包括总量模型和收入增长模型。

1. 收入总量模型中设计有7个方程

（1）财政总收入和税收总收入之间的关系方程；财政总收入增量和税收总收入增量之间的关系方程。

（2）税收总收入与国内生产总值之间的关系方程；税收总收入增量与国内生产总值增量之间的关系方程。

（3）增值税收入和工业总产值增量之间的关系方程；增值税收入和最终消费之间的关系方程。

（4）关税收入与税收总额和汇率之间的关系方程。

2. 收入增长模型中设计有4个方程

（1）中央财政收入增长率与地方财政收入增长率对财政总收入增长率的贡献作用分析方程。

(2)税收总收入增长率与国内生产总值增长率之间的关系方程。

(3)财政收入增长率与第二产业增加值及第三产业增加值之和的增长率之间的关系方程。

(4)财政收入增长率与营业税收入增长率、增值税收入增长率之间的关系方程。

### 4.3.2 财政支出计量经济模型

财政支出计量经济模型包括支出总量模型和支出增长模型：

1. 支出总量模型中设计有10个方程

(1)财政总支出与财政总收入、国内生产总值之间的关系方程。

(2)一般公共服务支出与财政收入的关系方程。

(3)教育支出与财政收入的关系方程。

(4)科学技术支出与财政收入的关系方程。

(5)社会保障和就业支出与财政收入的关系方程。

(6)环境保护支出与财政收入的关系方程。

(7)医疗卫生支出与财政收入的关系方程。

(8)城乡社区事务支出与财政收入的关系方程。

(9)农林水事务支出与财政收入的关系方程。

(10)交通运输支出与财政收入的关系方程。

2. 支出增长模型中设计有2个方程

(1)中央财政支出增长率与地方财政支出增长率对财政总支出增长率的贡献作用分析方程。

(2)一般公共服务支出增长率、教育支出增长率、社会保障和就业支出增长率和环境保护支出增长率对财政支出增长率的贡献作用分析方程。

### 4.3.3 经济增长及其构成因素模型

经济增长及其构成因素模型中设计有5个方程：

(1)国内生产总值增量与总消费规模增量、全社会固定资产总投资规模增量和进出口差额增量之间的关系方程。

(2)财政决算支出增长率滞后量对国内生产总值增长率的贡献作用分析方程。

(3)第一产业增加值增长率、第二产业增加值增长率和第三产业增加值增长率对国内生产总值增长率的贡献作用分析方程。

(4)工业总产值增加率和建筑业增加值增长率对第二产业增加值增长率的贡献作用分析方程。

## 4.4 中国财政税收计量经济模型运行结果分析
### 4.4.1 财政收入计量经济模型运行结果分析
(一) 收入总量模型运行结果分析

1. 财政总收入与税收总收入的关系方程

(1) 当样本取值为1979—2014年时,首先进行财政总收入($lnrev_t = \ln(rev_t)$)与税收总收入($lntax_t = \ln(tax_t)$)的平稳性单位根检验,其ADF统计量分别为3.710和0.103,而差分后的财政总收入($\Delta lnrev_t = lnrev_t - lnrev_{t-1}$)和税收总收入($\Delta lntax_t = lntax_t - lntax_{t-1}$),其ADF统计量则为 -3.716和 -4.134,通过平稳性检验[1],可知财政总收入与税收总收入均为一阶单整时间序列。要考察两者是否具有共同方式变动,也就是说是否具有协整关系,还需要进行协整关系检验,这里采用Engle and Granger (1987)[2]的协整检验,其统计量值为 -2.315,在1%水平上通过显著检验[3],也即两者之间存在协整关系。接下来估计这两者之间的协整方程,这里采用Engle and Granger (1987)的两步法也即误差修正方法来估计其协整关系。

① 财政总收入($lnrev_t = \ln(rev_t)$)与税收总收入($lntax_t = \ln(tax_t)$)之间的协整关系方程。协整估计式为:

$$lnrev_t = -1.0632 + 1.1253 lntax_t$$
$$(0.25) \quad\quad (15.13)$$

这表明按照年度数据测算,就长期而言,财政总收入对税收总收入的弹性为1.1253,这表明税收总收入每增加1%,会使得财政总收入平均增加约1.1253%,对此的一个解释是税收的增加意味着税基的扩大,进而也会使得非税收入增加。

② 财政总收入增量($\Delta lnrev_t$)与税收总收入增量滞后一期($\Delta lntax_{t-1}$)之间的关系方程。

接下来进行误差纠正模型估计,这里采用Engle and Granger (1987)的两步法也即误差修正方法,误差修正项$ecm_{t-1}$的系数反映了对短期偏离长期均衡路径的调整力度,其系数为 -0.0021,当短期波动偏离长期均衡时,将以0.0021的调整力度把非均衡状态拉回到均衡状态,且平均每年对上年的调整幅度大约为0.21%。

---

[1] ADF统计量1%水平显著的临界值为 -3.696,5%水平显著的临界值为 -2.978,10%水平显著的临界值为 -2.620,下面几个变量的单位根检验临界值都与此相同。

[2] Engle, R. F. and Granger, C. W. J. 1987. "Co-integration and Error Correction: Representation, Estimation and Testing", *Econometrica*, Vol.55, pp.251—276.

[3] 两变量的Engle and Granger (1987)的协整检验统计量值ADF统计量1%水平显著的临界值为 -4.261,5%水平显著的临界值为 -3.534,10%水平显著的临界值为 -3.180,以下几个协整检验的统计量临界值也都如此。

误差纠正关系方程为:

$$\Delta \ln rev_t = \underset{(0.0231)}{0.0541} - \underset{(0.0016)}{0.0021 ecm_{t-1}} - \underset{(0.0714)}{0.1913 \Delta \ln tax_{t-1}} + \underset{(0.1043)}{0.5876 \Delta \ln rev_{t-1}}$$

2. 税收总收入与国内生产总值之间的关系方程

当样本取值为1979—2014年时,首先对国内生产总值进行平稳性单位根检验,其ADF统计量为 $-0.317$,而国内生产总值的差分($\Delta \ln gdp_t = \ln gdp_{it} - \ln gdp_{it-1}$)单位根ADF检验统计量为 $-2.925$,这显示国内生产总值($\ln gdp_t = \ln(gdp_{it})$)为一阶单整变量。由上文的检验得知税收总收入($\ln tax_t$)也为一阶单整变量,接下来考察之间是否具有协整关系,首先进行Engle and Granger(1987)协整检验,检验统计量为 $-1.315$,这显示两者具有显著的协整关系(1%水平),接下来可以放心进行协整估计。

① 税收总收入($\ln tax_t$)与国内生产总值($\ln gdp_t = \ln(gdp_{it})$)之间的关系方程为:

$$\ln tax_t = \underset{(-1.21)}{-1.1573} + \underset{(11.56)}{1.0576 \ln gdp_t}$$

模型运行的结果是:税收总收入除按自身惯性规律运行外,显著地依赖于国民经济的发展。按照年度数据测算,税收总收入对国内生产总值的长期弹性约为1.0576,这意味着国内生产总值每增加1%,税收总收入平均增加1.0576%,这说明税收总收入与国内生产总值的增长并非同步,经济体所承受的税收负担增加幅度略快于国民经济的增幅。比如说,企业盈利水平越高,所得税增收的幅度越大,净收益增加幅度相对减少;同样,在这种情况下,个人所得税的增收也会降低劳动者的收益增幅。长此以往,将不利于经济的持续发展。这说明我国的税制结构需要进一步调整,给经济体创造一个良好的发展空间。

② 税收总收入增量($\Delta \ln tax_t$)与国内生产总值增量滞后一期($\Delta \ln gdp_{t-1}$)之间的关系方程。税收总收入($\ln tax_t$)与国内生产总值($\ln gdp_t = \ln(gdp_{it})$)之间误差纠正方程为:

$$\Delta \ln tax_t = \underset{(0.0362)}{0.0421} + \underset{(0.2142)}{0.2737 \Delta \ln gdp_{t-1}} - \underset{(0.0053)}{0.0234 \Delta \ln tax_{t-1}} - \underset{(0.0305)}{0.1053 ecm_{t-1}}$$

误差纠正模型实证分析的结果是:误差修正项 $ecm_{t-1}$ 的系数反映了对短期偏离长期均衡路径的调整力度,其系数为 $-0.1053$,当短期波动偏离长期均衡时,将以0.1053的调整力度把非均衡状态拉回到均衡状态,且平均每年对上年的调整幅度大约为10%。

3. 增值税收入与工业总产值增加值增量之间的关系方程

(1)当样本取值为1985—2014年时,首先进行增值税收入($\ln vat_t = \ln(vat_t)$)与工业增加值($\ln ivi_t = \ln(incresed\ value\ of\ industry_t)$)的平稳性单位根检验,其ADF

统计量分别为 -1.759 和 -1.385,而差分后的增值税收入($\Delta \ln vat_t = \ln vat_t - \ln vat_{t-1}$)和工业增加值($\Delta \ln ivi_t = \ln ivi_t - \ln ivi_{t-1}$)其 ADF 统计量则为 -4.093 和 -5.481,通过平稳性检验,可知增值税收入与工业总产值增加值增量均为一阶单整时间序列。而要考察两者是否具有共同方式变动,也就是说是否具有协整关系,还需要进行协整关系检验,这里继续采用 Engle and Granger(1987)的协整检验,其统计量值为 -2.789,在 1% 水平上通过显著检验,也即两者之间存在协整关系。

① 增值税收入($\ln vat_t = \ln(vat_t)$)与工业增加值($\ln ivi_t = \ln(incresed\ value\ of\ industry_t)$)之间的关系方程是:

$$\ln vat_t = -1.2158 + 1.0183 \ln ivi_t$$
$$(2.21) \quad (0.2358)$$

模型运行的结果是:增值税收入对工业增加值的弹性为 1.0183,建模过程中发现,增值税与工业增加值的回归系数在 1% 水平上显著,这表明增值税增长快于工业增加值的增长,对此的一个解释是诸如税收制度、征管水平、经济结构的变化,以及经济和税收在计算、统计口径上的差异等,使得税收增长过快。

(2) 由于我国税制改革的逐步实施,增值税已由生产型转变为消费型,为此建立了模型②,研究最终消费对增值税收入的长期影响。

当样本取值为 1985—2014 年时,首先进行最终消费($\ln fvc_t = \ln(final\ value\ of\ consumption_t)$)的平稳性单位根检验,其 ADF 统计量分别为 -0.362,而差分后的最终消费($\ln fvc_t = \ln fvc_t - \ln fvc_{t-1}$)其 ADF 统计量则为 -3.154,可知最终消费 $\ln fvc_t$ 为一阶单整时间序列,由上文得知增值税 $\ln vat_t$ 也为一阶单整序列。要考察两者是否具有共同方式变动,也就是说是否具有协整关系,还需要进行协整关系检验,这里继续采用 Engle and Granger(1987)的协整检验,其统计量值为 -1.237,在 1% 水平上通过显著检验,也即两者之间存在协整关系。

② 增值税收入($\ln vat_t$)与最终消费($\ln fvc_t$)之间的关系方程为:

$$\ln vat_t = -1.7946 + 1.0358 \ln fvc_t$$
$$(2.12) \quad (0.2545)$$

从长期协整关系来看,增值税的最终消费弹性为 1.0358,这表明增值税收入增长会快于最终消费增长,也就是说,最终消费增长 1%,增值税收入会增长 1.0358%。

4. 关税收入、进口总额和汇率之间的关系方程

在样本取值为 1985—2014 年时,关税收入($\ln dut_t = \ln(duty\ taxation_t)$)与进口总额($\ln im_t$)和汇率($\ln rfe_t = \ln(rate\ of\ foreign\ exchange_t)$)这三个变量首先需要进行平稳性单位根检验,其水平值的 ADF 统计量值分别为 0.843、0.182 和 -2.853,差分值的 ADF 统计量值分别为 -5.678、-5.732 和 -4.398,这显示这三个变量都为一阶单整过程。要考察这三者是否具有共同方式变动,也就是说是否具有协整

关系,还需要进行协整关系检验,这里继续采用 Engle and Granger (1987) 的协整检验,其统计量值为 -2.143①,在1%水平上通过显著检验,也即两者之间存在协整关系。

关税收入($\ln dut_t$)与进口总额($\ln im_t$)和汇率($\ln rfe_t$)之间的关系方程是:

$$\ln dut_t = -2.6832 + 0.0671 \ln tax_t + 4921.3241 \ln rfe_t$$
$$\phantom{\ln dut_t = } (2.14) \phantom{xx} (0.0580) \phantom{xxxxxx} (0.2154)$$

模型运行的结果是:关税对税收收入的系数为正值,说明关税收入和税收收入存在同向变化关系,且进口总额每增加1%,关税收入将增加0.0671%。关税收入对汇率的弹性为4921.3241,这说明人民币贬值对关税收入产生了促进作用②,关税收入显著地依赖于进口总额和汇率。

(二) 收入增长模型运行结果分析

1. 中央财政收入增长率与地方财政收入增长率对财政总收入增长率的贡献作用分析方程

当样本取值为 1979—2014 年时,国家财政总收入增长率($rtr_t$ = rate of total revenue increased)、中央财政收入增长率($rcr_t$ = rate of central revenue increased)和地方财政收入增长率($rlr_t$ = rate of local revenue increased)需要进行单位根检验,相应的 ADF 统计量为 -3.147、-6.163 和 -5.793,这表明这三个变量都是平稳的,因此可以进行普通的最小二乘法回归。

① 中央财政收入增长率($rcr_t$ = rate of central revenue increased)与地方财政收入增长率($rlr_t$ = rate of local revenue increased)对财政总收入增长率($rtr_t$ = rate of total revenue increased)的贡献作用分析方程是③:

$$rtr_t = 0.0131 + 0.1975 rcr_t + 0.6245 rlr_t - 0.0073 d93 - 0.0063 d09$$
$$\phantom{rtr_t = } (0.0051) \phantom{x} (0.0182) \phantom{xx} (0.0297) \phantom{xx} (0.0284) \phantom{xx} (0.0714)$$
$$R^2 = 0.8813 \phantom{xx} SSE = 0.0189 \phantom{xx} DW = 2.4275$$

模型运行的结果是:财政总收入增长率对中央财政收入增长率的依存度为0.1975。财政总收入增长率对地方收入增长率的依存度为0.6245。这说明财政总收入增长率显著地依赖于中央财政收入增长率与地方财政收入增长率。

2. 税收总收入增长率与国内生产总值增长率之间的关系方程

当样本取值为 1979—2014 年时,由上文得知税收总收入增长率为平稳的,下面需要对国内生产总值增长率进行平稳型单位根检验,其 ADF 统计量为 -3.478,

---

① 三变量的 Engle and Granger (1987) 的协整检验统计量值 ADF 统计量 1% 水平显著的临界值为 -4.872,5% 水平显著的临界值为 -4.071,10% 水平显著的临界值为 -3.687,以下相同。

② 这里采用间接汇率表示法,即 100 美元可以换算成多少人民币的标价方法。

③ 这里 d93 和 d09 为 1993 年和 2009 年的时间虚拟变量,以此来表示 1993 年税改和 2009 年开始的增值税转型改革的影响。

可知其也为平稳的过程,因此可以进行普通最小二乘法的回归。

② 税收总收入增长率($rtr_t$)与国内生产总值增长率($rgdp_t$ = rate of GDP increased)之间的关系方程是:

$$rtr_t = \underset{(0.0418)}{0.0619} + \underset{(0.1498)}{0.5683 rgdp_t}$$

$$R^2 = 0.8317 \quad SSE = 0.0261 \quad DW = 2.3241$$

模型运行的结果是:税收总收入增长率对国内生产总值增长率的依存度为 0.5683,且在 1% 水平上显著,这说明税收总收入增长率显著地依赖于国内生产总值增长率。在样本取值区间内,税收总收入的平均增长率为 12.18%,国内生产总值的平均增长率为 11.43%,高于国内生产总值的平均增长率 0.75 个百分点。值得注意的是,若税收远高于国民收入的增长速度,将会对经济产生一系列负面的影响。我国经济要长期稳定、均衡发展,应推进税制改革,同时注重实行结构性减税,用减税、退税或抵免的方式减轻税收负担,促进企业投资和居民消费,实行积极财政政策,促进国民经济稳健发展,从而对税收形成良性的影响。

3. 财政总收入增长率与第二产业增加值及第三产业增加值之和的增长率之间的关系方程

当样本取值为 1979—2014 年时,考虑第二产业增加值及第三产业增加值之和的增长率之间的关系($rfs_t$ = rate of increased value of first and second industry)对财政总收入增长率($rtr_t$)的贡献程度,首先进行单位根检验,财政总收入增长率和第二产业增加值及第三产业增加值之和的增长率的 ADF 统计量分别为 -3.072 和 -2.619,这表明两者都为平稳的过程,可以进行普通最小二乘法回归。

③ 财政总收入增长率($rtr_t$)与第二产业增加值及第三产业增加值之和(value added first and second industry)的增长率($rfs_t$)之间的关系方程为:

$$rtr_t = \underset{(0.0284)}{0.0637} + \underset{(0.1510)}{0.4152 rfs_t}$$

$$R^2 = 0.8132 \quad SSE = 0.1078 \quad DW = 2.3572$$

模型运行的结果是:第二产业增加值及第三产业增加值之和的增长率对财政总收入增长率的依存度为 0.4152,这说明第二产业和第三产业增加值对财政总收入的增长贡献具有很重要的作用。

4. 财政总收入增长率与营业税收入增长率、增值税收入增长率之间的关系方程

当样本取值为 1985—2014 年时,财政总收入增长率($rtr_t$)与营业税收入增长率($rtut_t$)及增值税收入增长率($rvat_t$)的平稳性 ADF 检验统计量分别为 -3.019、-6.841 和 -4.281,可知这三者都为平稳的,可以进行普通的最小二乘回归,而不必担心会产生伪回归问题。

④ 财政总收入增长率($rtr_t$)与营业税收入增长率($rtut_t$)及增值税收入增长率($rvat_t$)之间的关系方程为:

$$rtr_t = \underset{(0.0293)}{0.1285} + \underset{(0.0157)}{0.0423 rtut_t} + \underset{(0.0204)}{0.0547 rvat_t}$$

$$R^2 = 0.9187 \quad SSE = 0.0243 \quad DW = 2.0131$$

模型运行的结果是:营业税收入增长率对财政总收入增长率的依存度为0.0423,增值税收入增长率对财政总收入增长率的依存度为0.0547。

### 4.4.2 财政支出计量经济模型运行结果分析

财政支出计量经济模型结果分析包括支出总量分析、支出增量分析和经济增长分析三个部分。

**(一) 支出总量模型运行结果分析**

1. 财政总支出与财政总收入、国内生产总值之间的关系方程

财政总支出除按自身惯性规律运行之外,显著地依赖于财政总收入和国内生产总值。

当样本数据取值为1979—2014年时,财政总支出的对数值($\ln \exp_t = \ln($ total fiscal expenditure$)$)需要进行单位根检验,其ADF统计量为3.834,其差分值的ADF统计量为 -3.515,这表明其在5%水平上为一阶单整过程,结合上面的单位根检验结果,得知财政总支出($\ln \exp_t$)与财政总收入($\ln rev_t$)和国内生产总值($\ln gdp_t$)都为一阶单整过程,要考察两者是否具有共同方式变动,也就是说是否具有协整关系,还需要进行协整关系检验,这里继续采用 Engle and Granger(1987)的协整检验,其统计量值为 -2.528,在1%水平上通过显著检验,也即两者之间存在协整关系。

① 财政总支出($\ln \exp_t$)与财政总收入($\ln rev_t$)、国内生产总值($\ln gdp_t$)之间的关系方程是:

$$\ln \exp_t = \underset{(1.32)}{-0.1435} + \underset{(0.0299)}{0.8956 \ln rev_t} + \underset{(0.0297)}{0.1395 \ln gdp_t}$$

模型的运行结果是:财政总支出对国内生产总值的弹性为0.1395,这说明随着经济的增长,财政支出也在随着增加,经济增长对财政支出的需求为正,财政总支出按自身惯性规律运行之外,财政总支出对财政收入的弹性为0.8956,这说明财政收入增加也会导致财政支出增加,财政支出显著地依赖于财政总收入和国内生产总值。

2. 一般公共服务支出与财政收入的关系方程

当样本数据取值为2007年1月—2014年12月时,一般公共服务支出($lgpe_t$ = general public service expenditure)和财政收入($lrev_t = \ln(rev_t)$)这两个变量需要进行平稳单位根检验,其ADF统计量分别为 -5.652和 -3.978,这说明其都是平稳

的,可以进行普通的最小二乘估计。

② 一般公共服务支出($lgpe_t = \ln(general\ public\ service\ expenditure_t)$)与财政收入($lrev_t = \ln(rev_t)$)之间关系的方程为:

$$lgpe_t = \underset{(0.5523)}{2.1893} + \underset{(0.0631)}{0.4312 lrev_t}$$

$$R^2 = 0.8153 \quad SSE = 1.0352 \quad DW = 2.4322$$

模型估计结果表明,政府财政收入每增加1%,相应的一般公共服务则会增加0.4312%,由于公共服务支出在财政支出的比重较小,这就意味着公共服务的开支不足,需要进一步加大公共服务的支出比重,实现民生财政的转型。

3. 教育支出与财政收入的关系方程

当样本数据取值为2007年1月—2014年12月时,教育支出($lfee_t = \ln(fiscal\ expenditure\ of\ education_t)$)的水平值ADF统计量为 -6.087,说明其是平稳的,结合上文的财政收入($lrev_t$)也是平稳的,可以进行普通的最小二乘估计。

③ 教育支出($lfee_t$)与财政收入($lrev_t = \ln(rev_t)$)的关系方程是:

$$lfee_t = \underset{(1.3527)}{-0.3978} + \underset{(0.1872)}{0.8075 lrev_t}$$

$$R^2 = 0.8252 \quad SSE = 1.6614 \quad DW = 2.2612$$

模型的运行结果是:教育经费支出的财政收入弹性为0.8075,这表明财政收入每增加1%,将使得教育支出增加0.8075%,这使得教育支出的增长率明显低于财政收入增长率,国家对教育的投入力度不足,应增加对教育的支出。

4. 科学技术支出与财政收入的关系方程

当样本数据取值为2007年1月—2014年12月时,通过平稳性检验,科学技术支出($lfes_t = \ln(fiscal\ expenditure\ of\ science_t)$)的ADF统计量为 -4.837,这表明其是平稳的变量,结合财政收入($lrev_t$)也为平稳的,所以可以进行普通的最小二乘估计。

④ 科学技术支出($lfes_t = \ln(fiscal\ expenditure\ of\ science_t)$)与财政收入($lrev_t$)之间的关系方程是:

$$lfes_t = \underset{(1.4913)}{-3.2641} + \underset{(0.1879)}{1.0347 lrev_t}$$

$$R^2 = 0.8176 \quad SSE = 1.3531 \quad DW = 2.6423$$

模型估计结果表明,科学技术支出对财政收入的弹性为1.0347,也即政府财政收入每增加1%,将使得科学技术支出增加1.0347%。

5. 社会保障和就业支出与财政收入之间的关系方程

当样本数据取值为2007年1月—2014年12月时,通过平稳性检验,社会保障和就业支出($lfese_t = \ln(fiscal\ expenditure\ of\ social\ security\ and\ employment_t)$)的

ADF 统计量为 -3.685,结合财政收入(lrev$_t$)也为平稳的,可以使用普通最小二乘进行估计。

⑤ 社会保障和就业支出(lfese$_t$)与财政收入(lrev$_t$)的关系方程是:

$$lfese_t = -0.4257 + 0.7483 lrev_t$$
$$(0.8175) \quad (0.0815)$$
$$R^2 = 0.8136 \quad SSE = 1.4095 \quad DW = 2.2683$$

模型的运行结果显示,社会保障和就业支出对财政收入的弹性为 0.7483,也即财政收入每增加 1%,社会保障支出将会增加 0.7483%,在国民经济增长过程中,应该逐步增加民生投入,这一比重比较小,需要进一步增加社会保障支出。

6. 环境保护支出与财政收入方程

当样本数据取值为 2007 年 1 月—2014 年 12 月时,通过平稳性检验,环境保护支出(lfeep$_t$ = ln(fiscal expenditure of environment protection$_t$))的 ADF 统计量为 -3.813,这说明其是平稳的变量,结合上文的财政收入变量 lrev$_t$ 也是平稳的,那么可以进行最小二乘估计。

⑥ 环境保护支出(lfeep$_t$)与财政收入(lrev$_t$)之间的关系方程为:

$$lfeep_t = -2.4638 + 1.0395 lrev_t$$
$$(1.5925) \quad (0.1924)$$
$$R^2 = 0.8153 \quad SSE = 1.0089 \quad DW = 2.4521$$

上述模型的运行结果显示,环境保护支出对财政收入的弹性为 1.0395,这表明财政收入每增加 1%,环境保护支出将会增加 1.0395%,这说明在经济增长过程中,环保支出投入日益重要。

7. 医疗卫生支出与财政收入方程

当样本数据取值为 2007 年 1 月—2014 年 12 月,通过平稳性检验,医疗卫生支出(lfem$_t$ = ln(fiscal expenditure of medicine$_t$))的 ADF 统计量为 -3.637,这说明其是平稳的变量,结合上文的财政收入变量 lrev$_t$ 也是平稳的,那么可以进行最小二乘估计。

⑦ 医疗卫生支出(lfem$_t$)与财政收入(lrev$_t$)之间的关系方程为:

$$lfeep_t = -2.0728 + 1.2157 lrev_t$$
$$(1.1495) \quad (0.1012)$$
$$R^2 = 0.8017 \quad SSE = 1.2159 \quad DW = 2.3541$$

上述模型的运行结果显示,医疗卫生支出对财政收入的弹性为 1.2157,这表明财政收入每增加 1%,医疗卫生支出将会增加 1.2157%,这说明在经济增长过程中,医疗卫生支出投入日益重要。

8. 城乡社区事务支出与财政收入方程

当样本数据取值为 2007 年 1 月—2014 年 12 月时,通过平稳性检验,城乡社区事务支出($lfecr_t = \ln(fiscal\ expenditure\ of\ city\ and\ rural_t)$)的 ADF 统计量为 $-3.819$,这说明其是平稳的变量,结合上文的财政收入变量 $lrev_t$ 也是平稳的,那么可以进行最小二乘估计。

⑧ 城乡社区事务支出($lfecr_t$)与财政收入($lrev_t$)之间的关系方程为:

$$lfecr_t = -2.4373 + 1.0515 lrev_t$$
$$(1.4040)\quad (0.1586)$$
$$R^2 = 0.9156 \quad SSE = 1.1059 \quad DW = 2.5721$$

上述模型的运行结果显示,城乡社区事务支出对财政收入的弹性为 1.0515,这表明财政收入每增加 1%,城乡社区事务支出将会增加 1.0515%。

9. 农林水事务支出与财政收入方程

当样本数据取值为 2007 年 1 月—2014 年 12 月时,通过平稳性检验,农林水事务支出($lfeafw_t = \ln(fiscal\ expenditure\ of\ agriculture\ foreign\ and\ water_t)$)的 ADF 统计量为 $-3.825$,这说明其是平稳的变量,结合上文的财政收入变量 $lrev_t$ 也是平稳的,那么可以进行最小二乘估计。

⑨ 农林水事务支出($lfeafw_t$)与财政收入($lrev_t$)之间的关系方程为:

$$lfeafw_t = -3.2503 + 1.0783 lrev_t$$
$$(1.2091)\quad (0.1370)$$
$$R^2 = 0.8013 \quad SSE = 1.3059 \quad DW = 2.3527$$

上述模型的运行结果显示,农林水事务支出对财政收入的弹性为 1.0783,这表明财政收入每增加 1%,农林水事务支出将会增加 1.0783%。

10. 交通运输支出与财政收入方程

当样本数据取值为 2007 年 1 月—2014 年 12 月时,通过平稳性检验,交通运输支出($lfet_t = \ln(fiscal\ expenditure\ of\ transportation_t)$)的 ADF 统计量为 $-3.258$,这说明其是平稳的变量,结合上文的财政收入变量 $lrev_t$ 也是平稳的,那么可以进行最小二乘估计。

⑩ 交通运输支出($lfet_t$)与财政收入($lrev_t$)之间的关系方程为:

$$lfet_t = -5.4034 + 1.3712 lrev_t$$
$$(1.7080)\quad (0.1930)$$
$$R^2 = 0.8326 \quad SSE = 1.7059 \quad DW = 2.5821$$

上述模型的运行结果显示,交通运输支出对财政收入的弹性为 1.3712,这表明财政收入每增加 1%,交通运输支出将会增加 1.3712%。

(二)支出增长模型运行结果分析

1. 中央财政支出增长率与地方财政支出增长率对财政总支出增长率的贡献作用分析方程

当样本取值为 1979—2014 年时,首先对中央财政支出增长率($rce_t = rate\ of\ in$-

creased centural fiscal expenditure)与地方财政支出增长率($rle_t$ = rate of increased local fiscal expenditure)对财政总支出增长率($rte_t$ = rate of increased total fiscal expenditure)进行单位根检验,ADF 统计量分别为 -3.831、-4.350 和 -3.191,这表明这三者皆为平稳的,可以进行普通的最小二乘法估计。

① 中央财政支出增长率($rce_t$)与地方财政支出增长率($rle_t$)对财政总支出增长率($rte_t$)的贡献作用分析方程是:

$$rte_t = \underset{(0.0112)}{0.0211} + \underset{(0.0230)}{0.5346 rle_t} + \underset{(0.0448)}{0.2937 rce_t}$$

$$R^2 = 0.8221 \quad SSE = 0.1029 \quad DW = 2.3052$$

模型运行结果是:财政总支出增长率对中央、地方财政支出增长率的依存度分别为 0.2937 和 0.5346,进一步计算它们在 1979—2012 年这段期间内的平均增长率之后,可得到地方财政支出平均增长率为 16.89%,高于中央财政的平均增长率 15.21%,这表明财政总支出增长率显著地依赖于中央财政支出增长率与地方财政支出增长率。

2. 一般公共服务支出增长率、教育支出增长率、社会保障和就业支出增长率和环境保护支出增长率对财政总支出增长率的贡献作用分析方程

当样本数据取值为 2007 年 1 月—2014 年 12 月时,一般公共服务支出增长率、教育支出增长率、社会保障和就业支出增长率、环境保护支出增长率和财政支出增长率都通过了平稳性检验,其 ADF 统计量分别为 -13.503、-6.836、-9.185、-10.317 和 -13.425。

② 财政总支出增长率($rte_t$)与一般公共服务支出增长率($rgpe_t$)、教育支出增长率($rfee_t$)、社会保障和就业支出增长率($rfese_t$)和环境保护支出增长率($rfeep_t$)的回归方程为:

$$rte_t = \underset{(0.0103)}{-0.0019} + \underset{(0.0325)}{0.4312 rgpe_t} + \underset{(0.0021)}{0.0013 rfee_t} + \underset{(0.2401)}{0.2312 rfese_t} + \underset{(0.0520)}{0.1732 rfeep_t}$$

$$R^2 = 0.8205 \quad SSE = 1.0632 \quad DW = 2.6302$$

回归结果显示,一般公共服务的增长率对财政总支出增长率的贡献为 0.4312,教育支出增长率对财政总支出增长率的贡献为 0.0013,社会保障和就业支出增长率对财政总支出增长率的贡献为 0.2312,环境保护支出增长率对财政总支出增长率的贡献为 0.1732。

(三) 经济增长及其构成因素的运行结果分析

1. 国内生产总值增量与总消费规模增量、全社会固定资产总投资规模增量和进出口差额增量之间的关系方程

当样本数据取值为 1980—2014 年时,通过平稳性检验,可知国内生产总值与总消费、全社会固定资产总投资和进出口差额均为一阶单整时间序列,其水平

值的 ADF 统计量分别为 12.279、4.570、13.316 和 -1.831,而差分值的 ADF 统计量值分别为 -5.189、-5.493、-5.732 和 -4.213,Engle-Granger(1987)的协整检验统计量为 -4.791、-4.493、-4.195 和 -4.183,这表明这几个变量为一阶单整过程。且这几个变量之间具有协整关系,其 Engle-Granger(1987)的协整检验统计量为 -4.123,也就是说,长期来看这四者在以相同的方式共同变动。模型的误差纠正运行结果:

① 国内生产总值广义增量($\Delta gdp_t$)与总消费规模增量($\Delta tc_t$)、全社会固定资产总投资规模增量($\Delta ifc_t$)和进出口差额增量($\Delta exm_t$)之间的误差纠正关系方程为:

$$\Delta gdp_t = \underset{(1\,233.371)}{4\,326.725} - \underset{(0.1207)}{0.4078 ecm_{t-1}} + \underset{(0.4818)}{3.1623 \Delta gdp_{t-1}} - \underset{(0.7982)}{3.5722 \Delta tc_{t-1}}$$
$$- \underset{(0.3913)}{1.3071 \Delta ifc_{t-1}} + \underset{(0.3537)}{0.1095 \Delta exm_{t-1}}$$

从误差修正模型来看,误差修正项 $ecm_{t-1}$ 的系数反映了对短期偏离长期均衡路径的调整力度,其系数为 -0.4078,当短期波动偏离长期均衡时,将以 0.4078 的调整力度把非均衡状态拉回到均衡状态。

2. 财政决算支出增长率滞后量对国内生产总值增长率的贡献作用分析方程

当样本数据取值为 1979—2014 年,通过平稳性检验,国内生产总值增长率($rgdp_t$)和财政决算支出增长率滞后量($rte_{t-1}$)的 ADF 统计量为 -4.679 和 -4.285,皆为平稳过程。

② 国内生产总值增长率($rgdp_t$)和财政决算支出增长率滞后量($rte_{t-1}$)之间的回归方程为:

$$rgdp_t = \underset{(0.0194)}{0.2101} + \underset{(0.0467)}{0.1621 rte_{t-1}}$$

$$R^2 = 0.8214 \quad SSE = 0.7035 \quad DW = 1.5243$$

采取一般线性回归分析得知财政决算支出增长率滞后量对国内生产总值增长率的贡献为 16.21%。

3. 第一产业增加值增长率、第二产业增加值增长率和第三产业增加值增长率对国内生产总值增长率的贡献作用分析方程

当样本数据取值为 1979—2014 年时,第一产业增加值增长率($rfi_t$)、第二产业增加值增长率($rsi_t$)和第三产业增加值增长率($rti_t$)对国内生产总值增长率($rgdp_t$)的 ADF 统计量分别为 -3.588、-4.267、-4.357 和 -4.038,通过平稳性检验。

③ 第一产业增加值增长率($rfi_t$)、第二产业增加值增长率($rsi_t$)和第三产业增加值增长率($rti_t$)对国内生产总值增长率($rgdp_t$)的贡献作用分析方程是:

$$rgdp_t = \underset{(0.0013)}{0.0203} + \underset{(0.0152)}{0.1937rfi_t} + \underset{(0.0175)}{0.3929rsi_t} + \underset{(0.0154)}{0.2032rti_t}$$

$$R^2 = 0.8419 \quad SSE = 0.0249 \quad DW = 2.4421$$

模型运行的结果是:国内生产总值增长率对第一产业增加值增长率、第二产业增加值增长率和第三产业增加值增长率的依存度分别为 0.1937、0.3929 和 0.2032。这说明国内生产总值增长率显著地依赖于第一产业增加值增长率、第二产业增加值增长率和第三产业增加值增长率。

4. 工业总产值增加率和建筑业增加值增长率对第二产业增加值增长率的贡献作用分析方程

当样本取值为 1978—2014 年时,工业总产值增长率($ravi_t$)和建筑业增加值增长率($rava_t$)的 ADF 统计量为 $-3.973$ 和 $-4.312$,通过平稳性检验。

④ 工业总产值增长率($ravi_t$)和建筑业增加值增长率($rava_t$)对第二产业增加值增长率($rsi_t$)的贡献作用分析方程是:

$$rsi_t = \underset{(0.0189)}{0.0210} + \underset{(0.0684)}{0.2093ravi_t} + \underset{(0.0905)}{0.3952rava_t}$$

$$R^2 = 0.9125 \quad SSE = 1.1724 \quad DW = 2.3714$$

模型运行的结果是:第二产业增加值增长率对工业总产值增长率和建筑业增加值增长率的依存度分别为 0.2093 和 0.3952。这说明第二产业增加值增长率显著地依赖于工业总产值增加率和建筑业增加值增长率。

### 4.4.3 中国财政及宏观经济主要指标预测

结合对中国财政及经济运行规律与机制的理解和把握,并向有关专家咨询后,对中国财政及宏观经济主要指标进行短期区间预测,主要方法是在财政计量模型估计结果的基础上,在 STATA 中使用 fcast 指令进行向前两步的预测(见表 4-2)。

表 4-2 中国财政及宏观经济主要指标预测

| 经济变量 | 2013 年 | 2014 年 | 2015 年 |
| --- | --- | --- | --- |
| 财政总收入 | 129 209.64* | 140 150.00 | 15 031.21 |
| 税收总收入 | 110 530.70* | 118 958.00 | 121 002.30 |
| 财政总支出 | 140 212.10* | 150 462.00 | 159 352.31 |
| 国内生产总值 | 568 845.20* | 636 463.00 | 65 731.29 |
| 增值税收入 | 28 810.13* | 30 850.00 | 31 786.32 |
| 中央财政收入 | 60 198.48* | 64 490.00 | 68 093.42 |
| 地方财政收入 | 69 011.16* | 75 860.00 | 80 432.59 |
| 中央财政支出 | 20 471.76* | 22 570.00 | 24 130.23 |

（续表）

| 经济变量 | 2013年 | 2014年 | 2015年 |
| --- | --- | --- | --- |
| 地方财政支出 | 119 740.34* | 129 092.00 | 143 376.60 |
| 第一产业增加值 | 56 957.00* | 58 332.00 | 60 231.76 |
| 第二产业增加值 | 249 684.40* | 271 392.00 | 289 817.19 |
| 第三产业增加值 | 262 203.80* | 306 739.00 | 312 863.32 |
| 工业增加值 | 210 689.40* | 227 901.00 | 239 725.52 |
| 建筑业增加值 | 38 995.00* | 44 675.00 | 50 285.25 |
| 全社会固定资产投资总额 | 374 694.74* | 502 005.00 | 602 664.82 |
| 最终消费 | 292 165.6* | 328 311.20 | 353 247.27 |
| 居民消费价格指数 | 102.6%* | 103.1% | 102.9% |

注：带*号的数值来自《中国统计年鉴2014》和中经网数据库。

表4-2的预测结果表明，在数据的趋势不发生变化的情况下，主要的几个变量，如财政总收入、税收总收入、财政总支出、国内生产总值、增值税收入、中央财政收入、地方财政收入、中央财政支出和地方财政支出将在2014年和2015年继续增加，其中税收总收入、财政总支出、国内生产总值、增值税收入的增长速度将会放慢，财政总收入、中央财政收入在2014年和2015年的增长速度将大致不变，而地方财政支出在2015年的增长速度将会增大。

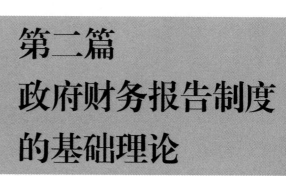

# 第二篇
# 政府财务报告制度的基础理论

随着经济社会的不断发展,传统的政府预决算报告制度已经越来越难以满足建立现代财政制度、促进财政长期可持续发展和推进国家治理现代化的要求,政府财务报告制度由此应运而生。许多市场经济发达国家以及国际机构都在尝试构建、完善和推广政府财务报告制度。这一方面为政府部门自身管理和控制国家的经济政治活动提供了决策支持、过程控制、结果评价等方面的支持信息,另一方面也为社会公众评估政府的公共受托责任提供更为系统的信息。

探讨研究政府财务报告,一个必然的逻辑起点是,依据何种理论标准来构建财务报告。对这一问题的关注,学术界如今已经发展出了一种专门服务于会计准则制定的财务会计理论,即财务会计与报告的概念框架(Conceptual Framework for Financial Accounting and Reporting,简称 CF)(葛家澍等,2005),这是由一系列说明财务会计并为财务会计所应用的基本概念所组成的理论体系,是评价现有的会计准则、指导和发展未来会计准则的理论依据。① CF 最早由美国财务会计准则委员会(Financial Accounting Standards Board,FASB)提出。FASB 在 1976 年 12 月发布的一份讨论备忘录《财务会计和报告的概念公告:财务报表的要素及其计量》中,首次将概念框架界定为:"概念框架是一部章程,由目标与相互关联的基本概念组成,它能导致相互一致的准则,并对财务会计的性质、作用和局限性做出规定。"不久之后,在 1980 年 5 月发表的第 2 号财务会计概念公告中,FASB 重新定义了概念框架。与 1976 年的定义相比,此次定义的一个重要变化是,将原来"一部章程"的表述取而代之以"一种理论体系",即概念框架是以目标为导向的由若干基本概念组成的连贯、协调一致的理论体系。

财务报告概念框架不仅受企业会计准则制定机构的重视,国际机构以及许多国家的公共部门会计准则制定机构也致力于政府财务报告概念框架的研究,不断发布各自的概念公告或相关解释。这包括了国际会计师联合会(International Fed-

---

① 关于财务报告概念框架的重要性,不同机构和学者有过专门的详细论述,这方面可参见李建发(2010)的总结。

eration of Accountants,简称 IFAC)下属的国际公共部门会计准则理事会(International Public Sector Accounting Standards Board,简称 IPSASB)[①]、美国联邦会计准则咨询委员会(Federal Accounting Standards Advisory Board,简称 FASAB)以及州和地方政府会计准则委员会(Governmental Accounting Standards Board,简称 GASB)、英国的财务报告咨询委员会(Financial Reporting Advisory Boar,简称 FRAB)及特许公共财务与会计执业协会(The Chartered Institute of Public Finance and Accountancy,简称 CIPFA)[②]、澳大利亚会计研究基金会(AARF)所属的公共部门会计准则委员会(The Public Sector Accounting Standards Board,简称 PSASB)、加拿大公共部门会计委员会(The Public Sector Accounting Board,简称 PSAB)等。[③]其中,IPSASB、FASAB 及 GASB 所提供的概念框架代表着国际政府财务会计准则发展的主流方向。

那么,政府财务报告概念框架究竟应当包括哪些基本概念呢?对此,学术界并没有一个统一的看法,各国和国际机构已发布或将要发布的概念公告也不尽相同(李建发,2010;陈志斌,2011)。不过,一般而言,概念框架至少应当确认和规范政府财务报告的目标、主体、编制基础、质量特征、要素的确认与计量、报告的内容构成等基本概念。其中,政府财务报告的目标规定了其目的和宗旨,是构建整个政府财务报告制度的出发点,而其他要素则是政府财务报告在确认、计量、列报时需要选择和运用的工具。这些要素之间相互关联、相互影响,共同形成了指导、评估和发展政府财务报告的理论基础。

---

[①] IPSASB 的前身为成立于 1986 年的公共部门委员会(Public Sector Committee,简称 PSC),PSC 是 IFAC 下设的常设委员会。2004 年 11 月,PSC 更名为 IPSASB,致力于研究制定国际通用的公共部门财务报告标准。

[②] 在英国,FRAB 和财政部共同负责制定的《政府财务报告手册》(*The Government Financial Reporting Manual*),是中央政府财务会计与报告要遵循的规范,地方政府主要遵循由 CIPFA 制定的《推荐实务公告》(*Statement of Recommended Practice*)。

[③] 需要说明的是,各个国家和国际机构在对概念框架的具体表述上存在差异。比如,美国联邦会计准则咨询委员会(FASAB)用的是"联邦财务会计概念框架",美国州和地方政府会计准则委员会(GASB)为避免歧义直接起名为"概念框架",而国际公共部门会计准则理事会(IPSASB)则称其为"公共部门主体通用财务报告概念框架"(Conceptual Framework for General Purpose Financial Reporting by Public Sector Entities)。概括地说,概念框架的前缀词主要有财务会计和财务报告,连接起来就是财务会计概念框架或财务报告概念框架(李建发,2010)。

# 第 5 章　政府财务报告的基本概念

在对政府财务报告的基本概念展开分析讨论之前,有必要阐述政府财务报告本身的内涵、基本特征及其类型,并进一步厘清政府财务报告与其他密切相关的概念的区别与联系,以便明确我们所要讨论研究的对象。

## 5.1　政府财务报告的概念界定

### 5.1.1　政府财务报告的定义

关于政府财务报告,目前并没有一个统一的定义。在市场经济发达国家,政府一般都需要公开披露自身的财务信息,信息披露的方式主要是两种:预算报告和财务报告。这两种报告都是在政府财务会计基础上生成的报告,因而都是政府会计报告的组成部分。对于预算报告,多数国家都已经把它作为定期对外披露财务信息的主要手段。通过预决算报告,民众不仅可以了解政府在当前年度甚至以后若干年度的收支计划、政策意图和政策重点,以此预测政府相关政策对经济、社会和公众作为纳税人、债权人和投资者自身利益的影响,而且可以监督政府资金使用的绩效和效率。而政府财务报告是为了满足信息使用者的需求而编制的以财务信息为主要内容、以财务报表为主要形式、全面系统反映政府财务受托责任的综合报告(石英华,2006)。这种基于满足信息使用者需求的观点在国际会计师联合会公共部门委员会(IFAC-PSC)对政府财务报告的定义中得到了体现。IFAC-PSC 在其 1991 年公布的第 1 号研究报告《中央政府的财务报告》中,对政府财务报告定义为:"报告主体为外部信息使用者提供信息的重要载体与外部信息使用者获取财务信息的重要来源,并且特别指出,虽然政府财务报告应该以政府财务报表为核心,但是政府财务报告也应该包含其他的如政府业绩和政府预算的信息。"[①]

我国财政部也对政府财务报告的内涵进行了界定。财政部于 2010 年年底发

---

[①] 有必要指出的是,IFAC-PSC 的定义是从外部信息使用者的需求出发的,实际上,政府财务报告并非只服务于外部信息使用者,也有专门服务于内部使用者的财务报告,对此我们将在下一节的财务报告类型中详细展开讨论。

布《权责发生制政府综合财务报告试编办法》,开始正式启动我国的政府财务报告试编工作。为了推进并指导政府财务报告的编制,财政部制定并不断完善了相关指导意见,其中一个方面就是界定政府财务报告的内涵。在《财政部关于印发2011年度权责发生制政府综合财务报告试编办法的通知》中,政府综合财务报告被定义为"以权责发生制为基础,以政府财务信息为主要内容,全面反映一级政府整体财务状况、运行成果和受托责任履行情况等的综合性年度报告"。从这个定义上看,财政部的定义除了突出强调权责发生制这一限定性条件外,对于政府财务报告内涵的阐述与石英华(2006)、IFAC-PSC 的界定并无太大差异。2014 年 12月,国务院同意并批转了财政部的《权责发生制政府综合财务报告制度改革方案》,这份《方案》并没有给出政府财务报告的严格定义,不过其内涵得到了进一步充实,比如,增加了"要反映财政中长期可持续性"的表述。总体而言,尽管财政部使用的是"政府综合财务报告"一词,但从内涵上看,"政府综合财务报告"与国际上通用的"政府财务报告"并无二致,之所以在名称上增加"综合"两字并且突出了权责发生制,应当是为了突出我国政府财务会计与报告改革的背景及其改革方向。

### 5.1.2 政府财务报告的类型[①]

财务报告是对会计系统收集和保存的详细信息进行汇总并按一定格式列报的过程,以便信息能被决策者有效地使用。根据信息使用者的不同,政府财务报告至少存在三种类型:内部财务报告、特定目的外部财务报告以及通用目的外部财务报告。

1. 内部财务报告

内部财务报告的使用对象是政府内部的管理人员和其他利益相关方。政府的有效运营由政府内部的管理部门负责,为了履行这个重要职责,政府内部管理人员就需要可靠的财务数据。因为政府管理人员属于政府自身的一部分,因此,这些人员自然被视为政府财务数据的内部使用者,为满足他们的需要而编制的财务报告就是内部财务报告。

内部财务报告通常要实现两个目标:一是有利于管理部门监控适用于公共资金管理的法律条款和契约条款(比如预算拨付和补助合同)的遵守情况;二是向管理部门提供制订未来财务计划(比如编制运营预算)所需的当前的业绩信息。

由于内部财务报告是为满足管理层的需要而专门设计的,因此,管理层可以自由选择其认为最适合内部财务报告的格式和内容。在大多数情况下,编制内部

---

① 本小节主要根据美国政府财务官协会编写的《政府会计、审计和财务报告》的第九章《财务报告总论》的相关内容写成。

财务报告使用预算基础,因为内部财务报告和年度或两年度拨款运营预算相一致很重要。及时性是内部财务报告要考虑的一个关键因素,因此,内部财务报告通常定期发布,比如两周一次、一个月一次或者一季度一次,而不像外部财务报告那样通常一年发布一次。

2. 特定目的外部财务报告

特定目的外部财务报告是由外部各方要求政府提供的,必须适应那些外部主体的特定信息需求。比如,作为是否给予补助的条件,中央/联邦机构可能要求接受方政府定期提供关于补助行为和补助余额的专门财务报告。同样,州/省级政府可能利用其对地方政府的管理权,要求地方政府提交专门的财务数据收集表。这些报告即为特定目的的财务报告,它们的格式、内容和时间由施加这些规定的外部团体决定。

3. 通用目的外部财务报告

通用目的外部财务报告的使用对象为那些对政府财务状况感兴趣但没有直接途径获取政府财务数据的利益相关方。会计人员通常假设政府机构内部人员能够决定其收到的财务报告的内容、格式和时间。同样的假设对于能够要求提交特定目的外部财务报告的外部主体来说也成立。但是,许多其他利益相关方并不能规定它们将要收到的财务信息的类型,它们必须依靠通用目的的外部财务报告满足其对政府财务信息的需求。

在公共部门,通用目的外部财务报告有三类潜在使用者:(1) 政府对其负有基本受托责任的使用者,包括公民、纳税人、选民以及服务接受者;(2) 直接代表公民的使用者,比如立法机构和监督机构;(3) 借款给政府或参与政府借款过程的使用者,例如个人和机构投资者以及债权人、市政债券承销商、债券评级机构部、债券承保人和金融机构。

政府财务数据的内部使用者也经常使用通用目的的外部财务报告。实际上,公共部门财务管理人员可能比任何其他使用者对通用目的的外部财务报告的利用程度都要高。但是,政府管理人员并不认为是通用目的的外部财务报告的主要使用者,因为它可以直接获得会计系统的基础财务数据,不必依靠通用目的的外部财务报告。因此,在制定通用目的的财务报告的编制准则时,其主要使用者的需求总是先于管理层的需求。

在本篇接下里的阐述中,除非特别指明,我们所讨论的政府财务报告指的都是通用目的的外部财务报告,所讨论的相关基本概念也就是通用目的的外部财务报告的概念框架。

## 5.2 相关概念的区别与联系

### 5.2.1 政府财务与企业财务

作为会计核算的最终产品和信息载体,政府财务报告在表现形式上与企业财务报告有诸多相似之处,比如,提供信息的主要形式都是财务报表,都要反映主体在一定期间的资产负债、经营业绩、现金流量等重要信息。即便如此,政府财务报告与企业财务报告仍然具有显著的不同。这种不同是由政府财务的特性所决定的,与企业财务相比,政府财务具有非市场性、合目的性与弱控制性等突出特点(张宇蕊,2010)。

1. 非市场性

政府的收入和支出并不按照市场交易的互利交换原则进行。政府部门的资源投入全部来自公共财政资金,而财政资金是政府凭借政治权威,向社会公众和企业强制征收税收而获得的公共资源。纳税人在向政府缴纳税收时也并不能获得等价的偿还或报酬。政府开支是为了提供一系列公共产品和公共服务,虽然在支出安排中可能会通过市场交易购买商品和服务,但是其所提供的产品和服务绝大多数都是供公民免费使用的,不具有盈利性。这就使得政府所掌握的资源和所提供服务的价值无法用市场价格来计量。公共支出的非盈利性,也进一步使得广泛应用于企业业绩衡量的利润、净资产报酬等指标,并不适用于对公共部门业绩的衡量。

此外,由于政府收入和支出的非对称性,使得企业会计中的收入、费用配比在政府财务领域很难被应用。

2. 合目的性

企业财务通常以满足资金投入者的投资回收和投资回报为根本目标,重视资本的收益和分配。政府财务则要求按照公共需求意愿把公共资金用在指定的用途上,实现预期的目标和计划,履行服务社会的承诺。政府财务活动就是按照公共政策所确立的目标,根据公共预算确定公共资源筹集和分配,主要体现在对其掌握的公共资源进行集中性、计划性管理中。政府(部门)预算是政府部门财务管理的中心工作,可以说,部门的各项财务活动主要是围绕预算展开的,预算管理在投资管理、资产管理、成本管理中起到核心、主导作用。此外,政府职能相对固定决定了政府在公众期望、政治压力下必须担当一些道义责任。这类支出责任和义务是市场风险控制机制无法分散和转移、抵消的,并且是由产生广泛外部性的私人风险向公共风险转化而形成的,比如养老金的安排、金融机构破产需要政府承担部分风险损失。

3. 弱控制性

与企业财务活动相比,政府财务活动受到的控制和制约要弱得多。最根本的原因是,政府财务缺少界定清晰的所有者权益和建立在剩余索取权基础上的所有者监督控制(Finkler,2001)。此外,公共产品市场缺乏竞争和价格制约导致对政府活动结果难以准确衡量和控制,资本市场缺乏融资制约使政府获取资源和提供产品服务缺少逻辑联结。同时,政府体系的庞大复杂,容易使内部信息无法顺畅地传递,甚至被有意过滤和无意泄露,使控制不能在信息充分的条件下进行(张国生、赵建勇,2005)。上述因素使以净资产价值为基础的控制方式显得乏力,要求引入多元化的制约手段和方法,市场经济成熟国家大都加大立法和审计机构对政府财务行为过程的监督和控制,并采用预算会计和基金会计将实际数与预算数进行对比,以监督基金或项目正常运行并达到预期成果(陈小悦,2005)。

### 5.2.2 政府财务与政府财政

政府财务与政府财政(公共财政)之间存在密切的联系:两者都以政府部门的财务活动为观察对象,都涉及政府财务资金的筹集、使用和管理,财政是政府财务的存在基础,政府财务是政府财政的组成部分。但两者也有明显的区别:政府财务突出"务"字,侧重于部门、机构层面,可以理解为资金方面的事务,具有经济性、技术性、持续性、有限性(预算额度的限定)和综合性(从价值角度)等特征;政府财政则突出"政"字,侧重于政府层面,可以从政治、政策的角度理解,具有政治性、政策性、年度性(以财政年度为基础)、无限性(入不敷出时可举债)和单一性(只从货币角度)等突出特征。

从管理的层面来看,政府财务管理是依据财务制度和财经法规,按照财务管理的原则,对政府财务活动中资金的筹集、分配和使用进行计划、组织、协调和控制的过程。公共财政管理是政府为履行职能,对所需的物质资源进行决策、计划、组织、协调和监督的活动,简言之,就是政府筹集、使用和管理财政资金的活动。狭义的政府财务管理即为公共财政管理,广义上的政府财务管理还包括政府自身内部的财务管理。

长远来看,政府财政与政府财务将逐渐走向趋同和融合。财政将更多地从政府财务角度去考察资源、价值和绩效,更注重精细化、微观化和系统化,改变"公共资金按预算规定从财政部门拨出后就记录为财政支出,至于拨出去的钱如何使用、使用的结果如何,就在财政部门的管理视野中消失了"的状况;政府财务也将超越部门和单位的目光局限和利益割据,加强部门资源的运筹和管理以及与宏观政策的联结。可以预见,政府财务将不仅成为未来政府理财的核心范畴,还将成为公共财政框架的基本存在形式与基础载体。

### 5.2.3 政府财务报告与财政决算报告

政府财政决算是指经法定程序批准的年度政府预算执行结果的会计报告,是各级政府在年度内预算的收入和支出的最终结果,是预算管理中一个必不可少的、十分重要的阶段。政府决算报告通常由决算报表和文字说明两部分构成,通过政府决算报告能够看出政府在报告年度内的收入、支出、结余等状况。毫无疑问,决算报告也是反映政府财务状况的报告,它和政府财务报告互为补充、配合使用,从不同角度满足政府、人大和社会监督管理预算执行、了解政府财务状况和政府运营情况、评估财政长期可持续性等多方面的需要。实际上,决算报告是编制政府综合财务报告的重要信息来源,特别是在缺乏政府综合财务报告的情况下,政府决算报告便成为观察政府财务状况的主要来源。但是,严格来说,政府财务报告与财政决算报告存在很大区别,不能等同,主要体现在:

(1) 政府财务报告的范围要大于政府决算报告。政府财务报告需要综合反映政府的财务状况,而政府决算报告只需要反映纳入政府的预算执行情况。政府决算报告一般包括纳入政府预算范围的收支情况,而财务报告不仅需要将收支情况纳入,还需要将收支活动的结果,如资产、负债等情况纳入。即使只考虑收支情况,政府也可能不将所有的收支活动纳入预算,而政府财务报告的范围则包括了预算之外的收支情况。

(2) 报告重点和用途不同。政府财政决算的目的是考察政府是否按照预算的规定开展财政活动,是对政府财政活动的法定约束。为了达到这个目的,在决算报告中往往还要加上预算报告,通过二者的对比对政府实际活动进行分析。此外,政府预算报告是具有法律效力的,对政府决算的考察实际上是对政府活动的法治性进行考察。政府财务报告主要反映政府财务状况和运营情况,特别强调政府和公民的受托责任,通过对当前经济形势的分析、对未来财政收支缺口的预测,以及对财政可持续性的评估等,为中长期财政发展和宏观调控服务。

(3) 两者可以使用不同的核算基础。从预算的特征来看,收付实现制是一种简单又实用的核算基础,因此,决算报告主要以收付实现制为基础,即以资金的实际流入和流出作为确认相关会计要素的标准。而对于政府财务报告制度而言,权责发生制更能真实地反映政府财务状况。因此,一个国家才构建出两种核算基础的财务报告体系,即政府预算、决算报告使用收付实现制,而政府综合财务报告使用权责发生制。

总之,政府财务报告与政府决算报告不能完全等同,当然,当政府信息核算和预算管理达到比较高的水平时,将两者完全统一起来也是可以的。

### 5.2.4 政府财务报告与政府财政统计报告

财政统计是对政府履行职责所引起的财政运行过程及结果所进行的描述(杜

金富,2008),是政府部门的收入、支出、平衡收支以及不同政府之间分配所造成的经济流量和经济存量的统计。财政统计将所有履行公共职能而取得的收入、产生的支出、收支不平衡的规模以及这些活动在不同政府级次之间的分配等情况进行统计。上述统计活动是流量的统计,而随着政府管理水平的提高和对政府管理的要求越来越严格,对经济活动的分析逐渐要考察政府的资产存量信息,因此新出现的财政统计模式便包含了对存量的统计,形成了存量和流量的统一。

政府财政统计报告与政府财务报告是既相互区别又有联系的概念。两者之间的联系包括以下方面:两者都以政府会计为主要数据来源,政府会计是政府信息核算的微观基础,其最终成果表现为政府财务报告;两者可以使用相同的报表体系,包括政府资产负债表、政府收支流量表等表格体系;两者都是提高政府财政透明度的重要途径,不论政府财政统计还是政府财务报告,都能够反映政府的运行状况,两者数据的公开都能够提高政府的财政透明度。

两者的区别主要表现在最终目标和具体项目的设计上。就目标而言,政府财政统计的目标是从宏观的角度观察政府的运行状况和结果,更倾向于对政府活动所产生的经济影响进行反映,侧重于政府活动的宏观反映,更倾向于满足经济分析的需要。政府财务报告是为了反映受托责任,侧重于政府的财务活动的考察,更倾向于满足管理活动的需要。正是由于最终目标的不同,两者在具体项目设计上是有差别的,如为了满足从不同角度考察政府活动对经济的影响,世界货币基金组织出台的《政府财政统计手册2001/2014》将影响政府净值的流量信息在政府运营表、其他经济流量表中反映。政府运营表反映了政府在多大程度上让经济中的其他部门利用其财务资源,或者政府多大程度上利用其他部门产生的财务资源,反映了政府活动对经济其余部分的财务影响指标。政府财务报告中则不会从该角度对表格进行分类。当然,在当前的研究中,两者更多地呈现出相互融合的趋势,近年来国际公共部门会计准则理事会和国际货币基金组织正在积极探讨两者的融合问题,并取得了一系列成果。

# 第6章 政府财务报告的目标

政府财务报告的目标,即为编制政府财务报告的目的。从 IPSASB、美国 FASAB、GASB 等机构的相关成果来看,政府财务报告目标的定位是整个财务报告概念框架的逻辑起点,对整个财务报告体系的构建起着导向作用。政府财务报告的主体、编制基础的选择、信息质量特征、要素的确认、计量及报告等都要以报告的目标为引导,服从于政府财务报告的目标。

财务报告目标直接受到会计环境的影响,包括一个国家和地区的经济、法律、社会乃至政治环境,而且报告目标会随环境的不同而发生变化(GASB,1987)。至于政府会计环境,既包含政府组织内部的微观环境(比如政府组织结构、政府的资金来源),也包含政府组织外部对政府会计有影响的宏观环境(如经济、法律、教育、文化、国际倡议等)。由于不同国家的政府会计环境存在必然的差异,因此,不同国家政府财务报告目标的定位和内容可能存在不同。重要的是,由于政府会计环境具有一定的稳定性,因此,以财务报告目标为逻辑起点而构建起来的概念框架,比以会计假设为导向的概念框架更具有稳定性(王丹槐,2014)。

## 6.1 政府财务报告目标的基本概念
### 6.1.1 政府财务报告目标的界定

财务报告目标是关于财务会计所要达到境地的抽象范畴,是人们对会计信息系统所期望要达到的境地和标准。IFAC-PSC 在 1991 年公布的第 1 号研究报告《中央政府的财务报告》中指出,政府财务报告的目标可以解释为:应予以报告信息的目的与性质,它们之所以重要,是因为它们为决定哪些会计原则用于计量和报告信息的质量提供了基础,并且为建立一套适用于政府的会计原则提供了基础。[1] 由此可见,财务报告本身并不是最终的目标,关键是财务报告要能够提供对使用者有用的信息。由于不同使用者的信息需求不同,因此,不同机构对政府财务报告目标的界定必然有所差异。

---

[1] 国际会计师联合会:《国际公共部门会计文告手册(2003)》,财政部会计准则委员会译,东北财经大学出版社,2004。

IPSASB认为,公共部门主体财务报告的目标是"为通用目的财务报告的使用者提供有关报告主体的信息,这些信息有助于评价报告主体的受托责任以及进行决策制定"①。FASAB将美国联邦政府财务报告目标设定为:第一,财务报告应促进政府履行其收支遵循预算及相关法规的受托责任;第二,财务报告应帮助使用者评估报告主体服务努力程度、成本及成果、提供服务有关的筹资方式及对资产和负债的管理情况;第三,财务报告应协助使用者评估政府当期运营和投资对国家的影响,并充分反映政府的财务状况变化及未来可能变化;第四,财务报告应帮助使用者了解财务管理系统、行政管理控制和内部会计的适用性。② GASB同样从使用者及其信息需求的角度出发,界定了政府财务报告的目标。GASB认为,政府财务报告应提供有助于使用者评价受托责任和进行经济、政治与社会决策的信息。③

### 6.1.2 政府财务报告目标的分类

政府财务报告目标分为不同的层次。Rose-Ackerman(1978)很早就提出,政府会计有三层目标:基本目标是检查、防范贪污和舞弊以保护公共财政资金的安全;中级目标是促进健全的财务管理;最高目标是帮助政府履行公共受托责任。进入20世纪80年代以来,西方学者开始将政府财务报告的研究与受托责任理论紧密结合,受托责任的目标不断得到强化。比如,Sacco(1992)认为,反映政府在履行受托责任方面所作的努力是政府财务报告的主要目标。IFAC-PSC认为,提供用来评价公共受托责任履行情况的信息是政府财务报告的最高目标。④ GASB在其第1号概念公告《财务报告的目标》中同样指出,受托责任是所有政府财务报告的基础。⑤

总的来说,政府财务报告目标大体可以分为两个层次,首先是最高目标,然后在最高目标下设定若干具体目标。从两者之间的关系上来看,最高目标决定了具体目标的内容,具体目标是根据最高目标的要求而展开的。比如,IFAC-PSC、GASB等都提出,反映受托责任和制定决策是政府财务报告的最高目标。在这一最高目标下,政府财务报告目标又被分别阐述为多个具体目标。IFAC-PSC在其发布的《研究报告第1号——中央政府的财务报告》中对政府财务报告的具体目标表述为:(1)说明资源是否是按照法定预算取得和使用的;(2)说明资源是否是

---

① 王丹琥:《IPSASB通用目的财务报告概念框架评介》,《财会月刊》,2013年第11期。
② FASAB, Statement of Federal Financial Accounting Concepts 1: Objectives of Federal Financial Reporting, www.fasab.gov, 1993-9.
③ GASB, Concept Statement No.1 of the Governmental Accounting Standards Board: Objectives of Financial Reporting, www.gasb.org, 1987-5.
④ 国际会计师联合会:《国际公共部门会计文告手册(2003)》,财政部会计准则委员会译,东北财经大学出版社,2004。
⑤ 美国政府会计准则委员会:《美国州和地方政府会计与财务报告准则汇编》,人民出版社,2004。

按照法律和合同的要求,包括由有关立法部门建立的财政授权取得和利用的;(3) 提供关于财政资源的来源、分配和使用的信息;(4) 提供关于政府或单位是怎样筹集活动资金以及满足其对现金的需求的信息;(5) 提供在评价政府或单位筹资和偿付负债和承诺的能力时有用的信息;(6) 提供关于政府或单位财政状况及其变动的信息;(7) 提供在以服务成本、效率和成就来评价政府或单位业绩时有用的综合信息。

GASB 在其第 1 号概念公告中指出,将反映受托责任确定为财务报告的最高目标。受托责任进一步分为财政受托责任和运营受托责任。财政受托责任是政府证明其当期活动遵守了短期内(通常是一个预算周或一年)有关公共资金收入和支出的公共决策的责任。① 运营受托责任是政府对其使用所有可得资源、高效率地实现运营目标的程度,以及是否能够在可预见的将来继续实现目标进行报告的责任。② 这两个方面的受托责任进一步构成了通用目的外部财务报告各个具体目标的根本来源,如表 6-1 所示。

表 6-1　GASB 对通用目的外部财务报告目标的分类

| 一般目标 | 具体目标 | 与目标相关的受托责任类型 |
| --- | --- | --- |
| 财务报告应当有助于政府履行公共受托责任,并且有助于使用者评估该受托责任 | 财务报告应当提供信息以确定当年收入是否足以支付当年服务费用。这也意味着财务报告应当揭示:是否存在当年公民享受服务却将部分支出负担转移给未来公民的情况;是否在向本年公民提供服务时使用了以前积累的资源;或者相反,是否当年收入不仅足够支付当年服务费用,而且增加了累积资源 | 运营受托责任 |
| | 财务报告应当说明资源的获得和使用是否符合主体经立法批准的预算。同时应当说明遵守与财务相关的法律要求或契约要求的情况 | 财政受托责任 |
| 财务报告应当有助于政府履行公共受托责任,并且有助于使用者评估该受托责任 | 财务报告应当提供有助于使用者评估政府主体的服务努力、成本以及成就的信息。这些信息与其他来源信息结合在一起,帮助使用者评估政府的效率和效益,并且有助于形成投票和筹资决策的基础。信息应当以客观标准为基础,以有助于同一主体不同期间的纵向分析和相似主体之间的横向比较。关于实物资源的信息也应当有助于确定服务成本 | 运营受托责任 |

---

① 美国州和地方政府会计准则委员会(GASB)第 34 号概念公告,第 203 段。
② 同上。

(续表)

| 一般目标 | 具体目标 | 与目标相关的受托责任类型 |
|---|---|---|
| 财务报告应有助于使用者评价政府主体的年度运营结果 | 财务报告应当提供关于财务资源的来源和使用的信息。财务报告应当按功能和用途核算所有的资金流出,按来源和类型核算所有的资金流入,以及流入与流出的匹配程度。财务报告应当鉴别重大非经常性财务交易 | 财政受托责任 |
| | 财务报告应当提供关于政府主体如何为其运营活动融资以及如何满足其现金需求的信息 | 财政受托责任 |
| | 财务报告应当提供必要的信息,以确定政府主体年度运营结果使财务状况改善还是恶化 | 运营受托责任 |
| 财务报告应当有助于使用者评估政府主体可能提供的服务水平及其偿还到期债务的能力 | 财务报告应当提供关于政府主体财务状况的信息。财务报告应当提供关于收入来源和支出责任的信息,包括实际的和或有的、当期的和非当期的。大多数政府主体的主要收入来源来自征税和发行债务的权力。因此,财务报告应当提供关于税源、税收限制、税收负担以及债务限制方面的信息 | 运营受托责任 |
| | 财务报告应当提供关于政府主体拥有的使用寿命超过当年的实物和其他非财务资源的信息,包括可以用于评价这些资源服务潜力的信息。报告这些信息有助于使用者评估政府主体长期和短期的资本需求 | 运营受托责任 |
| | 财务报告应当披露对资源的法律或契约上的限制以及潜在资源损失的风险 | 财政受托责任 |

　　政府财务报告的具体目标是复杂多样的,并且在不同的时期会不断地变化。一方面,具体目标的确定要服从于最高目标,最高目标的变化必然导致具体目标的调整。如最高目标为反映政府的受托责任,则具体目标当然也就围绕受托责任展开;如果最高目标是满足决策需要,则具体目标也需要围绕决策需要而展开。另一方面,具体目标会随着环境的变化而变化。在政府财政法治化欠缺的环境下,具体目标可能更关注合规性,如说明资源是否是按照法定预算取得和使用的,是否符合法律和合同的要求。当然,政府财务报告的具体目标究竟应该是怎样的,并没有一个统一的标准,需要根据宏观经济政策、所面临的环境进行具体调整。

## 6.2　政府财务报告目标的内容

　　如前所述,界定政府财务报告目标与财务报告的使用者及其信息需求密切关联。IPSASB 在 2013 年 1 月发布的《公共部门主体通用目的财务报告概念框架》

中,就提出了清晰的逻辑,即通过回答"政府财务报告的主要使用者是谁?""主要使用者的信息需求是什么?"以及"政府财务报告能提供的信息包含哪些?"这三大问题来理清政府财务报告目标。这三个方面也就构成了政府财务报告目标的主要内容,我们依次展开阐述。

### 6.2.1 政府财务报告的使用者

关于政府财务报告的使用者,国际上诸多机构和组织都对此展开过专门探讨。1987 年,美国 GASB 在《政府会计准则委员会概念公告第 1 号:财务报告的目标》中对州和地方政府财务报告的使用者进行了分类和阐述。1993 年,美国 FASAB 在《联邦会计概念公告第 1 号:联邦财务报告的目标》中对联邦政府财务报告的使用者及其信息需求进行了阐述。2000 年,IFAC-PSC 在第 11 号研究报告《政府财务报告:会计问题与实务》中研究了政府财务报告的使用者及其可能的信息需求。

IFAC-PSC 认为,政府财务报告的使用者是服务接受者及其代表和资源提供者及其代表。政府通常从纳税人、贷款人、捐赠人及其他资源提供者处筹集资源,用于向公民及其他服务接受者提供服务。因此,政府需要向资源提供者(resource providers)以及服务接受者(service recipients)负责。IFAC 并未详细列举财务报告的具体使用者,而是进行了分类,包括:

(1)服务接受者。政府的服务对象非常广泛,既包括社会公众,也包括企业等非居民组织。

(2)资源提供者。包括纳税人、贷款人、收费服务的消费者、捐赠人等。其中,纳税人是"被动资源提供者",而贷款人、收费服务的消费者、捐赠人则属于"自愿资源提供者"。

(3)立法及监督机构。作为资源提供者和服务接受者的利益代表,立法机构和监督机构在行使其职责时广泛、持续地使用政府财务报告,了解、监督政府经济资源的使用情况及政府的廉政勤政等情况,以便做出各种相关的政治决策,因而也应认定为政府财务报告的主要使用者。

(4)上级主管部门。包括上级政府主管部门等,他们代表政府对所属下级政府受托责任的履行情况及财务业绩等做出评价,并据此制定有关的宏观政策和措施等。

(5)其他使用者。诸如经济和财务分析师、媒体、工会组织、职工(政府公务人员)及其他相关人士。

美国 FASAB 在第 1 号概念公告中指出,联邦政府财务信息使用者可以划分为公民、国会、行政官员与项目经理人员四类。美国 GASB 则把州和地方政府财务报告的主要使用者分为三种类型,分别为公民、立法和监管机构以及投资者和债权人,此外,经济和财务分析师及审计师也是州和地方政府财务报告的使用者。

综合上述几大机构的观点,政府财务报告使用者大致可以归纳为三类:

(1) 外部使用者,包括纳税人、服务接受者、投票人、债券投资者、信贷人、经济/财务分析师、评级机构、新闻媒体以及国际融资机构、资源提供者(例如世界银行、国际货币基金组织等)。这些外部使用者大都是本国国民,他们对于政府公开的财务报告依赖程度很高。首先,国民与政府之间是委托代理关系,国民是国家资源的最终所有者,他们关心国家资源的状况,如保值增值、债务、收入和支出等信息。国民需要这些信息对政府的运行状况进行评价,决定是否维持委托代理关系。其次,从流动资源的角度来看,国民和国家又是生产和购买的关系,国民通过向国家支付税收的形式来向国家购买公共品,形成一种特殊的供求关系,而作为购买者的国民需要了解公共品的生产和提供的具体情况。最后,从政府运行的角度来看,国民又是被管理者,这决定了他们在获取信息的时候处于劣势地位。

(2) 准内部使用者,包括上级政府或主管部门、政府审计机构、监察机构、立法机构等,其信息需求的目的是监督、检查某级政府或某个主管部门预算的执行过程和结果的合法合规情况,获取相关信息做出宏观的政治经济等决策。相对于外部使用者的信息需求,立法、监督机构需要更为详细的信息,这一信息需求者也可以通过政府的报告、专项的审计和调查等方式了解政府授权事项的完成情况,其信息获取的能力要强于外部信息使用者。

(3) 内部使用者,指政府及政府各部门的决策人员、财务管理者、项目经理等,其信息需求的目的是实现本部门财务管理的控制与运营。对于这部分信息需求者在信息获取中具有优势,能够通过内部报告或直接观测的形式来得到相关信息,这些特征使得这部分信息需求者对政府财务报告的依赖性最低。

不同的使用者及其信息需求既有共性又各具特点,如表6-2所示。

表6-2 政府财务报告使用者的国际比较

| 使用者类型 | 相关机构 | 公共部门会计准则委员会 | 美国联邦会计准则咨询委员会 | 美国政府会计准则委员会 | 美国、加拿大审计机关 |
|---|---|---|---|---|---|
| 外部使用者 | ● 公民,包括纳税人、投票人和受服务对象 | √ | √ | √ | √ |
| | ○ 外国资源提供者 | √ | | | |
| | ○ 国际性组织和金融机构 | √ | | | |
| | ○ 投资者、信贷者 | √ | √ | √ | |
| | ● 下级政府的官员、议员 | | √ | | |

（续表）

| 使用者类型 | 相关机构 | 公共部门会计准则委员会 | 美国联邦会计准则咨询委员会 | 美国政府会计准则委员会 | 美国、加拿大审计机关 |
|---|---|---|---|---|---|
| 外部使用者 | ○ 企业用户 | | | | √ |
| | □ 新闻媒体、评估机构、倡议组织 | √ | √ | √ | √ |
| | □ 经济/财务分析师、政策分析者、相关学者 | √ | √ | √ | √ |
| 准外部使用者 | ■ 立法机构 | √ | √ | | |
| | □ 审计、检察机关 | | √ | √ | |
| | ■ 上级政府、主管部门 | √ | | | |
| 内部使用者 | ■ 政府计划管理者，包括财政、计划等行政机构 | √ | √ | √ | |

注："√"表示此类使用者；"■"表示可能做出经济决策和政治决策（预算过程既是一个经济过程也是一个复杂的政治过程，立法机构是预算的审批者，因此它的决策可以视为政治、经济的混合型决策；"○"表示可能只做出经济决策；"●"表示可能只做出政治决策；"□"表示中间使用者，只加工、评价信息并不做出相应的决策。

资料来源：路军伟，《政府财务报告使用者及其需求的国际比较与分析》，《会计与经济研究》，2015年第1期。

### 6.2.2 政府财务报告使用者的信息需求

公共部门财务会计准则机构通常都会列出报告使用者的信息需求类型及具体内容。比如，IPSASB 就详尽地列出了各类报告使用者的信息需求，如表 6-3 所示。

表 6-3  IPSASB 列出的各类报告使用者的信息需求

| 使用者类型 | 信息需求的内容 |
|---|---|
| 服务接受者 | 评价政府是否经济、高效、有效地使用资源，资源是否按计划使用，资源的使用是否符合他们的利益 |
| | 评价政府报告期间提供的服务的范围、数量和成本是否恰当，成本收回的数量和来源是否合理 |
| | 评价目前的税负水平及募集的其他资源是否足够维持当前所提供服务的数量和质量 |
| | 了解政府报告期间基于可用于未来期间服务提供的资源所作决策及所从事活动的后果 |
| | 了解政府预期未来服务提供活动与目标以及支持这些活动所需成本收回的数量和来源 |

（续表）

| 使用者类型 | 信息需求的内容 |
|---|---|
| 资源提供者 | 评价政府报告期间是否实现作为资源募集理由的既定目标 |
| | 评价政府是通过本期向纳税人集资还是通过借款等其他方式为当前运营提供资金 |
| | 评价政府未来是否需要更多（或更少）的资源及其可能来源 |
| 贷款人、债权人 | 评估政府的流动性以及能否按期足额收回款项 |
| 捐赠人 | 评价政府是否经济、有效率、有效果地且按计划使用捐赠资源 |
| | 关于主体预期未来服务提供活动和资源需求的信息 |

资料来源：王丹槐，《我国政府财务报告概念框架构建》，湖南大学硕士论文，2014。

通常而言，政府财务报告的使用者与政府财务报告主体一般都存在利害关系。这种利害关系既有可能是政治上的，也有可能是经济上的，由于利害关系的不同，使用者对信息的需求也是不一样的。按照决策行为的一般逻辑过程，政府财务报告使用者对财务信息的使用一般分为三个步骤：首先，了解他们各自的利益诉求和信息需求；其次，依据所掌握的信息对管理当局的受托责任及经营业绩做出合理的分析评价；最后，在分析评价的基础上做出相关决策等。表6-4描述了不同类型使用者所需要的信息。

表6-4 政府财务报告使用者类型及其所需信息

| 使用者 信息 | 外部使用者 | | 准外部使用者 | | 内部使用者 | |
|---|---|---|---|---|---|---|
| | 政治决策 | 经济决策 | 评价 | 政经决策 | 评价 | 决策 |
| 遵守法规 | ★ | | ☆ | ★ | ☆ | ☆ |
| 财务状况 | ★ | ★ | ☆ | ☆ | ☆ | ☆ |
| 业绩或服务成本 | ★ | | ☆ | ★ | ☆ | ☆ |
| 限制性资产 | ☆ | ★ | ☆ | ☆ | ☆ | ☆ |
| 资金来源与使用 | ★ | ★ | ☆ | ★ | ☆ | ☆ |
| 现金需求 | | ★ | ☆ | ☆ | ☆ | ☆ |
| 补助 | | | ☆ | | ☆ | ☆ |
| 实际和预算 | ★ | ☆ | ☆ | ★ | ☆ | ☆ |
| 财务计划 | | ★ | ☆ | | ☆ | ☆ |
| 其他信息 | ☆ | ☆ | ☆ | ☆ | ☆ | ☆ |

注：☆表示可能对此项信息有需求；★表示可能更侧重此项信息。

资料来源：路军伟，《政府财务报告使用者及其需求的国际比较与分析》，《会计与经济研究》，2015年第1期。

概括而言,政府财务报告使用者对财务信息的需求可以归为以下几个方面:[①]

一是守法和管理的信息。首先,为了判断政府及政府各部门是否遵循法定预算或按相关授权的规定使用资源,使用者需要政府财务报告提供守法方面的财务信息。其次,为了评价政府对受托管理使用资源的管理情况,使用者需要政府财务报告提供管理方面的信息。

二是财政状况的信息。这种信息需求包括多个方面:其一,为了了解政府从哪里以及怎样取得收入,以及评价政府收取的税费是否合理,使用者需要财政收入状况的信息;其二,为了了解如何分配资源,以及资源分配的合理性,使用者需要财政支出状况的信息;其三,收入补偿日常业务成本足够程度的信息;其四,预计现金流动的时间和金额以及预计未来现金和借款的需求的信息;其五,政府偿付财务负债的能力的信息;其六,为了对政府的财政状况有一个合理的评价,使用者需要政府整体财政状况的信息。

三是业绩的信息。使用者需要有关的信息,以便使用经济性和效率性标准来评价政府运行的业绩,同时评价政府目标的完成情况。因此,使用者需要有关政府提供服务的努力程度、运营成本和业绩的信息。

四是经济影响的信息。为了更好地评价政府财政与整个宏观经济的内在联系是否合理,使用者需要政府活动对经济影响的有关信息。具体包括两个方面:一是政府对经济的影响的信息。使用者需要有关的信息,以帮助他们充分理解政府财政活动的性质、范围和程度与整个经济的关系。例如,政府的总支出与经济产出相比,意义如何?政府的活动是怎样影响经济的?二是政府的花费选择和优先权的信息。使用者需要有关的信息,以帮助他们评价政府是否在按照资源提供者和监察部门的要求提供服务。例如,将政府提供的货品和服务的价值与从经济中回收的价值联系起来看,是否合适?

### 6.2.3 政府财务报告所能提供的信息

尽管不同的政府财务报告使用者对政府财务信息的需求不同,但既然反映公共受托责任的履行情况是政府财务报告的主要目标,因此,政府财务报告还是应该尽可能地提供能够满足所有信息使用者需求的财务信息。IPSASB 认为,为了满足政府财务报告主要使用者的信息需求,政府财务报告所能提供的信息应当包括:(1) 主体的财务状况、财务业绩和现金流量信息;(2) 预算信息和关于主体对相关法律法规或其他管理部门规定的遵循情况的信息;(3) 关于主体服务提供成

---

① 赵建勇:《政府财务报告问题研究》,上海财经大学出版社,2002。

果的信息;(4)预期财务与非财务信息;(5)相关的解释性信息。①

需要特别指出的是,要使得政府财务报告对报告使用者有用,报告中的财务数据必须具备一些基本特征,即所谓的财务报告的信息质量特征,通常应包括:

(1)可理解性。理想的情况是,政府财务报告中的信息应当易于为所有预期使用者理解。但事实上,要达到这个要求是很困难的,因为政府财务报告的许多使用者对财务问题并不精通。因此,应该追求更狭义的可理解性:财务报表要求使用者能够"对政府和公共财务活动以及政府财务报告的基础有一个合理的理解",在研究报告时能够"付出适当努力"并且运用"相关的分析技能"。

(2)可靠性。财务数据只有可靠才有价值,这意味着财务数据必须是可证实的和无偏见的。会计数据也必须忠实地反映其所代表的交易或事项的经济实质,而非法律形式。此外,数据必须是全面的。

(3)相关性。财务信息只有在能够对使用者评价问题、条件或事件产生影响时,对财务报告使用者来说才是有用的。因此,财务报告中所有数据应当与这些目的相关,不相关的数据会损害而不是加强更相关的数据的作用。

(4)及时性。信息能为决策者及时获得,对政策制定者来说才是有价值的,财务报告应当于财政年度结束后尽快发布,以使财务报告包含的信息能够影响决策。

(5)一致性。一项会计原则一经采用,就应当持续使用。一致性对于得到完整的趋势数据是非常必要的,趋势数据对于诸多财务分析来说特别重要。

(6)可比性。相似的事件、交易和活动应进行相似的处理。对交易、事件或活动的不同财务处理应当源于其实质的不同,而非源于会计核算方法的差异。

## 6.3 政府财务报告目标的理论②

财务报告目标认识上的差异对财务报告体系的构建将产生重大影响。长期以来,企业财务报告目标存在着"受托责任观"和"决策有用观"两种截然不同的理论认识。按照受托责任观,财务报告应主要反映主体受托责任的履行情况,对委托人如何使用财务报告关心得比较少,其侧重点是客观地提供营运情况的信息,主要反映的是有关"过去"已经发生的情况的信息。按照决策有用观,财务报告应该考虑委托人及委托人以外的潜在信息需求者的需求,旨在提供会计信息以有利于使用者做出合理决策,同时,财务报告提供的信息要能帮助使用者评估未来收益。

---

① IPSASB, Final Pronouncement—The Conceptual Framework for General Purpose Financial Reporting of Public Sector Entities, www.ipsasb.org, 2013.

② Id.

### 6.3.1 受托责任观

受托责任观起源于资本主义早期的企业两权(所有权和经营权)分离。当时,由于商品经济的发展、生产规模的扩大,所有权与经营权分离现象变得越来越普遍。企业的所有者将经营权委托给经理阶层,由后者进行日常管理,并对委托人(所有者)财产的保值和增值负责。受托责任现象开始变得非常常见。会计被认为以提供受托责任信息为主的观念也自然得到了普遍接受。由于当时的资本市场不发达,即使在企业经营管理不善的时期,委托人也不容易将手中的所有权转让,这意味着委托人变更委托关系是不自由的。因此,为了避免自己的财产被"套牢",委托人一般特别重视受托责任的履行情况。在此基础上产生的受托责任观认为,财务报告的目标应是向资源的提供者报告资源的受托管理情况,并以历史的、客观的信息为主。

在理论界,最早提出受托责任观的是R.G.布朗和K.S.约翰斯顿,他们在其合著的《巴其阿勒会计论》曾经指出,财务报告的目标就是有效地反映受托方使用委托方委托其管理使用资源的受托责任履行情况。国际会计准则委员会(IASC)于1989年发布了一份题为《关于编制和提供财务报表的框架》的研究报告。该报告将财务报告的目标界定为:"及时地向委托方(拥有所有权)报告受托方(拥有经营权的企业管理当局)受托责任的履行情况。"[①]

概括而言,受托责任观认为,财务报告作为受托责任关系中联系委托人和受托人的桥梁,其本质就是及时地报告受托责任的履行情况(王光远,1996)。因为受托责任一经产生便必然在委托方与受托方之间产生信息不对称,通常受托责任的受托方掌握着信息优势,委托方则为信息劣势方(张维迎,2004)。正是基于信息不对称的客观存在,作为信息劣势方的委托人便要求掌握拥有信息优势的受托方提供有关受托责任履行情况的信息,于是,会计报告机制便由此产生。

一般来说,在通过直接投资实现委托方(拥有所有权)与受托方(拥有经营权)相分离的情况下,财务报告的受托责任观比较适合。因为这时拥有所有权的委托方是一个相对比较稳定的群体,投资一旦发生,资本就比较难以流动。在这种情况下,他们只需评价受托方管理和使用受托资源的情况,并据此作出决策。就会计信息的质量特征而言,受托责任观比较强调信息的可靠性。一般来说,可靠性指的是会计信息应当不偏不倚,真实地反映它所要表达的经济事项。

### 6.3.2 决策有用观

决策有用观是起源于美国,并且在以美国为代表的西方国家兴盛。随着资本市场的发展,证券市场成为联结所有者和经营者之间的中介,资本的委托方和受

---

[①] 吴联生:《会计目标——信息需求论》,《财会通讯》,1998年第9期。

托方之间的委托代理关系变得模糊和不固定。在这种情况下,对会计信息的要求发生变化,要求会计提供更多的反映未来趋势的信息,以利于投资和信贷决策。于是,与受托责任相对应的另一种新的观点,即决策有用观应运而生,并成为财务报告目标的另一个主流理论。决策有用观是以会计是一个经济信息系统为出发点,以市场经济为依托,认为财务会计目标就是向会计信息的使用者(主要包括现有的和潜在的投资者、信贷者、企业管理当局以及政府等)提供对他们进行决策有用的信息,而对决策有用的信息主要是关于企业现金流动的信息和关于经营业绩及资源变动的信息。财务报告应主要反映现时的信息,其理由是在高度发达的资本市场中,资源的配置是通过资本市场进行的委托方与受托方关系已变得比较模糊,作为委托人的所有者关注整个资本市场的可能风险和报酬以及所投资企业的可能风险与报酬。因而,他们更加关注决策有用的信息。

在理论界,美国会计学家 Satubus(1953)很早就提出,"提供对投资人决策有用的信息"应成为会计的主要目标。① 美国注册会计师协会(AICPA)在 1973 年提交的《财务报表的目标》中将财务报告的基本目标表述为:"提供据以进行经济决策的信息。"随后,美国财务会计准则委员会(FASB)在 1978 年发布了财务会计概念框架公告《企业编制财务报表的目标》,其中明确指出:"企业编制财务报表的主要目的是为相关利益者(主要包括现在的和潜在的投资者、信贷者以及其他用户)提供决策有用的信息,这种决策主要指的是投资、信贷及相关的决策。"

概括而言,决策有用观认为,财务报告的目标就是要向利益相关者提供对其决策有用的信息。多数会计专家和学者认为,它特别适用于资本市场发育十分成熟,并对整个社会经济的运行具有全面影响的情况。因为这时的委托方作为一个投资者,在市场上有无数的投资机会,他们只需根据企业财务报告提供的相关信息对企业的经营状况进行评估并据此作出"买入或卖出"的决策就行了。决策有用观强调信息的决策相关性。决策相关性的重要标志有三个:一是可预测性,就是相关利益者能根据财务报告所提供的信息预测企业未来可能发生的各种结果;二是反馈性,就是相关利益者能根据财务报告所提供的信息证实或调整过去所做决策的预期结果;三是及时性,就是会计信息应当在相关利益者失去决策能力之前提供。

### 6.3.3 受托责任观与决策有用观的比较

综合上述分析,不难看出,受托责任观与决策有用观这两种观点存在显著的不同。首先,两种观点产生的历史背景不同,会计记录立足的时点不同。受托责任观强调对过去业务的记录和反映,而决策有用观更加注重财务报告信息能给未

---

① 葛家澍、刘峰:《会计理论——关于财务会计概念结构的研究》,中国财政经济出版社,2003。

来决策带来有用性,更加立足于未来。其次,两种观点的目的也不同。受托责任观主要从受托责任关系这一角度强调了财务会计应该向委托人报告受托人受托责任的履行结果,而决策有用观则强调财务会计应该向所有信息使用者提供决策有用的信息,而不仅仅是委托人。最后,目的的不同也导致了两者的信息质量特征存在明显差异。表6-5从产生时间、产生条件、目的以及信息质量要求四个方面总结了受托责任观与决策有用观的差异。

表6-5 受托责任观与决策有用观的比较

| 对比项目 | 受托责任观 | 决策有用观 |
| --- | --- | --- |
| 产生时间 | 较早(资本主义早期) | 较晚(20世纪50年代) |
| 产生条件 | 所有权与经营权的分离 | 发达的资本市场 |
| 目的 | 解除受托责任 | 提供决策的依据 |
| 信息质量要求 | 客观性、真实性 | 相关性、有用性 |

资料来源:李兰、景宏军,《我国政府财务报告目标研究》,《学术交流》,2008年第7期。

上述诸方面的显著不同,使得受托责任观和决策有用观两大理论长期以来一直存在严重分歧。但是,从根本上来说,两者的观点实际上是对财务报告目标在不同层面上的表述,并不互相排斥。受托责任的履行情况是决策的依据,受托责任必然导致相应的决策,即便在高度发达的资本市场环境下,受托责任与决策信息之间仍然存在着较大的一致性。受托责任观着眼于从股东的角度根据企业所提供的会计信息判断经理人的履约情况,而决策有用观则侧重于从外部会计信息使用者的角度来评价会计信息。两者都是各利益相关者根据企业所提供的会计信息提炼出对自己决策有用的信息。显而易见,委托人通过财务报告评价受托责任的履行情况,目的不外乎是做出是否继续维持或终止委托受托关系的决策。美国财务会计准则委员会(FASB)就认为,可以把会计确定受托责任的作用看作从属于决策作用,它构成决策作用的一部分。从这个意义上来说,受托责任观和决策有用观的目标是完全统一的。

### 6.3.4 双目标模式的政府财务报告目标

与企业财务报告相比,政府财务报告的目标受经济、法律、社会及政治等各种环境的影响更大,并且无论从财务报告的使用者,还是从他们的要求来看,都比企业财务报告要复杂得多。但即便如此,受托责任观和决策有用观在用来确定政府财务报告目标时,也仍然是不排斥的,而是具有内在的一致性。比如,从信息使用者的角度来看,选民在选举时、上级政府对下级政府考核时、立法机关对政府部门进行考核时,其他类似决定受托者去留时采用的财务报告是以受托责任为目标的,而投资者决定向哪个政府投资、相关部门决定是否实施某项政策时,其他类似决定委托者去留时所采用的财务报告是以决策有用论为目标的。

为此,当前很多国家的政府财务报告目标都体现了双目标模式。如 IFAC-PSC 发布的《研究报告第 1 号——中央政府的财务报告》中就提出,财务报告应当传递与使用者制定决策和明确受托责任相关的信息。GASB 认为,政府财务报告的首要目标是向相关信息使用者提供有关政府受托责任履行情况的财务信息,但 GASB 同时也指出,政府财务报告应提供帮助相关信息使用者进行政治、经济和社会决策的财务信息。

# 第7章 政府财务报告的编制基础：
# 收付实现制和权责发生制

很长一段时间以来，收付实现制（国外通常称为现金制，即 Cash Basis）一直是世界各国财政管理中主要的会计确认基础。但从20世纪80年代开始，在"新公共管理"理念的推动下，一些发达国家将企业管理理念引进公共部门，强调政府和公共部门必须重视财政绩效，要求政府财政预算更加透明，会计信息更加完整。在这种背景下，以新西兰、澳大利亚为代表的国家开始采用权责发生制（国外通常称为应计制，即 Accrual Basis）作为编制政府财务报告的会计确认基础并取得了巨大的成功（陈小玲，2008）。一些跨国机构也纷纷致力于推动科学地反映政府的财政活动。尤其是，国际货币基金组织（IMF）于2001年出版了《2001年政府财政统计手册》（简称2001GFS），其中的一个革命性变化就是扬弃了政府财政统计中沿用多年的收付实现制，首次采用权责发生制作为记录经济事件的时间（朱海平，2009）。2008年金融危机爆发后，伴随着冰岛主权国家破产、希腊债务危机、美国政府关门风波等事件的发生，政府债务风险在国际上引起高度关注，重塑政府财务报告的会计基础，成为新一轮的改革呼声。国际会计师联合会建议20国集团鼓励各国政府采用权责发生制会计，认为更好的会计对于重建人们对主权债务的信心至关重要（贺敬平等，2011）。可以说，政府财务报告引进权责发生制已经成为学术界和政策部门的共识。

中国长期以来实行以收付实现制为基础的决算报告制度，这对于反映政府及其组成部门预算执行结果发挥了重要作用，但无法完整地反映政府拥有的各类资产和负债，以及政府的运行成本，难以准确地反映政府财务状况，因而不利于有效防范财政风险，也不利于监督和考评政府绩效。为了顺应政府会计改革的国际趋势，我国"十二五"规划纲要提出"进一步推进政府会计改革、逐步建立政府财务报告制度"的要求。财政部于2010年年底发布《权责发生制政府综合财务报告试编办法》，启动了权责发生制政府综合财务报告试编工作。试编范围逐步扩大，2010年选择四川等11个省份参与试编，2011年扩大到23个省（自治区、直辖市），2012年要求全国所有省（自治区、直辖市）必须试编权责发生制政府综合财务报告。

2014年12月31日国务院同意并批转了财政部《权责发生制政府综合财务报告制度改革方案》。毫无疑问,权责发生制会计势必将成为我国政府财务报告改革及完善的一根主线。

当前,我国权责发生制政府综合财务报告的试编工作,涉及政府各部门、融资平台公司、国有或国有控股公司、财政内部业务机构等,可以说涉及面还是很广的。所采取的基本思路和做法是:日常核算仍以收付实现制为主,年终按照权责发生制原则对有关数据进行调整、转换,编制以权责发生制为基础的政府年度综合财务报告,并且采取统计加估计的分析方法试编资产负债表、收入费用表,有利于摸清"家底"。但是,试编工作是在会计核算制度没有改革的背景下展开的,缺乏权责发生制为基础的日常会计核算,统计加估计的试编方法不符合会计核算和报告的逻辑,前后递推关系错位,有违一致性原则的要求,导致政府综合财务信息结果的准确性和真实性令人存疑。[①] 此外,从不同国家政府会计引入权责发生制的实践经验来看,事实上存在不同的运用范围和程度,那么,我国在政府综合财务报告中引入权责发生制,应该如何把握这个度的问题? 在这样的背景下,全面认识和把握收付实现制和权责发生制的特征、发展历史、优缺点及其适用性等基本问题,就显得至关重要。

## 7.1 收付实现制和权责发生制的差异

### 7.1.1 收付实现制与权责发生制的内涵与基本特征

会计是"一个以提供财务信息为主的人造经济信息系统"[②],而会计确认基础贯穿了会计核算的始终。会计确认[③]基础是指应予以确认的会计事项在何时确认、确认为哪一或哪些会计要素的问题。一般认为,可供选择的会计确认基础就是收付实现制和权责发生制两种。但是,国际会计师联合会(IFAC)认为,会计确认基础应存在一个区间,这个区间的范围从收付实现制基础这一端到完全权责发生制基础的另一端,在这两个极端中间,有很多变化,这些变化实际上或者是对收付实现制基础或者是对权责发生制基础的修正……积累财务数据所需的信息制度,其复杂程度随着会计基础沿会计基础区间从收付实现制基础向权责发生制基础的移动而逐渐提高。从会计实务情况看,除了收付实现制基础和权责发生制基础外,的确还存在中间带的会计基础,通常称为修正的收付实现制基础(Modified Cash Basis)或修正的权责发生制基础(Modified Accrual Basis)。因此,可供政府等

---

[①] 王金秀、张澜:《论我国预算、财务和会计"三位一体"改革》,《中国财政杂志社》,2015年第5期。
[②] 葛家澍:《市场经济条件下会计基本理论与方法研究》,中国财政经济出版社,1996。
[③] 关于会计确认的含义,国内外学者和机构对此进行了不同的定义和解读,总体上可以认为,会计确认是为达到会计目标而对会计对象按照一定标准进行辨认的过程,详见马曙光、吴联生(2002)的评述。

公共部门选择的会计确认基础有四种,即收付实现制、权责发生制、修正的收付实现制和修正的权责发生制。鉴于实务中收付实现制和权责发生制的修正形式较多,难以对每一种修正模式都加以界定,因此,我们只选择对最常见的修正模式进行说明和比较。①

1. 收付实现制

国内外学者和不同机构都曾对收付实现制作过不同表述,但本质上并无二致。S. 戴维逊(S. Davidson)、斯笛克尼(C. P. Stickey)和 R. L. 威尔(R. L. Weil)在《会计:商业语言》一书中指出,现金制与权责发生制相对应,它要求收到现金时确认收入,支出现金时确认费用,现金交易收入确认无须对收入和费用进行配比。② 可见,收付实现制只确认和计量现金交易,对非现金交易与事项不予确认和计量,只要没有发生现金收付,即使交易行为或事项已经发生,也不作会计处理。在相当长的时期内,收付实现制一直是会计确认的基础。以收付实现制为核心的会计方法,被称为"现金会计"(Cash Accounting)。在纯粹的收付实现制下,所有收到的现金都作为当期收入,所有现金支出都作为当期费用。会计主体的全部资产表现为现金,它没有现金形式以外的资产,也不可能有债权与债务。因此,收付实现制的计量对象只是现金资产,不确认非现金资产和负债,不产生资产负债表信息。

由于收付实现制的计量焦点是现金余额及其变化,因此,政府通常只编制收入支出表或现金流量表,用以说明为政府活动提供资金的现金来源、政府活动对现金的使用以及政府的现金状况。

2. 权责发生制

对于权责发生制的含义,S. 戴维逊(S. Davidson)、斯笛克尼(C. P. Stickey)和 R. L. 威尔(R. L. Weil)认为,权责发生制会计是按货物的销售(或交付)和劳务的提供来确认收入,而不考虑现金的收取时间,对费用也按与相关联收入的确认时间予以确认,不考虑现金支付的时间。③ 美国会计原则委员会在第 4 号公告中认为,"交易的其他事项对企业资产和负债的影响,在其直接相关的时间内确认与报告,而非在现金收、付发生时确认与记录……每期收益和财务状况的确定,取决于

---

① 葛守中(2011)指出,在各国政府财政核算的发展历史中,对于确定一项经济事件的记录时间原则,除了收付实现制和权责发生制外,还存在到期支付制和承诺制两种原则。按照到期支付原则,流量在可进行支付而不致产生额外费用或罚款的最晚时间记录,但如果在规定的最晚时间以前以现金支付,则在现金支付时记录。按照承诺原则,流量在广义政府单位承诺进行一笔交易时记录。不过,在实际的财政核算工作中,到期支付制和承诺制只是在部分财政活动中被使用,如有的国家对政府采购实行承诺制,即在政府机构发出订单时记录,而不是在付款时或合同规定的时间记录;有的国家对罚款则实行到期支付制,即在罚单规定的最晚交款时间记录。但大部分财政活动都采用现金收付制核算。

② Davidson. S., Stickney. C. P., and R. L. Wei, *Accounting: the Language of Business*. Thomas Horton and Daughters, Inc. 1979.

③ Ibid.

在变动发生时的经济资源和义务及变动的计量,而非货币收支的简单记录"①。国际会计准则委员会(IASC)在 1989 年发布的文告《关于编制和提供财务报表的框架》(Framework for the Preparation and Presentation of Financial Statements)中指出:"按照权责发生制,要在交易和其他事项发生时(并不是在现金或其等价物收到或支付时)确认其影响,并且要将其记入与其相关联期间的会计记录,并在该期间的财务报表中报告。"②

上述观点表明,在权责发生制下,应该在会计事项的实际影响发生时,而不是现金实际收付发生时对交易和事项进行会计确认。简单来讲,就是以权利或责任是否发生为标准,来确认收入和费用。当然,权责发生制不仅是指对收入和费用的确认,它还能广泛应用于全部的会计要素(葛家澍,1997)。由于权责发生制会计计量的焦点是所有的经济资源,因此,在该基础上编制的财务报表通常包括财务状况表(或称作平衡表或资产负债表)、财务业务表(或称作收入费用表或损益表)、现金流量表和净资产/权益变动表。与收付实现制相比,权责发生制会计为政府财务报告使用者提供了更广泛的信息,包括由政府主体控制的资源、政府运营成本(或提供服务的成本)以及其他用于评价报告主体的财务状况(比如资产和负债)、运营绩效的信息等。

3. 修正的收付实现制

根据国际会计师联合会(IFAC)的观点,修正的收付实现制是指会计确认基础一般采用收付实现制,但对某些特殊交易或事项,则采用权责发生制基础进行确认与报告。最常见的一种形式是"附加期"模式,即在每个会计年度结束后的一段特定时期过后才结清上一年的账户,从而可以将与本年支出相关却发生在本年结束之后的现金流确认为本期收款或付款。特定时期的长短通常是由政府统一规定并适用于所有的政府部门(一般为 1 个月)。发生在特定时期之内但却源于上一个报告期的现金收款或付款被确认为上一会计年度的收款或付款,而在报告期初发生的已经被计入上一个报告期的现金流则从本期现金流量中扣除。在此基础上的现金余额、现金收款、现金付款确认和报告实质上与现金制相同。

这种修正的收付实现制的计量焦点较完全的收付实现制更为广泛,不仅包括现金余额,而且包括准现金余额,但这里的"准现金"并不等于企业会计中的"现金等价物"。对会计年度结束后特定时期内的收款和付款进行确认可以反映出一部分应收款和应付款信息。尽管这些应收款和应付款没有被确认为资产或负债,但

---

① APB, Statement No. 4: basic concept and accounting principles underlying financial statements of business enterpristers, 1970.
② 财政部会计事务管理司编:《国际会计准则》,中国财政经济出版社,1992。

有关准现金的金额和类型的信息也有助于报告主体更好地控制资源(荆新、高扬，2003)。总的来说，"附加期"模式克服了一些可以察觉的、在完全收付实现制下遇到的由于时间的选择而引起的现金流量的差异。

4. 修正的权责发生制

修正的权责发生制是对权责发生制的一种改进，计量重点在于总财务资源及其变动。常见的做法是对采用权责发生制确认的资产与负债的范围做出一定的限制，即不确认和报告长期性项目，在财务报告上主要报告货币性资产和货币性负债。在实务中，采用修正的权责发生制基础的做法有很多种。例如：对大部分资产和负债采用权责发生制基础确认，但对收支采用完全的或修正的收付实现制基础确认；对一些特殊性质的资产(如历史文化遗迹、国防资、基础设施资产等)不予确认，在取得或建造时确认为费用；只对短期金融资产和金融负债进行确认；不确认养老金负债，只在支付时才作为费用处理。

基于收付实现制和权责发生制的内涵，我们可以从会计确认的时间标准、会计要素、计量焦点以及呈现的财务报表四个层面，对两种会计确认基础及其最常见的修正模式的基本特征加以概括，如表7-1所示。

表7-1  收付实现制和权责发生制的基本特征

| 基本特征 | 收付实现制 | | 权责发生制 | |
| --- | --- | --- | --- | --- |
| | 完全的收付实现制 | 修正的收付实现制 | 完全的权责发生制 | 修正的权责发生制 |
| 确认标准 | 现金实际收付时 | 延长期内按事项的发生时间确认 | 交易、事项发生时 | 交易、事项发生时 |
| 会计要素 | 现金收入、现金支出、现金结余 | 现金收入、现金支出、现金结余 | 资产、负债、净资产、收入、费用 | 资产、负债、净资产、收入、费用 |
| 计量焦点 | 现金 | 现金及等价物 | 所有经济资源 | 财务资源 |
| 财务报表 | 收入支出表 | 收入支出表 | 资产负债表、损益表、现金流量表 | 资产负债表、损益表、现金流量表 |

资料来源：荆新、高扬：《政府会计基础模式：比较与选择》，《财务与会计》，2003年第9期。

### 7.1.2 收付实现制和权责发生制政府会计的特征比较[①]

由于收付实现制的目标是向财务报告使用者提供会计主体在会计期间内筹措现金的来源、现金的使用以及现金余额信息。因此，如果管理上要求重点关注现金余额并控制其变化，那么收付实现制是适当的选择。收付实现制如实地记录了现金流量，却不记录业务或事项对资产和负债的影响。典型的情形包括：将举

---

[①] 本小节根据陈胜群、陈工猛、高宁(2002)和许慧(2004)的有关论述撰写而成。

债视为收入,即在发生长期贷款时作为现金流入,而在偿还负债时则作为现金支出;不区分资本性支出和经常性支出;"成本"以支出发生的时点确认,而不管提供服务或交易的获益时间。

传统上绝大多数政府部门采用收付实现制进行核算和报告。作为收付实现制会计的汇总账户,拨款账户反映年度实际收支情况,政府要求将其与下拨的预算数进行比较。政府部门管理人员以拨给的预算数为基础编制人员、差旅、资本支出和其他资源计划,然后尽可能地量力而行,确保不超出现金预算。传统政府管理的特点和要求,进一步推动收付实现制成为绝大多数国家会计核算和报告的基础。因为传统上政府部门活动的目标既不是追逐利润,也不需评价政府活动的绩效。现金构成了评价政府对经济影响的重要指标,在以控制公共部门预算确保不超支为前提的基础上,收付实现制无疑是个不错的选择,既操作简单,又能提供充分的信息。因此,收付实现制会计基础提供了一个报告组织支出总额的简单而有效的途径,对现金总额控制而言,这种会计形式是可靠和重要的,它既是反映公共部门主体承担的受托责任的基础,也是政府编制预算的基础(陈胜群等,2002)。

与收付实现制不同,权责发生制会计基础的目标在于,提供会计主体控制的经济资源信息,以及提供用于评价经济主体财务状况与变化以及经济主体经营活动经济性、效率性等有用信息。因此,如果管理上需要重点关注会计主体经济资源与变动、主体的经营绩效方面,那么权责发生制就成了合理的选择。在会计核算上,权责发生制政府会计的会计要素明显不同于收付实现制政府会计。

在权责发生制政府会计中,资产是指已受政府会计主体控制的经济资源,并且预计可获得的未来经济利益或服务潜力,所有符合资产定义和确认标准的资产都应在资产负债表中披露。通常,这些"资产"包括现金、应收账款、应计收入、实物资产及其他长期资产。重要的是,所有资本性资产的购置支出都需要资本化,并在这项资产的服务潜力消耗或损失时计提折旧。与资产相对应,负债是指政府主体已承担的经济义务,预计会导致主体失去经济利益或服务潜力的资源,具体包括应付账款与应计负债、员工养老金负债或津贴、与未来收入相关的负债、债务以及从其他政府得到的借款或预付款。在权责发生制政府会计中,净资产/权益是指政府主体的所有资产扣除所有负债后的剩余权益。若余额为正值,则体现为可用的净资源;若余额为负值,可看作已提前使用的收入。净资产/权益由累积盈余或累积赤字、准备金(如重估准备金、外币折算准备金)以及周转金等构成。①

在权责发生制政府会计中,收入是指报告期内导致净资产/权益增加的经济

---

① 楼继伟、张弘力、李萍:《政府预算与会计的未来——权责发生制改革纵览与探索》,中国财政经济出版社,2002。

利益或服务潜力的总流入,不含与所有者投入相关的流入、所确认的收入、反映会计期内已经实现而不论是否实际收到款项的收入。具体包括税收收入、出售商品或服务所取得的收入、出售资产的净收益以及其他收入等。权责发生制政府会计中的费用是指报告期内经济利益或服务潜力的减少,表现为导致净资产/权益减少的资产流出、耗费和负债的增加,但不包括与分配给所有者有关的权益减少。费用包括与购买商品和接受劳务、实物资产的折旧、出售资产的净损失、非互惠性的政府转移支付、非偿还性的补贴、捐款捐助项目相关的成本。与收付实现制不同,权责发生制确认的费用,是在会计期间内为了获得商品和接受劳务而产生的成本,无论这些成本是否已经支付,但不包括与实物资产的购建有关的支出、债务的偿还或对其他主体的投资(不论是贷款或是补充资本金),也不包括政府充当代理人或受托人所产生的托管资金的流出。实物资产的成本在购置时予以确认。除大部分土地外,实物资产的成本将以折旧的形式在其使用期限内摊销。

更具体地看,权责发生制对政府预算项目的处理方法与收付实现制是不同的。表7-2反映了收付实现制和权责发生制应用于政府预算时,对一些主要支出要素的不同处理方法。

表7-2显示,商品与劳务支出和资本支出之间存在着很大的差异,在这种情况下,收付实现制预算所提供的实际负债的情况是不充分的,因此,它就可能得出对有关真实财务状况的误导性结论。① 而权责发生制的优势在于,它完全指明了为政府所做的决策进行融资所需的资金数量。权责发生制预算不只是一种孤立的技术方法,而是公共管理领域全面改革的一个部分,这些改革试图增加透明度及采用更分权、更强调绩效的管理方式,提高公共部门的效率。权责发生制预算提高了决策用预算信息的完整性和有用性,它能够更好地将成本与绩效进行配比,提供了全部成本的信息,鼓励进行长期管理和制定长期政策,提高了预算报告的一致性和可靠性。权责发生制预算在确认提供产品和服务的成本,如雇员的递延报酬(未来支付的养老金)时,并不要求发生即期的现金支付。同时,权责发生制预算又会将一些现金开支的成本分摊到各个受益期间。例如,在权责发生制预算中,固定资产的购买成本会在其使用年限内进行分摊,而收付实现制预算将全部的现金支出都作为购买当期的成本。因此,权责发生制能更好地反映政府行为所实际消耗的资源。由于权责发生制预算将预算确认与资本耗费结合在一起,使得在要求的和拨付的预算金额与财务报表和其他绩效报告反映的实际结果之间进行比较变得更加容易,有助于了解取得绩效的

---

① 许慧:《权责发生制预算与政府会计基本问题研究》,东北财经大学硕士论文,2004。

成本,了解预算与绩效之间的关系。权责发生制预算引入了资产/负债观,在拨款金额中包括与单位的资产和负债变动有关的费用,采用权责发生制预算的国家通常要求预算报告中包括资产负债表、运营表和现金流量表等基本财务报表。权责发生制预算拨款通常反映了某一财政年度内发生的成本,所以提供了与运营表相近的信息。运营表确认了某一时期的收入和费用,反映了资产负债表的变动。例如,折旧减低了资产负债表中资产的价值,增加了运营表中的费用。权责发生制预算提供与预期运营表相近的信息,所以它也反映了资产负债表的变动,如折旧或养老金负债的变动等。

表 7-2　收付实现制预算和权责发生制预算比较

| 类型<br>支出要素 | 收付实现制 | 权责发生制 | 说明 |
|---|---|---|---|
| 经常支出 | | | |
| 个人报酬和津贴 | 预算估计数以当年可能支出的现金金额为依据 | 估计数将全部反映负债 | 多数情况下两者差异极少。某些情况下,实际现金支出可能比权责发生制估计数小。 |
| 购买商品和劳务 | 估计数以当年可能的实际支出为依据 | 估计数以其发出的订单为依据而不管其是否完成或商品和劳务是否实际使用 | 两者在下述情况产生差异:(1)当商品和服务交付存在相当长时滞时;(2)当支付可能作为"负债管理"政策的一部分而延期时;(3)当从以前年度结转来的大量欠款打算被全部偿清时 |
| 债务还本付息 | 原则上,收付实现制估计数依据的是权责发生制预算方法,因为对到期应付款和债务应付利息都加以了考虑 | 估计数依据的是未偿还债务及相关应付款和利息成本水平。未来债务估计数依据的是预测数 | 当一部分债务资本化并向前结转时,实际现金支出应较少,但是总的来说两者之间的差异很小 |
| 养老金和受益权 | 估计数以可能的支付数额为依据 | 估计数以相关法律法规定的负债为依据。负债可能是无限的,但年度估计数将限于估计在本年中将清偿的负债 | 在下面情况下产生差异:(1)当养老金以不同于常规预算的方式组织时,从预算中转入的可能少于实际需要的;(2)在极度紧缩的情况下,一些支付可能留下结转到下一年 |

（续表）

| 类型＼支出要素 | 收付实现制 | 权责发生制 | 说明 |
|---|---|---|---|
| 对公共企业的补贴和拨款 | 估计数以相关的法律及价格预测为依据 | 基数和收付实现制估计数相同 | 只有当决定实际支付额少于法律和价格预测所指定的负债时,才可能产生差异 |
| **资本支出** | | | |
| 有形资产 | 以支付估计额为依据,不论其实际负债如何 | 以合同债务估计额和有形工作的实际进展为依据 | 差异可能相当大,并且很多差异将依赖于不考虑实物方面而制定的现金支付计划。在赠与资助的设备方面,差异很大 |
| 金融投资 | 依据获取金融资产和进行其他投资的政策决策 | 和现金估计数相同 | 差异产生于资产负债表的行文中,因为投资将以市场价值而非获得价值显示 |
| 贷款 | 同上 | 同上 | 当贷款组合被评估为不良贷款被核销时,就会产生差异 |

资料来源:A. 普雷姆詹德(A. Premchand):《有效的政府会计》,应春子等译,中国金融出版社,1996。

## 7.2 收付实现制与权责发生制的历史演变

### 7.2.1 收付实现制的渊源及其在政府会计中的应用

收付实现制长久以来都是会计确认的基础。英国会计史学家 T. A. 李(T. A. Lee)指出,收付实现制可能与会计本身一样古老,最早的会计就是按照现金或现金等价物的交易方式记录和报告的。[1] 实际上,收付实现制的漫长历史,是与人类经济活动形态的演变密切相关的。在最初的自然经济阶段,由于商品经济尚未发展,相关的会计和统计活动只能以一种原始的形式存在,即以直接的现金收付为基础进行原始的簿记活动。进入到货币经济阶段后,随着复式记账方法的发明,近代簿记产生,但是当时尚处于资本主义发展前期,商业信用和借贷行为并不多见,现金收付制仍然是复式记账的基础,商人与企业主习惯以现金流入和现金流出的差额来确定某一时期的收益,以金银货币的拥有量来衡量自身的财富(朱海平,2009)。可以说,在英国工业革命开始之前,收付实现制一直占据会计确认方法的核心地位。我们可以在会计史学著作找到这方面的丰富证据。这里列举三例:[2]

---

[1] Lee, T. A., The nature and purpose of cash flow reporting, *Accountants Magazine*, 1972, p. 157.
[2] 张国清:《现金制与应计制比较研究》,厦门大学硕士论文,2002。

(1) 古罗马账簿体系中……的分类记录被分别登记在两本账本上——现金出纳和顾客账……一本账上登记的是货币资产和结算账户,而另一本账上登记所有物资材料账户……按两本账上的各账户结出余额。①

(2) APianus 庄园的会计制度是目前已知的来自希腊—罗马世界的最复杂的制度(其分割形成的管理单位称为 phrontdies)……phronidies 的月度账户中最引人注目的部分是现金记录,显然在庄园主眼里也是最重要的。②

(3) 现金余额对于 15、16 世纪意大利商人发挥着代表财富状况的作用。贸易项目涉及以商品交换东地中海国家的丝绸和香料。商人购买用于交易的商品、租赁购买船只、雇用水手等需要花费现金。现金流入仅在航海结束时,丝绸和香料最终在意大利出售时发生。项目成功与否可通过计算所有费用支付、初始投资回收之后的盈余来计量。③

从根本上来说,在产业革命之前,由于当时的经营活动较为简单,大多是单独的、互不关联的短期活动,因此,在当时的经济环境下,人们还基本不存在会计主体持续经营、分期计量利润的观念,这也就必然导致收付实现制这种会计处理方法成为现实的选择。正如查特菲尔德(M. Chatfield)在《会计思想史》中所说的,"短期投机利润可以在每次航海结束后,通过将航海账户和商品账户的余额结转到损益账户来决算,这种简单的簿记制度回避了现代会计师所面临的诸多问题"④。受托责任观则进一步突出了收付实现制在当时的重要性。查特菲尔德(M. Chatfield)在论述古代社会的会计时提到:"古代世界……私人财富的积累导致了受托责任会计的产生,这种会计不仅应保护物质财产的安全,而且应当证明管理这些财产的人是否适当地履行了他们的职责。"⑤中世纪英国的庄园会计,庄园主记账正是为了检查管家是否诚实可靠,防止损失和盗窃,提高功效,从受托的管家来看,会计记录可作为自己忠诚地履行了义务的证据。

与微观经济主体的会计记录方式相适应,无论是中国古代王朝还是西方中世纪的封国,政府会计记录的基础也只能是收付实现制。当资本主义率先在英国萌芽并且现代意义上的政府财政产生时,现代财政核算也随之诞生。为了推动资本主义经济的发展,英国经济上实施自由主义,政府只需扮演好"守夜人"的角色,除了在国防、司法、重大公共工程等有限的领域履行必要的职责外,不应对经济进行

---

① 〔苏〕索科洛夫:《会计发展史》,陈亚民等译,中国商业出版社,1990。
② Parker, R. H., and B. S., Yamey. *Accounting History*, Clarendon Press, Oxford, 1994, p. 18.
③ John Arnold, Tonyhope, Alan Southworth, Linda Kikhrma. *Financial Accounting*, 2 edition, Prentice-hall, 1995, p. 41.
④ 迈克尔·查特菲尔德:《会计思想史》,文硕等译,中国商业出版社,1989。
⑤ 同上书,第 14 页。

过多的干预。在这种治理理念下,当时英国政府的财政活动范围与现代政府的财政活动相比要简单得多。与此同时,美国等也纷纷仿效英国的经济自由主义,实施小政府模式,政府活动规模小,事务简单。政府会计记录的内容主要就是政府收到的税收收入和现金支出,因而,采用收付实现制作为确认基础自然也就成为政府财政核算和预算编制基础的合理选择(朱海平,2009)。①

收付实现制在现代政府会计中的适用性,还与另一个因素有着密切的关系,即政府财政活动在权责发生时难以确切地计量。实际上,在现实生活中,政府往往不能轻易地在权责发生时就进行记录和核算,多数与政府有关的权责变动,只有当负债方向政府偿还支付或债权方向政府要求支付时,政府才能明确。例如,当企业销售产品或提供服务取得收入时,就产生了对政府的应纳税金,企业依权责发生制已登记,但此时政府却并不知道,直到经过一段时间,企业依法向政府呈报纳税时,政府才能加以记录,在此之前,政府可能有所了解,但很难得到确实资料进行记录。又比如,当有居民陷入贫困需要得到政府的福利救济时,此时政府就对贫困居民产生了负债,但只有贫困居民向政府递交申请时,政府才能确切了解,并且只能在向贫困居民发放补助后,才记录核算。可见,政府对自己发生的债权债务了解有很大的滞后性,往往只能在收支实际发生时才能记录、核算,这一特点使得收付实现制确认方法在政府会计与政府财政统计中具有现实适用性。

### 7.2.2 权责发生制的产生及其在政府会计中的应用

权责发生制会计是历史发展的产物。如前所述,在自然经济阶段和资本主义经济的早期发展阶段,收付实现制会计基础符合当时较为简单的经营环境。但是,当17、18世纪产业革命推动社会生产力极大发展,商品交换中的信用行为也逐渐成为普遍现象后,收付实现制便开始暴露出了它的不足。一个最基本的问题是,随着经济规模的膨胀,生产、交易的日趋复杂化,现金收付制下难以解决企业的收益确认与资产衡量这两个簿记,导致出现了严重的账实不符现象,比如,大量的应收应付往来与复杂的债务债权情况在账面得不到记录,机器设备等长期资产的损耗不能根据实际消耗情况配比入账,扭曲了企业收益与财务状况(朱海平,2009)。② 收付实现制会计确认方法已经变得十分蹩脚。

于是,在19世纪,美国产生了两种变形的收付实现制:一种是广泛应用于铁

---

① 这一点与当时的企业会计核算情况非常不同,建立在工业化制度与信用行为日渐增加的基础上,当时,企业等微观经济领域的会计核算已经开始不得不采取权责发生制,详见下一节的分析。

② 典型的情形是,随着企业对机器设备等价值较大、使用期限较长的资产投资增加,以款项实际收、付为标准的收付实现制,使得企业的收益结果在前后各期变动较大,在某种程度上阻碍了企业对资本的吸收,尤其是在投产初期。另外,信用交易制度下的赊购、赊销产生了债权、债务,在复式记账法下,会计不仅要记录债权、债务的增加或减少,更要记录债权、债务增加或减少的原因,而其原因就是由于尚未实际收、付的收入或费用,收付实现制显然也无法完成这一使命。

路业的重置会计,另一种是在工业企业中普遍应用的盘存法。当时,定期计量收益成为支付股利的前提,当将收益和费用与特定会计期间的营运业绩联系起来时,企业开始计算净值和定期收益,而不考虑现金的收支,该期间迅猛发展起来的折旧会计就是一个明证。主体持续经营观念的产生,导致了资本保持观念的诞生,出现了明确区分资本性支出和收益性支出的需求,记账的重心转向了未来,开始重视企业的盈利能力。到了20世纪初叶,逐渐形成了费用跨期摊配方法。在20世纪20—30年代,收入实现的基本原理才为实务界所接纳。随着公认会计原则(GAAP)在美国的建立,收入实现原则和配比原则得到不断的补充、完善。到了20世纪60年代,经济环境发生了巨大的变化,强调"决策有用"作为财务报表(会计)的目标应运而生。1970年美国会计原则委员会(APB)第4号意见书开始尝试用权责发生制来讨论资产和负债。随着"财务会计概念结构公告"的发布,体现了权责发生制精神的资产和负债的确认标准也基本上确立起来。[1]

企业会计等微观经济领域对权责发生制的形成与运用,为权责发生制适用于宏观经济领域打下了良好基础。1954年,联合国开始在各个国家试行国民账户体系(System of National Accounting),开始时允许各国自行采用权责发生制还是收付实现制。但是,经过一段时间的实践后发现,权责发生制能够更加全面地反映一国在一定时期内的生产、分配、流通、消费等社会再生产过程,以及一国内部与国外经济体之间错综复杂的关系。因此,联合国在1968年的国民账户体系明确宣布抛弃收付实现制,而采用权责发生制作为唯一的记录经济事件的时间的方法。与此同时,在国际收支统计、货币与金融统计等宏观经济领域核算中基本统一了用权责发生制记录经济事件的时间。权责发生制广泛应用于微观、宏观核算,不仅促进了微观宏观核算相互间的比较转换,也有利于不同宏观核算体系的协调一致。由此,权责发生制成为经济簿记的绝对主流(朱海平,2009)。

政府会计核算全面引入权责发生制兴起于20世纪80年代。当时欧美发达国家的政府职能、所控制资源和承担责任以及收支规模都逐步扩大,公共管理业务日趋复杂,政府在保护公共资产的安全完整、防范财政财务风险、提高公共资源的使用效率和效果、推动财政可持续发展等方面的财务受托责任不断增强。传统以收付实现制为基础的预算会计系统仅具备核算和报告预算收支的单一功能,无法满足政府全面解除其财务受托责任、提供绩效评价所需的资产负债、成本绩效等方面信息的需要,客观上要求各国推动政府会计改革,将政府的全部公共受托资源及相应对外责任义务,以及全部财务收支活动都纳入政府会计核算范围,全面、完整、系统地反映政府的财务状况和财务活动结果。社会上对于提高政府绩效、

---

[1] 张国清:《现金制与应计制比较研究》,厦门大学硕士论文,2002。

要求政府决策公开透明的呼声日渐高涨,由此形成了"新公共管理"运动。

"新公共管理"对政府会计核算提出了更高的目标,要求在政府会计中不仅要全面、完整地反映政府拥有的经济资源和承担的债务,还应能够核算和反映公共资源的优化配置和合理使用情况,提供公共部门的绩效考核指标。但是,传统的收付实现制基础难以实现政府预算与会计的新目标,只有采用权责发生制基础,改革政府预算与会计的计量和确认标准,才能提供更为有用的信息。在这种背景下,部分发达国家开始在政府会计核算中采用权责发生制并取得了巨大成功。尤其是新西兰和澳大利亚等国的实践表明,权责发生制的引入对支持绩效导向的政府预算改革、鉴别与控制财政风险以及改进政府对长期资产管理等具有重要作用。到目前为止,已经有超过一半以上的 OECD 成员实施了权责发生制政府会计的改革(刘谊、廖莹毅,2004)。国际货币基金组织等国际组织也相继通过制定权责发生制的技术标准或者要求各个成员国遵守把权责发生作为核算基础,国际公共部门会计准则(IPSAS)的基本框架对于各国开展公共部门会计改革和准则的制定也同样起到了重要的推动作用。

值得注意的是,在将权责发生制引入公共部门会计核算的过程中,不同国家的运用范围和程度存在差异。除了完全的权责发生制外,实践中还存在着局部权责发生制、特定权责发生制以及补充性权责发生制等形式。局部权责发生制是指除了不进行资产资本化和折旧外其余都实行权责发生制,例如对养老金等类型的长期负债不确认,而是在支付时直接确认费用,对一些基础设施资产、国防资产的支出作为当期支出而不作为资本化处理;特定权责发生制则是指除了对于如公债利息、雇员养老金收益以及第三国家的贷款和担保等特定会计事项采用权责发生制外,总体上仍然实行收付实现制;补充性权责发生制就是在收付实现制的基础上对一些特殊事项作出补充性规定,例如公债、养老金及其他不动产等事项按权责发生制进行确认(刘谊、廖莹毅,2004)。表 7-3 比较了 OECD 成员国在权责发生制的应用范围和程度上的差异。

表 7-3　OECD 成员政府会计中引入权责发生制的比较

| 程度 \ 范围 | 完全采用 | 局部采用 | 特别规定 | 补充规定 |
| --- | --- | --- | --- | --- |
| 政府预算 | 新西兰、澳大利亚、英国、意大利 | 加拿大、芬兰、冰岛 | 丹麦、美国 | 德国、葡萄牙 |
| 政府财务报告 | 新西兰、澳大利亚、美国、瑞典、芬兰、意大利、希腊 | 加拿大、芬兰、冰岛 | 丹麦、美国、法国、波兰 | 德国、比利时、匈牙利 |

资料来源:刘谊、廖莹毅,《权责发生制预算会计改革:OECD 成员国的经验及启示》,《会计研究》,2004 年第 7 期。

## 7.3 收付实现制与权责发生制政府会计的优劣比较

### 7.3.1 收付实现制的优点和缺点

通常认为，收付实现制政府会计的优点主要体现在三个方面：

第一，操作上简便易行、容易理解，执行成本低。收付实现制的记账程序简单，只需在收到或支付现金时将相关事项或交易进行记录确认，就可获得政府部门的完整财务记录，会计人员再进行加工、整理和汇总，就可以编制财务报表。政府财务信息的使用者也无需专业的会计知识就基本可以理解相应的政府财务报表信息。此外，建立在收付实现制基础上的政府财务报告的审计和控制也较为简单。①

第二，便于核查建立在现金控制基础上的公共受托责任。在传统的公共管理体制下，政府支出的规模、程序是否符合法定要求，是考察政府是否履行了公共受托责任的首要问题。在这种目标的要求下，按收付实现制基础如实地记录政府支出，非常有利于监督部门和公众核查政府的履职情况，确保政府部门预算规模不会超支。

第三，便于衡量和评价政府活动对宏观经济的影响。由于收付实现制直接对货币收支加以记录，因而它在精确衡量预算对信贷乃至国民经济的影响，进而实施货币调控政策方面，也具有独特的优越性。收付实现制下的赤字与政府借款需求相当接近，在评价政府对经济的影响时，相当便利的现金指标既能提供现实的信息，又使控制具有明确的针对性（陈胜群等，2002）。

上述优点使得收付实现制长期以来一直受到各国政府青睐。然而，随着政府活动范围和规模的扩大，财政收支的矛盾变得尖锐，客观上要求政府加强绩效管理，更有效地使用资源，以更好地控制赤字和债务规模。收付实现制会计基础难以适应公共管理的新目标，劣势日渐凸显。具体体现在：

第一，提供的财务信息有限，不能完整地反映政府的财务状况。收付实现制只关注政府现金收支流动和结余的信息，但不能提供非财务资产以及资产流动性方面的信息，从而政府整体经济资源及其变化的信息无法得到反映，进而对于财政政策的可持续性、决定财政战略的基础等方面作用有限。②

第二，不能反映政府收支性质的差异。收付实现制虽然如实地记录了政府的收入总量，但并不能反映收入的形成性质，对于诸如税收、国有资本收益以及罚没这类收入能够及时确认，但对于通过发行债券筹集的收入，债券到期时，政府需要

---

① 财政部会计准则委员会：《政府绩效评价与政府会计》，大连出版社，2005。
② 同上。

还本付息,因此,债务收入并不属于真实的收入而应该属于一项负债。收付实现制记录的政府支出也不反映支出的性质,政府支出可能是转化为费用的经常性支出,包括人员经费、公用经费和社会保障支出等,也可能是转化为资产性质的固定资产等资本性支出,如果不加以区分,将本应确认为费用的经常性支出确认为资产,就会导致国有资产规模和数量信息失真,而将本应确认为资产的资本性支出确认为费用,就可能为挪用预算经费提供可乘之机(黄同鹤等,2014)。

第三,不能正确反映政府的资产价值,不利于国有资产管理。收付实现制追求收入与支出的客观反映,而不追求收入与支出(费用)之间的配比,这会造成无法反映资产的真实价值,不利于国有资产的监督和管理。一方面,将跨期资本性支出作为付现日的费用核算,预算报表不包括此类支出的使用价值和服务年限信息;另一方面,没有对固定资产计提折旧,无法反映固定资产的使用情况。这样的会计处理将产生如下几个方面的后果:一是政府资产虚增,因为固定资产耗损不会在报表上反映,即长期持续使用的固定资产的价值和刚购入固定资产时的价值是一样的;二是购入固定资产时的当期结余反映为不真实的亏损,固定资产支出金额往往很大,如果将这笔支出一次性计入当期会计账户,可能导致当期明显亏损;三是固定资产在使用期时的盈余反映为不真实的盈余,由于没有将购进固定资产的支出合理地分配至日后的受益期,会导致受益期的盈余不能被真实地反映(黄同鹤等,2014)。此外,收付实现制对核算期内资产价格的变动不予记录,从而不能反映价格变动对国有资产的影响,比如政府持有的资产或负债因价格变动而升值或贬值,因为这一升值或贬值既不涉及到期不到期,又与承诺无关,并且没有发生任何现金支付,但实际上资产价格的变动会影响期末资产存量的数量(葛守中,2011)。

第四,容易产生隐性负债问题。因为收付实现制只在用现金实际清偿负债时才对其确认,而不提前考虑未来的许诺、担保和其他或有因素,这会形成了隐性负债。最常见的是,对贷款、养老金、社会保险计划等,政府按原定利率或精算方法确定的承诺,可能导致若干年后的巨额现金流出。收付实现制下所"隐藏"的这些政府债务,容易夸大政府可支配的财政资源,造成虚假的平衡现象,给财政经济的持续、健康运行带来隐患(荆新、高扬,2003)。

第五,不能正确计算政府部门产出成本。收付实现制对政府资源投入的控制能力虽然较强,但对政府产出的管理功能较弱,难以核算政府部门的产出成本。因为收付实现制所反映的现金收付与收入费用没有对应关系,无法分配费用,收付实现制也不顾长期资产的耗损,不能充分地反映政府公共服务的相关成本(荆新、高扬,2003;陈胜群等,2002)。管理者可能通过操纵现金流入或流出的时间来操控各年的收入和支出,形成代理问题中的"道德风险",这样政府的真正运行成本就得不到反映,从而导致政府财务信息缺乏可靠性,不利于正确评价政府绩效和成本之间的关系。跨期资产的使用和耗费,使按收付实现制确认的产品和服务成本在不同期间内忽高忽低,呈现不应有的波动。总之,收付实现制不能完全地反映政府所提供服务成本的信息,不利于充分认识绩效与成本之间的关系,不利于绩效与成本之间的受托责任,而绩效与成本之间的关系是绩效导向管理模式的基础。

第六,不能有效地反映政府收支活动的成果和绩效。在政府财务状况无法得到完整地反映、收入与成本无法准确确认以及相互匹配的情况下,必然就无法对政府的经营成果和绩效进行科学测量。这不利于对政府部门使用公共资源的效率、效果进行评价,也不利于政府采购、部门预算和国库集中支付等预算管理活动的落实,同样也不利于对政府累计形成的负债制定合理的偿还计划等(陈胜群等,2002)。

一言以蔽之,收付实现制会计基础的缺陷在于它难以满足"新公共管理"理念对政府财务信息的记录和披露要求。实践中建立在收付实现制基础上的政府财务报告提供的财务信息既不广泛也不综合,既不披露非现金资产存量的价值与负债,也不提供公共产品和公共服务的成本,难以揭示政府财务状况和经营绩效的全貌,所反映的会计责任狭窄,不能向管理者们提供制定决策所需要的信息,监督、审计部门以及社会公众也无法客观全面地评价政府的活动。

### 7.3.2 权责发生制的优点和缺点

建立在权责发生制基础上的政府财务报告,一大优势就体现在对"新公共管理"理念的适应。可以说,权责发生制的优势就在于它恰恰弥补了收付实现制的不足之处。这一点得到了不少国际权威组织或机构的认可。权责发生制下的政府会计由于超越以往收付实现制中仅以现金收付的时点作为预算记录的标准,扩展了政府业绩的概念,改进了政府与公众的受托责任,加强了政府和管理部门对决策影响的长期关注,便于政府更有效率和更有效果地进行资源管理。[①] 国际会计师联合会(IFAC,2000)认为,权责发生制下的政府会计报告包括政府运营各方面的综合数据,如资产、负债、净权益、收入、支出,对某些约定承诺和突发事件的信息也以报表附注的形式加以说明,由于权责发生制下的政府会计报表提供如实评价政府财务状况和运营能力的会计信息,通过这些信息,可以准确地评价政府及其机构的绩效、财务状况和现金流量,评价政府的财政支出遵循预算的情况,并正确地做出财政资源配置的决策,准确地反映政府为其政务活动提供资金的情

---

① OECD. Accounting for What? The Value of Accrual Accounting to the Public Sector, Paris, 1993.

况,及时评价其融资和偿债能力,评价政府部门提供产品、服务的成本和效率。①

具体来说,权责发生制政府会计的优势主要表现在以下几个方面:

第一,建立在权责发生制基础上的政府财务报告提供了如实评价政府财务状况和运营绩效的各方面信息。除了现金收入和支出外,还包括资产、负债、净资产等。而且,对于收入和支出,区分了收入来源和支出去向的性质,如实反映收入与支出的配比性以及收入和支出本身引起的权利、义务的变化。建立在完整、真实的信息基础上,权责发生制能够对政府财政活动作出最全面、最符合实际的描述和反映,它超越了收付实现制的现金控制功能,而是一个服务于政府资源管理的核算工具,充分展示政府所控制的经济存量和流量,以便更好地实现公共受托责任。实际上,充分的信息及其透明公开还拓展了公共受托责任的要求(GAO,2000)。②

与收付实现制相比,权责发生制的政府资源管理功能,核心之处是有利于政府资产与债务的管理。在资产管理上,权责发生制有助于对资产,尤其是使用年限长的基础设施进行持续管理。对于那些耐用性固定资产,政府不仅需要筹资投入建造,在建成投入使用后还需要日常维护,在权责发生制下,通过确认资产的成本并将其与使用情况进行比较,可以更好地认识持有资本的成本。在债务管理上,权责发生制避免了隐性负债藏而不露的问题,这有利于今后预算的制定,也有利于政府正确的融资决策。③ 实际上,在政府尤其是地方政府通过公开发行债券筹集收入的过程中,建立在权责发生制基础上的综合财务报告就显得非常重要。因为它能够真实地报告地方政府的资产、负债、收入、支出和净资产,这有利于分析地方政府的综合偿债能力、短期偿债能力和长期偿债能力,为地方信用评级和债务风险评定提供必需的会计和财务信息。作为购买地方债的投资者来说,也需要了解地方政府的偿债能力、财政健全性和财政风险性。按照市场规律,高风险高收益,所以投资者也要求了解各地政府债务风险程度,从而对地方债利率会有不同的要求,这样也从市场上对地方政府的债务进行了限制,是一种供给控制。而投资者只能通过公开的政府综合财务报告才能了解和分析地方政府的债务风险和财务状况,才能做出进一步的决策。

第二,权责发生制有利于量化评估公共部门的效率和质量等产出绩效。权责发生制的配比原则能够确定公共产品或公共服务的"真实成本",这就使政府部门

---

① IFAC. Study 11: Governmental Financial Report: Accounting Issues and Practices. May 2000.

② United States General Accounting Office, Accrual Budgeting: Experiences of Other Nations and Implications for the United States, February 2000.

③ 比如,在融资租赁情形下,权责发生制会计向所有权人和债权人提供判断性信息,如果设备的主干部分已经废弃不用,或累计了长期负债,所有权人和债权人就需要知道设备废弃计划、债务到期时间,这样的压力促使公共部门加强设备管理,合理安排偿债计划。

的产出成本可以在不同会计期进行比较或者与私人部门进行比较,这种完整、可比的成本信息,有助于公共部门确立竞争目标,改进服务效率和质量。权责发生制建立在真实成本的基础上,能够更准确地反映政府提供公共服务的资源耗费情况,这对于政府机构的绩效评价,实施全面的、具有效率性和效果性的资源管理,也很有帮助。此外,权责发生制还增强了预算信息和实际财务及业绩信息之间的可比性,有利于强化业绩的管理和监控模式。总的来说,权责发生制以产出为基础编制计划,并按照产出的成本进行评价。对政府管理而言,这种会计基础更具决策的相关性,它使得政府及其所属的公共部门履行受托责任的情况更加经得起检验。此外,以权责发生制为核算和报告基础的模式使政府财务报告更有助于对政府财务绩效和财务可持续性的评价(常丽,2013)。

第三,权责发生制有助于转变政府部门的文化氛围,促使管理者重视政府机构的效率、效果等财务绩效管理问题。权责发生制方面的专业培训,有助于提升管理人员的会计业务能力和决策水平,潜移默化地促使政府预算管理者自觉向企业管理者的思维方式转变,从而在根本上推动政府文化的变化。因此,全面、持续地推进权责发生制基础政府会计改革,不仅仅表现为在当前预算上的成效,更重要的是表现在它对政府未来长期经营活动的积极影响,由于可以提供增强财政长期支持能力方面的信息,因而政府的中长期财政决策势必得到优化。权责发生制会计提供了更多的机会来关注政府产出,管理者可以在诸如所提供服务的质量和数量、稀缺资源的分配等重要领域做出更准确的决策。此外,权责发生制的应用对于公共部门建立更有效的、类似于私人部门的会计准则能力也产生了积极影响,而私人部门和公共部门准则的趋同有利于两者间更广泛的合作(陈胜群等,2002)。

尽管权责发生制具有上述种种优势,但实际上,权责发生制并非完美无缺,部分研究者也质疑权责发生制会计基础应用于政府部门的合理性。国内的学者张国清(2002)、陈胜群等(2002)、刘银国(2003)等都曾撰文专门论述。从理论上讲,权责发生制存在如下两个固有的缺陷:

其一,任意性分配。权责发生制会计的"任意性分配"可谓是其天生不足,而且,这种任意性分配还是难以纠正的。根据Thomas(1969)[①]对"分配"的精确定义,[②]常规会计(包括权责发生制会计)中的分配之所以是任意的,主要在于无法达

---

① Arthur L. Thomas, The Allocation Problem in Financial Accounting Theory, Studies in Research No. 3 (Sarasota, Fla: American Accounting Association), 1969, p.30.

② 精确分配的定义是:第一,成本、收入、收益、现金流量或资金流量分配给个别投入,或各类投入对企业的分配,包括分配到个别期间、主体的个别分部等;第二,总数划分为各个分部;第三,称为配比的成本对收入的分配。

到如下三个标准:(1) 可加性。整体应当等于部分之和,分配应当穷尽整体,无论如何应该达到分享,不多也不少。(2) 明确性。一旦分配方法既定,将整体划分为多于一套的部分应当是不可能的。(3) 可辩护性。分配方法之间的任何选择应当拥有一个决定性论点支持它,为所选定的方法辩护,使之与其他备选方法相区别。① 权责发生制会计中任意性分配体现得最淋漓尽致的是对资本性支出的会计处理。权责发生制会计中资本性支出对享用它的一系列期间的分配不可避免地是任意的,其导致的资产贬余价值(代表未耗尽利益)同样是武断的,贬余价值不代表可观察到的现实价值,也决不与持续性经营主体的资金提供者可享受的报酬相关。Hicks(1981)也指出,现行以折旧为代表的分配程序产生的损益表,往好处说是不相关的,往坏处说则是误导的。②

其二,创造性会计(Creative Accounting)。权责发生制会计在收入的确认、费用的配比以及资产负债的确认等方面引入了大量的主观判断,其复杂的核算程序也使得会计信息的生成相当复杂,会计信息难以看懂,降低了政府财务的透明度,进一步为"黑箱会计"(Black-box Accounting)创造了条件(刘银国,2003)。尽管权责发生制建立了收入实现理论和费用配比理论等,并在实务中贯之以公认会计原则进行约束,一定程度上减少了主观性、随意性,然而,但是现实中出现的所谓创造性会计等现象,表明权责发生制会计程序仍然为某些具有特定利益的政府部门留下了过大的操纵空间,这非常不利于政府部门如实地汇报受托责任的履行结果(张国清,2002)。实际上,如果没有建立健全的财务控制体系以及有效的外部审计制度,权责发生制基础的会计系统就难以提供比收付实现制基础更高质量的会计信息,甚至更糟(Hepworth, 2003)。③

即使排除人为的主观恶意操纵,权责发生制仍然可能提供不客观的会计信息。当会计人员的专业水准有限时,对权责发生制调整数据的判断和主观估计很可能失真。更常见的是,很多公共资产的价值非常难以计量,诸如国有土地、军事装备与防御设施、政府大楼、国家公园等。④ 显而易见,政府要有效管理这些公共资产,正确作出使用或清理资产的决策,必须建立在准确知晓公共资产真实价值的基础上。实际上,公共资产不仅难以客观计量,它是否应定义为会计学上的资

---

① Arthur L. Thomas, The Allocation Problem, Studies in Research No. 9 (Sarasota, Fla: American Accounting Association), 1974, pp. 25—42.

② Barry E. Hicks, The Cash Flow Basis of Accounting: Paper of the International Conference on Cash Flow Accounting Held in August 1980, Edited by Barry E. Hicks and Etc. Laurentian University, Sudbury, Ontario, Canada, 1981, pp. 164—178.

③ Noel Hepworth, 2003, Preconditions for Successful Implementation of Accrual Accounting in Central Government, *Public Money and Management*, 23(1): 37—44.

④ 《权责发生制预算国际经验》,财政部预算司、香港理工大学课题组译,中国财政经济出版社,2001。

产本身就存在争议。究竟该如何认定评估某项公共资产？政府将价值1亿元的国家森林公园出售，从而为同样价值的公共水利工程、或者国家大剧院、或者某段高速公路筹资，这样的做法是否合理？又该在什么时点、怎样将资产的"市场价值"确认为"账面价值"？如何解释资产会计价值的变动？如何在部门损益表记录这一调整？等等，此类问题无疑会困扰对公共资产的价值评估。

除了从原理上分析指出权责发生制的固有缺陷外，一些研究者也反对将权责发生制作为政府会计核算的基础。反对者的一个根本理由在于他们认为政府与企业不可等同视之，政府所追求的目标与企业追求的目标存在本质的差异，政府部门管理者通常不会过多地以盈利性作为财政决策的出发点，因而，企业会计中的"利润"在政府部门并不明显。此外，建立在经济利益理论基础上的资产概念，在多数公共资产领域也可能不适用。总的来说，政府不同于企业的观点，大致可以概括为以下几个方面：(1) 政府部门的目标不包括获取利润，盈利不是一个绩效评价指标；(2) 财务结构是不重要的；(3) 清算是不重要的（如持续经营的能力不取决于运营资本，而取决于是否得到转移支付）；(4) 不存在决策权（一个部门可能不允许出售资产）(Guthrie,1998)。①

高昂的构建和运作成本，也是部分研究者反对权责发生制的一个重要理由。② 建立起一套以权责发生制为基础的政府会计和财务报告系统，通常会不可避免地在如下一系列领域产生高成本：(1) 研究开发、制度设计以及会计政策制定引起的转换成本；(2) 新的电算化系统的建设和维护成本；(3) 相关的知识与技能培训成本，一方面政府财务会计人员需要更新原有的知识储备和技能，另一方面政府财务报告信息的相关使用者也需要学习和熟悉新的财务报表内容与形式；(4) 因新财务系统的复杂性而带来的管理和监管成本。

### 7.3.3 如何取舍？

可以看到，无论是收付实现制还是权责发生制，都有各自的优点和缺点。那么，实践中，究竟应该如何看待两者的关系？它们究竟是对立冲突的，还是互为补充？对于那些正寻求政府会计改革的国家而言，如何认识这一问题直接关系到改革能否顺利推进。对于这两种会计确认基础的关系，楼继伟等(2002)曾有过精辟的论述，他们认为，收付实现制和权责发生制不是绝对对立和相互排斥的，两者好比坐标上的两个点，其强弱程度可以随其运动不断发生变化。③ 实际上，也正因为

---

① James Guthrie, 1998, Application of accrual accounting in the Australian public sector—Rhetoric or reality? *Financial Accountability and Management*, 14(1):1—19.

② 根据新西兰审计署的估计，在1987—1992年，新西兰政府财务管理改革的总成本是1.6亿—1.8亿新西兰元，大约占同期政府支出的0.1%（Ball et al., 1999）。

③ 楼继伟、张弘力、李萍：《政府预算与会计的未来》，中国财政经济出版社，2002。

如此,在世界各国的政府会计实务中,才会出现对完全收付实现制或完全权责发生制的修正模式,即所谓的修正的收付实现制基础或修正的权责发生制基础——它们各自吸收了收付实现制和权责发生制的部分优点(或者说回避了相应的缺陷)。

在政府会计确认基础上,不存在绝对单一的基础。尽管从传统的收付实现制会计转向权责发生制会计已经成为政府会计改革的基本趋势,但这并不意味着权责发生制会计就可以解决收付实现制下的所有问题和弊端。国际经验显示,不同国家在引入权责发生制的层次、范围和深度等方面的实践都存在较大的差异性。[①] 并且,极少有一步到位式的成功改革案例,多数国家都采取了温和的渐进式的改革方式(荆新、高扬,2003)。比如,加拿大作为渐进式改革的典范,是按照"收付实现制—修正的收付实现制—修正的权责发生制—权责发生制"的节奏一步步推进的,而新西兰在权责发生制的应用范围则是按照"国有企业—核心政府部门—整个政府—预算体系"的顺序逐步推开的,即先在一个较小的范围内试点成功后,再引入更宽广的范围。改革过程的渐进性,也再次表明收付实现制与权责发生制是可以共存的。重要的是,不同的国家应该根据本国的国情,包括政治经济制度、法律体系、经济发展水平乃至历史文化传统等因素,决定适合本国的改革模式和改革路径。正如 Ellwood(2005)所指出的,人们不应该孤立地考虑权责发生制政府财务报告改革,而是应该把它当作新公共管理改革中重要的一个方面,它在某个国家的适用性很大程度上取决于该国新公共管理中其他改革的状况,对于那些以控制现金为当前要务的发展中国家而言,运用权责发生制政府财务报告并不是优先应做的事情。

对于选择何种会计确认基础,还有一个因素不能不提,那就是政府会计的目标定位。在不同的会计确认基础下,政府会计和财务报告所反映的会计信息各不相同,分别从不同的角度满足了政府和公共部门的会计目标,采用哪一种政府会计确认基础,主要取决于认为哪一种目标是更为重要的。作为政府会计的起点与归宿,政府会计的目标规定了为哪些人提供什么样的会计信息,以及满足会计报表使用者的哪些需求。通常,政府会计信息的使用者应该是这些资源的所有者、投资者、债权人以及各种监督机构,包括社会公众、投资者、债权人、立法机构、审计部门、评估机构、国际性机构和资源提供者等,他们对政府信息偏好的范围和深度不同。

比如,正如我们已经分析指出的,收付实现制的目标在于向财务报告使用者

---

① 在这方面,刘谊、廖莹毅(2004)总结了 OECD 成员在实践中的差异,而潘琰、吴修瑶(2015)则专门比较分析了欧盟成员国实践经验的异质性。

提供一定期间内现金的来源、使用及余额的信息,所以,如果会计目标重点在于关注政府部门的现金收支是否与法定预算相符合,那么选择收付实现制更为合适;①如果认为反映拥有或控制的所有资源、评价财务业绩是最重要的会计目标,那么相较于收付实现制,权责发生制就更为合适,因为这种确认基础更具决策相关性。不同的政府会计基础适应财务信息的不同需求,各有其计量的重点,也都可以从不同的层面实现相应的政府会计目标。但是不存在任何一种确认基础能达到所有的政府会计目标,实务中应根据最需要实现的会计目标来选择合适的政府会计确认基础,甚至选择某一种确认基础的实施程度。② 实际上,在很多国家的政府会计目标中,在对政府财务状况和运营结果越来越关注的同时,也并没放弃对预算符合性的信息需求,这种双重目标就导致采用以权责发生制为主、收付实现制为辅的确认基础(何悦,2014)。

---

① 实际上,对于发展中国家和转轨国家,由于实施权责发生制政府财务报告的制度基础普遍不完善,因此,收付实现制在这些国家是相当适用的,尤其是在现金控制方面具有突出优势(James,1998)。

② 潘琰、吴修瑶(2015)通过对欧盟成员国的研究发现,盎格鲁-撒克逊与欧洲大陆两类欧盟成员国的政府财务报告服务目标定位不同,使它们之间采用权责发生制的程度存在明显差别,当收付实现制核算基础不足以支撑其政府会计目标时,便促使这些国家将权责发生制会计基础引入政府会计系统。同时,政府财务报告目标定位又在权责发生制"度"的选择中发挥了关键作用,决定了会计核算对象(范围)的选择,从而影响到权责发生制的修正程度,目前盎格鲁-撒克逊已完成了完全权责发生制的政府财务报告改革,而欧洲大陆国家还处于修正的权责发生制的过渡期。

# 第8章 政府财务报告的主体

政府财务报告主体的选择,直接决定了政府财务报告中应包括哪些主体的哪些交易活动,从而也就决定了政府财务报告信息披露的广度和深度。因此,从根本上来说,界定政府财务报告主体是为了实现政府财务报告目标。国际经验显示,整个政府、政府各部门、构成政府组成部分的其他主体以及基金等,都可以成为政府财务报告的主体。那么,政府财务报告主体究竟具有什么样的内涵? 又该依据何种理论标准来界定政府财务报告的主体? 各国政府财务报告主体的实践呈现何种共性和差异性? 这些问题对于我国的政府财务报告编制和改革具有重要的借鉴意义。

## 8.1 政府财务报告主体的内涵

### 8.1.1 政府财务报告主体与政府会计主体的区别

讨论政府财务报告主体的内涵,首先需要明确的一个问题是:政府财务报告主体与政府会计主体究竟是不是同一个概念。对此,让我们从会计主体这一基础概念出发。在现代会计理论中,会计主体又称为会计实体(Accounting Entity)或会计个体,它是会计假设的核心内容,明确会计主体是组织会计核算的首要前提。界定会计主体的目的在于对进入一个会计信息系统的各种经济交易和事项做出空间上的限定,将主体发生的所有交易或事项作为会计核算和报告的对象,从而,会计主体为特定范畴所掌握的经济资源和进行的经济业务提供了基础,也为规范会计处理和信息披露的相应范围提供了依据(孙娜,2012)。

作为一个会计主体,应至少具备两个特征:(1) 经济上的独立性,即必须与其他主体或个人的经济关心划分开来,以核算和报告该主体本身的业务活动; (2) 组织上的统一性,即必须具有统一的组织、目标、权责,以系统地核算和报告该主体的业务活动。会计主体的定义思路一般有两种观点:单位导向法(Firm Oriented Approach)和使用者导向法(User Oriented Approach)。① 单位导向法以是否

---

① 这种观点由美国著名会计学家亨得瑞克森(Hendriksen,1982)提出。

具备经济控制和经济活动能力以及是否承担相应的责任和义务为标准,将会计主体定义为从事某种经济活动,并且能够管理和控制本单位的经济组织;使用者导向法则从委托—代理关系出发,以是否具备特定的权益所有者为标准,将会计主体定义为特定个人、集体或组织的经济权益范围。

会计主体可细分为记账主体和报告主体,若不加以严格区分,人们通常所说的会计主体指的就是记账主体。记账主体(Recording Entity)又称为核算主体,是从会计记账角度界定会计主体,记账主体主要解决单位业务核算及确认入账的范围问题。报告主体(Reporting Entity)又称为报表主体,是从会计报告角度界定会计主体,报告主体主要解决单位会计报告业务资料的范围问题(郭梅,2007)。[1] 判断一个会计主体是否为记账主体或报告主体,一个简单的标准是看这一主体是否独立记账以及单独编制对外会计报表。如果一个会计主体独立记账但不单独编制对外会计报表,它就是一个会计记账主体,但不是会计报告主体;如果不独立记账但单独编制对外会计报表,那么它就是会计报告主体,但不是会计记账主体;如果既独立记账也单独编制对外会计报表,那么它既是记账主体也是报告主体(孙娜,2012)。

在企业会计中,记账主体与报告主体往往是统一的。但是在政府会计中,区分财务报告主体和记账主体(即政府会计主体)就显得非常重要。政府记账主体是整个会计流程得以实现的实体性基础[2],而政府财务报告主体是根据政府会计信息需求所确定的政府会计主体或主体集合。简而言之,政府财务报告主体确定了纳入政府财务报告内容的范围和组成结构,而政府会计主体要确定的是需要达成自相平衡的一组经济业务或经济活动。政府会计主体主要是为了满足政府内部核算的需要,尽管它也考虑外部使用者的需要,而政府财务报告主体主要是考虑外部使用者的需要、为实现会计报告目标而构建。因此,政府财务报告主体并不一定披露所有核算空间的信息,至于是报告全部信息还是部分信息,是分别报告还是合并报告,取决于政府会计信息使用者的需求。

### 8.1.2 政府财务报告主体的定义

政府财务报告主体涉及披露政府财务信息的"政府"构成。因而,"政府"的内

---

[1] 具体地讲,记账主体涉及会计要素的定义、会计科目设计、记账程序和方法的运用、会计确认基础以及会计计量属性等问题。而报告主体涉及会计报表种类与格式、会计报表的信息范围以及会计信息的质量要求等问题。

[2] 在国外,政府会计的记账主体通常表现为各类"基金"。美国政府会计准则委员会(GASB)认为,政府单位与私立企业不同,私立企业将整个企业作为一个单一的会计主体,政府单位则通过多个独立的基金和账群主体进行处理。所谓基金,是指"按照特定的法规、限制条件或期限,为从事某种活动或完成某种目的所分离形成的,依靠一套自身平衡的科目来记录现金及其他财务资源,以及相关负债和剩余权益或余额及其变动情况的一个财务与会计主体"。

涵与外延无疑成为界定政府财务报告主体的出发点。对此,IMF 建议各国遵循联合国《1993 年国民账户体系》中关于广义政府的界定。在《1993 年国民账户体系》中,广义政府被定义为包括所有以履行政府职能为其主要活动的实体,而政府职能是指通过提供非市场性服务以及收入与财富的再分配来履行公共政策的相关职能,根据这一界定,那些非市场性、非营利机构也纳入了政府的范畴。据此,IMF 所界定的广义政府具体包括:所有中央政府单位和地方政府单位,预算外基金和所有主要提供非市场性服务且由政府单位控制并提供主要资金来源的非营利机构。除了 IMF 外,国际会计师联合会公共部门委员会(IFAC-PSC)、美国政府会计准则委员会(GASB)等机构所定义的政府也都具有广义政府的内涵,比如公共部门委员会(PSC)将政府单位与非营利性组织统称为公立单位或公共部门。

建立在广义政府的基础上,政府财务报告主体具有明显的复杂性、层次性特点。这突出表现在两个层面:其一,就政府组织内部而言,一级政府本身就是由各个政府部门和隶属于该级政府的行政事业单位组成,这些单位和机构之间的不同级次、本级政府与上下级政府之间的不同级次,形成了政府财务报告主体的内部层级关系;其二,就政府组织的外部横向和纵向的控制关系而言,又产生了"可控"主体的概念,主要指各级政府所属的公共企业及其他可控的单位和机构。由于各国政府性质和职能范围的不同,政府直接控制和潜在可控的主体范围存在巨大差异(常丽,2012),从而使得不同国家政府财务报告主体范围的选择也存在差异。

目前来看,政府财务报告主体并没有一个通行的定义。在这里,我们主要依据国际上代表性的学术机构或政府对政府财务报告主体所制定的公告或相关准则,来介绍政府财务报告主体的定义。

国际会计师联合会公共部门委员会(IFAC-PSC)在 1996 年发布的《第 8 号研究报告——政府财务报告主体》中认为,政府就是一个财务报告的主体,应当要求他们编制通用的财务报告,这是因为:(1) 政府掌握着很重要的资源;(2) 政府对那些经济资源的使用可能会对人民的社会福利和经济福利产生很大影响;(3) 那些资源的管理权和使用权是分离的。这种看法与很多国家会计职业界的看法一致。PSC 认为,满足信息使用者的需求是政府财务报告目标的基本出发点,因而界定财务报告主体必然与使用者的信息需求相关。与此种财务报告目标的诉求相适应,政府财务报告主体被定义为:能够合理预期到有使用者存在的主体,这些使用者依赖财务报告获取对政府受托责任履行状况进行评价和制定决策有用信息,并且这一定义适用于各级政府、政府部门以及其他履行了政府职能的主体。[①]
不难看出,在这种定义下,政府财务报告不仅是政府财务信息的载体,同时也是政

---

① IFAC-PSC, Study 8—The Government Financial Reporting Entity, June 30, 1996.

府重要的信息沟通制度。因而,构建基于外部信息使用者利益导向的政府财务报告主体,有助于全面反映政府财政活动信息和运营状况信息。澳大利亚、新西兰是从信息使用者角度定义政府财务报告主体的典型国家。①

美国的政府财务会计规范制定权分属不同的机构。美国联邦会计准则咨询委员会(FASAB)负责制定联邦政府的会计准则。FASAB 在 1995 年颁布的《联邦财务会计概念第 2 号公告——主体与表述》中,明确了界定报告主体的原因:(1)保证低成本并及时地向使用者提供所有与报告主体相关的信息;(2)帮助使用者比较具有可比较性的报告主体;(3)帮助评价政府的业绩、责任和内控等;(4)保证不遗漏任何主体,尤其是在合并报表时。不难看出,FASAB 的上述理由当中很大部分也是基于信息使用者的利益考虑的。建立在这样的出发点之上,FASAB 描述了联邦政府及其分支机构在编制通用目的财务报告(General Purpose Federal Financial Reports,GPFFRs)时,是否构成政府财务报告主体的三个标准:(1)负有控制和部署资源、提供产出和成果、执行部分或全部预算的管理责任,并能对其绩效负责;(2)主体包括的范围应该能使其财务报表提供有关经营状况和财务状况的有意义信息;(3)存在可能的财务报表使用者,这些使用者对报表中的信息感兴趣,并能利用这些信息来帮助他们做出资源分配和其他方面的决策,并确定主体对资源的部署和使用责任。FASAB 还指出,政府财务报告主体既可以是整体报告主体(Government-wide Reporting Entity),也可以是一个单独报告主体(Component Reporting Entity),前者是指所有向国会和/或总统负有责任的机构,后者泛指一个较大报告主体内的一个主体,比如执行部门、独立组织、政府企业、立法机构以及联邦法院等。②

美国政府会计准则委员会(GASB)负责制定州和地方政府的会计准则。GASB 在 1991 年发布的《政府会计准则委员会公告第 14 号公告——财务报告的主体》中指出,定义政府财务报告主体应当以政府财务报告的目标作为基础,而政府财务报告的主要目标是反映和评价当选官员的公共受托责任。因此,政府财务报告主体的定义也应当以反映公共受托责任为基础。具体地,GASB 所界定的政府财务报告主体范围包括了三个层次:基本政府;基本政府负有财务责任的单位;以及那些就其与基本政府关系的性质和重要性来说,如果将它们排除在外,将导致报告主体财务报表产生误导或不完整的组织。

---

① Australian Accounting Research Foundation (AARF), 1990; Statement of Accounting Concepts(SAC 1), Definition of Reporting Entity, 1990. New Zealand Society of Accountants (NZSA), 1993; Statement of Concepts for General Purpose Financial Reporting, 1993.

② Federal Accounting Standards Advisory Board(FASAB), Statement of Federal Financial Accounting Concepts, Number 2, *Entity and Display*, June, 1995.

基本政府是政府财务报告主体的核心和焦点。所有州政府和一般目的的地方政府(General Purpose)都属于基本政府。而特别区(Special District)政府只有在同时满足如下三个条件时才能作为基本政府：(1) 有一个通过民选产生的管理委员会(Governing Board)[①]；(2) 独立的法律地位[②]；(3) 独立的财政[③]。

根据 GASB 的定义，基本政府的组成单位必须是法律上独立的主体。有三个衡量标准来确定一个特定的法律上独立的实体是否属于基本政府财务报告主体的组成单位。这些标准包括：(1) 管理委员会由基本政府任命；[④](2) 对基本政府的财政依赖；(3) 如果排除在外，就有可能对财务报告产生误解的潜在可能性。

至于基本政府的相关单位，该报告认为，基本政府可以任命某些组织的一些或所有成员，但这些组织可以不作为组成单位包括在基本政府的财务报告主体中。这些组织分为如下三类：(1) 相关组织；(2) 联营和共同控制组织；(3) 具有联营或共同控制特征的其他政府的组成单位。相关单位和组成单位的一个主要区别是，前者是基本政府可以控制但对其不负财务受托责任的单位，或基本政府保留持续的财务利益或财务责任但不能单独控制的单位，而后者则是基本政府可以控制并对其负有财务受托责任的单位，或在财务上依赖于基本政府且基本政府

---

① 正如上文所述，GASB 定义政府财务报告主体时，突出强调了民选官员的财政受托责任，而民选官员直接对公民负责，只有由民众选举产生的委员会管理的主体才能成为基本政府。

② 虽然法律形式并非定义财务报告主体的决定因素，但一定程度的法律自主性对于证明一个可独立报告主体的存在是必要的。因此，作为基本政府的主体必须是法律上独立的。

③ 在某些情况下，特别区4财政自治权可能受到限制，进而将财政受托责任转移给了施加这些限制的政府。因此 GASB 规定，如果一个特别区政府在财政上依赖于其他政府，则不能作为基本政府。当一个特别区政府的预算、征税、制定价格或收费，以及发行债券这三个方面决定权当中的任意一项可以被另一个主体的管理委员会推翻时，就意味着产生了财政依赖。当然，并非所有规定的批准都会产生财政依赖。比如，一些特别区政府必须从其他政府获取的批准是行政管理所需要的，并且符合法律规定。另外，如果对于一个特别区政府的某些限制也适用所有相同类型的政府，而不是任意施加的，那么这也不应视为财政依赖。

④ 所谓的"任命"包含两层含义。其一，任命过程本身必须是实质性的，能够反映任命政府的真实选择。实际上，基本政府的任命权可能非常有限。比如，任命政府的作用可能仅仅是批准一个由其他人选出的候选人的名单，或者是从已经选出来的为数不多的几个候选人中选出几个作为委员会成员。在这种情况下，任命仅仅是形式上的而不是实质性的，因此，并没有提供足够的基础来将法律上独立的实体归类为基本政府的组成单位。其二，由基本政府任命的成员应当拥有合适的职位，能够控制该法律独立实体的运作(至少表明，基本政府必须任命该法律独立实体的委员会的大多数成员)。然而，委员会常常需要按照法律来运作，尤其是某些重要的财务决定必须得到超过简单多数成员的批准。在这种情况下，GASB 认为，只有基本政府任命了足够多的委员会成员，并能形成"多数投票"时，基本政府才能实现真正的控制。不过，需要强调的是，即使委员的任命是实质性的，也不构成基本政府对法律独立实体负有财政责任的充分基础条件，因为被任命的官员并不总是受到任命他们的上级人员的控制。GASB 还要求任命过程构成的关系是现行关系，并为此确定了三个标准，任何一个标准都足以表明现行关系的存在：第一，任命政府(当前)拥有对法律独立实体单位强加其意志的能力。第二，任命政府对法律独立单位拥有特定的财务利益，包括法律上的资产拥有权或可以通过其他方式来使用这些资产。第三，法律独立单位对任命政府产生了财政负担，GASB 确定了财政负担的两种具体标准：一是任命政府在法律上或道义上有义务为该单位的财政赤字提供资金，或者对该单位提供财务支持；二是任命政府以某种方式对独立单位的债务负有责任。

对其负有财务受托责任的单位。这是一种控制和财务利益或责任相结合的产物,同时也是这种产物与财务报告主体的核心(即基本政府)关系的密切程度的区分。这种区分在报告方法上的表现在于,相关单位的财务报表不需要与基本政府的财务报表联合编制,只是在财务报表的附注中予以披露;而组成单位的财务报表一般需要与基本政府的财务报表联合编制。

1999年6月,GASB发布了《第34号公告——州和地方政府的基本财务报表以及管理讨论与分析》。与以往公告相比,第34号公告最大的特点突出地表现在其规定基本财务报表由政府层面财务报表和基金层面财务报表组成。GSAB将这种财务报告模式称为双重报告模式,其中,政府层面财务报表的报告重点是政府作为一个经济实体的财务状况和业务活动成果,而基金层面财务报表的报告重点是当期财务资源的流入、流出和余额以及可用于拨款的数额和政府遵守财政法规的情况。自此,美国政府财务报告主体发生了很大转变,从之前的基金主体演变为后来的"金字塔"形财务报告主体,再进一步转变为政府和基金的双主体,这实际上使得美国政府财务报告主体扩大到了政府所有负担财务责任的范围。

2010年11月,GASB又发布了《第61号公告——政府财务报告主体汇编:对第14号公告和第34号公告的一个修订》。在这份最新的公告中,GASB修订了财务报告主体是否应包括组成单位的某些标准,以及报告组成单位作为基本政府一部分的标准等其他事项,这些举措的根本目的在于为财务报告使用者更好地评估基本政府的财政受托责任。

## 8.2 政府财政报告主体范围的界定原理

### 8.2.1 政府财务报告主体范围的界定方法

用来界定政府财务报告主体范围的方法和标准有许多。国际会计师联合会公共部门委员会(IFAC-PSC)在《第11号研究报告——政府财务报告》中,确定了四种标准:基金授权分配(Authorized Allocation of Funds)标准、控制概念(Concept of Control)标准、法律主体(Legal Entity)标准以及政治性受托责任概念(Political Accountability Concept)标准,其中基金授权分配标准和控制标准在实务中更为常见。国内也有学者对政府财务报告主体范围的界定标准提出了自己的看法,叶龙、冯兆大(2006)提出的组织性质标准就是一个具有代表性的观点。接下来我们对这些方法和标准及其优缺点分别进行介绍。

1. 基金授权分配标准

基金授权分配有时称为支付授权(Spending Mandates),它是通过论证与基金授权分配法或支付授权是否相符,来明确受托责任和准备决策的相关信息。根据这种标准,凡是全部或主要依靠政府基金的分配来维持运营的主体和交易,都属于政府财务报告的主体。政府则通常由预算部门(Budget Sector)和非预算部门(No-budget Sector)两类单位组成。所谓预算部门,是指基金全部或主要来自公共基金的授权分配的主体和交易。预算部门不仅包括政府部门单位,还包括根据法律法规设立的行政管理单位以及公共基金分配涉及的非政府单位(比如私有化管理的医疗和教育主体)。非预算部门则是指这样一些主体和交易,即这些主体和交易完全自筹基金或者依靠政府提供一些有限的基金。非预算部门通常包括由政府所有或控制的各类商业主体,诸如公用事业企业、农业、银行与保险行业的政府企业等。显而易见,采用基金授权分配标准,政府财务报告主体即为预算部门主体。

基金授权分配方法的最大优点是操作简便,从各国实践来看,该方法也是用来界定政府财务报告主体范围的主导标准。支持者认为,基金授权分配法标准在如下几个方面具有重要的优势:其一,政府财务报告信息使用者关心的是与公共基金分配相关的公共政策是否以及如何有效地实施。其二,使用者如果对非预算部门的主体活动感兴趣,他们可以从这些主体独立的财务报告中获得相关信息。与此相关但有所不同的观点则是,预算部门与非预算部门的活动存在显著差异,不应该将两者视为一个单独报告主体的组成部分。众所周知,预算部门承担的是非商业性活动,而非预算部门活动大多具有商业性。其三,在一些国家和地区,收付实现制或修正的收付实现制会计基础被认为适合于预算部门,而权责发生制会计基础则适合于非预算主体,在这种情况下,将两个部门的财务信息合并既不恰当,也不具有可行性。

不过,使用基金授权分配标准来确定政府财务报告主体,也可能存在一些缺陷或不足。其中一个主要的缺陷是,可能导致不能反映所有政府可以说明的主体和交易。我们知道,界定政府财务报告主体范围的根本目的是帮助实现财务报告的目标。很显然,如果连哪一个政府究竟是否承担受托责任都不清楚,就不可能有效地实现政府财务报告的目标。基金授权分配标准在这方面的缺陷具体可能表现为:

其一,尽管在某些情况下,预算部门代表了政府的实际活动范围,政府财务报告关注预算部门也就足够了,但是,绝大多数的政府组织都会包含非预算部门主体,在这种情况下,使用基金授权分配法作为界定政府财务报告主体范围的标准,很有可能导致对政府受托责任的认识是碎片化的。

其二,尽管非预算部门主体的持续运营并不依赖公共基金,但政府往往是这些主体和交易的最终责任承担者。实际上,在一些特殊情况下,政府可能不得不从财务上支持非预算部门主体,或者从非预算部门主体获取资源以支持其他政府项目。因此,使用基金授权分配标准确定的政府财务报告主体,会导致政府财务报告不能反映所有负有政府受托责任的主体和交易。进一步地,由于这些从政府得到基金或者为政府提供基金的组织被排除在预算部门之外,这样就不能提供必要的信息来评估这些基金的使用是否符合法律或者其他一些外部性的强制性要求。

其三,在基金授权分配标准确定的政府财务报告主体情形下,主体活动的财务影响只能在基金流入或流出主体的若干年后得到确认。而政府能够控制基金流动的时机,从而影响某一特定年度的财务报表,这将对政府财务报告的客观性和可比性造成损害。一旦政府财务报告主体的范围只包括由公共基金授权分配确定的主体及其相关交易,那么政府就会存在很多机会来调整它们行为的结果,因为政府能够在预算部门与预算部门之外却由政府所有或控制的主体之间转移基金。比如,政府可能运营提供交通、供水这类垄断服务的独立主体,以便制定满足政府要求的价格。这样一来,民众在公共交通、供水上的消费支出反映的可能就不仅仅是这些服务的成本,还可能包含了政府在其他活动上的部分基金,这部分基金在不同时期的财务报告中是不同的,在政府的自由裁量下,可能被确认为与预算部门有关的收入或收据。

除了上述主要的缺陷,基金授权分配法还可能存在其他的缺陷。当政府拥有基金分配的部门很多时,会很难界定基金分配的源头。此外,有些主体基本上能够得到公共基金的支持,但在某些年份又不能得到支持,游离于分配与不分配之间,很难明确这样的主体到底是否符合核准基金分配的标准。

2. 控制标准

控制标准是用来界定政府财务报告主体范围的另一种常用标准。在控制标准下,政府财务报告的主体应当包括所有被政府控制的主体和交易,以更好地满足为明确受托责任和制定决策目的的信息需求。使用控制标准通常意味着政府财务报告主体范围超出了预算部门。

为了说明控制标准,首先必须对控制概念(Concept of Control)进行分析。"控制"可以有多种层面的控制,比如基于风险和/或收益的控制、基于所有权的控制以及基于受托责任的控制。PSC 认为,需要从两个方面来定义控制:一是权力因素,即控制主体是否拥有对另一主体的控制权,比如对管理人员的任命权及经营管理方面的决策权等;二是利益因素,即控制主体是否拥有对另一主体的所有权,尤其是收益权。

在多数情况下,控制权与所有权两个概念相互重叠。因此,采用控制标准和所有权标准所确定的政府财务报告主体范围是一致的,但两者还是会产生不同的结果。在一些情况下,资源和主体虽然受另一个主体的控制但并不被其所有,或者更常见的是,资源和主体被另一个主体所有但并不是受其控制。关键原因在于,所有权是从主体和交易的法律形式来定义的,而控制与法律形式无关。换言之，在控制标准下，政府财务报告主体范围的确定应该建立在政府控制的所有资源与承担的所有责任的基础上，而不管在行政上或法律上成立了何种机构来促进这些资源与责任的管理。

那么，究竟该使用控制标准还是所有权标准来确定政府财务报告主体范围呢？控制标准的支持者认为，使用控制标准与政府财务报告的目标更为一致。因为政府需要负责的是那些它所能控制的主体和资源，而不应该为那些不能控制的主体和资源负责，一个政府为不受控制的主体和资源承担受托责任是没有道理的。实际上，财务报告的基本用途是向相关使用者传递关于政府资源和责任的有用信息，如果财务报告中包括了政府不能控制的资源或者没有必要的受托责任，那么，由此定义的资源和责任就会从根本上削弱财务报告传递有用信息的价值。从决策的目的来看，财务报告期间政府可控资源及其变化的信息都应该向使用者报告，如果这些反映资源及其变化的信息不受政府控制或者把政府控制的资源排除在外，政府财务状况及政府财务绩效的信息就会被扭曲。此外，根据不同会计核算基础的特征和要求，当一个政府选择权责发生制作为会计核算基础时，就需要报告它所控制的资源与所承担的所有职责，以及管理这些资源和职责的效果。

由于公共部门中使用的控制概念实际上是从私人部门（企业）中对控制的定义引申而来的，因此，尽管不同机构或政府对控制概念的定义有差异，但仍然具有一些共同的特征。这突出表现在两个方面。其一，"控制"意味着财务治理与政策经营要体现控制方的目的。其二，"控制"也意味着政府有权从一个主体的净资产中获益，当然也要面对一个主体的财务风险。鉴于公共部门的特殊性，在理解控制概念时，有几个地方需要特别注意。

第一，控制与政府采用何种组织手段和方式来执行政府项目无关。通常，政府为了达到执行某种政府项目的目的，可能设立独立的主体来执行，也可能设立相应的行政管理部门，这些手段形式与控制概念的应用无关。

第二，控制与政府是否向某个主体提供基金不存在必然的联系。比如，一些私立学校或私立医院可能从政府那获得补助，但它们并不受政府控制。政府需要确保的是这些私立学校或私立医院对接收政府补助的领域负起相应的责任，但学校和医院本身并不需要向政府负责，除非它们是受政府控制的。

第三，一个政府控制的另一个实体的个体资产，并且承担某些资产的责任或是另一个实体的个体资产的全部责任，未必就等同于控制其他实体。比如，一个政府可能进入到另外一个实体，与之合作建造某种基础设施资产，并且代表政府提供与这种公共设施相关联的服务。起初，这种资产的所有权属于其他实体，但在未来的某个特定时间政府可能从这个实体接受这笔资产，资产所有权也就转移到了政府，但这并不意味着政府控制了其他实体——需要在合并报表中确认那个实体的所有资产、负责、收入与费用。

第四,政府对另外一个实体的控制能力必须是目前可运用的(Presently Exercisable)。比如,当一个政府需要通过修订法律或颁布新法律才能对另外一个实体实施控制时,这就意味着政府在目前并不拥有控制实体的能力。

第五,控制概念的定义不应过于宽泛。为了确保政府财务报告只包括那些政府可以制定分配决策的主体的资源,为编制财务报告目的而使用的控制的定义就不应当如此广泛,应避免政府财务报告包括这样的主体:① 这些主体仅仅在一个由立法机关建立的法律框架中从事活动;② 这些主体仅仅是通过政府取得基金或仅仅是经济上依赖于政府。

为了使得控制概念具有可操作性,必须对控制标准确定某些共同的规则和具体指导,以保证在面对不同主体和活动时能够作出一致的决策,尤其是要把非常宽泛的政府"控制潜力"限定为有限的几种控制形式。基于此,国际会计师联合会公共部门委员会(IFAC-PSC)对控制标准做了以下运用性解释,即如下情况中任何一条都可以说明政府对另外一个主体存在着控制:① 存在能使政府直接指导该主体理事会的财务和经营政策的主管权力;② 按照现行法律,政府对撤换该主体理事会的大多数成员具有广泛的自主裁决权;③ 政府持有多数选票,从而在这个主体的理事会会议上扮演者至关重要的角色。一言以蔽之,主管权力或其他权力的存在,使得一个政府能够对另外一个实体的理事会作出指示,意味着政府具有主导实体的财务和经营政策的能力,从而确保其他实体的运营朝政府的目标迈进。

政府对另外一个主体拥有主管权力或其他权力,可能通过多种具体形式体现出来。常见的形式包括:① 政府拥有否决该主体日常预算和资本预算的能力;② 在现行法律框架下,政府拥有解散该主体的能力;③ 政府对该主体负有剩余赔偿责任;④ 如果该主体解散,政府享有主体大部分净资产的权力;⑤ 对主体的授权由法律确定并受法律制约;⑥ 政府拥有任命该主体CEO(或其他平行等级的职务)的能力;⑦ 主体必须遵守由法律确定的财务报告的要求,以及/或者公共部门主体的审计要求;⑧ 主体需要向主管政府提交财务报告,并且这些报告需要在立法机构存档;⑨ 主体的雇员同时也是政府的雇员。

一旦决定采用控制概念作为确定政府财务报告主体范围的标准,政府就需要解决如下几个重要的问题。首先,在政策层面要确定控制的定义与特征,并识别哪些主体受政府的控制;其次,在技术层面上确定合并所有交易的机制和方法。另外,需要注意的是,尽管采用控制标准的终极目标是全面反映政府及其所控制的所有主体的资产、负债、收入与费用等信息,但在短、中期,这一目标可能会因为实际操作中的困难而受到限制,比如编制合并财务报表时不同主体之间的交易被排除掉。

最后需要强调的是,控制标准并非没有争议。一些人认为将控制概念应用于确定政府财务报告主体范围是不恰当的,因为政府在其主权范围内,具有通过税收权和管制等手段控制所有资源的潜力,这意味着以控制标准来界定政府财务报告主体范围是没有意义的。实际上,在转轨经济国家,受历史影响,政府对许多社会组织机构还有较强的控制力,如果没有合理的控制标准,政府财务报告范围将过大。此外,如前所述,控制概念在理解上的差异,使得实践中各国政府对于纳入政府财务报告主体的被控主体范围产生不同认识,出现受控主体多样化的问题(常丽,2012)。①

3. 法律主体标准和政治受托责任标准

根据 PSC 提供的解释,法律主体标准是指依据法律法规来确定哪些主体或哪类主体应当包括在政府财务报告中,这种方法的缺陷是,即使一个政府采用了法律主体标准,也仍然需要一个概念基础来确定主体的范围。政治受托责任标准,是以社会公众委托政府的职责作为确定政府财务报告范围的标准,即政府报告主体包括所有履行政府职责的主体,而不管实施这些活动的法律依据或组织结构如何,政府与私立主体以及其他政府间的合作活动均包括在内。由于政府会计最主要的目标是反映政府受托责任履行情况,因此受托责任标准是界定政府会计主体较好的方法,但有效运用该方法的前提是对政府受托责任有清晰的界定。

4. 组织性质标准

叶龙、冯兆大(2006)从公共财政理论出发,认为界定政府会计与财务报告主体的范围,首先要界定政府的经济活动范围(即政府的经济职能),政府组织的使命就是要完成政府应承担的各项职能,因而,完全可以从组织性质的视角来界定政府财务报告主体的范围。根据公共财政理论,一个主体只要同时满足以下两项标准就是政府的一个组成部分:① 该主体从事的活动是非市场导向的;② 该主体的资金来源于强制征收。一个主体的活动只要符合上述两个条件,不管它是否冠以"政府"的头衔,也不管它是以公立非营利组织的形式还是以公立企业的形式出现,都属于一个政府。

应该说,以公共财政理论来界定"政府主体"的思路,是符合政府会计本质要求的,因为政府财务恰恰是对政府在各项经济活动中所发生的资金运动进行反映

---

① 比如,美国联邦政府大部分受控的服务机构和国有企业被包含在各个部门的财务报表中,因而也间接地被包含在整个政府的财务报告内。英国财政部则不建议将宪法中的独立机构,例如非部门公共机构、国有企业等划归在合并部门的范围内。法国政府基于财务收益和风险意义上的控制概念来区分被控制实体(Controlled Entities)及非被控制实体(Non-controlled Entities)。澳大利亚政府使用的"控制"概念则是基于所有权意义上的控制,报告主体包括政府部门、议会部门、法定机构及其控制的实体、皇室实体、法定团体或机构以及政府企业。

和监督。但实际上,组织性质标准的判断依据与 PSC 所确定的基金授权分配标准、控制标准以及政治受托责任等都存在明显的重叠之处,因此,严格意义上来讲,组织性质标准并不构成一个独特的标准。

### 8.2.2 不同界定方法之间的关系

既然 PSC 确定了四种常用方法用来界定政府财务报告主体范围,那么,很自然的一个问题是,这些方法之间是什么样的关系?该如何取舍?对此,PSC 明确指出,四种方法并不是互相排斥的,可能存在重叠的部分,因此,实务中常常结合起来使用。比如,由于公共基金的核准分配通常由法律法规作出规定,因此,在这种情况下,可以通过参考法律法规的规定来确定政府财务报告的主体。以公共基金授权分配标准确定的预算单位主体,通常也是以控制概念为标准确定出的政府财务报告主体的一部分内容,而且还可能是最重要的内容。此外,法律主体标准很可能与控制标准同时使用。

有时虽然采用的是不同的方法,但确定的报告主体却是相同的,例如,对于较低级别的政府主体而言,按照基金授权分配标准确定的报告主体可能就等同于按照法律主体标准、政治受托责任标准确定的报告主体。当然,如果报告的对象是整个政府,那么不同标准一般还是会产生不同的结果,比如合规性报告的法律要求可能意味着一个政府在报告之外还需准备另外一套基于基金授权分配标准的报告。

实际上,国际公共部门会计准则(IPSAS)①在前言中明确指出,IPSAS 适用于包括国家政府、地区性政府(如州、省)、地方政府(如市、镇)以及构成其组成部分的主体(如政府部门、政府机构、理事会、委员会和政府企业)在内的所有公共部门主体。显然,IPSAS 不是采用基金授权分配标准确定财务报告主体的范围,尽管结果可能与按照这种方法确定的范围一致,其对报告主体范围的确定是控制标准、法律主体标准以及政治受托责任标准的综合运用。比如政府企业一般都是单独的法律主体,某一级别的政府一般也对所辖地区的资源负有政治受托责任,如果提供政府整体的财务报告,则应当根据《国际公共部门会计准则第 6 号——合并财务报表和受控主体会计》,按照该项准则所规范的控制关系合并所有受控主体的财务报表,这又是典型的按照控制标准确定政府整体财务报告范围的主体(李红霞,2005)。

---

① 国际公共部门会计准则(IPSAS)由国际会计师联合会(IFAC)的国际公共部门会计准则理事会(IP-SASB)发布。

# 第9章 政府财务报告的形式和主要内容

政府财务报告的根本目的是向相关信息使用者提供有关政府受托责任履行情况的财务信息,满足社会公众及其他利益相关者对政府财务信息的需求。毫无疑问,为了达到这一目标,必须借助一定的形式和方式来向报告使用者呈现政府的财务信息及其他相关补充信息。一套规范科学的政府财务报告形式和内容体系,是政府财务信息公开的重要载体和质量保证。

## 9.1 政府财务报告的形式和内容的含义
### 9.1.1 相关概念

对于什么是政府财务报告的形式和内容,国际上并没有一个明确的概念界定,相关内容的讨论散见于政府会计与财务报告的相关准则或章节中。国内学者虽然使用到了政府财务报告的形式、构成、结构、内容等概念,但也没有一个成熟的定义。实际上,在阐述政府财务报告形式与内容的相关内容时,有两个相关的概念,一个是财务报告模式(Reporting Model),另一个是财务报告体系(Reporting System),有必要对它们之间的异同进行分析。

对于"报告模式"这一概念,国际上不少公共部门财务准则制定机构都有使用、论述或界定。国际会计师联合会公共部门委员会(IFAC-PSC)对报告模式就有明确的定义,即"财务报表的结构和呈报,特别是,何种报表应包含在整套财务报表中,这些报表如何相互联系,以及关键的计量问题如何在报表中列示"①。这一界定实际上是从会计技术层面阐释了财务报表的模式,表明一套完整的政府财务报表应包含报表类型、结构、计量以及列示方式等关键内容。不过,虽然财务报表是政府综合财务报告的主要组成部分,但政府财务报告还可能包括文字说明和分析等内容,应该说,IFAC-PSC 所界定的报告模式并不能全面揭示政府综合财务报告的形式和内容。国内的一些研究机构,比如北京市预算会计研究会《政府会计课题组》(2007)以及上海市预算会计研究会课题组(2007),虽然都没有对政府财

---

① IFAC-PSC, 1991, Study 1—Financial Reporting by National Governments, Feb 28, 1991.

务报告模式进行严格的概念界定,但他们在具体分析中都涉及了财务报表、报表附注以及文字说明等内容,换言之,在他们看来,政府财务报告模式不仅涉及财务报表,还涉及文字分析层面。

在另外一些学者或机构看来,政府财务报告模式的外延则更为宽泛。比如,李建发(2006)认为,政府财务报告模式是一个解决由哪个层次的报告主体在何时、以何种方式向何种使用者报告何种内容的财务报告问题。根据这一界定,政府财务报告模式应当是由以上诸方面综合选择的结果,它不仅包括报告的形式与内容,还涵盖了报告主体、报告使用者等组成部分。全国预算与会计研究会课题组(2009)认为,政府财务报告模式是编报政府财务报告的方式、方法的总框架,这一定义较为模糊,从他们对美、英两国的具体分析来看,财务报告的目标、编制基础也都是报告模式的组成部分。美国州和地方政府会计准则委员会(GASB)也使用到了政府财务报告模式的概念,但其含义较为特殊,它是指美国州和地方政府从早期的以基金为基础的财务报告转变到基金财务报告与政府整体的财务报告相结合,形成今天的全面综合的财务报告模式。

与"政府财务报告模式"相比,"政府财务报告体系"这一概念在国内的研究中使用更为频繁。在绝大多数情形下,"政府财务报告体系"所涵盖的内容非常广泛,包括了政府财务报告目标、主体、要素及其确认与计量、形式与内容等一系列组成部分,它是为满足信息使用者需求而编制的以相关信息为主要内容,以财务报表为主要形式、全面系统地反映政府受托责任的综合报告体系,即所谓的广义的政府财务报告体系(赵合云,2012)。由此可以看出,广义的政府财务报告体系与李建发(2006)、全国预算与会计研究会课题组(2009)所界定的政府财务报告模式是非常接近的。

与广义的政府财务报告体系相对应的是狭义的政府财务报告体系。赵合云(2012)认为,之所以会出现狭义的政府财务报告体系,是因为随着政府财务报表演变成政府财务报告,其形式和内容不断丰富,越来越多的学者开始将研究的内容集中在政府财务报告的形式与内容方面。所以,从狭义上分析,政府财务报告体系的外延往往特指其形式和内容,而将其主体、目标、要素及其确认与计量等内容剔除在外。由此可见,赵合云所界定的狭义的政府财务报告体系指的就是政府财务报告的形式与内容。

### 9.1.2 内涵界定

基于上一节的讨论分析,我们认为,尽管可以确定政府财务报告形式与内容所涉及的大致范畴,但严格界定其内涵仍然是一件较为困难的事。在缺乏权威定义的情况下,我们在此参考使用了赵合云(2012)给出的定义,即政府财务报告的形式主要指构成政府财务报告的一些基本要素及政府财务信息的披露方式,其中,构成政府财务报告的基本要素说明的是政府财务报告由哪些部分组成以及各部分在政府财务报告体系中的地位如何;披露方式主要指政府财务报告的具体报表项目的列报格式、信息披露的频度、信息报告模式等方面。而政府财务报告的内容主要指报告主体要提供给信息使用者的各类信息,不仅包括财务信息,还可能包括一些非财务信息。根据这一界定,接下来我们对政府财务报告的形式与内容分别展开讨论。在讨论顺序上,我们先讨论财务报告的内容,然后再讨论财务报告的形式。

## 9.2 政府财务报告的内容

### 9.2.1 一般性内容构成

在讨论政府综合财务报内容的构成时,需要把握关键的两点。其一,财务报告应包括财务信息和非财务信息;其二,财务报表是财务报告的核心构成。建立在这样的认识基础上,一份完整的政府综合财务报告,通常需要至少提供包括财务报表、报表附注以及文字说明和分析等在内的信息内容。

政府财务报表在政府综合财务报告中占据核心地位,它是对主体财务状况和财务业绩的结构性表述。财务报表的目标是提供有助于广大使用者对资源分配制定和评价决策的有关主体财务状况、财务业绩和现金流等信息。

报表附注主要针对财务报表的内容提供需要进一步解释的附加信息,是政府财务报告不可或缺的组成部分。报表附注要对报表未包括的主体范围、会计政策、报表项目明细以及未在报表中反映的一些重要事项(比如承诺事项以及或有事项等)进行解释说明,目的是帮助报告使用者更好地理解财务报表。

文字说明主要是以书面文字的形式对政府在报告期内的预算执行情况、整体财务状况及运营结果、宏观经济分析与展望、审计声明等所做的综合性说明。在发达国家,政府财务报告一般都提供了大量的文字描述和分析,用来说明政府履行公共受托责任的情况,说清楚"做了没有、如何做的以及做的效果"。

由于不同国家的国情不同,因而不同国家政府综合财务报告内容的构成必然存在着差异,财务报表、附注以及文字说明所覆盖内容的侧重点也可能不同。为了详细说明政府综合财务报告内容的具体构成,我们以国际公共部门会计准则委员会(以及国际会计师联合会公共部门委员会)和美国的相关规定,展开比较分析。

### 9.2.2 国际公共会计准则委员会的观点

《国际公共部门会计准则第1号——财务报表的列报》认为,公共部门通用财务报表的目标应当突出提供对决策有用的信息,并可以通过以下方式反映公共部门主体对受托资源的监管责任。

（1）提供关于财务资源的来源、分配及使用的信息；

（2）提供关于主体如何为业务活动融资并满足现金需求的信息；

（3）提供对评价主体为业务活动融资,以及为满足负债和承诺要求的能力有用的信息；

（4）提供关于主体财务状况及其变化信息；

（5）提供对评价主体在服务成本、效率和成果等业绩方面有用的总体信息。

为了达到上述目标,财务报表应当提供主体的资产、负债、净资产/权益、收入、费用、净资产/权益的其他变动及现金流量信息。为此,《国际公共部门会计准则第1号》认为,一套完整的财务报表应包括以下六个主要组成部分:①

（1）财务状况表。财务状况表反映主体在报告日拥有的资源和承担的义务,类似于营利性主体的资产负债表。公共部门主体应当按照经营的性质,在财务状况表中将资产和负债区分为流动和非流动资产、流动和非流动负债单独进行列报,除非按流动性列报提供的信息是可靠的,并且更为相关。当应用这种例外情况列报时,所有资产和负债应大体按其流动性顺序列报。

（2）财务业绩表。财务业绩表反映主体在报告期间的经营成果,类似于营利性主体的收益表。公共部门主体在财务业绩表中可以根据费用的性质或功能对费用进行合理的分析。

（3）净资产/权益变动表。净资产/权益变动表反映主体在两个报告日之间净资产/权益的变动情况,类似于营利性主体的所有者权益变动表或股东权益变动表。需要注意的是,国际公共部门会计准则要求提供的权益变动表,是反映报告期权益所有变动的报表,而不是反映除与权益持有者发生的交易以外的事项所导致的权益变动的报表。

（4）现金流量表。现金流量表反映报告期内公共部门主体现金流入的来源、现金支出的项目以及报告日的现金余额。公共部门主体应当按经营活动、投资活动和筹资活动类别报告当期的现金流量,其中经营活动的现金流量可以使用直接法或间接法编制,鼓励使用直接法。

（5）当主体公布其获得批准的预算时,还应编制一份额外的关于预算和实际发生额相比较的单独的财务报表,或者在财务报表中列示预算栏。

（6）财务报表附注。附注包含除财务状况表、财务业绩表、净资产/权益变动表和现金流量表中列报的信息以外的信息。附注提供了对在这些报表中披露的项目的文字描述或明细资料,以及不符合在这些报表中确认的那些项目的信息。

---

① 这是当政府财务报表以权责发生制为基础编制时的情形,当财务报表以收付实现制为编制基础时,主要的财务报表是现金收支表。

财务报表的这些组成部分在同一个国家或地区内和不同的国家或地区可能有不同的名称。财务状况表也可能被称为资产负债表或资产表或负债表。财务业绩表也可能被称为收入和费用表、收益表、经营表和损益表。在某些国家和地区,财务报表附注还可能包括以"一览表"形式列报的项目。

公共部门主体通常受到预算的制约,这些预算制约以拨款或预算授权(或类似授权)的形式,通过授权立法使之生效,因而,其财务报表还需要反映资源的获得和使用是否与法定认可的预算相一致的信息。公布其获得批准的预算的主体必须遵循《国际公共部门会计准则第 24 号——财务报表中预算信息的列报》的要求。对于其他主体,如果财务报表与预算根据同一会计基础编制,本准则鼓励财务报表中包括与报告期预算金额的比较信息。这些主体与预算比较的报告可以采用如下不同方式列报:

(1) 分栏式财务报表,将预算金额、实际金额分栏列报,与预算或拨款的差异也应作为单独一栏列报,以保证报表的完整性。

(2) 就没有超出预算金额的事实进行披露。如果超出了预算金额或拨款,或者发生的费用没有相应的拨款或其他形式的授权款项支持,则相关细节可以通过对财务报表中相关项目增加脚注的形式披露。

除了上述主要的信息内容外,《国际公共部门会计准则第 1 号》还鼓励主体列报附加信息,以帮助使用者评价主体的业绩和对资产的经营责任,以及制定和评价资源分配的决策。这些附加信息包括以业绩指标形式表示的主体的产出和成果、服务业绩表、项目审核以及管理层提供的关于主体在报告期成果的其他报告。此外还鼓励主体披露遵循法律、法规和其他外部强制规定的信息,如果财务报表中没有包括所述遵循情况的信息,那么增加一个指向包含这些信息的文件的附注则非常有用。

《国际公共部门会计准则第 1 号》认为,附注应当提供如下信息:

(1) 关于财务报表的编制基础以及重要会计政策的概述;

(2) 国际公共部门会计准则要求的,但未在财务状况表、财务业绩表、净资产/权益变动表或现金流量表内列报的信息;

(3) 提供未在财务状况表、财务业绩表、净资产/权益变动表或现金流量表内列报的信息,但对于理解其内容具有相关性的附加信息。

附注应尽可能按系统的方式列报,财务状况表、财务业绩表、净资产/权益变动表或现金流量表内的各项目应与附注中相关的信息互相参照。为了便于使用者理解财务报表,并将其与其他主体的财务报表进行比较,附注通常按如下顺序列报:

(1) 遵循国际公共部门会计准则的声明;

(2) 所采用的重要会计政策的概述;

(3) 财务状况表、财务业绩表、净资产/权益变动表或现金流量表表内列报项目的支持信息,按列报的各单列项目和财务报表顺序列示;

(4) 其他披露,包括或有负债和未确认的合同承诺、非财务信息披露(例如主体的财务风险管理目标与政策)。

附注提供的关于财务报表编制基础和具体会计政策的信息,可作为财务报表的单独组成部分列报。

### 9.2.3 美国相关机构的观点

美国作为典型的联邦制国家,联邦政府和州政府之间有明确的权力划分,保持相对独立,这样的政治体制决定了美国没有统一的政府财务会计体系。美国的政府财务报告也就包括了联邦政府财务报告、州和地方政府财务报告两个层面。

联邦政府财务报告包括联邦政府整体层面的年度综合财务报告和联邦政府部门财务报告。联邦会计准则咨询委员会(FASAB)第2号概念公告《主体与披露》提出,整个美国政府(政府主体)和联邦机构(构成单位)使用一套共同的财务会计概念和准则,编制一套共同的财务报表。美国联邦政府各部门编制权责发生制下的年度政府财务报告,并上交给联邦财政部,财政部按会计准则对报告进行汇总后,编制合并财务报告。整个联邦政府和构成单位被要求在其他报表之外编制下列相互关联的财务报表:资产负债表、净成本表、运营情况表。机构的财务报表应当在基于实际交易和事件的财务状况和业绩报表之外,报告预算资源的状态和使用情况。具体地,联邦政府财务报告由四部分内容构成。

(1) 管理层讨论与分析。这一部分主要是为了加强使用者对财务报表的理解,除了提供财务摘要之外,还应当陈述主体的使命和结构、行动和计划、内部控制以及对主体未来有影响的事件,主要内容包括总体介绍、政府财务境况分析、财务现状与政府运营结果、管理控制与制度以及附加信息等内容。

(2) 财务报表。联邦机构的财务报表包括资产负债表、净运营成本表、财务状况变化表、预算资源情况表和筹资情况表。而联邦政府的合并财务报表包括资产负债表、净成本表、营运和净额变动表、净运营成本与统一预算调整表、统一预算和其他业务现金余额变动表和社会保险情况表。

(3) 报表注释。报表注释是为了帮助信息使用者详细、深入、全面地理解联邦政府的相关资产负债信息和财务状况,具体包括应收、应付项目等内容。

(4) 补充信息和托管信息。补充信息的具体项目包括社会保险、社会保障和老年医疗保健,托管信息包括托管土地、托管投资等。

近两年来,随着联邦政府对政府受托责任的进一步加强,特别是审计总署(GAO)强化其对政府受托责任的监管职责后,联邦部门已经不再局限于以纯粹的财务报告来反映政府的受托责任,而是开始加入反映非财务信息的绩效评价。目前,各部门编制的对外报告成为《绩效与受托责任报告》,主要分为绩效报告和财务报告两部分。①

如前所述,美国州和地方政府财务报告的最显著特征是,以基金为基础的财务报告与政府整体的财务报告并置在一个整合的模式下,即所谓的"双重报告"模式。1999年,美国州和地方政府会计准则委员会(GASB)发布的《政府会计准则委员会公告第34号——州与地方政府的基本财务报告以及管理讨论与分析》规定,州和地方政府通用目的外部财务报告的最低要求包括基本财务报表、报表附注和规定的补充信息。

(1) 基本财务报表。基本财务报表是州和地方政府通用目的外部财务报告的核心。基本财务报表由政府整体财务报表和基金财务报表组成。对于政府整体的财务报表,州和地方政府提供政府整体的净资产表和包括所有政务性活动、企业型活动以及(非信托)组成单位的政府整体的活动表。对于三类基金财务报表,政务基金的财务报表包括资产负债表,收入、支出和基金余额变动表以及预算比较报表。权益基金的财务报表包括净资产/余额表,收入、费用和净资产/权益变动表以及现金流量表。信托基金的财务报表包括信托净资产报表和信托净资产变动表。

(2) 财务报表附注。政府整体的财务报表和基金财务报表中列报的数据必须与各种附加的披露信息同时报告,以确保提供财务状况的完整信息。报表附注既提供了财务报表数据质量的制度保证,也为公众准确理解政府财务状况架起了桥梁。附注的披露适用于重要性项目。正如 GSAB 第34号公告第113段所说的,"附注关注的焦点应放在基本政府(尤其是它的政务性活动、企业型活动、主要基金)以及合计的非主要基金"。如果忽略将会被某些财务报表使用者认为影响重大。这些附加的披露信息以单独的一套附注的形式,直接置于政府整体的财务报表和基金财务报表之后列报。重大会计政策概要是财务报表附注的一个主要内容,除此之外,附注还包括大量的有必要披露的专题附注。

(3) 规定的补充信息。公认会计原则(GAAP)要求,与经审计的基本财务报表一同披露某些不需要被审计的信息,这些额外资料称为规定的补充信息(RSI)。对于州和地方政府,RSI 主要有五种类型:① 管理层讨论与分析。主要通过提供使用者需要的描述性介绍和概况,来诠释基本财务报表,有时也对基本财务报表中的一些关键数据进行分析。② 预算比较。政府必须将普通基金和各个主要的

---

① 财政部国库司:《美国是如何编制政府财务报告的?》,《中国会计报》,2015年3月13日。

特种收入基金的初始预算和最终修正预算与其实际结果进行比较。① ③ 关于基础设施状况的趋势数据。④ 关于养老金和其他退休后福利融资（OPEB）的趋势数据。⑤ 公共主体风险组合索要权发展趋势数据。

需要指出的是，因为管理层讨论与分析部分的目的是介绍基本财务报表，所以它在基本财务报表之前列报。除此之外的其他规定的补充信息则在财务报表附注之后列报。

基本财务报表、报表附注以及规定的补充信息只是财务报告的最低要求。公认会计原则（GAAP）鼓励政府超越这些最低要求，提供更广泛意义上的综合年度财务报告（CAFR）。CAFR 主要由三个部分构成：报告说明部分、财务部分和统计部分。报告说明部分提供关于政府组织结构、服务和环境的总体信息；财务部分包括所有基本财务报表、报表附注和规定的补充信息；统计部分提供有助于解释基本财务报表的趋势数据和非财务数据（包括财务趋势、收入能力、举债能力、经济和人口信息等），这些信息对于评估经济环境特别重要。

综合上述分析可以看出，尽管美国联邦政府、州与地方政府两个层面的政府财务报告所提供的具体信息不同，但这些信息的分类与构成实际上非常相似。另外，无论是美国的规定还是国际公共部门会计准则委员会的规定，文字说明通常是分散在政府财务报告的不同内容版块中的，并不是作为一个独立的章节呈现出来，这点需要注意。

## 9.3 政府财务报表的要素②

### 9.3.1 财务报表要素的基础问题

要素是构筑财务报表的材料，为通过记录、分类和集合经济数据和活动以向使用者提供满足财务报告目标和信息质量特征的信息提供可行性。政府财务报表要素作为政府财务报告的基础性问题直接影响到政府财务报告目标和功能的实现。政府财务报表要素是在财务报表要素的基础上发展起来的。所以，财务报表要素的相关理论就为政府财务报表要素的界定奠定了理论基础。

财务报表要素问题很早就引起了国外学者和会计准则机构的关注，其中比较有影响的成果是美国财务会计准则委员会（FASB）和国际会计准则委员会（IASC）的研究。FASB 在其 1985 年 12 月发布的《财务会计概念公告》第六辑《财务报表的各种要素》中明确指出："财务报表要素就是对财务报表内容的基本分类，各种

---

① 公认会计原则（GAAP）特别规定，政务基金的预算比较情况可以作为基本财务报表之一进行呈报，而不是作为规定的补充信息呈报。
② 本节主要根据王丹槐（2014）和赵合云（2012）的相关阐述写成。

报表要素是构成财务报表的基本组成材料。"FASB认为,报表中的项目能否成为要素的关键主要取决于它们能否按照一定的确认基础来进行确认。如果该经济事物或事项(如库存现金、待销商品等)虽然符合要素的定义,但不能按一定的确认基础来确认,则不能称为要素。在这份公告中,FASB提出了十种财务报表要素,即资产、负债、权益(或净资产)、业主投资、派给业主款、全面收益、营业收入、费用、利得和损失。IASC在其1989年发布的《关于编制和提供财务报表的框架》中指出:"财务报表要素就是根据经济特性对财务报表内容的基本分类。"根据IASC的观点,财务报表要素分为五类,即资产、负债、权益(或净资产)、收益与费用。

从FASB和IASC对财务报表要素的定义和分类来看,尽管两者存在一些差异,但这些差异都是表面的,只能说明它们关注的重点不同。两者的实质是一样的,即都认为财务报表要素其实就是对财务报表内容的基本分类,各种要素是构成财务报表的基本组成材料。一般认为,政府财务报表的要素是对政府财务报表内容的基本分类。但由于各个国家具体国情的千差万别,特别是公共管理体制方面各不相同,导致各国政府财务报表的格式和类型不尽一致,国际上是也没有统一的关于政府财务报表要素的划分模式。接下来我们以IPSASB、美国FASB、GASB的相关研究展开阐述并予以比较。

### 9.3.2　国际公共会计准则委员会的研究成果

IPSASB于2012年11月发布征求意见稿《财务报表中的要素和确认》。IPSASB定义的要素包括资产(Assets)、负债(Liabilities)、收入(Revenue)、费用(Expenses)、递延流入(Deferred inflows)、递延流出(Deferred outflows)、所有者出资(Ownership Contributions)和所有者分配(Ownership Distributions)。同时,IPSASB也对净资产(Net Assets)和净财务状况(Net Financial Position)的定义进行了阐述,但明确指出两者并非财务报表要素。净资产和净财务状况分别可用以下公式表示:

资产 – 负债 = 净资产(资产 + 递延流出) – (负债 + 递延流入) = 净财务状况

以下是IPSASB对各要素的具体定义:

(1) 资产。IPSASB指出,资产是主体目前控制的,由过去事项形成的,能提供服务潜能或经济利益流入的资源。该定义的关键字包含"控制""过去事项""服务潜能或经济利益""资源"。

首先,资产的本质是"资源"。对于公共部门主体而言,资源是能提供服务潜能或经济利益流入的项目。利益可以是资源本身直接形成的,也可以是从对资源所拥有的权利中产生的。

其次,资源所提供的收益是"服务潜能或经济利益"。服务潜能是资产用于提供商品和服务以实现主体目标的能力。服务潜能意味着主体在未形成净现金流入的情况下也可实现其目标。含有服务潜能的公共部门资产包括公共休闲设施、传统继承物及防御设施等。这些资产往往是专门化的,只用于实现特定目的。它们被政府等公共部门持有并用于向第三方提供商品和服务。这些商品和服务一般在无市场竞争或市场竞争受限制的领域内提供,可能用于集体或个人消费。而经济利益的表现形式为现金的流入或现金流出的减少。通过在商品和服务的生产和销售中对资产的使用、资产直接与现金或其他资源的交换、持有现金本身等途径可产生现金流入(或现金流出的减少)。

再次,主体必须在报告日能够"控制"资源。在具体评价主体是否控制某项资源时,通常需要评估下列因素是否存在:法定所有权、使用资源的能力(或反言之,拒绝或限制资源使用的能力)、确保资源用于实现主体目标的方法以及对资源所产生的服务潜能或经济利益的可执行权利。

最后,资产是"过去事项"或交易形成的。主体可以通过在交换交易中购买或通过生产直接获得资产。在这些情况下,对过去交易或其他事项的识别是比较简单的。但是,资产也可能是通过非交换交易形成,这种现象在公共部门主体中尤其普遍。征税、颁发许可证、对无形资源(如电磁波等)所含利益的使用(或拒绝使用、限制使用)等权力是私人部门主体所没有的。我们需要判断这些权利或权力在哪个点形成了资产。

(2)负债。IPSASB认为,负债是主体因过去事项而承担的现时义务,该义务的履行将无法避免服务潜能或经济利益流出主体。负债是一项"现时义务"。这在时间上作了限制,排除了政府未来可能的承诺或未来行为可能导致承担的义务。现时义务可能是法定义务或非法定但应遵守的要求(推定义务),预期要求主体向另一方传递服务或经济利益。负债是由"过去事项"所形成的。公共部门项目和活动的复杂性意味着在项目建立、实施和运营过程中存在众多潜在的时点可能产生现时义务。因此,为了判断某项义务是否是现时义务,必须准确识别过去事项。主体"无法避免"该现时义务的履行。该义务可以是法定的,也可以是非法定的,可以产生于交换交易中,也可以产生于非交换交易。法定义务在法律上是可执行的。交换交易往往本质上就是契约性的,并因此在合同法上是可执行的。而针对部分非交换交易,确定某项义务是否在法律上可执行需进行判断。若确定该义务在法律上可执行,则主体无法避免该项义务,毫无疑问该负债是存在的。负债也可产生于推定义务。这种推定义务的产生过程如下:首先,主体通过过去实践确立的典型、公开发表的政策或明确的现时声明等方式向其他方表明自己将承担某些责任;然后,因为这些迹象使得其他方形成了主体将解除这些责任的期望;最后,主体无法避免履行这些责任所产生的义务。

(3) 收入和费用。收入是指本报告期内,导致主体净资产增加的流入(除了递延流入的增加和所有者出资之外)及因递延流入的减少而引起的流入;费用是指本报告期内,导致主体净资产减少的流出(除了递延流出的增加和所有者分配之外)及因递延流出的减少而引起的流出。收入和费用是与资产和负债的变动相关的流入和流出,是被普遍接受的观念,也被全世界众多准则制定者所采纳。IPSASB 在此基础上加上了时间限制,即要求该流入和流出是与本期间相关的,区别于递延流入和递延流出。IPSASB 认为不应将指明在未来期间使用的流入和流出作为收入和费用包含在当前报告期间内。

(4) 递延流入和递延流出。递延流入是供主体在特定未来报告期间使用的服务潜能或经济利益的流入,该流入是由非交换交易引起的,且将导致净资产的增加;递延流出是供另一主体或另一方在特定未来报告期间使用的服务潜能或经济利益的流出,该流出是由非交换交易引起的,且将导致净资产的减少。

递延流入和递延流出的基本特征主要指向"特定未来期间"和"非交换交易"。前者是递延流入和递延流出区别于收入和费用的关键特征,而后者则是 IPSASB 出于缩小递延流出和递延流入在公共部门环境中的应用的考虑而增加的限制。

(5) 所有者出资和所有者分配。所有者出资是指由外部方投入的、产生或增加主体净资产权益的主体资源流入;所有者分配是指从主体流出、分配给外部方以作为回报或减少主体净资产权益的资源流出。

以上所有要素中,资产、负债、递延流入、递延流出、所有者出资与所有者分配是财务状况表中的要素;收入和费用是财务业绩表中的要素。虽然净资产和净财务状况并未被确认为财务报表要素,但 IPSASB 强调了两者在评价主体财务状况与运营绩效上的重要作用。

通过与国际会计准则理事会(IASB)所界定的企业财务报表要素进行比较,我们可以发现,IPSASB 界定的政府财务报告要素与 IASB 有一些共同之处。比如,它们都认为资产的本质是资源,负债的本质是义务。但两者之间也存在如下一些典型的区别:

(1) IPSASB 界定的资产和负债的内涵大于 IASB。IPSASB 定义的资产包含"经济利益"或"服务潜能"双重内涵,而 IASB 定义的私人部门主体持有的资产是经济资源,产生的是经济利益。在公共部门中,包含服务潜能但不能形成经济利益的资源也是主体的资产。这主要是因为政府等公共部门主体的主要目标是为公众等提供国家安全防卫、医疗服务、社会保障等公共产品和服务,而不是创造利润。当然,政府部门也可能仅仅为形成净现金流入而开展某些活动。类似地,因为公共部门主体的许多义务是通过提供具有服务潜能的资源来履行的,所以 IPSASB 的负债定义中也提到服务潜能的流出。此外,企业的义务一般仅限于合同等契约中所规定的内容,而政府等公共部门主体所承担的义务不仅包括这种法定义务,还包括了推定义务。为保证其道义上、政治上的合理性与合法性,政府必须行使其职能并承担更多的义务,这便造成了政府的负债范围更广泛。

(2) IPSASB 的财务状况表要素多于 IASB。IPSASB 未延续传统做法,所以它将递延流入和递延流出在财务状况表中予以列报,为公共部门主体财务报告的使用者提供了更加清晰可比的信息。IPSASB 认为,关于服务提供的成本被同一期间的收入所补偿的程度的信息对了解受托责任和决策制定是极为重要的。

(3) IPSASB 未针对现金流量表等其他财务报表界定单独的要素。现金是政府等公共部门最重要的且年复一年可以正式获取的资源,现金流量表的重要性不言而喻,甚至常被视作政府财务报表的核心和基础。因此,公共部门有必要学习私人部门的做法,针对现金流量表确认单独的要素。

### 9.3.3　美国相关机构的观点

美国 FASAB 的第 5 号概念公告《权责发生制财务报表的要素定义和基本确认标准》中定义的联邦政府财务报表要素包括资产、负债、净状况(Net Position)、收入和费用。其中,资产是联邦政府控制的,能够带来经济利益的资源或服务;负债是由于特定事项的发生导致联邦政府所承担的当前义务,该义务会导致特定日向其他主体提供资产或服务;净状况是资产与负债的差额,相当于净资产;收入是报告期间政府净资产的增加,费用是指报告期间政府净资产的减少。

美国 GASB 在第 4 号概念公告《财务报告的要素》中分别定义了财务状况表和资源流动表的要素。其中,财务状况表要素包括资产、负债、资源递延流入(Deferred Inflow of Resources)、资源递延流出(Deferred Outflow of Resources)和净资产,资源流动表的要素则为资源流入(Inflow of Resources)和资源流出(Outflow of Resources)。各要素的具体定义如下:

资产是指政府当前控制且拥有现时服务能力的资源。负债是指政府无法避免的,会导致资源流出的现时义务。资源递延流入是政府归属于未来报告期间的净资产的获得资源。递延流出是政府归属于未来报告期间的净资产的耗费。净资产是资产和资源递延流出的合计减去负债和资源递延流入的合计后的余额。资源流入是政府归属于报告期间的净资产的获得。资源流出是政府归属于报告期间的净资产的耗费。

其中,资产定义中的"服务能力"是指使得政府能够提供服务进而实现其职能的能力,类似于 IPSASB 所提的"服务潜能"。不过,从 GASB 的具体解释中可知,"服务能力"包括"服务潜能"。GASB 认为,现金是拥有现时服务能力的资产,因为政府可通过使用现金来为公民提供服务。类似地,投资和持有待售土地等可通过出售以获得现金,这些资产的现时服务能力得以使用。GASB 指出,这种形式的服务能力一般被称作"经济利益"。可见,IPSASB 与 GASB 的资产内涵是一致的。GASB 定义的"资源递延流入"和"资源递延流出"与 IPSASB 的"递延流入"和"递延流出"异曲同工,都旨在将未来报告期间的资源单独区分开,以如实反映主体当期的财务状况。不同的是,IPSASB 将"递延流入"和"递延流出"限定于非交换交易中产生的部分。GASB 界定的净资产要素等同于 IPSASB 所定义的净财务状况。而资源变动表的"资源流入"和"资源流出"分别对应 IPSASB 的"收入"和"费用",差别在于 IPSASB 将所有者出资和所有者分配所导致的净资产变动剔除出去了。也就是说,IPSASB 将所有者出资和所有者分配作为财务状况表要素反映,而 GASB 则将其纳入资源变动表。

对比 FASAB 和 GASB 定义的财务报表要素,我们可以得到两点启示:① 由于政府主体的特殊性,政府主要为提供公共产品和公共服务而持有资源,而政府主体也可能仅为获得经济利益而持有某项资产,故拥有"服务能力"的资源应确认为资产。不过笔者认为,将"服务能力"分拆为"服务潜能"和"经济利益"两重含义更能突显政府主体资产的特性,更加直白与易于接受理解;② 关于服务成本被同一期间收入所补偿的程度的信息有助于评价政府的公共受托责任和决策制定,有利于评估期间公平性,故应单独呈报与特定未来报告期间相关的流量。递延流入和递延流出不应以收入和费用的形式包含在报告期间的财务业绩表中,而是单独确认为财务状况表的要素。

## 9.4 政府财务报告的列报

作为政府财务和非财务信息的载体,政府财务报告最终需要向信息使用者以一定的形式呈现这些信息。这就是政府财务报告的列报问题。

### 9.4.1 国际公共会计准则委员会的相关观点

IPSASB 在《通用目的财务报告中的列报》中对"列报"(Presentation)及与列报相关的"显示"(Displayed)、"披露"(Disclosed)等概念进行了明确的界定,并识别了三个列报决定(Presentation decisions):选择(Selection)、定位(Location)与组织(Organization)。这是国际准则制定者首次研究财务报告列报概念。

1. 列报概念

列报是指选择、定位与组织在财务报告中显示和披露的信息。IPSASB 将信息进一步区分为在财务报表中显示的信息和在附注中披露的信息。显示的信息在财务报告中传达关键信息,因而应保持简洁易懂,从而使用者能专注于这些关键信息,而不被可能模糊这些信息的过多细节所分心。报告编制者可通过使用合适的列报技术(如清晰的表格、边框、标签和图形等)突出呈现显示的信息。通过提供显示的信息的细节详情,披露的信息帮助使用者理解报表中显示的信息,增进显示的信息的有用性。IPSASB强调披露不能取代显示。

2. 列报决定

列报决定包括信息的选择、定位与组织,可能涉及两个层级:高层级的列报决定可能导致新报告的产生、现有报告的合并或者信息在报告间的转移等,较低层级的且更具体的列报决定是关于在报告内的信息选择、定位与组织。

(1) 信息选择决定。适当的信息选择既能形成足够的信息以满足财务报告的目标,同时也能避免信息超载。信息超载会降低可理解性,过多的信息可能使得使用者很难了解整体形势,有损财务报告目标的实现。具体而言,决定报告什么信息时,编制者需考虑:第一,相关的经济或其他现象;第二,财务报告的目标、信息质量特征和财务报告的制约因素;第三,财务报告中已报告的信息。

IPSASB指出,编制者应当对可能选择的信息进行审慎的检查,尤其是关于信息的相关性、重要性及其成本—效益。考虑信息选择时,使用者获取信息的收益应大于主体搜集和列报该信息的成本。报告的所有重要的交易、事项和其他项目的列报方式都应是实质重于形式的,以满足相关性和如实反映等信息质量特征。

(2) 信息定位决定。信息定位决定包括决定信息位于哪个报告及信息位于报告内的哪个部分。信息所处的位置对信息的相关性、可验证性、可理解性、如实反映和可比性都有一定影响。定位可能用于:传达信息的相对重要性及其与信息的其他项目的联系;传递信息的性质;以及联接不同的信息项目,这些信息项目相结合以满足特定使用者的需求。信息的定位可提高使用者比较信息的能力,亦可损害之。进行信息定位决定时需考虑的因素包括联系(Linkage)、性质(Nature)和地区—特定(Jurisdiction Specific)。其中,联系是指设想的附加信息是否需要与已有报告中所含信息紧密联系;性质是指出于可比性和/或可理解性等相关的考虑,信息的性质(如历史性或预测性)是否支持将信息置入相同或不同的报告中;地区—特定则关注法律规定等地区—特定因素是否指明了信息的位置。

(3) 信息组织决定。财务报告内的信息组织旨在明确不同项目之间的重要关系。相关的信息通过使用一致的标题、列报顺序等方法相联系。信息组织涉及标题、编号、表格、不同类型图表的使用和报告中的项目具体安排(如项目顺序)等。一些信息以图形、图表、表格、比率或关键业绩指标等方式组织时更易理解,其他信息则以叙述性形式呈报更有效。信息的组织有助于使用者理解相同财务报告内信息之间的联系。

IPSASB在财务报告列报问题的观点上与IASB有明显的不同。IPSASB认为"列报"包含"显示"和"披露";IASB则倾向于将"披露"的含义扩大化,"列报"概念局限于财务报表部分,"披露"包含了"列报"。在概念框架的列报部分,IPSASB和IASB的思路也迥异。前者专注于制定与列报相关的高层次原则,后者则给出了非常具体的指导。IPSASB 未确定财务报表的数量或类型,它认为这是准则层面的问题。避免概念框架层面的过度规范,才能更好地应对未来列报要求及相关技术的变动造成的影响,保证概念框架的稳定性。当充分满足财务报告目标所需的信息类型发生变动,或用于呈报财务报告信息的技术得以改进时,与列报相关的具体操作将受到极大的影响。而 IPSASB 所定义的"列报"与"列报决定"等相关概念仍能较好地适应这些环境的变化,这形成了较大的优势。这些高层级的概念原则也能较好地应用于企业财务报告领域。当然,若进一步研究信息列示与披露的具体规范,由于政府运行目标的多元化与非量化性,政府财务报告列报与企业财务报告列报必然存在较大区别。

### 9.4.2 美国相关机构的观点

美国 FASAB 发布的第 6 号概念公告《基本信息、所需补充信息和其他附带信息的区分》为判断信息属于基本信息(Basic Information)、所需补充信息(Required Supplementary Information,RSI)或是其他附带信息(Other Accompanying Information,OAI)提供了指导。FASAB 明确了三种信息类型的定义。其中,基本信息是指基本财务报表及其附注按照公认会计原则(GAAP)列报所必需的信息。RSI 是指设立 GAAP 的机构所要求的用于补充基本信息的信息。OAI 是指用于补充基本信息和 RSI 而设立 GAAP 的机构未作要求的信息。

GASB 对财务报告中所含信息的分类与 FASAB 略有差异。GASB 的第 3 号概念公告《包含基本财务报表的通用目的财务报告的呈报》明确了基本财务报表、报表附注以及补充信息之间的关系,为信息项目列报的传递方式选择提供了概念基础。信息传递方式包含:① 在基本财务报表里确认;② 在基本财务报表的附注中披露;③ 作为所需补充信息列报;④ 作为补充信息列报。

在选择信息的具体传递方式之前,编制者应先判断某信息项目是否应纳入政府财务报告。GASB 认为,该判断取决于信息项目是否与财务报告目标一致且满足质量特征的要求。这一步骤对应 IPSASB 定义的列报决定之一——信息选择。若确定将某信息项目纳入财务报告,则进行传递方式的选择。具体步骤为:

① 若该信息项目符合确认定义和标准,则在基本财务报表中予以确认;② 若信息项目不符合确认定义和标准,但满足在财务报表附注中披露的定义和标准,则在附注中予以披露;③ 若信息项目不符合确认定义和标准,但满足在 RSI 中列报的定义和标准,则在 RSI 予以列报;④ 若信息项目不符合 RSI 列报的定义和标准,GASB 可能制定专门的准则指导编制者在补充信息中列报该项信息。

在信息列报概念部分,IPSASB、FASAB 和 GASB 的观点实质上是趋同的。三大准则制定机构都将信息区分为财务报表中确认的信息和财务报表以外信息的披露,都强调财务报表信息是财务报告的核心。而在信息的选择、信息列报定位等指导上,IPSASB 的阐述逻辑相对更加清晰。特别值得一提的是,FASAB 要求联邦政府主体在财务报告中包含管理层讨论与分析(MD&A),对政府财务活动和基本财务报表作简要分析。MD&A 包括报告主体的业绩衡量、财务报表、系统和控制、对法律法规的遵循情况以及为解决问题将采取的行动等等具体内容。MD&A 显著增强了联邦财务报告的可理解性和有用性,并且能让使用者了解政府主体及其运营情况、服务水平、成就以及主体的未来与所面临的挑战等相关信息。我国可借鉴这一做法,要求报告编制者除了提供基本财务报表和附注外,在财务报告中增加 MD&A 部分。此举不仅能提高政府财务报告在解除公共受托责任和决策制定方面的有用性,而且能增强报告主体在分析过程中对自身过去、现在和未来状况的掌握,更有利于管理和控制。

# 第三篇 政府财务报告制度国际实践研究

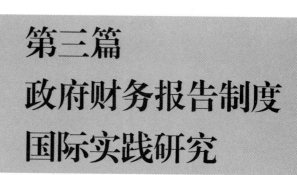

# 第10章　美国政府财务报告制度

政府财务报告是政府向社会公众展现其财务管理情况的窗口,该报告应具有有效、真实、及时和准确的特点,报告使用者根据获得的财务信息做出正确的决策。

美国是联邦制国家,有联邦政府、州政府和地方政府三级政府。三级政府有明确的权力划分,虽然联邦政府财务报告、州政府和地方政府财务报告有诸多类似之处,但是在细节上各州有所不同。本研究报告主要对美国联邦政府财务报告进行研究,将分为以下三个部分:第一部分介绍美国政府财务报告的产生背景和发展路径;第二部分分析政治体制和财政管理理念对美国政府财务报告的影响;第三部分概述美国政府财务报告的编制框架,并为我国政府财务报告提出建议。

## 10.1　美国政府财务报告的产生背景与发展路径

### 10.1.1　产生背景

从20世纪30年代美国经济大萧条起,联邦政府开始关注政府财务管理、资源的有效使用,逐渐公开政府财务信息,但是多年来仍未制止资源浪费、滥用和财务管理漏洞等问题。在1990年前,美国尚没有形成针对政府财务运营情况的报告,多年来屡禁不止的政府财务问题引起了政府的关注,也促成了联邦政府推行的《首席财务官法案》的出台。

### 10.1.2　发展路径

1990年,美国国会通过《首席财务官法案》,要求联邦机构提交经过审计的各部门的合并财务报告,建立首席财务官制度,有效减少联邦机构在财务管理制度上存在的欺诈问题。1994年美国通过《政府管理与改革法案》,法案中要求:到1997年3月1日发布的1996财年政府合并财务报告,所有主要的联邦机构的财务报告需要通过审计,并且到1998年3月1日发布的1997财年政府合并财务报告,财政部发布第一套通过审计的政府范围财务报告。同时,这也是日后美国公认会计准则(GAAP)的雏形,用以规范部门和机构的财务报告,提高未来的政府合并财务报告质量。

1996 财年起,美国主要的 24 个联邦部门和机构将编制财务报告,并且这些报告都是通过独立审计的。这是一个重要的里程碑,未来用以提供更多有用和可靠的信息,以供政府运营管理决策者做出更好的判断。同时,政府管理与改革法案中强制要求从 1997 财年起,财政部为行政部门编制通过美国审计总署审计的年度合并报表。

从 1998 财年起,美国将"美国政府合并财务报告"更名为"美国政府财务报告",这些财务报告都要通过审计,其中也包括行政部门以及部分的美国政府的立法部门和司法部门。

## 10.2 美国政府财务报告的制度基础

### 10.2.1 政治体制影响

美国是联邦制国家,是采用总统制的政权组织形式、依据三权分立和联邦制度的政治思想形成的国家组织,实行三权分立与制衡相结合的政治制度和两党制的政党制度。采用三权分立制度,即立法、司法和行政三种权力相互独立、相互制衡,以避免个人或集体的权力过于集中,有效地防止政府滥用职权。

1776—1787 年,美国是邦联制国家,即邦联成员是拥有独立主权的国家,不设有最高立法和行政机关,是松散的国家联盟。1787 年美国制定《美利坚合众国宪法》,改为联邦制国家结构,建立统一的联邦政权。但是,政府的权力部门包括联邦政府、州政府,美国宪法起草之初要求政府必须接近民众,保证人民自由的原则,因此,将自治权交给各州的州政府,各州拥有本州独立的立法、司法和行政权力。各州的"宪法"虽然在细节上有所不同,但是总体上和联邦宪法相一致。

### 10.2.2 财务管理理念

政府财务报告是用以正确、有效、及时地反映政府机构的基本信息、财务状况、收支情况、现金流转情况等,由会计报表、附注和财务情况说明组成。美国的政府会计推崇"实用主义",针对不同的报告主体编制相应的政府财务报告。美国政府财务报告包括联邦政府财务报告、州政府财务报告和地方政府财务报告。

## 10.3 美国政府财务报告框架

### 10.3.1 财务报告目标

美国政府财务报告的目标,是既要满足政府实现宏观经济管理的需要,又要立足于公众监督政府的财务管理成效。

### 10.3.2 财务报告主体

美国政府财务报告的主体按不同方法确定。联邦政府会计准则规定,报告主体应当满足三个条件:一是负有控制和部署资源、提供产出和成果、执行部分或全部预算的管理责任,并能对其绩效负责;二是主体范围应能使得财务报表提供有关经营状况、财务状况的有用信息;三是其他可能的财务报表使用者。另外,任何最近被命名为"政府机构和账户执行的联邦项目"的联邦预算中出现的组织、项目或预算账户(包括预算外账户或国有公司),都应被视为其所在联邦政府或组织的一部分。

州政府和地方政府会计准则委员会规定,报告主体应包括州政府、地方政府,还包括不属于基本政府范围、不负有财务受托责任的"其他组织",且必须满足三个条件:一是有选举出的独立的权力机构组织;二是法律地位独立;三是财务上独立于其他州和地方政府。

### 10.3.3 编制基础

按照不同的报告主体,美国政府财务报告的编制基础也不尽相同。联邦政府各部门编制财务报告采用权责发生制原则,在此基础上编制的联邦政府年度综合财务报表也采用权责发生制原则。州政府和地方政府财务报告采用基金会计模式,主要分为权益性基金、信托基金和政府性基金。权益性基金和信托基金主要以政府机构进行商业性投资,采用权责发生制原则。政府性基金包括普通基金、特别收入基金、偿债基金、资本项目基金和永久性基金,以流动性资源为计量对象,采用修正的权责发生制原则,不包括折旧和费用。

### 10.3.4 财务报表

美国联邦政府、州政府和地方政府财务报告由不同的财务报表组成。

从20世纪90年代初开始,出于全面核算和反映政府资产负债和运营成本情况、强化政府的公共受托责任、加强政府成本和绩效管理、改进政府财务管理水平等方面的需要,联邦政府在保留传统预算会计的基础上,建立了权责发生制政府财务会计系统。权责发生制联邦政府财务会计标准由联邦会计准则咨询委员会(the Federal Accounting Standards Advisory Board,以下简称FASAB)制定,该套标准独立于联邦政府预算,即并不规定预算概念和标准,而是独立规定政府财务会计的概念和标准。

1. 联邦政府财务报告模式

按联邦政府层次划分,联邦政府财务报告分为联邦部门与单位财务报告和联邦政府合并财务报告两大类。前者由联邦部门与单位编制,后者由财政部编制,前者是后者的基础。

(1) 美国联邦部门与单位的财务报告

1990年《首席财务官法案》(the Chief Financial Officers Act)要求联邦24个主要部门提交经审计后的部门合并财务报告,1994年《政府管理改革法案》(the Government Management Reform Act)要求部分部门的重要下属单位提交经审计后的财务报告,2002年《税收责任法案》(the Accountability of Tax Dollars Act)要求其他80多个联邦部门与单位提交经审计后的财务报告。至此,除预算规模等于或小于2 500万美元的单位外,所有联邦部门与单位都要提供经审计的年度财务报告。

当前联邦部门与单位的年度财务报告包括管理层讨论与分析(MD&A)、财务报表及相关附注、补充管理信息(RSSI)、补充资料(RSI),主体是财务报表与附注。联邦部门与单位出具的财务报表主要是四张表,分别为资产负债表(Balance Sheet)、净成本表(Statement of Net Cost)、净资产变动表(Statement of Changes in Net Position)和预算资源表(Statement of Budgetary Resources)。这四张表中都包含了当年数与上一年度数,目的是便于比较。资产负债表反映部门与单位的年末财务状况,净成本表和净资产变动表则相当于企业的损益表。最后一张是预算资源表。预算资源是指联邦部门与单位从国会得到使用预算资金的法律授权,其中最常见的形式是拨款。除拨款之外,有些政府部门与单位被授权可以在接到拨款前借款或签订合同(即借款权和合同权)。有些联邦部门与单位被授权保留和使用征收到的服务费(即支出权)。因此,一个部门或单位的预算资源是拨款、借款权、合同权和支出权的总和。

表10.1 美国联邦政府资产负债表

|  | 2014 | 2013 |
| --- | --- | --- |
| 资产: |  |  |
| 现金和其他现金资产 |  |  |
| 应收账款和应收税费 |  |  |
| 应收贷款 |  |  |
| 不良资产救助计划的直接贷款和股权投资 |  |  |
| 存货和相关财产 |  |  |
| 不动产、厂房和设备 |  |  |
| 债券和股票证券 |  |  |
| 政府资助企业的投资 |  |  |
| 土地管理和递延资产 |  |  |
| 其他资产 |  |  |
| 资产合计 |  |  |
| 负债: |  |  |
| 应付账款 |  |  |
| 公众持有的联邦债务证券和应计利息 |  |  |

（续表）

|  | 2014 | 2013 |
|---|---|---|
| 应付联邦雇员和退伍军人福利 |  |  |
| 环境和废品处置负债 |  |  |
| 应有应付的福利 |  |  |
| 保险和担保计划负债 |  |  |
| 贷款担保负债 |  |  |
| 政府资助企业的负债 |  |  |
| 或有事项和承诺 |  |  |
| 其他负债 |  |  |
| 负债合计 |  |  |
| **净值：** |  |  |
| 专用基金 |  |  |
| 专用基金外的资金 |  |  |
| 净值合计 |  |  |
| 负债和净值合计 |  |  |

联邦部门与单位财务报表主要根据权责发生制计量基础与预算会计要求共同编制的。其中，费用（Expenses）一般在责任发生（Incur）时确认，税收收入、罚没收入等收入在收到（Collect）时确认，收费收入（如联邦公园收入、某些联邦保险保费收入）在向公众提供商品和服务时确认。预算会计主要以收付实现制和合同责任（Obligation）为计量基础，并遵循预算概念和政策。

国会于 2000 年通过《合并报告法案》（the Reports Consolidation Act），要求部门与单位将各项报告内容合并在"绩效与责任报告"中统一报送。近年来，管理与预算局对联邦部门与单位报告方式进行改革试点，以年度财务报告、年度绩效报告和公民报告（Citizens' Report）三个报告的方式替代了绩效与责任报告。当前，联邦部门与单位既可以选择合并报送绩效与责任报告的方式，也可以选择报送独立的年度财务报告和独立的年度绩效报告的方式。

（2）美国联邦政府合并财务报告

根据 1994 年《政府管理改革法案》的要求，财政部于 1997 财年开始编制联邦政府合并财务报告。当前，联邦政府合并财务报告主体包括六张报表，即资产负债表（Balance Sheets）、净成本表（Statements of Net Cost）、运营与净资产变动表（Statements of Operations and Changes in Net Position）、统一预算和其他活动现金余额变动表(Statements of Changes in Cash Balance from Unified Budget and Other Activities)、净运营成本和统一预算赤字协调表(Reconciliations of Net Operating Cost and Unified Budget Deficit)和社会保险表(Statements of Social Insurance)。

这套合并财务报表主要以权责发生制为会计计量基础。

资产负债表中,资产主要包括固定资产、现金和其他货币资产、存货、应收账款、有价证券、直接贷款和股权投资,不包括联邦政府的自然资源和征税、管制经济、增发货币等权利。负债主要是公众持有的联邦债券、联邦雇员与退伍军人薪酬以及核实验环境污染治理负债、到期的应付社会保险福利等,不包括联邦政府的政策承诺和或有费用等。

运营与净资产变动表和净成本表相当于企业的损益表。"运营与净资产变动表"中净成本是政府的总成本减去提供公共产品与服务获得收入的余额。"净成本表"则是分别列出联邦36个主要部门与单位的成本金额。

"统一预算和其他活动现金余额变动表"相当于现金流量表。

最后两张表是美国政府特有的。"净运营成本和统一预算赤字协调表"用于列示权责发生制下的联邦赤字金额与收付实现制下的联邦赤字金额的差异。权责发生制下的联邦赤字被称为净运营成本,是一个财政年度费用(Expenses)超过收入(Revenues)的金额。其中,费用不仅包括财政资源的使用,还包括固定资产的折旧费用和延期到未来支付的服务成本,如应付员工退休金等。收付实现制下的联邦赤字被称为统一预算赤字。

社会保险表包括社会保障(Social Security)、医疗保险(Medicare)、失业保险等社会保险项目未来75年收入与支出的长期预测,并折算为现值进行统计。"社会保险表"自2006财年开始纳入联邦政府合并财务报表范围。虽然社会保险表含在合并财务报表体系内,但它不和其他权责发生制的财务报表相关联。

联邦政府财务报表的合并范围包括联邦行政部门与单位、立法部门与司法部门。列入年初总统预算的部门与单位均纳入合并财务报表范围。由于法律不要求司法部门向财政部提交财务报表信息,因此司法部门只需提交预算活动的信息。

2009财年纳入联邦合并财务报告的部门与单位有142个,不包括房利美和房地美公司等政府资助企业(Government Sponsored Enterprises),也不包括未纳入总统预算范围的部门与单位。纳入合并范围的联邦部门与单位的财务报告是联邦合并财务报告的基础。在形成联邦合并财务报告的过程中,联邦部门与单位之间的交易结果被抵消。

纳入合并范围的联邦部门与单位会计计量基础为:立法与司法部门以收付实现制为计量基础;行政部门与单位主要以权责发生制为计量基础。

## 2. 州和地方政府报告模式

美国州和地方政府实行政府整体和基金双重财务报告模式（见图10-1）。

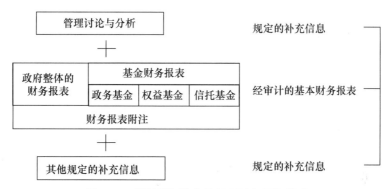

**图 10-1　美国州和地方的双重财务报告模式**

1999年6月GASB颁布第34号公告，要求州与地方政府采用双重财务报告模式。除提供政府作为各独立基金的集合、采用修正的权责发生制基础编制的重要个别基金层面的报告外，还应编制将政府全部业务综合起来、以政府所有经济资源为计量对象、采用应计制基础的政府整体层面财务报告。双重财务报告由管理讨论与分析、政府层面和基金层面的基本财务报表、财务报表附注和其他补充信息等组成。政府层面财务报表包括净资产表和作业表两张基本报表，采用会计应计基础；基金层面财务报表按基金类型分为修正应计制基础的政府基金财务报表（包括资产负债表，收入、费用和基金余额变动表）、应计制基础的权益基金财务报表（包括净资产报表，收入、费用和基金余额变动表，现金流量表）和信托基金财务报表（包括净资产报表和净资产变动表等）。其他补充信息中则包含了重要基金的预算比较表，反映社会和经济数据、财务趋势以及政府财务能力的统计表等。由此可见，这套财务报告体系反映的政府财务状况和运营活动信息量非常庞大。此外，政府会计准则委员会资助并在投入产出方面进行了大量的研究，以期在不久的将来，能够在财务报告中提供使用者评价政府主体的服务投入、成本和产出方面的信息。

自1990年以来，美国政府开始编制政府财务报告，虽然实行的时间并不长，但是其报告的有效、及时和透明性有助于美国政府、公众了解政府的财务管理情况，通过报表的信息反馈，对今后的预算和运营有相当程度的帮助。美国采用联邦制的国家组织形式，各州和地方政府的权力优于联邦政府，这与我国单一制的国家组织形式不同，但是我国可以就其编制结构和内容进行学习，通过部分省的试点，逐渐形成一套适用于我国的特有的政府财务报告。

# 第11章 法、德政府财务报告制度

## 11.1 引言

政府财务报告是政府相关部门编制的、充分表现财务责任履行情况的综合报告,主要内容包括财务信息和财务报表,它有两个主要功能:一是提供相关的财务状况信息,保证使用者做出正确的决策;二是政府向公众充分展示其财务受托责任的履行情况,为建立评价绩效型政府提供依据。

正如企业财务报告是企业会计的重要组成部分,各国的政府财务报告同样隶属于政府会计制度,其编制和确认的基础均包含在会计准则当中。但是由于政府主体的特殊性,政府会计与传统预算有着千丝万缕的联系,财务报告的内容具有典型的公共特征。美国学者James L. Chan(2001)以政府会计和传统预算的关系作为分类标准,将世界上所有国家的会计模式归纳为德法模式、美国模式和英国模式三种。本书主要探讨德法模式,采用这种模式的国家以法国和德国为代表,范围主要集中在欧洲大陆,该模式与政府预算相辅相成,以实现进行高效公共管理为目标,通过细分预算拨款来进行财政控制。美国模式是指美国采用的政府会计模式,它是传统预算的衍生品,但在不断的改革过程中逐渐脱离预算的束缚,政府会计报告的受众也从政府部门本身扩大至更加广泛的外部群体。英国模式则独立于传统预算自成体系,政府发生的一切经济行为和公共活动的会计计量,甚至包括预算本身,都采用应计制,一些西方国家如新西兰、澳大利亚、加拿大和英国是英国模式的典型代表。

由于德国、法国以及其他欧洲大陆法系国家与我国在政府类型、政治体制以及公共管理类型上有诸多相似之处,因此我国会计体系可以在很大程度上学习和参考德法模式。但是,国内对英美模式政府财务报告制度研究得较多,德法模式少有人问津,这并不符合德法模式在政府会计中的重要地位,也不利于我国进行学习和借鉴。因此,本章旨在对德国和法国的政府财务报告制度进行全面介绍,并结合两国制度的发展演变,展现德法模式的改革路径,结合我国具体情况,分析德法模式对我国政府会计改革的指导意义。

## 11.2 法国政府财务报告制度

法国是一个共和国,全国由26个大区、100个省、36 763个市镇组成,其中大区行政长官、省长由中央委派,市长由地方选举产生。法国将预算分成中央、地方和国家社会保障三种类型,以分税制为基础制定财政预算法规,并要求各级政府公开其各类收支情况。2001年8月1日,法国通过了一项新法案——新《财政法组织法》,该法被认为具有宪法意义,因为它对法国1958年宪法和1959年1月2日出台的国家预算法规进行了多处修改和补充,提出了以结果和绩效为导向的预算目标,并且对预算方式和财政秩序进行了全面的改革。新法案同时规定,自2006年1月1日起,法国将编制全新的预算和财务报告,这标志着法国财政预算管理进入全新的阶段。

### 11.2.1 政府会计改革动因

从20世纪90年代中期起,法国社会各界掀起了对中央政府预算和会计改革的激烈讨论,造成这一局面有三个主要因素:首先,国会要求增强对预算的控制权和对政府财务状况的知情权;其次,修正的现金制原则有着诸多局限性,为了更好地描述中央政府的财务状况,应当转向完全的应计制;最后,现行系统不支持有效的公共管理,预算拨款的分类方法和会计记录的分类方法使得要计算出任何一项公共服务的成本总是十分困难。政府意识到这些问题的存在,发起并主导这场改革,国会议员、中央政府高官和来自各个部门(主要是财政部)的高级公务员均深入参与其中,极大地推动了改革进程。

在法国财政部2002年的一份报告中,详细归纳了政府进行这场改革的动因:

(1) 经济发展全球化。在当今全球化的背景下,国与国之间已经突破了地理上的局限,不同国家政府之间彼此学习,追求更加科学的治国方法。政府会计作为记录政府经济活动、反映政府财务受托责任履行情况的基础,其改革受到广泛关注,事关一国的国际地位与形象,法国作为世界强国,理应在这方面有所行动。

(2) 欧洲一体化。欧洲市场和货币的统一会带来更加激烈的经济和税务竞争,也对政府各项收支安排提出了更高的要求,法国政府要想对自己的各项支出有严格的把控,就必须升级目前的会计系统。

(3) 议会要求扩大其公共预算监督权利以及本国民众的信息需求。根据1959年法国《财政组织法》,正式预算要经议会表决通过后才能执行,但是为了提高效率,当某些预算项目和上年相比未进行改动时,该部分可直接被执行,这在客观上导致了某些预算内容不需要经过议会审议,议会在预算方面的权利受到限制并由此引发了议会对于预算监督和审议权的收回诉求。1999年1月,国民议会财政委员会发言人Migaud发布了一篇名为《公共支出与国会控制的效率》的报告,呼吁中央政府必须改革预算的编制方法,纳入多年度的项目和目标,应当采用新的会计系统来核算每个项目的结果。接着又出现了许多其他的报告,其中2000年10月参议院财政委员会主席Lambert的一份题为《改善法国财政期待中央预算改革》的报告要求中央政府预算首先要建立在多年度的项目和预算基础之上,其次应建立一个真实的财务和管理会计系统。国民议会非常关注公共支出的可理解性,他们投票通过了巨额的公共支出,他们需要知道自己的投票取得了怎样的结果。在议会高调要求加强法国公共预算透明度的背景下,新《财政组织法》经过8个月的辩论,终于在2001年通过并颁布实施。此外,2001年法国国民生产总值有接近1%的预算赤字,并且无法通过增加税收收入缓解赤字,这使得政府必须采取措施提高自身的资源利用效率,而政府公共服务质量和效率的提高必须有高效的政府会计做保障。

（4）新公共管理思潮的影响。从国际环境与欧盟各国的发展情况看,新公共管理运动在过去30多年来影响了众多西方国家,各国公共部门纷纷参考企业管理模式,进行技术、方法和理念上的改革,加速政府现代化进程,最终建立绩效评价型政府。在西方各国纷纷进行政府改革并且逐步享受到新制度的优越性时,法国仍是相对滞后的保守派,这与其大国身份不符,因此改革迫在眉睫。

## 11.2.2 政府会计改革内容

2001年新法案规定,法国计划在2006年完成政府会计向应计制的转型,但是经过短期的实践,政府认为这一改革需要10年左右的时间,政府应该采取循序渐进的模式逐步深化应计制,保证改革落到实处,并积极借鉴其他国家政府会计改革的经验。

2001年新法案引入的会计变更,都是为了更好地描述固定资产(有形固定资产、无形固定资产和金融固定资产)、应收和应付项目,换言之,就是向应计制会计基础靠拢,几乎所有资产负债表的项目调整都与这个目的相关。

有形固定资产:直到1998年,与该项目有关的账户累积着1981年以来的所有分录,但账面价值却为零,因为购买的所有有形固定资产都在当年全额摊销。1999年起,政府将所有的有形固定资产分成三类:第一类是不动产(土地和建筑物),对这一类固定资产在1999年12月31日进行了重新计价;第二类是基础设施资产和维护工程,在年末重新计价;第三类是设备,同样在年末进行重新计价。这些资产都采用直线法折旧,但要在之后每年年末重新计价。

无形固定资产:以前是记为购买年度的支出,现在要进行资本化,然后按年限摊销。

金融固定资产:分为商业性和非商业性两类,商业性固定资产根据合并后的净权益份额进行重新计价,非商业性固定资产根据补贴总数进行重新计价,重新计价每年进行一次。

应收款坏账：第一次对应收税款提取了坏账准备(不是一个小数目,2000年年初,总数为479亿欧元的应收税款,坏账准备为210亿欧元)。

应收增值税：过去在收到现金时才对增值税进行核算,新法案要求本年收入包括12月已赚取而要到次年1月才收到的增值税,相应的应收税款金额也就记入本年资产负债表。

债务的应计利息：根据应计制原则,年末应计且尚未支付的利息同时要在资产负债表和损益表中记录并确认。

资产负债表外承诺：第一次对资产负债表外承诺进行了估计,并要求在附注中披露。

除了对资产负债表内的项目计量规则进行调整外,2001年新法案对净收益的计算同样采用了应计制模式。此外,新法案还具体规定了以下调整：首先,到2006年,中央政府预算将不再采用拨款性质分类的结构,拨款的表决将强调使命和项目,有些使命可能是跨部委的；其次,对于每一个项目,都要设定目标和绩效指标,如果一个项目要持续几年,年度绩效报告要和预算审议案一起提交,项目结束时同样要提交年度绩效报告。

### 11.2.3　政府财务报告介绍

法国是一个共和国,自1794年成立第一共和国以来,如今已经进入第五共和国时期。2001年8月1日,法国通过了新《财政法组织法》,重新确定了编制、审议和执行年度财政法或中央政府预算的方式,扭转了政府管理能力不足、效率堪忧的局面。在此之前,法国政府会计采用现金制,只对现金进行记录,缺少政府资产和负债的具体数目,无法满足时代发展的需要。新《财政法组织法》对这些缺点进行修正,并提出了新政府会计的两大目标：(1) 全面实行新的预算方法,将项目本身与最终绩效相结合,提高政府对自身行为的把控能力；(2) 在中央政府、各部委和各司局全面推行应计制。

新《财政法组织法》公布后,政府亟须建立相应的新政府会计准则体系,为此财政部专门成立了中央政府会计准则委员会,截至目前,该委员会已对基本会计概念做了详细的说明,并且制定了13条具体会计准则,分别是"财务报告""费用""主权收入""运行收入、管理收入和财务收入""无形资产""有形资产""金融资产""存货""与流动资产相关的要求权""中央政府现金状况构成""金融负债和金融衍生工具""风险、债务、非资本债务和其他债务规定""财务报表附注中披露的承诺"。这些准则起到了规范政府会计行为的作用,确保财务信息的可理解性、相关性和可靠性,为科学有效地制定政府财务报告提供数据内容。

自2006年起,法国开始编制政府财务报告,编制工作由公共财政总局内部的一个处具体负责,主体为政府部门和某些非独立的国有机构。针对某些与政府关系密切的法律实体,比如政府为企业的股东,或政府提供企业经营活动的大部分资金,由于这类实体间接受到政府的控制,在编制政府财务报告时反映为长期股权投资,在编制综合财务报告时要做合并处理。

法国政府财务报告有以下几个主要特征:

第一,法律形式重于经济形式,满足立法机关的行政控制。法国的政府财务报告重在法律形式,着重考虑立法机构的行政需求,公众和其他政府部门并不是报告的主要使用者。法国政府会计准则明确了政府财务报告的目标主要有四个:一是以资产和负债的形式展现政府财务状况;二是以收支结余或赤字数额的形式反映政府的资金利用效率;三是通过构建不同会计账户之间的关系,提高政府活动的管理水平;四是以应计制作为会计基础,合理控制预算支出,科学计量会计科目。

第二,现金制和应计制并存,采用双重会计基础核算。2001年法案明确了政府会计核算的双重基础,即采用修正的现金制进行预算的核算,而以应计制为基础编制政府财务报告。同时,为了满足预算管理和财务报告管理的不同需要,法国将预算会计系统和财务会计系统进行严格的分离,建立了以现金制为基础的预算会计体系、以应计制为基础的财务和成本会计体系,对现金收支和政府财务状况进行更加全面的核算。

第三,预算与实际收支的比较是政府财务报告的主要内容。法国政府财务报告由机构和政府整体两个层面组成,所有财务报表均详细地提供了以报告日为基准最近三年内的财务状况比较信息,具体包括:财务状况表,以账户式资产负债表形式编报;盈余(赤字)表,由净费用表、净主权收入表和净经营盈余/赤字表三张表组成;现金流量表;报表附注。除此之外,政府财务报告还详细列支了收支项目预算与实际差异,以及各年收支结余与赤字数额。

第四,严格审计政府财务报告。法国联邦审计院作为独立司法机构,自法国开始编制政府财务报告起,便承担其审计工作,在年初、年中和年末对财务报告的信息进行仔细核查,以保证其真实可靠。此外,审计法院每个月会联系各个部门,及时跟进预算执行情况,更新政府财务报告最新数据,保证政府财务报告的准确性。

根据法国政府会计准则的规定,其政府财务报告有三个组成部分:第一部分以文字为主,详细列举了报告年度内的重大政府活动,并对财务报告的框架和编制方法进行介绍;第二部分以表格数字为主,由若干张政府财务报表及附注组成;第三部分则介绍了其他与报告相关的信息,如近期财政政策的修订、会计制度的变更等。特别地,第二部分主要由三种财务报表组成,分别是资产负债表、盈余/赤字表和现金流量表,具体来说,资产负债表列明了政府拥有的资产和负债情况,展现了政府的财务状况,它有两个显著的特点:(1)资产和负债方都有现金项目。

（2）净资产只是一个数额，由资产减去负债得到；盈余/赤字表，由净费用表、净主权收入表和净经营盈余/赤字表三张表组成。净费用表根据费用的特征对其进行分类，它展示了费用超出相应活动收入的金额；净主权收入表将收入分为税收收入和其他主权收入两类，展示了财政年度内政府行使主权权利所获得的各项净收入；净经营盈余/赤字表则是由净主权收入和净费用相减得到；现金流量表反映政府现金流入和流出情况，将公司活动分为三大部分，即日常经营活动、投资活动和筹资活动，并根据类别将现金流加以区分，从而提高政府现金管理效率。此外，附注是对表外事项的文字性说明，为报告使用者提供详细完整的信息，进一步增强政府财务信息透明度。根据相关规定，报表附注主要展示的内容有：计量标准和方法、报表所列数据的详细信息、要求在附注中披露的信息、权责发生与收付实现之间的联系、对公共服务基金信息的披露、欧盟拥有的资源对净经营盈余/赤字的影响、财政税收信息的披露，这些信息必须真实客观，用以解释或者澄清主表中的相关内容，同时它必须做到详尽，以满足不同使用者的需求。

法国政府财务报告中包含五大会计要素，分别是资产、负债、净资产、收入和费用，其中，资产的确认标准为获得未来经济收益或服务潜力的控制权，控制权以使用决定权、与权利相关的责任、风险和费用是否发生转移为判断标准。资产具体可分为固定资产和流动资产，固定资产分为有形、无形和金融资产，流动资产分为存货、现金和应收款项，其中，无形资产确认较为复杂，政府无形资产主要指政府主权（如征税）带来的潜在收益，由于其根据传统会计方法难以计量，故这部分要结合收入原则来确定。负债确认标准为相关的义务已经产生，履行这些义务将在很大程度上导致资源流出，同时这部分资源流出能够可靠地货币化。收入在获得时确认，通常是货物已运送或者服务已提供时，对主权收入来说是获得授权以及金额能够可靠地计量时确认。费用在发生消耗时确认。会计要素的一般计量标准如下：

（1）初始成本基于购置成本。

（2）报告日成本根据报告日每项资产和负债的可收回金额与其初始成本孰低的原则进行确定，其中，初始成本应是指账面价值经过折旧和减值调整后的账面净值，可收回金额则以净销售价格和可使用价格两者孰高判断。

特殊情况下：

（1）房地产和建筑物，一般情况下假定初始成本已知。根据新准则要求编报资产分为两类，能确定净销售价格的以此为初始成本，不能确定的以折旧后的重置成本来代替。

（2）房屋，若能够以净销售价格计量，说明这些资产并非中央政府日常运营专用，那么折旧政策是根据其可使用年限来确定。

（3）权益投资，持有的股票投资一般情况下作为长期投资，另外一些政府拥有所有权的附属机构的资产，因其对政府财务状况存在影响但价值难以计量，以权益法计价，并做适当的调整。

法国财政年度与公历年度重合，4月底财政部要完成上一年度政府财务报告的编制工作。根据法国政府会计准则对时间的安排，每年1月12日之前，所有政府部门需要完成部门上年预算汇总结账工作，账目结果交由预算部部长审议后对外公布，3月初公共会计师按照现金制原则，完成政府财务会计结账和资产盘点清查工作，重点确认各类应收应付款项和折旧金额，编制政府财务报表初稿并交由审计法院初审，根据审计意见进行修改，4月底将正式的政府财务报告提交部长办公室并对外公布。

## 11.3 德国政府财务报告制度

德国是一个联邦共和国，其政体为议会共和制，根据基本法的规定，德国的国家权力在联邦政府和州政府之间分配，联邦政府、州政府和地方当局均是独立的法律主体，根据宪法规定行使各自权利，因此德国的政治体制也被称为合作联邦制。

### 11.3.1 政府会计改革动因

德国是大陆法系国家的典型代表，传统的政府会计难以提供反映政府财务状况的报告，并且无法支持有效的公共管理。20世纪90年代，这些缺陷开始显露并引发社会对于政府会计改革的思考，简单概括，促使德国进行政府会计改革的动因主要有以下几点：

（1）20世纪90年代，德国联邦政府负债、财政赤字和政府预算的利息达到了一个极高的水平，为了提高工作的效率和效果，会计工作必须对产出、成本、资产、负债、收入和支出提供更加详细的信息。更重要的是，在对传统的投入导向型、现金制和合规导向型系统与商业会计系统进行比较后，研究人员认为产出、成本和应计制会计更加高效，这个结果促使政府开始思考对预算和会计进行改革。

（2）改革的需求也受到了外围政府部门大规模运用商业会计思潮的影响。德国政府核心活动采用以现金制为基础的传统政府会计，而外围部门采用应计制，这给两者的合并带来了不便，外围部门规模的逐步扩大要求政府会计向应计制改革。

（3）伴随着新公共管理思潮的巨大影响力，西方国家纷纷进行政府改革并且享受到新制度的优越性，这增强了德国政府实施会计改革的决心。

### 11.3.2 政府会计改革内容

德国政府的会计基础仍为现金制，仅在二次核算某些特定的会计科目时采用应计制。20世纪90年代末期，德国财政部升级了现有会计系统，对传统的预算体系进行补充,旨在提高成本核算的标准化程度,同时更好地评价政府受托责任的履行效果。这次会计系统升级项目推动了中央政府财务报告的改革,形成了以下三种政府财务报告:

财务状况报告。财务状况报告类似于企业的资产负债表,很大程度上参考德国商业会计准则编制,部分根据政府主体的特殊性做了相应修改(例如净资产项目的编制)。

财务绩效报告。财务绩效报告类似于企业的利润表,德国政府财务绩效报告按照类型划分收支项目,展现财政年度内政府活动资金的净盈余或亏损,它反映了政府对资金的利用效率,体现政府的政策导向。

活动报告。活动报告类似于企业绩效管理报告,主要提供评价政府能力的各项数据,包括拥有的人力资源、进行的投资活动等。

此外,德国联邦审计署曾于2001年通过了一项对联邦财务状况报告改革的建议。联邦审计署认为,联邦财务状况报告对于资产和负债没有像《联邦预算法案》73条、86条要求的那样提供足够的信息。理由如下:

(1)政府财务报表只反映了现金形式的资产和负债,是不充分、不完整的陈述;
(2)政府财务报表没有反映收入和支出是否导致资产和负债的增加或减少;
(3)政府财务报表没有反映财政盈余或赤字是否和资产的增加或减少有关;
(4)政府财务报表没有提出估价问题。

因此,联邦审计署建议根据私人部门的会计处理办法,对联邦政府的资产和负债进行确认、构造和计价(见表11-1)。

表11-1 审计署建议的联邦财务状况报表结构

| 资产 | 负债 |
|---|---|
| A. 非流动资产 | A. 净资产/权益 |
| 　不动产、工厂和设备 | B. 储备 |
| 　金融资产 | C. 负债 |
| 　非物质资产 | 　(根据它们的到期时间分类) |
| B. 流动资产 | D. 准备金 |
| 　应收账款和其他资产 | |
| 　现金 | |
| 　股权 | |
| 　存货 | |

对于不动产、工厂和设备的分类,审计署建议将其分为行政管理资产、可实现资产、公用资产和金融资产。行政管理资产是能够满足提供公共产品和服务的行

政管理部门需要的资产。可实现资产是指当不能满足公共服务的要求时能够将其处置的资产。公用资产包括基础建设资产,这类资产只能用于公用事业,不能随意处置(如桥梁、公路等)。将资产划分出行政管理资产和可实现资产的目的是更好地反映联邦政府的流动性储备及其变化。

上述建议提出的时间为2001年,但目前仍没有看到明显的实践,所列项目仍是当前德国政府财务报告需要改进的地方。

### 11.3.3 政府财务报告介绍

德国是一个联邦共和国,其政体为议会共和制,它没有独立的政府会计准则制定机构,其政府的预算和会计工作依据的准则为《基本法》。德国的《宪法》基于所谓的《基本法》,《宪法》中针对财务方面的规定涉及税收、州之间的财政收入均衡化、预算、财务报告、审计和借款,这表明德国的法律体系是将所有领域的法律都统一在一起。德国政府会计的法律框架呈垂直分布,从上至下依次为:(1)《基本法》中有关财务的章节(《财务法案》,109);(2) 1969年的《预算准则》;(3) 1969—1971年的《联邦和州预算法案》;(4)《地方当局法案》;(5) 1972—1974年的《地方预算法案》;(6)《联邦、州和地方当局的预算约束法案》。

德国传统的预算和会计是投入导向型的,目标是满足立法机关的预算控制需要,其联邦和州政府的财务会计采用修正的现金制为基础来记录收入和支出(主要是为了适应债权人和债务人的需要),同时,财政部必须每年提交给联邦议院和参议院一份年度决算,其中要包括所有的收入和支出、资产和负债。德国联邦政府财务报表主要由预算报表和资产负债表两部分组成,预算报表主要包括:现金状况报表,表明三种结论;预算结果报表,表明两种余额。

现金状况的报表表明三种结论:第一种是当前财政年度的收支差异;第二种是当前年度的现金流量,以及上年没有反映在预算中的正(或负)现金流量,这种正(或负)现金流量必须反映在本年的预算和现金状况报表中;第三种是财务的信贷需求,它反映了当前年度从资本市场上筹资的变化额,收支必须进行调整(见表11-2),调整后的收支之差反映了净借款需要。

表11-2 收支调减项目

| 收入扣减项目 | 支出扣减项目 |
| --- | --- |
| 资本市场的借款额 | 资本市场的还款支出 |
| 储备金提取额 | 储备金划拨支出 |
| 上年度现金盈余 | 上年度现金赤字 |
| 铸币生产收入 | |

预算结果的报表表明两种余额:第一种余额是当年的净现金流量等于上年度

的现金递延部分与递延至下一年的现金之间的差异,这说明除了反映现金净额,它还能反映由当年交易所引起的现金流量的变化;第二种余额以总体现金状况为基础,和第一种余额不同的是,它不仅能反映当年交易所引起的变化,还能反映递延到下一年的现金总量。

除了上面所说的以外,现金状况报表和预算结果报表还必须附带一份特别报告来详细解释。

预算报表包括一系列附件:预算储备支出的超预算支出和预算外支出情况的总结及其原因;收支以及特殊的基金和储备;公用企业的年度财务报表;放弃的需求总额;当前预算中没有包括的资产出售收入。

资产和负债报表必须列明货币资产和资本市场借款的期初、期末和本期变化额。资产的界定范围法律上并没有明确规定,由财政部和审计署共同协商决定。实践中,工厂、设备和不动产并没有以货币来衡量,他们只是根据其数量登记入册。另外,递延项目也不在资产报告中反映,列入报表的只是包括某些金融资产,如投资、股权和活期存款,以及长期贷款、存货、现金和现金等价物、应收和应付账款。因此,联邦和大多数州政府在表述这一报告时并不用"资产负债报表"这一法律术语,而是用"资产概述"。目前,没有任何相关簿记能够反映预算报表和资产负债报表的关系,与资本相关的数额只能在多个账户中反映,普通账户只有一个总额。

此外,在德国所有层次的政府都没有合并财务报告。正如上面所提到的,在所有层次中的法定公共企业和国有企业的经营性预算与财务报表仅作为各层次政府的总预算报告的附件予以呈现。只有根据《公司法》建立的国有公司在有子公司、联营企业、合资企业或者投资时,它们执行《德国商业法》第三章中规定的私人部门会计与财务报告法定标准的情况下,应编制合并财务报表。

## 11.4 德法政府财务报告制度对我国的启示

### 11.4.1 德法模式特点

仔细研究德国法国政府会计与财务报告制度后,我们对德法模式的特点有如下归纳:

(1) 德法模式中,政府是制定会计准则的重要角色。以德国为例,德国没有设立专门的政府会计准则制定机构,其政府的预算和会计工作依据的准则为《基本法》和《预算法》,而法国虽然有独立的政府会计准则制定委员会,但其成员均由财政部任命,并且财政部主导准则的制定和实施。在这一点上,采用英美模式的国家大多由专门的会计职业协会制定政府会计准则,这些委员会均独立于政府,保证了准则制定的科学性和客观性,比如美国的联邦会计准则便是由联邦会计准则咨询委员会负责制定的。

（2）德法模式中，政府会计与传统预算之间的联系更为紧密，政府会计以便于财政管理为目标，财务报告主要反映预算的执行情况。英美模式则更加强调会计的独立性，财务报告以监督政府经济行为为目标，例如美国政府会计报告的目标是：一方面，会计报告应该能够有助于监督和促进政府完成其公共受托责任，帮助公众和其他报告使用者评价其受托责任的履行情况、年度运行成果，评价政府可能提供的服务水平及其承担义务的能力，并帮助他们做出经济、社会和政治决策；另一方面，政府会计应该提供有助于计划和控制的信息，以及有关预计资源的取得和分配对完成经营目标的影响的信息。

（3）德法模式的政府会计首先满足立法机关的需求。以法国为例，其政府会计准则均以立法为导向，社会公众和政府部门执行机构的信息需求并没有考虑在内。在英美模式中，立法机关、社会公众和其他相关利益者均是政府会计信息的主要使用者，美国还曾特别指出，政府行政部门并不属于主要的使用者。

（4）德法模式的政府会计基础是现金制的变形。法国于2001年明确了政府预算采用修正的现金制，会计报表的编制则以应计制为基础，德国联邦和州政府的财务会计均以修正的现金制为基础来记录收入和支出。这与英美模式有着本质的区别，美国采用的是修正的应计制，英国则是完全的应计制。

通过对德法模式政府财务报告制度的研究，我们对政府财务报告发展的一般规律进行总结：随着政府会计与公共预算密切程度的不断减弱，政府会计的确认基础由现金制过渡到现金制与应计制相互配合，最终将转变为完全的应计制，政府财务报告的使用范围逐渐扩大，报告准则和规范体现与国际会计准则接轨的趋向，报告的内容由注重预算与实际的比较转变为重点反映政府层面的整体财务状况，同时报告的审计制度不断完善、公开程度不断提高。

### 11.4.2 对我国的启示

德法模式的政府财务报告改革主要以提高政府管理能力为目标，虽然有些方面略微保守，甚至与新公共管理思潮相互矛盾，但是在改革初级阶段可以起到逐步过渡的作用。我国目前的预算体制尚未健全，政府财务报告制度与西方发达国家相比有很多亟待提高之处，因此，德法模式政府财务报告的改革经验和内容框架值得我国进一步思考和借鉴。

1. 进行渐进式改革，逐步引入应计制

德法两国的政府并没有采用从现金制立即转向应计制的改革策略，而是循序渐进地平稳过渡。20世纪90年代末期，法国在某些会计项目（应收款项、固定资产和应付利息等）的核算上逐步引入应计制原则，这样的做法是对现金制的补充，同时包含了两种核算方式各自的优点；德国政府会计改革同样以稳健为先，采取以现金制为主、应计制为辅的改革策略,循序渐进地将应计制引入政府部门。这种改革方式很适合刚开始引入应计制会计的国家采用,有利于及时修正改革中出现的问题,是一个良好的开端。

2. 善于运用新技术推动改革进程

在政府财务报告制度改革过程中,法国政府及时引入最新的财务管理理念,并在政府会计核算部门推行会计软件代替人员的简单重复劳动,这一举措一方面可以保证技术支撑,同时也可以降低改革成本,提高工作效率,推进改革进程。

3. 先行制定详尽的改革框架

不论是法国的中央政府,还是德国的地方和州政府,其在正式改革前均制定了概念框架,明确改革的方向和内容,这一举措一方面能够防止改革过程中目标的偏离,保证了改革的效率和效果,另一方面也提升了政府政策透明度,便于公众进行监督。

4. 充分发挥审计监督机制的优越性

法国政府财务报告的审计经验表明,优质的政府财务报告往往配合严谨的审计程序,政府财务报告只有充分接受立法机关的审查、专业人士的质询以及公众的监督,才能够保证信息的真实性与客观性。

# 第 12 章 澳大利亚和新西兰政府财务报告制度

## 12.1 澳大利亚政府财务报告制度

### 12.1.1 政府财务报告制度改革及其成效

澳大利亚政府财务报告制度是在改革中不断完善的。20 世纪 80 年代初,澳大利亚州政府面临严重的财政危机。这一危机引起公众对政府财政管理的质疑。为了准确地反映政府财务状况,社会上关于公共部门采用应计制会计的呼声越来越高。1992 年,澳大利亚联邦政府和州政府成立联合工作小组,正式研究如何实现以应计制为基础的政府会计和政府财务报告制度。由此拉开了政府财务报告制度改革的序幕。1994 年,澳大利亚颁布《财政管理法案 1994》。出台该法案的目的有三个:其一,提高公共部门的财务管理水平;其二,为社会公众监督问责政府提供依据;其三,向议会和公众提供年度报告。随后的各项改革也都朝着这个方向推进。不仅如此,该法案还规定了政府财务报告编制细则,要求政府编制资产负债表、运营表和现金流量表。1994—1995 财政年度,澳大利亚政府开始编制以应计制为基础的政府财务报告。1997 年,澳大利亚颁布了《财务管理和问责法案 1997》(FMAA),明确要求政府预算、政府会计和财务报告以应计制为基础。政府预算执行的月度报告、季度报告和半年检查报告无须审计,但年度财务报告必须经过独立审计机关的审计,并向社会公开。自此,澳大利亚的财政步入应计制时代。2015 年,澳大利亚政府又颁布了《公共治理、绩效和问责(财务报告)规则 2015》,进一步完善了财务报告制度。

澳大利亚通过以上改革,建立和完善了以应计制为基础的政府财务报告制度。该报告制度能够全面地反映政府的财务状况,提高政府财政透明度,强化政府受托责任,为公众监督和问责政府提供了坚实的依据。具体说来,政府财务报告制度的建立发挥了以下作用:

(一)准确完整地反映了政府的收支状况

政府财务报告以应计制为基础,真实准确地记录了财政资金的流动。应计制,又称权责发生制或应收应付制,以应收应付作为标准,确定本期收入和费用。也就是说,凡属于本期已获得的收入,不管其款项是否收到,都应作为本期的收入处理;凡属本期应当负担的费用,不论款项是否付出,都应作为本期的费用处理。反之,凡不归属本期的收入,即使其款项已经收到并入账,也不作为本期的收入处理;凡不应归属本期的费用,即使款项已经付出并入账,也不作为本期的费用处理。应计制不因资金的早入或晚收而影响绩效评估,有助于衡量政府政策阶段性的效果。应计制之下,某项产品或服务的真实成本显露无余。对比其产出,可评估其绩效,有助于决定是否应惩罚供应者或者换一家供应商。

(二) 准确完整地反映政府的资产负债情况

应计制政府财务报告实现后,澳大利亚政府可以取得相对准确的资产信息,有助于维护资产,优化决策,使政府资产更容易保值增值。政府债务除了已发行的国债、应付款项外,也包括养老金等隐性债务。应计制之下,这些隐藏的债务得以显现,有助于政府规划财政收入和支出,避免积累过多债务,加重未来政府的负担。

(三) 大幅提高了政府的财政透明度,改善了公共管理水平

编制和公开政府财务报告,从而完整、详细地提供政府收入和支出、资产和负债信息,有助于公众更好地了解政府真实的财务状况和运行成本,准确评价、监督和问责政府,提高政府治理水平。

### 12.1.2 澳大利亚政府财务报告的框架

(一) 财务报告主体

根据《公共治理、绩效和问责(财务报告)规则2015》第六条,澳大利亚政府财务报告的主体包括:每一个联邦实体(不包括经济活动中的母公司),每一个联邦实体及其附属机构的经济实体,以及药物管理局。有两类实体不必编制政府财务报告:依照公司法行为的企业,联邦实体的附属机构。

(二) 财务报告的信息范围

依据澳大利亚会计准则委员会(Australian Accounting Standard Board)制定的标准,即《整体政府与一般政府部门财务报告标准》(Whole of Government and General Government Sector Financial Reporting, AASB 1049),财务报告信息必须包括以下信息:运作报告,包括其他经济活动的资金流动、净运作结余(Net Operating Balance)和净借出/借入(财政结余);资产负债表,应包括净值;现金流量表,应显示现金盈余/赤字的计算过程,以及政府财务统计(Government Finance Statistics, GFS)中的现金盈余/赤字。

除了以上信息,财务报告中还应该包括附注。附注应涵盖会计政策总述、分类信息和其他按照会计标准应公布的信息。

(三) 政府财务报表编制基础与合并方式的规定

澳大利亚政府财务报告按照《财务管理和问责法案1997》和《澳大利亚会计

准则》(Australian Accounting Standards，AAS)编制。AAS 以公认会计准则为基础。各报表编制主体皆采用同样的会计准则编制,便于线性加总,制定统一的合并财务报表。

### 12.1.3 政府财务报表内容

以澳大利亚政府 2013—2014 财政年度的财务报告为例说明政府财务报表的种类和内容。2013—2014 财政年度的政府财务报告由五部分组成,分别为前言、财务报告述评、整体政府财务报告、部门财务报告以及政府财务报告附注。

(一) 前言及财务报告述评

前言由财政部部长撰写,主要说明该财务报告编写的法律依据和会计标准,并就政府财政余额、资产负债、现金流量和或有债务做简要介绍。

财务报告述评由两节内容组成。第一节做简要介绍,主要提供过去五个财政年度中收入、支出、净资本投资、资产和债务、运作活动和非金融资产投资的数据,最终得到盈余/赤字数额。

第二节是对政府财务报告进行总括性的分析讨论,主要以图表的方式提供政府收支、资产负债等各方面的信息,这些图表包括:(1) 政府财务运营总体情况图表,主要包括运营总表、整体财政余额图、收入支出图。(2) 澳大利亚政府收入图表,主要包括收入总表、历年收入条形图、税收收入饼图、历年税收分类汇总表。(3) 非税收入图表,主要包括非税收入饼图和历年非税收入分类汇总表,并分析了产品和服务收入的变动原因。(4) 澳大利亚政府支出图表,主要包括历年支出条形图、支出饼图,以及历年支出分类表、按功能支出分类表,简要讨论了支出变动的原因。(5) 政府其他经济活动情况图表。(6) 非金融资产投资净收入图表。(7) 资产负债图表,资产分为金融资产和非金融资产,债务分为利息负债和应付账款与供应。(8) 政府资产图表,提供了饼图及其各项科目列表、历年资产分类表,以及变动原因分析。(9) 政府债务图表,详述了各项债务,包括利息支出、供应品和应付账款;提供了历年债务分类表,并细述了债务变动原因。(10) 现金流量图表。(11) 现金收入与支出图表。(12) 未来义务情况图表。(13) 或有债务图表。

(二) 整体政府财务报告

澳大利亚整体政府财务报告的内容包括独立审计报告、有效性说明(Statement of Compliance)、运营报告(Operating Statement)、资产负债表、现金流量表、权益变动报告(Statement of Changes in Equity)。

1. 独立审计报告

财务报告的审计由澳大利亚国家审计办公室(Australian National Audit Office)独立进行。审查整体政府财务报告是否符合 FMAA(包含 AAS 的规定),是否真实公平地展示了政府财务状况、绩效和现金流。审计报告由总审计师签署通过。

2. 有效性说明

整体政府财务报告的合规性和有效性说明,由财政部长签署通过。

3. 运作报告

该表列出了该财政年度和上一财政年度的实际数据,并在科目后一列注明附注信息。可以通过查看附注获取该科目的详细信息。该表包括收入、支出、总运作支出、总转移支付、总资本转移、总支出、净运作结余(Net Operating Balance)、其他经济运作收益、运作结果、其他未运作资产变化、综合结果、非金融资产购入、财政余额(即净借出/借入)。

总收入包括税收收入、产品和服务收入、利息收入、分红收入,以及其他收入。总运作支出包括人员工资、养老金、折旧与摊销(Depreciation and Amortization)、产品服务供给、其他运作支出。总转移支付包括养老金利息支出、利息支出、转移支付(包括资助、补贴和雇员福利)。资本转移包括双方达成一致的资本转移和其他资本资助。

总支出等于总运作支出、总转移支付,以及总资本转移之和。总收入减去总支出,即为净运作结余。净运作结余加上其他经济运作收益,即为运作结果(Operating Results)。其他未运作资产变化,包括非金融资产再评估价值变化、养老金再评估价值变化、其他价值变化,以及权益价值变化。运作结果加上其他未运作资产变化,即为综合结果。净运作结余减去非金融资产购入,即为财政余额。

4. 资产负债表

资产分为金融资产和非金融资产,其中金融资产包括现金和存款、预付款、其他应收款和增值收入、投资、贷款和置业,以及权益投资;非金融资产包括土地、建筑、厂房设备和基础设施、无形资产、生物资产(Biological Assets)、古迹和文化资产、待收资产,以及其他非金融资产。

债务分为利息负债、应付款和供应品。利息负债包括吸收的储蓄利息、政府债券利息、贷款利息、其他借贷利息、其他债务产生的利息。应付款和供应品包括养老金债务、其他雇员债务、供应商货款、应付雇员福利、应付补贴、应付资助、发行的货币、其他应付款项、其他供应品。

资产净值,等于总资产减去债务,加上储备(Reserves)和小额利息(Minority Interests)。

5. 现金流量表

该表将现金流动分为三类:运作活动、投资活动和金融活动。

运作活动分为现金流入与现金支出。现金流入包括税收收入、产品和服务收入、利息收入、分红收入和其他收入。现金支出包括雇员工资、产品和服务支出、资助和补贴支出、利息支出、雇员福利支出,以及其他支出。现金流入减去现金支出,即为运作活动的净资金流入。

投资活动分为非金融资产投资和金融资产投资。非金融资产投资包括非金融资产售出和非金融资产买入。金融资产投资分为政策目的的金融资产投资和流动性目的的金融资产投资。两者之和,即为投资活动的净资金流入。

金融活动分为现金流入和现金支出。金融活动的现金流入包括借债和其他融资。金融活动的现金支出包括其他金融活动支出。金融活动的现金流入减去现金支出,即为金融活动的净资金流入。

将三种现金流动加总,即为总现金流入(Net Decrease/Increase in Cash Held)。财政年度初持有现金,加上总现金流入,等于财政年度末持有现金。

在现金流量表的末尾,增加了几个重要的财政指标,包括现金盈余/赤字、GFS现金盈余/赤字。现金盈余/赤字,等于运作活动的净资金流入加上非金融资产投资的净资金流入。现金盈余/赤字加上融资租赁和类似操作引起的资金流入,即为GFS现金盈余/赤字。

6. 权益变动报告

权益变动包括资产价值再评估、外币换算、投资、法定基金,以及其他储备。财政年度初的余额,扣除因政策和错误引起的变动,得到财政年度初调整后余额。财政年度初调整后余额,加上财政年度内综合变动结果和转出/转入/储备间转移,得到财政年度末权益。

整体政府财务报告内的运作报告、资产负债表和现金流量表的第二列皆注明可供查询的附注信息。附注提供更为详细的分类信息和讨论分析。

(三) 部门财务报告

部门财务报告包括运营报告、资产负债表、现金流量表和权益变动表。前三张表的科目与整体政府财务报告内的同类报表科目相同,但区分不同主体,包括一般政府部门、公共非金融企业、公共金融企业、冲销和汇总。由于权益变动主要涉及一般政府部门,因此此项只有一般政府部门权益变动表。

政府部门财务报表比较有特色的是附注。附注共有46个,占了部门报告的绝大部分篇幅,是整个报告的基石。这里我们将详列每一个附注标题,并选择两个附注内容进行说明。

部门财务报告的附注包括:会计政策说明,税收收入,产品和服务收入,利息和分红收入,其他来源的非税收入,雇员和养老金支出,折旧和摊销支出,产品服务供应,利息支出,资助支出,按功能分类的支出,资产贬值,资产卖出收益/损失,外币换算收益/损失,掉期利息,其他收益/损失,公允价值计量,预付款和预收款,投资,借贷和置业,权益投资,土地、房屋、工厂、设备、基础设施、古迹、文化资产和房产投资(附注21),无形资产,存货,其他非金融资产,按功能分类资产,存款负债,政府债券,借贷,其他借款,其他利息债务,雇员福利,其他应付款和供应品,价值再评估的变动,现金调整,强制支出,或有支出,金融工具,福利退休金计划,后续重要事件,收入基金,信托资产,ABS GFS 计量调整,审计支出,主要预算与实际差别的解释,澳大利亚政府财政报告编制主体列表(附注45),词汇。

我们选择附注21和附注45描述其包含的内容。

附注21是有形资产统计,涉及土地、房屋、工厂、设备、基础设施、古迹、文化资产和房产投资。每一项均记录购入价格,并给出累计贬值金额。汇总各项之后,得到该项资产总额。

附注45将所有需要编制政府财务报告的部门主体列出,区分一般政府部门和公共非金融企业,或者投资的企业。并列出财政年度内企业的变动:包括不再纳入的实体,新投资或创立的实体,以及更改名称的实体。报告编制主体共分十八类,分别为农业类、司法类、通信类、国防类、教育类、雇员类、财政类、环境类、外交外贸类、卫生类、移民和边境保护类、工业类、基础设施和地区发展类、议会部门类、总理和内阁类、社会服务类、公共事业类及国库类。

从这两个附注示例可以看出澳大利亚政府部门财务报告的信息详细程度。信息越详细,公众了解政府的机会就越多,政府也就越透明高效。

### 12.1.4 总结和建议

目前澳大利亚实行完全的应计制,其他大部分国家的改革多数实行修正的应计制,即部分使用应计制。从澳大利亚的经验来看,政府会计完全采用应计制,尽管能够提供尽可能多的政府财务信息,但信息编制工作量太大,并不适合我国国情。就我国目前复杂的财务状况而言,我们应该有步骤地推行应计制。待应计制得到广泛认可之时,再通过立法完成现金制向应计制的转换。

## 12.2 新西兰政府财务报告制度

新西兰的公共管理改革卓有成效,被誉为世界上最为高效廉洁的国家之一。新西兰政府并非一直拥有该声誉。第二次世界大战结束之后,新西兰推行"福利国家"政策,垄断了公共服务的供给。这在当时保持了经济的稳定发展。但到了20世纪70年代,传统的福利国家弊端渐显,经济发展趋于停滞,出现了严重的财政危机和信任危机。为解决这一困境,80年代,新西兰发起了一场声势浩大的政府改革运动,让"新公共管理"从理论变为现实。新公共管理运动以现代经济学为理论基础,主张在政府公共部门采用私营部门的管理方法和竞争机制,重视产出,采用灵活的绩效管理,公开财政信息。

财政信息公开,是改革的基础。财政透明度越高,腐败的空间越小。一个全面的政府财务报告,有助于提高财政透明度,为政府行之有效的运作提供保证。一个完整准确的分析,有助于理解这场改革成功的原因,准确把握我国未来改革的条件;一份细致详尽的描述,有助于掌握改革的关键制度规则,准确找到改革的着力点。本章将分为以下四个部分:第一部分简述新西兰政府财务报告制度的产生及其发展演变;第二部分从政治体制、财政管理理念和财政管理制度的变迁分析改革与制度发展;第三部分描述政府财务报告的编制框架和内容;最后一部分对新西兰政府财务报告制度进行总结,并提出对我国政府财务报告制度建立的借鉴。

### 12.2.1 新西兰政府财务报告制度的产生及其发展演变

(一) 理论基础

新西兰政府财务报告是在新公共管理运动的大背景下产生的。曾经长时间主导西方公共行政领域的政治行政二分法、科层制理论,以及后来的科学管理,均无法解决政府面临的诸多问题:财政发生危机,福利政策难以为继,政府机构日益臃肿,等等。政府的公信力持续下降。在这样的困境下,西方各国开始改革政府,试图摆脱低效的泥潭。

新公共管理采用了经济学的基本假设,认为个人是经济理性的,政府的工作人员也不例外。因此,该理论认为政府应强调管理而非政策,应强调激励而非规制。经济学对新公共管理的影响主要体现在三个理论上:公共选择理论、委托—代理理论,以及交易成本理论。这三个理论是新公共管理的基石。政府财务报告制度正是在这样的背景下,在三种理论的基础上形成的财政制度。并非所有带有集体性质的物品都需要政府部门来提供,若将自由选择的机会交还公众,那么在竞争的压力下,政府运作可以保持低成本和高效率。政府受公众委托,为公众提供公共产品和服务。政府作为代理人,有自己的利益,若存在严重的信息不对称,就无法形成有效的制约。作为委托人的公众,就无法监督政府是否存在违反契约的行为。委托—代理理论提供了解决这一问题的两个途径。其一,最大化政府的信息公开,尤其是财政信息公开;其二,设计有效的激励制度,引导政府完成预定目标。由此可以看出,委托—代理理论是政府财务报告制度的核心理论基础。公众监督政府,上级监督下级,都需要很高的成本。交易成本理论强调政府责任的细分与明确,将责任确定到个人,并利用有效的激励制度引导个人承担责任,完成既定的目标。

(二) 现实背景

新西兰的行政改革大刀阔斧,已持续三十多年。在一系列法律的保障之下,改革取得了举世瞩目的成就。新西兰的行政改革成功的关键在于改革的内在一致性。在不到十年的时间里,几乎每个行政管理部门都进行了彻底的改革。

1. 国有企业改革

第二次世界大战之后的20年里,新西兰经济繁荣,位列世界第三。由于经济发展较快,财政收入也大幅增长。国有企业的弊端在政府补贴的支撑下并不明显。进入20世纪70年代,新西兰的经济急转直下。相继两次的石油危机极大地冲击了经济运行,又因英国加入欧洲经济共同体,新西兰失去传统的农牧产品出口市场而雪上加霜。萧条的经济形势下,政府财政入不敷出,赤字直线上升。国有企业失去"软预算约束",亏损严重,不少企业陷入困境。在此形势下,新西兰议会在1986年颁布了《国有企业法》,为国有企业改革提供法律依据。国有企业按照《公司法》进行登记注册,不再享有政府保护和特权;如果确实有必要,则单独签订补贴协议。对于一些失去活力或不再适合政府经营的企业,则通过出售股份或转让来实现私有化。同时,政府把公共事业单位从政府剥离,组成国有持股公司。这些公司进入市场,通过与私人企业的竞争保持国有企业的活力,提高效率和创新能力。

2. 政府职能部门改革

1988年始,新西兰对大部分政府机构进行深入改革。依据该年通过的《国家部门法》,重构各部门职能,分离决策与执行,引入公共服务竞争机制。明确的责任归属有助于减少执行成本,公开的信息有助于减少信息不对称带来的效率损失。为了实现有效的管理,新西兰对各个部门的职能进行了大的调整:合并了具有相同职能的部门,避免存在利益冲突的部门,拆散职能过多的部门。改革后的政府部门,实现了小型化,职能单一而清晰。在新西兰,部长除了政策制定和监督之外,不再干预政策执行过程;严格区分部长的决策功能和行政主管的执行功能。具备商业性的服务和可开展竞争的服务业务,均从公共部门剥离;职能较多的部门,设立多个执行局。公共服务的提供者之间相互竞争,部长与执行者签订绩效框架协议,以此来保证公共服务的顾客导向,以及财政资金的有效利用。

3. 高级文官制度

通过改革而建立的新文官制度以绩效评估为基础,采用任期制和浮动工资制,极大地调动了公务人员的工作积极性。文官常任制度保证了公务员的职业稳定,被认为可以促使其为政府更好地服务。但这一制度也被认为压制了创新精神,导致政府工作低效。新西兰政府认为该制度不能服务改革的目标,与改革方向不符。经过改革,新体制下的执行主管任期为五年,不再自动续补任期。政绩优秀者可再任职三年或者申请其他部门的职位。如果业绩评估不能得到部长的认可,合同可以中止。工资中增加绩效工资;绩效工资完全依据业绩表现而定。新的管理观念和管理技术被引入政府部门,极大地提高了政府工作效率。

无论是政府职能部门改革,还是国有企业改革,都需要相应的财政制度与之匹配。新西兰颁布的《公共财政法案》(1989)、《财政报告法案》(1993)和《财政责任法案》(1994),为财政制度的改革奠定了基石,也为政府的整体改革提供了有效的保障。

### (三) 发展演变

以应计制为基础(Accrual Basis)的政府财务报告制度,是整个公共管理制度改革的重要一环,为实现管理和计量政府绩效提供了基础信息。新西兰政府财务报告制度的发展虽然时间较短,但并不是一蹴而就的,整个改革是一个渐进性并有法律保障的过程。

在国有企业中实现应计制之后,新西兰颁布了《公共财政法案》,使政府会计转向应计制。法案规定各级政府按照《公认会计原则》(Generally Accepted Accounting Principles, GAAP)的要求,编制以应计制为基础的财务报告,并以该报告来衡量政府部门的产出绩效。1993年,新西兰颁布《财务报告法案》,确定了法定的会计准则制定程序,强化了公共部门对 GAAP 的应用。随后一年,议会通过了《财政责任法案》,要求公共部门编制财务状况预测报告,提供政府预算政策、财政战略方面的完整报告。这一举措提高了公共部门对未来财务状况预测能力的要求。

财务报告的编制形式经历了两个阶段的发展演变。1989 年的《公共财政法案》要求政府编制合并报表。最初的报表并非整体财务报告。国有企业和皇冠实体采用的是权益会计。2002 年,新的合并报表采用了完全线性合并会计基础(fully Line-by-line Consolidated Accounting Basis),实现了政府整体财务报告制度。

整个发展过程,秉承先基础后具体的原则。《公共财政法案》将应计制会计推广至公共部门,并将绩效观念深植政府的观念之中,《财政报告法案》和《财政责任法案》则相继补充完善了政府财务制度,2004 年颁布《财政报告法案修正案》,及至《财政报告法案 2013》宣告新西兰财政报告制度的成熟。

制度的设立与存在服务于一定的目的。政府财务报告制度是公共管理制度改革的保证。只有改革收益大于改革成本时,政府才会拥有改革的政治基础,改革的成果才能得到根本的保证。下一部分将分析新西兰政府财务报告制度发展过程中的政治体制影响、财务管理理念的变化。

### 12.2.2 新西兰政府财务报告的制度基础

制度与时代相适应才具有生命力。我们无法否认一个旧制度在其存续期间的有效性,比如科层制在第二次世界大战之后为政府和企业带来的效率提升,无法否认旧制度在新时期的不足,也无法否认新制度的推行必须有一定的社会基础。

## (一) 政治体制影响

政治体制会影响民意的传输与政策稳定性。民主政体下，政策的制定需要有广泛的民意基础，需要获得相对多数的民众支持，委托—代理关系较为直接。在这样的国家社会关系下，政府政策具有相当的稳定性。只要民意不变，即使面临执政党更迭，政策也会相对平稳。在民主制度相对成熟的国家，政府透明度一般都比较高。一方面有来自反对党的监督，另一方面有来自民意的直接诉求。

新西兰实行君主立宪制混合英国式议会民主制，为英联邦成员国之一。英国女王是新西兰的国家元首，女王任命的总督代表其行使管理权。总督和部长组成的行政会议室是法定的最高行政机构。行政会议由总督主持，总督缺席时由总理或高级部长主持。总督行使权力必须以行政会议建议为指导。内阁掌握实际的行政权力。新西兰实行一院制，仅设众议院；议员通过普选产生，任期三年。总理由在议会占有多数席位的执政党党首担任。20世纪80年代的新西兰，选举制度采用单一代表制，获得议会多数席位的政党获得执政机会。议会基本与政府的基调保持一致，立法授权政府部门调整管理，进行改革。此外，新西兰长期实行部长负责制，也有利于明确划分权利和责任。

新西兰的民主制度相对成熟，但选举周期相较于多数民主国家而言显得短暂。过于频繁的选举可能影响政策的稳定性。但新西兰的政府改革却没有出现太大的波动。这主要有两点原因：其一，国家党和工党的主要政策主张趋于一致；其二，经济严重下滑时改革政府的民意广泛而坚定。为了争取中间选民，两个政党的政策会无限向中间靠拢。因此，在民主国家，执政党和主要反对党在政府主要政策之间并没有太大分歧。这是政治制度上政府改革政策持续推进的原因。此外，公众支持改革政府，并通过议会制定了相关的法律，保证了政策的稳定。

## (二) 财务管理理念变化

改革前的十年(1975—1985年)，新西兰经济增长率下降为1.79%，物价指数则由年平均5.46%上升为13.16%。以电力、煤气等为核心的公共事业不景气，导致公共债务不断增加(对外债务1984年比1974年增加了18倍)。50年代，新西兰的人均GDP位列世界第五，80年代则跌至第二十位。出口下降，失业率攀升，财政状况恶化。1984年国家党政府选举失利下台。工党执政后，开始对公共部门、公共服务等方面进行一系列改革。

财政窘迫，这迫使工党政府改变财务管理理念，由原来只注重投入控制转变为关注产出绩效。脱胎于新公共管理，新的财务管理观念明确强调目标和责任划分，赋予管理自由度，追求结果，并为此制定了良好的绩效衡量规则。该理念核心的思想是分权和绩效，通过分权调动部门积极性，通过考核绩效，控制产出和结果，保证目标实现。将部门部长的掌舵职能与执行者的划桨职能分离，明确各自的角色。部长制定产出目标并将执行权力赋予行政主管,不再干预其执行过程;行政主管就产出向部长负责。政策制定、政策执行、服务提供和资金提供职能相互分离。公务员按照固定的绩效合同工作,不再实行常任制。财政部不再硬性规定各个部门如何使用内部资源,其角色只限于制定一般预算,为各部部长提供建议及管理政府财政。

新的财务管理理念主要通过三种机制实现:第一,依据产出拨款;第二,绩效预算;第三,绩效协议。绩效协议是整个机制中最重要的一环,由部长与行政主管签订。将财政管理重点由投入转向产出和效果。不再着眼于资源的分配,而将目光聚焦在公共部门的产出及其效果。新西兰政府认为,对投入的控制是低效的,预算的运行只是制度惯性使然,不能对政府政策重心和绩效要求做出反应。从实际效果来看,虽然政府抛弃了大量传统的财政管理方法,政府对资源的控制却更为有力。

### 12.2.3 新西兰政府财务报告框架

新西兰通过立法明确政府财务报告的制定规则和内容。1992年新西兰政府开始公开政府财务报告,迄今已有三十多年的历史。期间经过不断的立法调整,及至《财务报告法案2013》的出台,政府财务报告制度已臻于成熟。

(一)财务报告的目的

完整详细的政府财务报告,有助于提高财政透明度,便于公众知晓政府受托责任的履行情况,为问责政府提供基本的信息。尽管目前政府提供信息的渠道日益多元化,但政府财务报告依然是公众了解政府财务状况极其重要的方式。政府财务报告不仅仅是财务信息的披露,更重要的是通过财务信息反映出政策制定、政府结构和功能等方面的信息。政府活动通过财务信息反映出来,并通过财务报告向公众传达。完善的政府财务报告可以全面、详细、准确、及时地反映政府的财务状况、绩效等方面的信息,是外部评价政府的重要依据。正如《财务报告法案2013》(以下简称《法案》)所述,政府财务报告不单记录财务信息、审计和分析这些信息,更应将这些信息向任何需要的人公开。

(二)财务报告主体

新西兰政府有三个组成部分:立法、行政和司法。行政部门有四十个左右的部门。为了保证所有政府组织及其部门都能正确地报告其财务状况,《法案》创造了政府报告主体的概念。政府报告主体,也称财务报告主体;除了上述政府组织与部门,还包括皇冠部门、皇冠部门的附属机构、国有企业、议会办公室、新西兰储备银行,以及其他应编制财务报告的政府报告主体。政府财务报告应涵盖所有政府报告主体的收益,比如政府部门拥有控制性股权的公司就应该纳入其中。由于地方政府不由中央政府控制,所以政府报告主体不包括地方政府。

### (三) 财务报告信息范围

依据《法案》，每个财年的政府财务报告信息由总理任命的总执政官授权政府财务报告委员会编制，内容包括各部门的治理信息、战略方向和目标、部门所处的社会、自然和经济环境，以及其他与部门绩效相关的信息。部门则依据此要求，编制部门财务报告信息，包括财务信息、绩效信息、与其他部门的交易信息、其他相关的非财务信息。汇总的政府财务报告，由政府财务报告委员会逐项汇总（Line-by-line Basis）各部门信息而成。

完整的政府财务报告主要包括以下信息：财务信息、审计信息、绩效信息和支出分析信息。以2014年政府财务报告为例。第一部分为财务信息汇总，主要包括实际支出与预测支出对比、总收入与总支出、运作结余（Operating Balance）、债务和坎特伯雷震后恢复等信息。第二部分为独立审计报告。第三部分为审计后的财务报告，并通过注解形式提供详细财务信息，主要包括财务绩效报告、按功能分类的支出分析、综合收入报告、现金流报告、净值变动报告、财务状况报告、财政分类信息，以及三十六条财务报告注解信息。第四部分是补充报告，涵盖未指定支出报告、突发情况支出报告，以及信托资金报告。第五部分是额外财务信息，包括财政指标分析以及国有企业和皇冠企业信息。第六部分为词汇定义。

政府财务报告综合所有政府运作的政策及财务信息，通过审计保证数据真实可靠，并做出基本的分析，供政府和社会决策使用。

### （四）财务报表编制基础

1993年，新西兰颁布了《财务报告法案》。该法案将会计师公会（Society of Accountants）制定私人部门会计原则的权利和财政及审计部门制定公共部门会计原则的权利一并移交给独立的会计准则审查委员会（Accounting Standards Review Board），促使公共部门采用与私人部门完全相同的《公认会计原则》。

公认会计原则以应计制为基础。应计制，又称权责发生制或应收应付制。以应收应付作为标准，确定本期收入和费用。也就是说，凡属于本期已获得的收入，不管其款项是否收到，都应作为本期的收入处理；凡属本期应当负担的费用，不论款项是否付出，都应作为本期的费用处理。反之，凡不归属本期的收入，即使其款项已经收到并入账，也不作为本期的收入处理；凡不应归属本期的费用，即使款项已经付出并入账，也不作为本期的费用处理。应计制不因资金的早入或晚收而影响绩效评估，有助于衡量政府政策阶段性的效果。

### 12.2.4 政府财务报表

新西兰政府2014年的财务报告主要有七张表和三十六个附注。七张表分别为财务绩效表（Statement of Financial Performance）、按功能分类的支出分析表（Analysis of Expenses by Functional Classification）、综合收入表（Statement of Comprehensive Income)、现金流量表(Statement of Cash Flows)、净值变动表(Statement of Changes in Net Worth)、财务状况表(Statement of Financial Position)和资产负债表(Statement of Segments)。除了现金流量表外,其他财务报表的合并均以应计制会计为基础线性合并。每张表均同时展示上一财年的预测和实际数据,也包括该财年最初的预测数据。这些附注主要用于解释这七张表,并提供详细的分类信息。预测数据在表格的左端,实际数据在表格的右端,中间是科目。

(一) 财务绩效表

财务绩效表主要有四类基础数据:收入、支出、财务和非财务运作收入以及来自附属机构和合资企业的净收入。基础数据之间进行加减,可以得到其他常用的财务指标。

收入包括税收收入及其他主权收入,以及通过出售商品和服务以及利息和分红等途径获得的运作收入。支出包括转移支付和补贴、人员工资、折旧与摊销(Depreciation and Amortization)、其他运作开支、利息支出、保险支出、预计发生的运作开支,以及自上而下的支出调整(Top-down Expense Adjustment)。总收入减去总支出,得到结余。结余加上来自附属机构和合资企业的净收入,得到运作结余(Operating Balance)。运作结余再加上少数利息(Minority Interests),得到最终的运作结余(Operating Balance Including Minority Interests)。

(二) 按功能分类的支出分析表

该表由两个子表组成,分别为所有皇冠部门支出的功能分析和核心皇冠部门支出的功能分析;后者只统计行政部门、议会办公室、新西兰养老基金(New Zealand Superannuation Fund, NZSF)和储备银行,不包括皇冠企业和国有企业。

两个子表功能分类相同,分别为社会保险与福利、政府雇员养老保险支出(Government Superannuation Fund Pension Expenses, GSF)、卫生、教育、政府核心服务、法律与秩序(Law and Order)、国防、公共交通与通信、经济与工业服务、文物文化与消遣(Heritage, Culture and Recreation)、基础服务、房屋社区建设、环境保护,以及其他功能、财政成本(Finance Costs)、预计发生的运作开支和自上而下的支出调整。

(三) 综合收入表

该表利用财务绩效表得到的最终运作结余,加上实物资产价值增加(Revaluation of Physical Assets)、套期保值获得的收入、对外货币操作中的交易成本、可售出投资未售带来的价值增加/减少(Valuation Gains/Losses on Investments Available for Sale Taken to Reserves),以及其他变动,得到总综合收入(Total Comprehensive Income)。

## （四）现金流量表

该表相对较长，分为收入、支出、投资的售出与购买、财政活动的收入与支出，以及净资金流与运作结余调整。因此表以收付实现制为基础，重在记录现金流动，故这里不做展开。

## （五）净值变动表

净值变动以上一财年最后一天，即6月30日的净值为基础，加上运作结余、资产重新估值后的价值变动等综合收入，再加上其他应计收入，得到该财年的净值。每次报告包含过去两个财年的净值变动。

## （六）财务状况表

该表包含资产数据、债务数据，以及两者相减后的资产净值（Total Net Worth）。资产包括现金和现金等价物（Cash Equivalents）、应收账款、可售证券、存款和金融衍生品、权益投资、预收账款（Advances）、存货、其他资产、房产设备、股权投资、无形资产和声誉、预计的资本支出，以及自上而下的资本调整。债务（Liabilities）包括发行的货币、应付账款、递延收入（Deferred Revenue）、借债、保险义务（Insurance Liabilities）、退休金义务和供应品（Provisions）。

## （七）资产负债表

资产负债表有两个子表，分别进行该财年预计与实际的对比，以及该财年实际情况与上一财年实际情况的对比。收入部分包括税收收入、其他主权收入、来自核心皇冠基金的收入、商品和服务出售收入、利息收入和分红，以及其他收入。支出包括转移支付和补贴、人员工资、其他运作支出、利息支出、预期运作支出，以及自上而下的调整。收入减去支出，即为未考虑收益/损失的运作结余。资产包括金融资产、房产设备、企业投资、其他资产，以及预期变动。债务包括借债和其他债务。总收入减去总支出，再加上总资产，减去总债务，即为政府资产净值。

## （八）报表附注内容和其他资料

报表有三十六个附注。以2014年财务报告为例，一共185页，附注内容占了121页。除了详细的说明之外，附注为各项数据提供按功能、部门或其他类型的分类信息。以下将详列这三十六个附注涉及的项目，并选取其中两个作为案例。

附注分别为：会计政策总述，主权收入，商品和服务售出，利息收入和分红，其他收入，转移支付和补贴，人员工资，折旧与摊销，其他运作开支，利息支出，保险支出，金融产品收益，非金融产品收益，应收账款，可售证券，存款和金融衍生品，权益投资，预收账款（Advances），存货，其他资产，房产设备，股权投资，无形资产和声誉，应付账款，借债，保险义务，退休金义务，供应品，净值，资本目标和财政政策，强制支出（Commitments），或有债务和或有资产（Contingent Liabilities and Contingent Assets），金融工具，关系方（Related Parties），政府持有的股份，后续重要事件。

本章将以"主权收入"和"政府持有的股份"这两个附注作为典型,展示分析附注在整个财务报告中的地位,前者为两张表格,后者为具体的项目说明和表格。

主权收入附注有两张表格,科目相同,但分别按照应计制和现金制展示。整个主权收入分为税收收入和非税收入。税收收入分为直接税和间接税。直接税分为收入所得税和其他直接税。个人所得税分为源扣除（Source Deductions）、其他人员、退税和附加福利税（Fringe Benefit Tax）;公司所得税分为总公司税、退税、非居民预扣税（Non-resident Withholding Tax）和海外分红预扣费（Foreign-source Dividend Withholding Payment）。其他直接税有两项,包括居民利息收入预扣税和居民分红收入预扣税。间接税分为商品税和其他间接税。商品税扣除退税,即为商品税收入总额。其他间接税包括道路使用费、国产油气经营执照费、国产酒业经营执照费、国产香烟经营执照费、进口油气经营执照费、进口酒业经营执照费、进口香烟经营执照费、其他关税、博彩税、机动车费、经同意的发行费和支票费,以及能源费（Energy Resources Levies）。非税收入包括事故赔偿费（Accident Compensation Corporation Levies, ACC levies）、消防服务费、地震服务收费（Earthquake Commission Levies, EQC levies）、儿童服务费、法庭罚款,以及其他项目收费。

政府持有的股份这一附注列举了政府所持有的三家公司的股份交易情况。三家公司分别为 Meridian Energy Limited、Genesis Energy Limited 和 Air New Zealand Limited。附注详述了交易信息,包括时间、交易价格和交易量,以及交易后政府在该公司的持股情况。

（九）报表合并方式

财务报告的附注一指出:与报告主体相关的所有资产、债务、收入和支出,线性加总（Added Together Line by Line）。部门间的交易为避免重复计算而做相应扣除。如果有必要,有关信息需要调整,以满足线性汇总的要求。高等教育机构采用权益会计编制报告,该操作有助于识别此类实体的净资产。对于一个合资企业而言,这需要看政府参与其中的形式决定合并的方式。

从1986年开始,新西兰吸收新公共管理思想,全面改革政府。改革不论从深度,还是广度,都堪称西方国家典范。财政支出明显减少,改革前连年赤字,改革后连续多年出现盈余。政府的财政透明度显著提高,有助于民众监督政府,提高政府执政合法性。政府的工作效率极大提升,工作人员数量减少;在1992—1995年的OECD成员效率排名中新西兰始终名列前茅。尽管我国与新西兰的政治社会文化存在很大差别,但这并不妨碍我们汲取可供现阶段利用的有益制度,比如以应计制为基础的政府财务报告制度。正如改革开放之后的一贯做法,先在地方试点政府财务报告制度,试点成功后再推广。

# 第13章　加拿大政府财务报告制度

政府财务报告是指为信息需求者编制的以财务信息为主要内容、以财务报表为主要形式、全面系统地反映政府财务受托责任的综合报告。各国的政府财务报告通常由文字说明和财务报表两大部分构成。其中,财务报表是政府财务报告的重要组成部分,包括财务报表和报表附注。国际会计师联合会公共部门委员会规定,政府财务报告通常应包括三种报表:财务状况表、财务业绩表和现金流量表。另外根据需要,政府财务报告主体也可以附加编制一些报表,如净资产/权益变动表等。对于不在财务报表中反映的重要会计事项,通常可以报告附注形式反映,附注内容一般应包括会计政策、承诺事项、或有事项等。

根据国际会计师联合会公共部门委员会(IFAC-PSC)发布的《国际公共部门会计准则第1号——财务报表的列报》所讲,政府财务报告的目标是:提供有助于广大使用者对资源分配做出决策以及评价主体财务状况、业绩和现金流量的信息,反映主体对受托资源的管理责任,提供有助于预测持续经营所需资源、持续经营所产生资源以及风险和不确定性的信息。该项表述指出了财务报告最重要的目的就是满足信息需求。内部信息需求(如政府管理机构、宏观决策部门等),即为政府服务,能够满足加强政府自身管理的需求,评价其在服务成本、效率和成果等业绩上的总体信息。外部信息需求(立法机关、公众、投资者和债权人等),即为外部使用者服务,有助于报告使用者评价其资源配置决策,更全面地考核政府的受托责任。

由以上定义不难得出,政府财务报告是公共财政管理的重要内容,也同样是健全公共财政的重大举措。随着政府在经济全球化中责任的加强,作为反映政府收支活动、财务状况及评价其业绩重要依据的政府财务报告制度,日益受到各国政府的重视。

一般而言,各国政府财务报告编制的会计基础主要有四类:收付实现制、修正的收付实现制、修正的权责发生制和权责发生制。权责发生制和收付实现制,主要区别在于交易如何确认以及何时确认。

收付实现制(Cash Basis/Accounting on the Cash Basis/Cash Basis of Accounting)又称现金制或实收实付制,是以现金收到或付出为标准,来记录收入的实现和费用的发生。按照收付实现制,收入和费用的归属期间将与现金收支行为的发生与否,紧密地联系在一起。换言之,现金收支行为在其发生的期间全部记作收入和费用,而不考虑与现金收支行为相连的经济业务实质上是否发生。

责权发生制(Accural Accounting)指收入和费用的确认应当以权责关系的实际发生和影响期间作为确认的基础。收入按现金收入及未来现金收入,即债权的发生来确认,费用按现金支出及未来现金支出,即债务的发生进行确认。而不是以现金的收入与支付来确认收入费用。

在各国政府活动的早期,对公共业务管理以及政府职能要求都较为简单,政府财政管理的重点是合法组织预算收入、合理分配预算资金。而现金制强调现金的收入支出,能够确保即时支出有相应的现金支持。因此,传统上基本采用现金制的预算体制,并通过现金制的预算会计来核算和报告预算执行情况,这就已经能够符合初期的政府机构设置。随着政府职能、所控制资源和承担责任以及收支规模的逐步扩大,公共管理业务日趋复杂,政府在保护公共资产的安全完整、防范财政财务风险、提高公共资源的使用效率和效果、推动财政可持续发展等方面的财务受托责任不断增强。传统的以收付实现制为基础的预算会计系统仅具备核算和报告预算收支的单一功能,无法满足政府全面解除其财务受托责任、提供绩效评价所需的资产负债、成本绩效等方面信息的需要,客观上促使各国实施政府会计改革,建立权责发生制基础的财务会计系统,将政府的全部公共受托资源及相应的对外责任义务,以及全部财务收支活动都纳入政府会计核算范围,全面、完整、系统地反映政府的财务状况和财务活动结果。各国的政府财务报告制度也在朝着这个方向努力着。

中国的财务报告制度还不完善,主要编制依据仍然是现金制,主要面向内部使用者(内部管理需要)和准外部使用者(上级政府部门)、主管部门及审计监察部门,忽视了公众的信息需求。我国年度预算会计报告基本上不对外披露,即便披露的程度也不充分。政府财务报告主体也不全面,主要以财政总预算会计所提供的预算会计报告为基础展开,其财务报告主体并没有涵盖"广义政府"的全部组成部分。财务报告理论上应达到的职能应包括:可向使用者提供关于主体所控制的资源和净营运结果的信息;提供评估报告主体财务状况及其变动,主体是否科学合理、经济有效地运营管理经济资源等相关信息,结合我国财务报告制度的现状,改进政府财务报告是公共财政改革的必然要求,也是建设政府绩效评价制度、加强社会监督的必经之路。

加拿大作为世界上较早使用权责发生制会计基础编制财务报告的国家,现有的财务报告制度已经非常成熟,对加拿大相关制度的研究想必能对中国现状,以及改革方向等有所借鉴。本章就重点讨论加拿大财务报告制度的沿革和建立、财务报告制度、财务报告内容等,并由此展开,进一步讨论对我国财务报告制度改革的启示。

## 13.1 加拿大政府财务报告制度
### 13.1.1 加拿大财务报告制度的沿革和建立
(一) 加拿大政府政治体制

加拿大采用三级政府体制:联邦政府(Federal Government)、省政府(Provincial Government)和市政府(Municipal Government)。三级政府也是典型联邦制国家的体现,政体包括中央政府、10个省政府和3个特区。各地政府均采用议会制度。联邦政府包括参议院和众议院。众议院是主要的立法机构,但所有法案正式立法以前必须经参议院通过。联邦制国家与中国的中央集权制的最大区别在于,三级政府之间没有上下隶属关系,各级政府的职责由宪法和法律界定,对各自的选民负责。这样的政治体制也决定了加拿大的财务报告制度在各层级政府之间的相对独立性。

加拿大目前在联邦政府、省政府和区政府层面都建立了权责发生制合并财务报告制度。在加拿大的联邦政体体制下,三级政府都处于各自独立的状态,联邦政府在编制合并财务报告时并不合并各省及大区政府的财务报告,但联邦政府、各省及大区政府均编制合并其自身各个部门以及其所控制的政府机构的合并财务报告。

(二) 加拿大政府的财务报告制度发展路径

在20世纪80年代至90年代期间,加拿大经历了两次短暂的但相当严重的经济衰退。第一次衰退发生在1981—1982财政年度,失业率从1981年低于8%的水平猛增到1983年的12%。1991年,加拿大经济再次出现衰退,失业率从1990年的8%左右上升到1991年10%以上的水平,并一直持续到1995年。经过20多年的巨额赤字后,加拿大在1997—1998财政年度终于实现了预算盈余,这是严格财政控制,尤其对预算的支出进行控制的结果。中央政府和地方政府沉重的而且在不断增加的债务负担,成为国家未来经济发展的主要障碍。政府认为,加强财政管理和控制,实现财政"平衡或更好的结果"是政府发展经济的重要目标。为了实现这个目标,更好地控制政府支出,加拿大政府推行了三项核心措施:一是建立加拿大现代审计管理制度(Modern Comptrollership);二是实施财务信息战略(Financial Information Strategy-FIS);三是政府会计与预算权责发生制改革(Accrual-based Accounting and Budgeting)。

(1) 现代审计制度:1997年,政府公布了《审计现代化议案》,旨在进行广泛改革,改进对预算单位的支出管理。现代审计制度的特点是分层次建立相互联系、责任清晰的管理体系,它是一套相当完备的管理制度,各项支出均受子系统的监控和制约,从而使政府支出管理水平大大提高。但是这套系统运作首先取决于有效的政府财务信息。为此,加拿大政府进一步开发和实施了"财务信息战略(FIS)",作为与政府审计制度相协调的支持系统。

(2) 财务信息战略:实施财务信息战略的主要目的在于:强化决策、管理和责任制度,从战备角度出发,全面推行统一的财务和非财务信息管理,改善部门管理水平,提高管理业绩。从操作上看,财务信息战略体系是由一系列子系统共同协作运行的,特点如下:① 各部门的支出信息通过各部门的部门财务管理系统(DFMS)通过部门编码管理传入中央财务信息管理和报告系统(CFMRS);② 各部门的资金通过中央银行的国库系统(TS)进行结算,并在出纳总署的总账系统(GLS)中登记,并汇总到中央财务信息管理和报告系统中;③ 所有各子系统的信息最终都汇集到中央财务信息管理和报告系统中进行管理。

由于各子系统相对独立,同时信息又相互融通,并由统一的中央财务信息管理和报告系统进行管理,因此,采用 FIS 后的系统比老系统在效率上有很大的提高,即新系统不再需要记录细账,只要记录汇总账,所有细账都由各子系统记录。

(3) 政府会计与预算权责发生制改革:由以上两项改革的情况可以看出,通过建立现代审计制度体系框架,实施政府财务信息战略,根本目的是政府和议会通过加强对财务信息的管理和控制,提高对政府支出的管理水平。但是,在收付实现制条件下,由于政府只能掌握现金方面的信息,不能了解各部门具体的财务收支状况,特别是部门和政府的资产及负债的状况,使政府仍然不能真正达到有效管理支出的目的。因此,权责发生制改革就成为另一项政府支出管理改革的核心任务,以及成为现代审计制度和财务战略的重要基础。

1995 年,加拿大财政部长在预算计划中宣布了联邦政府承诺将要采用完全的权责发生制会计和以权责发生制为基础的财务报告,权责发生制会计成为财务信息战略不可分割的一部分。

1998 年,议会下院的公共账户常设委员会提议,为了确保财务信息战略议案的顺利实施,政府和议会可按照完全的权责发生制拨付资金。由国库委员会负责权责发生制改革方案的设计。

权责发生制改革分为四个步骤:20 世纪 60 年代,加拿大政府整体和各个部门都是以收付实现制为会计基础的。70 年代,各部门开始采用修正的收付实现制为会计基础。80 年代和 90 年代,政府整体和各个部门开始采用修正的权责发生制为会计基础。从 2001 年 4 月 1 日起,所有政府部门和加拿大政府整体都开始采用完全的权责发生制为会计基础,2003—2004 年起,政府采用完全、彻底的权责发生制编制预算。

采用完全的权责发生制能够通过提供更多更全面的财务状况信息,来提高政府财务报告的透明度,并更好地帮助加拿大国会以及民众明确责任,进行效绩考评。不同于现金制,权责发生制的收入和支出相配比,责任义务更加明确,也利于政府进行正确决策,而不是只顾及现金的进出。这样也能更有效地进行长期风险防范,制订运营、支出计划等。

(三)加拿大公共部门会计管理理事会

在加拿大,由会计准则管理理事会监督会计准则的制定以及执行情况。同时,会计准则的设定由两个独立委员会负责。一个是加拿大公共部门会计委员会(The Public Sector Accounting Board,PSAB),负责加拿大政府的财务报告,包括政府部门、政府机构以及政府实际控制的政府组织;另外一个是加拿大会计准则委员会(The Accounting Standards Board),主要负责私人领域的会计准则制定。从这两大委员会的分离也可以看出政府公共部门和私人部门所依据的财务报告准则、基础、效绩考核指标等都是不一样的。

加拿大公共部门会计准则由公共部门会计理事会制定。PSAB 于 1981 年由加拿大注册会计师协会(the Canadian Institute of Chartered Accountants,CICA)成立,为专司制定公共部门会计准则和其他财务报告指南的独立的准则制定机构。CICA 成立 PSAB 的动因在于,随着加拿大政府财务管理要求的不断提高,国内诸多的政府利益相关者认为,加拿大各级政府应当按照全国统一的、可比的和一致的方法编报财务报告,因此产生了由专门机构制定统一的公共部门会计准则的需求。PSAB 目前由 12 名理事构成,理事均为兼职,其中 2/3 的理事为从事各级政府财务报告编报和审计工作的负责人,其余的理事来自学术界、政府财务报告使用部门等方面。PSAB 的日常工作由包括技术总监在内的工作人员承担。PSAB 制定和发布准则遵循严格的因循程序,每一项准则的立项、征求意见稿的发布以及最终的发布等,都必须经过 2/3 的理事投票赞成方可通过。

自成立以来,PSAB 已经发布了一整套较为完整的公共部门权责发生制会计准则,当前的工作重点集中于研究制定公共部门非财务信息报告指南和考虑对概念框架、养老金计划会计等个别准则进行修订。加拿大公共部门会计准则的执行得到了各级财政部门、法定审计师以及地方政府立法的共同推动,2009 年前,公共部门会计准则主要在联邦政府、省及大区政府和基层地方政府范围内执行,2009 年后,公共部门会计准则的执行范围扩大到政府机构(即政府所控制的非营利机构,如公立学校),公共部门会计准则已经作为公认会计原则成为加拿大公共部门主体编制财务报告的统一依据。

为了确保现有的财务报表报告制度能够为政府决策提供帮助,成为政府信息的一个重要渠道和审查手段,PSAB 严格遵守了一系列合规标准,并严格执行尽职调查的义务。其中的关键因素包括：

（1）公开透明的过程监督。在会计准则的约束下，要求会计报表的编制者和使用者都能就依据的会计准则达成统一意见。这一过程将推动会计准则的不断发展更新，以及相应指导意见的应运而生。整个财务报告编制情况都属于公开信息，可以在政府的网站上查询获得。

（2）PSAB 在编制财务报表的各个阶段都积极向社会各界征求咨询意见。PSAB 鼓励各利益相关者（使用者、编制人员、审计人员等）在报表编制基础框架、报表编制的各个层次等方面提供反馈意见。这确保了 PSAB 能够听取各个利益相关者的不同意见，更加全面地分析看待问题，平衡各方利益。

（3）与国际公共部门会计相接轨。在完善加拿大公共部门会计准则的时候参考国际准则和指导意见，在可能的情况下与国际标准相统一。

### 13.1.2 加拿大财务报告制度的内容

（一）财务报告目标

（1）财务报表正确反映记录了该政府实体控制的所有财务资源和金融事项的完整性以及范围。

（2）在每个财务报告年度结尾能够提供相关财务报告，使得该政府主体能够对过去的财务表现、项目效绩进行考评，也能同时为未来提供的服务预算提供一定的信息支持。

（3）描述政府实体在财务报告年度中的财务状况变化情况。

（4）阐述各政府实体需要负责的财务资源管理情况，并界定相关责任义务的履行情况。

这些目标往往要求财务报告制度在应付制度下清楚地界定资产负债、收入支出等关键财务报告项目。

（二）财务报表主体

加拿大公共政府会计规定财务报告主体包括所有加拿大政府、政府机构、政府组织，还包括诸如皇家公司（部分由民间控制和操作的国有商行）这种政府控股法人实体。但是在合并财务报告时并不合并皇家公司这一类不依赖于政府拨款运营而有自身收入的企业以及其他公共事业单位。这些组织采用不完全（改进版）权益法进行合并。合并时需要统一一致的财务报告标准，逐项合并，并同时去除政府间的内部交易。采用的准则也从所有权制度逐渐转为控制权划分标准，即并非只包括由政府部门拥有所有权的组织机构，同时也包括政府有实际控制权的机构。但在合并报表时，政府部门的实际控制范围界定在现实生活中由于情况复杂还是存在一定困难的。加拿大政府也在积极地将公共部门会计准则推行到其他政府控制的如学校等事业单位（这些单位以前采用非营利组织会计标准，给后续各层级的政府报告合并增加了难度,所以加拿大在推行统一的公共部门会计政策)。

加拿大养老保险金计划包含了各个省的养老保险资产,并由加拿大养老保险基金委员会统一管理。因为该资金的调度需要 2/3 的参与省通过才能施行,所以各级政府都不具有控制权,不属于政府财务报告主体,也不需要进行报表合并。

## (三)财务报表编制的几个基本要求

为了使财务报表能够尽可能有效地提供财务信息,财务报表中所提供的数字也有特殊的要求,一般需要符合以下属性特征:

(1)及时性。财务报表需要在报告年度结束后尽快编制完成,以确保报表提供的信息在发布时仍然是有效的。信息对决策制定或者效绩卡考评的价值会随着发布时间的推迟而递减。

(2)可比性。报告主体在编制财务报告的时候遵循的会计准则、假设等都需要保持不同会计年度的一致性,以使会计报表具有可比性。现期的数据和前期的数据有相同的编制口径和方法,这样才能比较出现期的财务状况是提高还是下降了。

(3)可靠性。可靠性要求财务报表中的信息必须准确完整。在公共部门,政府的财务报表一般会交给第三方独立的机构进行审计,以此来向报表的使用者证明信息的可靠性。

(4)可理解性。财务报表中的信息必须清楚地被注释和解析,使得对财务报表有兴趣的个人能够通过合适的努力就能自行理解报表中所阐述的内容。

## (四)财务报告形式和财务报表表式

加拿大公共部门的会计报表一共包括五张表:

(1)财务状况表(Statement of Financial Position)。也就是我们平常所说的资产负债表。五个关键因素为:资产、负债、净资产(资产-负债)、非金融资产、累计赤字/盈余。本年度的财务报表应该与以往年度报表保持一致性,以利于比较。表式如附表一所示。

(2)经营状况表(Statement of Operations)。报表主体需要列示:按类型分类的收入、按功能或者项目分类的支出、当期运营盈余或者赤字(收入和支出的差额)、期初和期末的累计运营盈余或者赤字(这部分可以选择在经营状况表或者单独的报告中揭露)。经营状况表不包括政府合伙企业以及政府公共事业单位的其他综合性收入以及政府机构的未实现损益。当期的经营状况表应该与前期保持一致性,以利于比较。表式如附表二所示。

(3)未实现损益表(Statement of Remeasurement Gains and Losses)。这张报表主要总结报告了在公允价值基础计价法下的未实现所得和损失,但不包括有外面限制条件的未实现损益以及外币兑换损益。政府合伙企业以及政府公共事业单位的其他综合性收入使用不完全权益法进行合并。表式如附表三所示。

（4）现金流量表（Statement of Cash Flows）。现金流量表揭示了在本会计年度内,报告实体的哪些活动带来了现金,哪些活动又消耗了现金。并总结了当期现金以及现金等价物的变化情况以及期初期末总额。现金流量表还应该依据现金流的性质区分为经营性、投资性、融资性现金流。政府公共会计准则鼓励使用直接法进行编制。表式如附表四所示。

（5）债务净额变动表（Statement of Change in Net Debt）。净资产以资产减去负债获得。如果资产大于负债,则政府处于净资产盈余状态,有足够的资源可以抵消政府负债;若资产小于负债,则政府处于净债务赤字状态,需要通过创造未来的收入来支付过去交易事件产生的费用。

净资产变动表的变化来自本会计年度已确认收入除去支出部分（支出包括资本性支出）。并需要提供在会计年度年初年末分别提供净资产的总额。表式如附表五所示。

（五）资产、负债、非金融资产、收入、支出等会计要素的确认、计量

1. 资产

关于资产的确定有以下几个关键因素:① 可以单独或者与其他资产一起创造未来收益（包括未来的现金流或者能够提供商品以及服务）;② 报告主体能够拥有或者控制该资源及其所带来的经济利益;③ 形成报告主体所控制的资产的交易或者事项已经发生。

关于负债的确定有以下几个关键因素:① 负债包含了对其他主体的义务或责任,且报告主体几乎没有权利去解除或避免承担该责任或义务。② 在未来约定好的时间点、待决定的时间点或者依据对方要求的时间点通过特定事件或者交易履行责任或义务。对其他主体所负责任或义务的体现方式有:未来资产的转让或者使用;提供商品或者劳务抵偿;其他经济结算方式等。③ 报告主体形成负债的交易或事项已经发生。

收入（不包括所得）确认关键点:收入是报告主体在会计年度内,由于实体的经营、交易事项而引起的经济资源的增加。收入会导致资产的增加或者负债的减少。

一般收入（不包括所得）来自:税收收入（例如所得税和财产税）;财政转移收入（例如联邦政府向省、区政府的财政拨款,政府对特殊服务组织如医院提供拨款）;投资收入;商品销售;提供劳务;政府资源的经济租金;利息收入;版税或者红利;其他来源如资助、捐赠和遗赠。

支出确定的几个关键点:支出是报告主体在会计年度内,由于实体的经营、交

易事项而引起的经济资源的减少。支出会导致资产的减少或者负债的增加。

在政府财报中,还有部分的支出以相对应的功能(如健康卫生支出、教育支出)和项目来进行编制。这种编制方法能够体现经济资源的分配决策。除此之外还有依据支出种类进行分类的编制方法,例如摊销、折旧费用就代表了有形、无形资产在一个会计年度中的损耗成本。具体何种支出分类方式都会在财报的附注中标出。

(六)具体科目的设置

1. 资产

资产可以抵消现有负债或者未来经济资源流出。资产一般包括存货或者待售商品。净资产的含义为资产减去负债后剩余的那部分。财务报告中的资产负债表中一般将资产分为几个主要大类:现金以及现金等价物;应收账款;存货以及待售商品;应收贷款;其他政府贷款;证券投资;金融衍生品;政府合营企业投资等。以下详细说明其中几个大类:

(1)现金以及现金等价物。现金包括实际现金以及存款单。现金等价物是那些短期流动性非常高的投资,很容易就能转换为现金并且短期内价值并不会发生显著改变。持有现金等价物的原因是用于支付短期负债,而不是用于投资或者资本性支出等。只有当到期期限非常短时(一般而言从持有日开始至到期日少于3个月)的短期投资才能被列为现金等价物。

(2)应收账款。公共会计准则中包括了详细的应收账款确认的指导意见(同时也包括了与税收、分红的收入确认)。应收账款主要以成本计算或者以摊销后的成本计算(扣除坏账)。如果应收账款的回收期限非常长,考虑使用实际利率法进行摊销。

(3)存货或者待售商品。待售商品被确认为资产时必须符合以下标准:报告主体持有该资产的意图为出售;资产已经到达可以出售的状态;资产可以通公开信息得知待出售信息;该资产存在活跃的交易市场;为出售资产而制定的完整的切实的计划已经存在;资产在合理的预期将在一个报告年度由报告主体售出。公共部门会计守则没有具体的说明存货成本的计量方法。相关部门可以参考 GAAP 中的相关规则。

(4)其他政府的应收贷款。应收贷款一般应该以摊销成本记录,但是在特殊情况下,实际成本计价也是被允许的。应收其他政府贷款的账面成本采用成本以及可收回净值孰低法确认,差额计入坏账准备。如果无法回收金额是以总体贷款的某一百分比所确认,且该百分比有足够的精确度,那么坏账准备直接计提该百分比额度。实际利率法是用来计量利息收入的。会计报告主题必须详细揭露应收贷款的性质,签订条款,以及使用的会计计量方法。在豁免贷款、减少贷款以及其他贷款形式时需要附加说明充分解释应收贷款的现有状态。

证券组合投资：证券组合投资是政府对非政府控制的组织的投资，一般形式为股票、债券等，不包括应收贷款。金融工具会计标准要求金融衍生品以及股票组合投资必须存在活跃的交易市场并且以公允价值计价。政府组织需要分别对待投资产品，哪些是以公允价值计价，哪些是以成本或者摊销成本计价。

所有的证券投资必须每年进行减值测试。如果减值的事实不是短期存在而是在长时间都会有效，则需要将投资的账面价值去除减值部分。在成本计价法计量时，就算之后年度有价值回升，减值也无法被抵消。在公允价值计价时，价值回升在利润表（损益表）中得以体现并确认。任何收益和损失都需要在经营表中列示。在使用公允价值法时，未实现的损益和损失除了在经营状况表中列示，还需要在损益表中体现。如果未实现收入的获得有明显的外界限制则暂时列为递延收益，直到限制条件解除。同时，证券组合投资必须在资产负债表中单独列示。

2. 负债

负债是报告主体对其他主体所负的责任以及义务，常常伴随着未来经济利益的流出。一般包括应付账款和应计负债、预收收入、雇员未来福利负债、借款和其他贷款这些大类。

（1）应付账款和应计负债。应付账款与应收账款相对应。如时间较长的应付账款同样需要考虑使用实际利率法进行摊销。应计负债是已经发生但尚未支付的费用由于财报编制已经开始采取权责发生制，收入和费用需要进行相应配比，未支付的费用仍然在负债中确认。

（2）预收收入（延迟确认收入）。实物交换交易的预收收入只有在交易事项真正发生时才能确认。对于非交换交易，公共部门会计准则给予了详细的说明。在政府转移支出的情况下，收入只能在转移支出被实际授权并达到合规标准时才能确认，否则符合预收入定义时，计入负债。负债抵消时，才能计入收入。税收收入也只有在税收事件实际发生时才能记为收入。从外部非政府机构所收款项，并附带有特殊条件的，只有在该款项的特定目标达成以后才能计入收入。特定款项的目的没有达到之前计入延迟确认收入。该款项（负债）同时也适用于有外部条件限制的未实现投资损益。

（3）职工、雇员未来福利。职工未来福利的会计准则非常复杂，这里只介绍最基本的一些概念。政府应根据他们机构的项目计划来确定使用何种会计处理方法，退休福利、离职福利、带薪缺勤的未支付支出都计为负债。由报告主体负担的那部分固定收益退休金计划，应根据配比原则确认每个期间实际应该承担的部分，并对应计入资产或者负债，而并不是依据现金制那样在有现金支出时才确认费用。

(4)长期负债(从其他机构处的借款、贷款)。财务报表中这一栏显示的是总体的未偿还长期负债总值。一般而言,长期带息负债摊销成本计价,但在某些情况下也可以用公允价值法计价。

在计算利息支出时,需要采用实际利率法。财务报表附录中需要提供的信息包括利息率、偿还日期、偿还方式以及在债权人要求下可能必须即时支付的负债金额。之后5年每年总计需要偿还的本金需要单独列示,剩余在之后年度需偿还的金额只需提供一个总数。如果是国际债务,加元和其他国际货币的汇率转换相关文件也需要单独记录在案。

如果存在偿债基金用以支付长期债务,则财务报告的附录需要揭露:长期债务中由偿债基金偿还部分的总额;现时,偿债基金中还有多少可以被用来偿还长期债务。同时需要列示利息费用,利息费用还应该考虑长期债务的溢价折价摊销部分以及发行时的成本费用。

经营性租赁和融资租赁都需要独立于其他负债在财务报告中揭示。

有担保负债也同样需要单独揭示,同时用以担保的资产的账面价值以及其他相关信息也要在财务报告中详细提供。任何债务违约,提前赎回条款都需要在财务报告中揭露。如果报告实体存在自己的债务工具,财务报告需要提供每个层级的债务总额,以及所有不同优先级的债券层级数量。

(5)贷款担保:贷款担保在财务报告中被归为或有负债。财务报告主体需要计提贷款担保准备。当损失很有可能发生时,该项支出应该被认定为负债或者费用。计提的贷款损失准备需要在经营状况报告中揭示。

(6)合约义务(契约义务):报告主体和其他机构组织签订的契约或者协议,使其在未来某一时间当合同规定的条件满足时,该义务转变为负债。

3. 非金融资产

非金融资产可以通过购买、建造、更新改造获得,通常无法提供经济资源来抵消债务。但是这些资产可以用来:提供政府公共服务;在政府的日常运营中会被逐渐损耗掉;在政府运营期间并非用来出售。财务报告中的非金融资产一般包括有形资本资产、自用存货、预付费用等。以下详细介绍关键的几个大类。

(1)有形资本性资产一般以成本计量。当有形资本性资本由多个部件构成,且每个构件的使用寿命已知且各不相同时,只要对政府部门的决策起到更好的作用,报告主体就可以选择逐个区分各部件,单独确认其使用年限。

如果有明显迹象表明,该项资产不能再为公众提供商品、服务或者该项资产未来能带来的经济利益低于其账面价值,政府主体就需要计提减值损失。减值准备不得转回。

(2)租赁有形资产。租赁形式取决于租赁合同规定的该资产的所有权及其收益风险是否转移到了报告主体这里。如果租赁合同明确规定了资产各个方面的信息,如需提供的服务、确认标准、计价方法等,报告主体对该资产的会计处理可以单独依据与标的资产相关的合同规定。

用以计算租赁资产最小现值的折算利率,取报告主体设定的新增贷款利率和租赁合同中可以切实推断出的利率的较低者。但是租赁资产的最大现值不得超过资产现有的公允价值。

(3) 预付费用:当该部分费用所对应的商品已经获得或者服务已经提供时,在政府运营状况表中得以确认。

(4) 自用资产:是指报告主体在日常运营中使用的非金融资产。

4. 收入

收入在交易事项实际发生时才予以确认。收入一般有税收收入、非税收入以及政府间转移支付三个分类。收入的重要来源包括使用费、投资收入、自然资源收入、政府间转移支付、税收以及其他收入。

5. 支出

报告主体列示支出的方式有多种,比如按功能划分、按项目划分。其支出金额在财务报告中可以按对象单独分列,也可以提供总额。由于其样式的多样性,费用支出科目的名称在不同的报告中都是不一样的。参见报告表式与实例。

(六) 报表附注的内容和其他相关补充资料

报表附注是政府财务报告中不可或缺的一部分,附注为财务报告提供了大量信息,也占据了财务报告的最大篇幅。要想完整理解政府的财务报告,附注的内容不容忽视。

一般而言,附注揭露了报告实体在现期和未来财务表现的各方面的信息,包括:财务报告编制基础(科目确认标准、确认时间、确认金额等);由于报告中只提供了概括性信息,附注需要详细注解各项具体科目;在编制报告时未被确认但对报告实体有重大影响的事件;对于已发生交易将会带来的未来负债或者交易的事项提供详细信息。以上各项均被政府公共会计准则要求一一呈现在附注中,但需要格外关注的几个关键点总结如下:(附注要点)报告主体的范围定义;编制报告所依据的会计准则(会计政策、估计等);未来重大交易事项;支出的可替代分类总结表;资产负债表日后事项;或有事项。

(七) 报表合并的方式和范围

各级政府在提供财务报告时,需要合并政府以及政府机构。政府合营以及联营企业采用比例合并法。但不包括报告主体存在少数股东权利(不具备控制权的股权)的附属机构,报告主体需要在财务报告中揭示该机构的存在以及少数股东权利的具体内容。公共事业(Government Business Enterprises,GBEs)和政府商业合作企业应使用修正的权益法进行会计处理。

GBEs 是符合以下标准的组织：是一个独立的法人（法律实体），能够以自身名义去起诉或者有被起诉的能力；已经通过财务以及运营当局的审查授权能够开展实际业务；主营业务是将商品和服务销售给除了政府报告主体以外的其他个人或者组织；能够依靠除来自政府报告主题以外的收入来维持其运营。政府合伙企业是符合所有 GBE 标准的政府合作关系企业。

政府间的交易以及收支差额在合并报表时视为内部交易需要予以抵消，但不包括 GBEs 以及政府合伙企业，不过政府和 GBEs 以及政府合伙企业的未实现损益需要抵消。

## 13.2 加拿大政府财务报告制度对我国的启示
### 13.2.1 加拿大政府财务报告制度总结
1. 严密的报告体系

加拿大政府财务报告制度的核心在于报告系统中的 5 张报表，其内在联系以及相关内容揭示了政府方方面面的活动。5 张报表分别为财务状况表、经营状况表、未实现损益表、现金流量表、负债净额变动表，其中依据加拿大政府会计准则，未实现损益表只要求在 2016 年 4 月 1 号以后的会计年度才开始实施，世界上大部分国家的政府财务报告并不包括这一报表。这 5 张报表形成加拿大政府的财务报告体系，全面地反映了政府对公共资源的受托责任和运营状态。其中财务状况表是总表，其他报表均为此财务状况表某一科目变动的进一步详细解释。经营状况表和未实现收益表共同反映了政府在该会计年度所有收入支出的财务状况变化。现金流量表列示了现金以及现金等价物这一科目的变动，并提供了政府是否能够有足够的高流动性资产来应对短期负债的信息。净负债变动表是公共部门会计所独有的一类表格，合并了本期以及以前年度的资产减去负债的赤字、盈余并计算累积额。净负债的增加可能来自大量资本性支出来购买公共服务设施或者政府通过借债来维持现有运营水平，净资产的减少可能源自本期政府收入大于政府运营支出或者政府没有完全推销有形资产(摊销完费用)。净资产变化表明确了净额变化来自哪里，更好地提供了高质量的财务信息。

财务状况表的分析可以总结为两个关键因素以及两个关键效绩指标。

(1) 关键因素：金融资产以及非金融资产。金融资产是我们平常意义上的资产，用以支持政府的运营，是政府偿还债务的保证，而非金融资产对应的是政府提供公共服务的职能，而不是为了外部负债等运营所需，包括的科目诸如建筑、路桥等有形资产，因此与金融资产在财务状况表中分开独立列示。

(2) 关键指标：净资产/净负债和累积盈余/赤字。净资产/净负债体现了财务报告当期的资产负债情况,净资产表明政府现有金融资产能够为现有负债提供足够保证,净负债表明政府需要预支未来的收入才能足额支付过去交易事项形成的费用。积累盈余/赤字揭示了政府经济资源的总体状况(包括所有金融资产+非金融负债),包括了政府过去、现在所有年度的运营状况表现(包括了运营的损益以及未实现损益)。盈余代表政府仍有资源能够在未来提供服务,赤字意味着政府必须通过借债才能为各期运营亏损融资。这些指标都在一定程度上为政府的可持续发展提供了信息,政府有更好的财务状况(较大的盈余累积额),表示着该政府有能力承受未来更长时期可能出现的赤字。而净负债的增加以及累积赤字都是政府现有运营状况不具有可持续性的一种体现。

2. 专门制定政府会计准则的部门 PSASB

加拿大公共部门会计准则由公共部门会计理事会制定。PSAB 为专司制定公共部门会计准则和其他财务报告指南的独立的准则制定机构。随着加拿大政府财务管理要求的不断提高,国内诸多的政府利益相关者认为,加拿大各级政府应当按照全国统一的、可比的和一致的方法编制财务报告,PSASB 结合了加拿大企业会计准则以及加拿大政府实际情况,制定了公共部门会计准则,使得政府部门以后的财务报告编制过程有据可依,并统一了财务报告的口径、格式、会计基础等。

3. 政府会计准则的适用范围包含了政府以及政府机构

加拿大政府财务报告的合并范围从最初的所有权标准扩大到如今的控制权标准。现行公共部门会计准则要求将政府能够控制的各个部门和其他机构(如公立学校等)都纳入政府财务报告合并范围。政府以及政府机构均采用一致的会计准则,能够减少报告合并时的调整工作,并进一步降低财务报告合并的难度。

4. 权责发生制的报告编制基础

加拿大政府是世界上较早一批采用完全权责发生制的国家。现在政府的职责范围日益增加,所控制公共资源的规模逐步扩大,收支的额度也逐年增加,现金制仅限于现金项目的管理已经无法满足政府职能工作的需求。权责发生制的报告编制基础使得加拿大政府能更好地使用公共资源、实施政府职能配套措施,共同保证财务报告的信息质量。加拿大政府在实行权责发生制财务报告制度的同时实施了两项配套措施:现代审计制度以及财务信息战略(FIS)。这些配套措施提高了各部门实现本部门各项规划的效率;提高了政府部门管理的责任性;减少了政府管理的费用成本;提高了各部门支出管理的自主性和管理权,鼓励各部门提高其处理财务信息的能力,满足了其管理需要。

## 13.2.2 对我国政府的借鉴意义

加拿大是世界上较早就开始使用完全权责发生制来编制政府财务报告的国家。由于现金制只关注现金的流入流出,不能很好地匹配政府当期的责任义务,向权责发生制演变已经成为国际趋势,客观上也将促使中国实施政府会计改革,将政府的全部公共受托资源及相应的对外责任义务,以及全部财务收支活动都纳入政府会计核算范围,这样才能更全面、完整、系统地反映政府的财务状况和财务活动结果。对中国政府的借鉴意义如下:

(1) 从现金制向权责发生制的政府会计改革大方向。随着政府公共管理业务日趋复杂,政府在保护公共资产的安全完整、防范财政财务风险、提高公共资源的使用效率和效果、推动财政可持续发展等方面的财务受托责任不断增强,这些都要求政府会计采用权责发生制。

(2) 建立权责发生制的前提是建立和实施统一的权责发生制政府会计准则。我国的财政总预算会计、行政单位会计和事业单位会计中均规定了相应的一套会计报表,但各会计报表自成体系、分别编报,没有一套能完整、集中地反映各级政府的资产、负债和净资产全貌的合并会计报表,使人民代表大会等政府财务报告的主要使用者难以全面、系统地考核和评价政府财务受托责任的履行情况。中国政府推进权责发生制的首要任务是建立适用于行政单位、事业单位及其他政府组成主体的权责发生制政府会计准则,以使政府会计核算和财务报告编报有统一标准。通过政府会计准则规范统一财务报告的目标、财务信息的质量特征、会计要素的划分、会计要素的确认、计量、列报和披露原则等,使政府财务报告更加规范,提供更多更丰富的信息。

(3) 依据国际惯例,各国政府在建立自身的政府会计准则时可以参考国际公共部门会计准则(International Public Sector Accounting Standard, IPSAS),联系本国特殊国情做出相应的特殊处理以及规定。除此之外,还需要参考本国企业会计准则,对于企业会计准则不适用于公共部门的方面或不能满足公共部门核算需要的方面,则会在对应公共部门会计准则中做出不同的规定或单独制定公共部门特定事项的准则。

(4) 政府会计权责发生制的改革应推动预算制度的权责发生制改革的进行。政府预算和政府会计本就是政府最重要的掌控、考量财政收支、财政财务状况的重要工具。会计与预算采取不同的会计基础编制,会造成信息的有效性降低,效绩管理、公共责任不明确等后果。参照加拿大的情况,加拿大公共部门预算编制一直以来采用现金制或修正的现金制,公共部门权责发生制会计和财务报告与现金制预算之间的矛盾也引起了相关方面的关注,公共部门会计准则制定机构要求公共部门将其预算按照权责发生制列示在其财务报告中,以统一的权责发生制基础披露预算信息和会计信息。由于加拿大政府在实行权责发生制的政府会计准则方面已经有较成熟的经验,因此也已经开始在预算编制时推广权责发生制,形成统一的预算、会计系统。

(5)政府会计要与政府预算保持一定的分离,并尽可能地保持独立性。加拿大政府会计采用权责发生制,预算使用现金制(或修正的现金制),各级公共部门均有内部预算系统记录预算收支。因此,加拿大公共部门的权责发生制会计和财务报告系统与预算系统仍然是分离的。同时,加拿大政府注重通过确保准则制定机构的独立性(独立于政府会计记账、编报等实践应用部门)来确保政府会计准则的中立性,以更好地服务于公众利益。我国《会计法》授权财政部负责制定国家统一的会计制度,但财政司又有权制定预算相关法规,因此,如何在这一法律框架下通过完善政府会计准则和预算制度的内部制定机制而使准则的制定与执行适当分离,值得思考和研究。

(6)政府会计准则不应该只在政府中实行,而应该扩展到所有的政府机构。如果在这些机构中并不同样施行统一的会计准则,在后期合并报告就会产生很多不必要的麻烦。合并报表之前必须先调整为一致的权责发生制,政府部门在编制合并财务报表时需要作大量的调整,使报告合并过程更加复杂,给合并工作带来困难。

(7)建立权责发生制下的高质量的财务报告系统是一项复杂的系统工程,需要诸多配套措施提供保障。加拿大虽已建立起权责发生制政府财务报告制度,并经历多年实践和不断完善,但政府财务报告的编制仍面临诸多困难和问题,政府部门内部控制的缺陷、内部交易事项抵消技术上的不足、编报程序手段上的不完善等都影响到政府财务报告的质量。

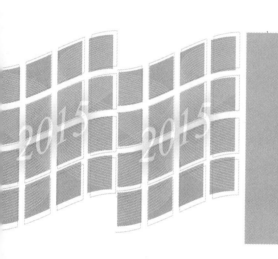

# 第四篇
# 我国权责发生制的政府综合财务报告制度的建立

# 第14章 我国政府财务报告制度现状

权责发生制政府综合财务报告通常也称为政府综合财务报告,是指反映各级政府整体财务状况、运行情况和财政中长期可持续性的报告。《中共中央关于全面深化改革若干重大问题的决定》关于"建立权责发生制的政府综合财务报告制度"和新《预算法》关于"各级政府财政部门应当按年度编制以权责发生制为基础的政府综合财务报告"的要求都表明,建立政府财务报告制度已成为我国财政管理改革的重要目标之一。2014年国务院批转财政部《权责发生制政府综合财务报告制度改革方案》,标志着我国正式启动政府财政报告制度改革。

本章将简要回顾近年来我国政府财政管理改革历程,通过梳理我国财政预算管理现状和政府财务报告试编及试点改革,就我国权责发生制财务报告制度存在的问题及原因展开分析。

## 14.1 我国财政管理现状和发展趋势

国家财政是国家机器运转的保障条件,财政管理改革不只是财政一个部门的问题,而是关系到国家的长治久安与经济社会的可持续发展。回顾近三十年的财政改革历程,我国的财政预算管理改革带有与时俱进的特征,显现出了适应并助推总体经济改革和行政管理改革的特殊效应。

### 14.1.1 我国财政预算管理现状

伴随社会主义市场经济的发展,我国的各项经济体制改革不断深入。财政领域已初步建立起公共财政体制,财政预算管理制度不断革新。回顾财政预算管理的各项主要改革及成效,有助于对我国财政管理改革的发展趋势进行合理研判。

(一) 财政预算管理的主要改革

财政管理是政府为了履行社会管理职能,对所需的物质资源进行的决策、计划、组织、协调和监督活动的总称。财政管理的内容非常广泛,包括政府对整个国家财政资金的筹集和使用全过程所进行的管理,既包括中央政府财政管理,也包括地方政府财政管理;既包括财政收入管理、财政支出管理,也包括财政平衡管理;既包括财政预算管理制度,也包括财政预算管理体制的内容。下面主要从财政管理制度变迁的角度对我国各项主要的财政管理改革进行梳理,不涉及财政管理体制层面的内容。

随着市场经济改革的深化和政府财政收支规模的快速扩大,我国政府职能也发生了重大转变,传统政府财政预算管理模式和预算会计核算办法均表现出不能适应市场经济要求,无法全面规范反映、管理和监督政府资金的问题。1994年的分税制财政体制改革,从收入方面初步理顺了中央与地方的分配关系,增强了中央财政的宏观调控能力。但是,在财政支出管理方面,预算不够统一、规范,预算编制内容不完整,预算编制不细化、预算软约束,财政资金使用效益不高等问题日益突出。

在此背景下,如表14-1所示,自20世纪90年代初开始,我国开始启动收支两条线改革,预算会计制度、会计集中核算、政府采购、国库集中收付、部门预算、预算绩效管理、预决算信息公开等多项改革陆续展开。截至目前,我国已基本奠定了现代政府财政预算管理的基础,公共财政治理框架基本形成。

表 14-1 我国政府财政预算管理制度的主要改革

| 时间 | 名称 | 主要内容 | 主要法规 |
| --- | --- | --- | --- |
| 1990 年开始 | 收支两条线 | 针对预算外资金管理的一项改革,其核心内容是收支脱钩、收缴分离,即具有执收执罚职能的单位,根据国家法律、法规和规章收取的行政事业性收费(含政府性基金)和罚没收入,按规定应全额上缴国库或预算外资金财政专户,实行收入与支出两条线管理 | 1990 年《关于坚决制止乱收费、乱罚款和各种摊派的决定》;1993 年《关于治理乱收费的规定》《关于对行政性收费、罚没收入实行预算管理的规定》;1996 年国务院《关于加强预算外资金管理的决定》;2001 年《关于深化收支两条线改革,进一步加强财政管理的意见》 |
| 1993 年开始 | 预算会计制度改革 | 统一财政总预算会计、事业单位会计与行政单位会计分离 | 1997 年《财政总预算会计制度》《行政单位会计制度》《事业单位会计制度》和《事业单位会计准则》;2012 年修订发布《事业单位会计准则》《事业单位会计制度》;2013 年 12 月修订颁布《行政单位会计制度》 |

(续表)

| 时间 | 名称 | 主要内容 | 主要法规 |
|---|---|---|---|
| 1996 年开始 | 政府采购 | 政府采购是公共支出管理的一项重要制度,是指各级政府及其所属机构为了开展日常政务活动或为公众提供公共服务的需要,以法定的方式、方法和程序,对货物、工程或服务的购买。具有公开性、公正性、竞争性 | 《中华人民共和国政府采购法》;财政部《政府采购招标投标管理暂行办法》《政府采购合同监督暂行办法》《政府采购品目分类表》《政府采购运行规程暂行办法》《政府采购资金财政直接拨付管理暂行办法》《中央单位政府采购管理实施办法》等;《关于向社会力量购买服务的指导意见》 |
| 1999 年开始 | 部门预算 | 部门预算是按部门编制预算,将原来按支出功能分散在各类不同预算科目的资金,统一编制到使用这些资金的部门,并经财政部门审核后,由同级人代会审议通过,反映部门所有收入和支出情况的预算制度。即"一个部门一本预算" | 《关于改进 2000 年中央预算编制的意见》;2000 年财政部《关于在国家计委等十个部门进行基本支出预算和项目支出预算试点工作的通知》;财政部《关于编制 2001 年（2012 年）(2013 年)中央部门预算的通知》等 |
| 2000 年开始 | 会计集中核算 | 会计集中核算是指财政部门成立会计核算中心,在单位资金所有权、使用权和财务自主权不变的前提下,取消单位会计和出纳,各单位只设报账员,通过会计委派,对行政事业单位集中办理会计核算,是会计委派制的高级形式,是国库集中支付制度的初级形式 | 2009 年 9 月,财政部、监察部联合印发《关于试行会计委派制度工作的意见》 |
| 2006 年开始 | 政府收支分类改革 | 指在我国原先实行的《政府预算收支科目》基础上,构建新的政府收支分类体系,具体包括收入分类、支出功能分类和支出经济分类三部分 | 财政部预算司 2006 年 2 月《政府收支分类改革方案》 |

（续表）

| 时间 | 名称 | 主要内容 | 主要法规 |
| --- | --- | --- | --- |
| 2001年开始 | 国库集中收付 | 也称为国库单一账户制度,是指政府将所有财政性资金都纳入国库单一账户体系管理,收入直接缴入国库或财政专户,支出按照不同支付类型,采用财政直接支付与授权支付的方法,通过国库单一账户体系支付到商品和劳务供应者或用款单位 | 《财政国库管理制度改革试点方案》;《中央单位财政国库管理制度改革试点资金支付管理办法》;《财政国库管理制度改革试点会计核算办法》《财政国库管理制度改革试点资金支付银行清算办法》等法规 |
| 2002年开始 | 国库现金管理 | 是在确保国库资金安全完整和财政支出需要的前提下,对国库现金进行有效的运作管理,实现国库闲置现金余额最小化、投资收益最大化的一系列财政资金管理活动 | 2002年财政部、中国人民银行发布了《国库存款计付利息管理暂行办法》;2006年财政部、中国人民银行印发《中央国库现金管理暂行办法》 |
| 2003年开始 | 预算绩效管理 | 预算绩效管理是政府绩效管理的重要组成部分,它强调预算支出的结果导向,注重支出的责任和效率,重视预算支出成本的节约和单位效率的提高,要求政府部门在预算资金的分配和使用过程中更加关注预算资金的产出和结果 | 《中央部门预算支出绩效考评管理办法(试行)》;《关于推进预算绩效管理的指导意见》;《财政支出绩效评价管理暂行办法》;《预算绩效管理工作规划(2012—2015年)》;《中央部门预算绩效目标管理办法的通知》 |
| 2010年开始 | 预决算信息公开 | 财政部门负责本级政府预决算公开,除涉密部门外,地方所有使用财政拨款的部门负责公开本部门预决算。除涉密内容外,部门预决算全部公开到支出功能分类的项级科目。加大"三公"经费公开力度,细化公开内容 | 《财政部关于进一步做好预算信息公开工作的指导意见》;财政部《关于深入推进地方预决算公开工作的通知》 |
| 2012年开始 | 政府综合财务报告 | 2020年前,力争所有各级政府都要编制反映政府整体财务状况、运行情况和财政中长期可持续性的权责发生制财务报告,全部"家底"经审计并报人大备案后,将向全社会公开 | 财政部2012年《关于印发〈2011年度权责发生制政府综合财务报告试编办法〉的通知》;国务院2014年批转财政部《权责发生制政府综合财务报告制度改革方案》 |

## (二) 财政管理改革的主要成效

近三十年来,我国的政府财政预算管理改革不断深化,初步实现了改革的阶段性目标,取得了显著成效。

(1) 财政管理的法制建设取得较大进展,初步构建了财政管理的法律法规体系。1994年分税制改革之前,我国财政管理大多是以行政规章为依据。随着《预算法》在1994年颁布、1995年施行,《预算法》成为统领财政管理的法律制度,为配合和落实《预算法》的实施,国务院、财务部、全国人大常委会先后发布通过了若干制度予以支持。各地也先后出台了贯彻落实《预算法》的地方性法规、规章和其他规范性文件。由此,以《预算法》为核心,以法规、行政规章等为辅助的预算法律体系已初步形成。这些法律法规都是日常财政管理工作及财政管理改革实践的重要法律依据,财政管理的各个环节基本上做到了有法可依、有章可循,为财政管理改革奠定了法治基础。

(2) 财政管理改革逐年有序推进,形成了财政管理的良性机制。1994年税制改革引致的财政管理改革主要侧重于收入方面,此后一系列财政管理改革措施的出台,则主要体现在支出方面,并逐年有序推进,完成了财政预算管理的整体重构。这一重构绝非简单的资金管理规范化,而是要为深化财税体制改革和行政管理改革创造条件,其突出表现是细化预算编制和建立支出标准体系,很大程度上削弱了部门擅自扩大事权边界的财权支撑,极大地压缩了钱权交易的规模扩张空间。部门预算、国库集中收付、政府采购制度三项改革,作为财政支出管理改革的"三驾马车",与政府收支分类、预算绩效管理和预决算信息公开等其他公共财政管理改革同步,形成对财政收支事前、事中和事后的全方位监控机制,并使财政监督从事后向事前和事中前移,提升了财政收支透明度,不断提高我国公共财政管理的科学化、民主化、规范化和精细化水平。此外,金税工程与金财工程提升了财政管理的信息化水平,为财政管理提供了技术保障,也是财政管理改革不可缺少的必要支撑。

### 14.1.2 我国财政预算管理的发展趋势

党的十八届三中全会审议通过《中共中央关于全面深化改革若干重大问题的决定》(以下简称《决定》)指出"财政是国家治理的基础和重要支柱",并提出"建立现代财政制度"的改革目标。根据《决定》精神,2014年6月底,《深化财税体制改革总体方案》通过,标志着我国新一轮财税体制改革正式启动。这一改革不是推倒重来,而是在原有基础上的推进。顺应这一趋势,以《决定》为指导,以《深化财税体制改革总体方案》为依据,未来的财政管理改革将立足于"推进国家治理体系和治理能力现代化"的战略高度,从制度、体制、机制三个层次上整体推进。

（一）财政管理改革将立足于"推进国家治理体系和治理能力现代化"

建立现代财政制度的目的是实现国家治理体系和治理能力现代化，财政管理是政府治理进而是国家治理的必要内容，财政管理改革有助于夯实现代财政制度的基础。因此，推进国家治理体系和治理能力现代化，进一步加强财政管理不可缺位。通过财政管理改革实现财政的民主化、法治化、科学化与合作共赢，推动国家治理体系和治理能力现代化，具体表现在：

① 扩大财政透明度，重视政府的公共受托责任，提高社会成员在预算过程中的参与程度，体现人民的主体地位；

② 加强财政预算管理法制体系建设，依法规范政府收支内容与收支行为；

③ 借助信息技术，不断完善财政管理中的各项技术性措施，如政府采购、部门预算、国库集中收付、预算绩效管理等，实现财政预算管理科学化、精细化管理；

④ 平衡财政管理中利益相关者各方的利益诉求，如中央与地方、政府与市场、政府各部门之间，实现各方的合作共赢。

（二）强化财政管理制度体系建设，坚持依法理财、法治财政

（1）提高立法机构的地位，扭转长期以来预算管理中行政占主导的局面，对预算管理的各具体事项都应尽可能地做出明确法律规定，减少预算管理中存在立法机构向行政机构授权较多的问题。

（2）扩大预算的公开性与透明度，对于政府预算编制的依据、内容、审批、执行（包括调整）、决策等预算全过程如何公开及公开的程度等，都应做出规定，以确保社会公众可以依法了解并掌握公共资金收支的来龙去脉，并能通过立法机构表达对公共资金使用的诉求，积极探索公众参与预算过程的机制与渠道。

（3）按照新《预算法》的立法宗旨精神修订《预算法实施条例》，保证《预算法》赋予社会公众的权利和各级人大的权利可以在《预算法实施条例》中得到充分的体现和落实。《预算法》是财政领域的基础性法律，是推进国家治理现代化的关键一环。《预算法实施条例》作为国务院发布的、落实《预算法》的行政法规，应当明确各级政府、各部门、各单位的责任与义务，确保全国人大和各级地方人大与政府在预算过程中的衔接。

（三）完善公共财政体制，建立事权和支出责任相适应的制度

（1）科学界定政府与市场的边界，明确财政资金供给范围。公共财政支出应以公共利益为宗旨，必须从一般竞争性领域退出，减少政府对经济活动的直接干预，发挥市场对资源配置的决定性作用。财政支出结构也要适时调整，结合机构改革，在有效遏制行政经费增长过快的趋势的同时，向关乎民生的养老、教育、医疗、住房保障等民生领域倾斜，强化对环保、农业、科技等基础设施的财政支持力度。

（2）进一步完善分税制财政体制，对各级政府的事权和支出责任做出明确的法律界定，并保持相对稳定。

（四）深化各项既有改革，构建财政管理的长效机制

（1）进一步完善各项既有改革措施，如政府采购、部门预算、国库集中收付、政府收支分类改革、国库现金管理、预算绩效目标管理、政府会计改革等。

（2）对前期的一些改革尝试进行总结，待各方面条件成熟时将改革尝试从试点转变为向全国推广，形成常态化的财政管理举措，如对预算绩效管理实现财政资金全覆盖，并且从项目绩效管理拓展到部门整体绩效管理。

（3）探索新的改革措施，如权责发生制政府财务报告改革、建立跨年度预算平衡机制和中长期财政规划挂历、健全项目预算支出标准体系、编制政府债务预算以及编制税式支出预算等。

## 14.2　我国政府财务报告制度综述

从国际上看，推行权责发生制政府综合财务报告制度已经成为公共财政管理的发展趋势。对于我国而言，政府综合财务报告制度仍然是一项从试编到试点，正在逐步探索实施的全新改革。新《预算法》明确要求各级政府财政部门应当按年度编制以权责发生制为基础的政府综合财务报告，报告政府整体财务状况、运行情况和财政中长期可持续性，报本级人民代表大会常务委员会备案。这一决定意味着权责发生制政府综合财务报告制度的建立有了正式的法律要求。

近年来，我国在政府综合财务报告制度领域的改革进程不断加快。2013年11月，十八届三中全会审议通过的《中共中央关于全面深化改革若干重大问题的决定》提出"改进预算管理制度"，实施全面规范、公开透明的预算制度，"建立跨年度预算平衡机制，建立权责发生制的政府综合财务报告制度，建立规范合理的中央和地方政府债务管理及风险预警机制"，对建立权责发生制的政府综合财务报告制度提出了明确要求。财政部部长楼继伟在随后召开的全国财政工作会议上强调要"围绕建立权责发生制政府综合财务报告制度，研究制定政府综合财务报告制度改革方案、制度规范和操作指南"。2014年全国"两会"上的《政府工作报告》中将"推行政府综合财务报告制度"列为2014年财税改革的"重头戏"，并把它作为"防范和化解债务风险"的重要举措。10月，《国务院关于深化预算管理制度改革的决定》提出"研究制定政府综合财务报告制度改革方案、制度规范和操作指南，建立政府综合财务报告和政府会计标准体系，研究修订总预算会计制度。待条件成熟时，政府综合财务报告向本级人大或其常委会报告。研究将政府综合财务报告主要指标作为考核地方政府绩效的依据，逐步建立政府综合财务报告公开机制"。

### 14.2.1 我国政府财务报告的现状

政府综合财务报告是指反映各级政府整体财务状况、运行情况和财政中长期可持续性的报告。报告内容主要包括政府资产负债表、收入费用表等财务报表和报表附注,以及以此为基础进行的综合分析等。政府综合财务报告制度要建立在统一、科学、规范的政府会计准则体系之上,适度分离政府财务会计与预算会计、政府财务报告与决算报告功能,全面、清晰地反映政府财务信息和预算执行信息,为开展政府信用评级、加强资产负债管理、改进政府绩效监督考核、防范财政风险等提供支持,促进政府财务管理水平的提高和财政经济的可持续发展。我国现行的政府财政报告尚不能满足上述要求,因此还不能称之为政府综合财务报告。

我国现行的政府财政报告模式建立在1997年确立的"三制一则"预算会计报告体系之上,实际上只是以预算会计报表为核心的一种报告体系,主要由财政总决算报表和部门决算报表组成。长期以来,我国实行以收付实现制政府会计核算为基础的决算报告制度,主要反映政府年度预算执行情况的结果,对准确反映预算收支情况、加强预算管理和监督发挥了重要作用,但是难以满足建立现代财政制度、促进财政长期可持续发展和推进国家治理现代化的要求。主要问题表现在以下三个方面:

(1) 预算会计报告提供的信息范围过窄,内容不完整。长期以来,由于我国地方政府不能自行决定发行国债筹集资金,不需要评定信用等级,外部信息使用者对政府财务报告的需求意识不强,重视程度不够,因此导致我国政府财务报告提供的信息范围过窄,仅局限于有关预算资金活动的信息,只能简单地反映政府财政预算收支情况,不能全面地反映一个政府所有的资产、负债及费用,难以为有效防范财政风险、促进财政长期可持续发展提供可靠的信息支撑。

(2) 预算会计报告不能全面、真实地反映政府财务状况。由于总预算会计、行政单位和事业单位会计长期以来采用现金制基础进行会计核算,固定资产不计提折旧、不进行资产评估,存在价值严重背离的现象,无法完整清晰地反映政府资产,不利于强化政府资产管理、增强政府公共服务能力;缺乏反映政府受托管理国有企业产权和收益权的信息,造成国有资产占用、使用和管理状况不明;负债方面的确认和记录亦不完整,包括公共部门雇员养老金等在内的许多跨年度义务未确认为负债,或有负债不予记录、确认或以其他方式公开披露;没有全面地反映社会保障及其他政府债务;政府部门不进行成本核算,无法提供完整的支出绩效信息,不利于降低行政成本、提升政府运行效率,不能真实地反映政府的业绩和受托责任。

(3) 预算会计报告体系不完整。我国现行的预算会计报告体系包括资产负债表、收入支出表及附表、会计报表说明书。虽然已建立覆盖全部预算单位和各级政府财政部门的预算会计体系,以及层层汇总上报的会计报表制度,但从总体上看,预算报告体系比较单一,缺乏有分析性的预算执行报表和系统性的财务报表,以及具有注释性、解释性和分析性的附注说明,难以完整地揭示政府受托责任中的财务信息和非财务信息,无法全面回应解脱公共受托责任的财务信息需求,无法为政府重大决策提供充分、有用的信息。

### 14.2.2 权责发生制政府财务报告试编改革综述(2012年)

近年来,由于地方政府债务不断积累,财政风险越来越大。为了改变这种状况,我国政府准备将"地方债"这种显性的债务管理模式作为将债务纳入预算管理的主要措施,就是所谓的"堵后门开前门"。而地方债的发行,必须对地方财政的风险和可持续以及地方政府的信用做科学的评价。这就需要真实科学的政府财务报告作为分析的信息基础。权责发生制政府财务报告比收付实现制更能全面真实地反映政府债务。权责发生制政府财务报告制度正是在这种背景下推出的。

相比我国现行的决算报告制度,政府综合财务报告能更准确、更完整地反映政府资产负债状况和运行成本,有助于规范和监督政府管理,并为地方政府发债提供可靠的信用评级依据,鉴于现行政府财务报告制度存在上述问题,财政部自2012年年初开始启动从预算会计报告转变为政府综合财务报告的试编工作。2012年1月2日,财政部发布《关于印发〈2011年度权责发生制政府综合财务报告试编办法〉的通知》(以下简称《试编办法》),要求采用"调表不调账"的方式,以2011年度在不同制度要求下编制的、提供分散信息的预算报表为基础,结合相关财务资料,根据经济事项实质进行抵消、调整和合并,编制更为集中、综合的财务报告。这为正式的权责发生制政府综合财务报告制度在报告体系设置、确认应计制基础的会计信息与财政管理需求之间的关系等方面积累了经验。

(一) 政府综合财务报告试编的主要内容

按照财政部2012年发布的《2011年度权责发生制政府综合财务报告试编办法》,政府综合财务报告目标是向财务报告使用者提供与本级政府整体财务状况和运营情况等有关的信息,反映政府受托责任履行情况。试编政府综合财务报告的合并范围包括本级政府财政、行政单位、事业单位、社会团体,主要从事公益性项目融资、建设或运营任务的国有或国有控股企业、土地储备资金。除公益性国有企业外,其他国有或国有控股企业、物资储备资金等,只将其国有权益或净资产的有关项目列入政府综合财务报告。

按照《试编办法》的规定,试编阶段政府综合财务报告主要包括政府财务报表、政府财务报表附注、政府财政经济状况、政府财政财务管理情况四部分。政府财务报表包括资产负债表和收入费用表;政府财务报表附注主要说明政府财务报表包含的主体范围、表内项目的列报方法和明细内容，未在政府财务报表中列报但对政府财务状况有重大影响的事项，以及其他需要说明的事项；政府财政经济状况主要以政府财务报表为依据，结合国民经济形式，分析政府财务状况、运营情况，以及财政中长期可持续性等；政府财政财务管理情况主要反映政府财政财务管理的政策要求、主要措施和取得的成效等。

与现行政府预算会计报告制度相比较，政府综合财务报告试编具有以下特点：

（1）报告反映的内容由单纯的预算执行转变为整体层面的财务状况和运营情况。《财政总预算会计制度》中的核算内容以"预算执行的核算、反映和监督"为主，《试编办法》则在反映预算执行情况的基础上，要求提供政府整体层面的财务状况、运营情况以及政府财政经济状况和财务管理情况。为此，政府会计报告信息反映的内容由单一地聚焦于预算这个核心，向兼顾预算、管理、问责等多核心转变，以更好地满足信息使用者多维度的信息需求。

（2）分散的、相互脱节的各类预算会计报表整合成为统一的财务信息。《试编办法》第七条规定，"编制政府财务报表，应以一般预算会计报表、基金预算会计报表、国有资本经营预算会计报表、财政专户会计报表等为基础，结合相关财务资料，根据经济事项实质进行抵消、调整、合并"。政府财务报告编制的基础，将由原来分散的、相互之间存在脱节的各类预算报表，向相互可比的综合财务报表转变。由原来以收付实现制为基础的，同时部分存在权责发生制的混合、碎片化的信息，向更有利于信息使用者把握全局和重点选择使用的整合信息转变。

（3）报告基础由收付实现制转变为权责发生制，并要求提供现金收付制下预算收支与权责发生制下政府收入费用的差异。采用《试编办法》编制的政府综合财务报告以权责发生制为基础，从而能够提供更为全面的资产、负债范围和更为准确、及时的财务状况，也有助于提供政府运营收入、费用和评价运营结果的信息。此外，《试编办法》还要求比较收付实现制下的预算收入支出与权责发生制下政府收入费用的差异，以方便信息使用者全面把握预算控制和政府运营情况，科学、准确地判断政府的运营能力以及未来对于财政资金的需求，也有利于评判政府的财政可持续发展能力，帮助政府做出科学决策。

（4）报告目标由单纯满足预算管理需求转向重视"公共受托责任"。现行《财政总预算会计制度》强调，预算会计"应当符合《预算法》的要求，适应国家宏观经济管理和上级财政部门及本级政府对财政管理的需要"，即预算会计报告以"向上问责"为主。《试编办法》则强调"反映政府受托责任履行情况"，这不仅包括向上级财政、人大等"向上"的问责，也包括向公众、部门管理者等"向下"的问责。

(二) 政府综合财务报告试编的主要做法

当前,各地试编政府综合财务报告的做法大致可以概括为以下三个环节:

1. 财政部门内部分解和布置任务

财政部国库部门每次下达《年度权责发生制政府综合财务报告试编办法》和《年度权责发生制政府综合财务报告试编指南》,并同时下达限期完成试编的任务。各有关省份财政厅国库处根据财政部的要求,对权责发生制资产负债表和收入费用表各科目的取数来源、编制方法以及数据提供单位(处室)进行任务分解,并明确省本级及下属单位的完成时限。

2. 省级收集数据加工成省级政府综合财务报表

一般分为五个步骤:

(1) 收集财政部门内部信息。包括一般预算会计报表、基金预算会计报表、国有资本经营预算会计报表和财政专户会计报表、部门决算报表、固定资产投资决算报表、国有企业财政报表;统计根据现有政策未反映的应付薪酬、应付政府补助、已发行尚未兑付的政府债券余额;固定资产管理系统中省本级预算单位固定资产明细信息;国有资本经营预算收入年度预算数。

(2) 收集财政部门外部信息。包括向粮食、民政等部门收集公共储备物资信息;向交通部门收集道路、港口、客运站等基础设施信息;向土地管理中心收集土地财务报表;向税务、海关等部门收集应收未收、应退未退税款信息。

(3) 对回收的财政内外部数据进行甄别和分类汇总。包括统计财政部门借入借出款项发生时间、借款期限及约定利息;应收应付款、借出借入款项中属于对预算单位的应收应付款和借入借出款;各年度地方政府债券发行金额、发行时间及票面利率;单位拥有或控制但未在部门决算中反映的固定资产明细汇总、公共基础设施总投入额;支出费用表中各项费用中财政代列资金金额等。

(4) 编制工作底表。按照财政部《试编指南》中《政府财务报表项目与原报表项目对照表》的要求,设计《省本级综合财政报表工作底表》,将资产负债表和收入费用表各科目按来源划分为财政层面会计报表、部门决算报表、固定资产投资决算报表三大类,每类根据数据处理方式又分为汇总、新增和抵消三类,分别填报由原报表项目直接汇总数据、未在原报表反映但按权责发生制应确认的数据以及属于政府内部事项应予以抵消的数据。

(5) 省级集中汇编。成立集中试编工作小组,进行大约为期一周或两周的集中汇编。将资产负债表和收入费用表项目根据取数难易程度分为往来款项类、固定资产类、公共基础设施和存货类、投资类和收入费用及其他类,每类科目由一位试编小组成员全程负责,逐项完成数据汇总、调整和抵消分录编制、工作底表填列、附表制作和附注撰写。各成员完成本人负责工作后,由一位小组成员负责汇总,形成资产负债表和收入费用表两张报表和附注初稿,并对收付实现制和权责发生制基础下当期结余(盈余)的差异进行调整,最后形成政府综合财务报告的初稿。

3. 财政部国库部门汇总形成国家层级的政府综合财务报告

财政部对各有关省份的政府综合财务报告进行汇总,并结合收集的中央本级的有关数据进行修正,形成国家层级的初步的政府综合财务报告。

(三) 政府综合财务报告试编存在的问题

(1) 政府财务报表体系不全面。试编的政府财务报告以现有预决算报表为基础,没有体现预决算报表与财务报告之间的区别和内在联系,不利于不同信息使用者在评价预算控制、财政财务管理效果时有选择地使用不同信息。此外,《试编办法》中要求试编的财务报表仅包括资产负债表和收入费用表,缺少对于政府运营成本和绩效信息的反映。

(2) 以"调表不调账"的方式试编政府财务报告,应计制基础的应用仅限于报表编制,不符合会计核算原理。试编工作是在相关政府会计准则和制度没有建立的基础上进行的,通过对现行以现金制为基础编制的一系列相关报表进行调整后得到的报表,而不是在完善的准则和制度下通过日常会计核算得到的报表,当前决算各套报表的质量很大程度上影响政府综合财务报告的质量。试编仅仅是对报表的调整而非具体会计处理的规范,由此调整得出的报表难以准确、真实地反映政府财务状况。

(3) 试编工作是在现有预算会计制度体系内进行的技术调整,受到现有预算管理框架内体系、制度、机制等方面的约束。按照《试编办法》编制政府综合财务报告的基础是现行预决算报表,日常会计核算并未改进,这决定了试编工作更多的是方向性、技术性的探索,而非真正意义上的权责发生制政府综合财务报告。

### 14.2.3 政府财务报告制度试点改革综述(2015年)

根据新修订的《预算法》和《国务院关于深化预算管理制度改革的决定》有关要求,在试编政府财务报告的基础上,2014年国务院批转财政部《权责发生制政府综合财务报告制度改革方案》,明确了权责发生制政府综合财务报告制度改革的总体目标、主要内容以及时间表、路线图等,标志着我国的权责发生制政府综合财务报告由试编转为试点,政府财政报告制度改革正式启动。

(一) 改革的总体目标、任务和内容

1. 改革的总体目标

改革的总体目标是通过构建统一、科学、规范的政府会计准则体系,建立健全政府财务报告编制办法,适度分离政府财务会计与预算会计、政府财务报告与决算报告功能,全面、清晰地反映政府财务信息和预算执行信息,为开展政府信用评级、加强资产负债管理、改进政府绩效监督考核、防范财政风险等提供支持,促进政府财务管理水平的提高和财政经济的可持续发展。

2. 改革的主要任务

(1) 建立健全政府会计核算体系。推进财务会计与预算会计适度分离并相互衔接,在完善预算会计功能基础上,增强政府财务会计功能,夯实政府财务报告核算基础,为中长期财政发展、宏观调控和政府信用评级服务。

(2) 建立健全政府财务报告体系。政府财务报告主要包括政府部门财务报告和政府综合财务报告。政府部门编制部门财务报告,反映本部门的财务状况和运行情况;财政部门编制政府综合财务报告,反映政府整体的财务状况、运行情况和财政中长期可持续性。

(3) 建立健全政府财务报告审计和公开机制。政府综合财务报告和部门财务报告按规定接受审计。审计后的政府综合财务报告与审计报告依法报本级人民代表大会常务委员会备案,并按规定向社会公开。

(4) 建立健全政府财务报告分析应用体系。以政府财务报告反映的信息为基础,采用科学方法,系统分析政府的财务状况、运行成本和财政中长期可持续发展水平。充分利用政府财务报告反映的信息,识别和管理财政风险,更好地加强政府预算、资产和绩效管理,并将政府财务状况作为评价政府受托责任履行情况的重要指标。

3. 改革的主要内容

(1) 建立政府会计准则体系和政府财务报告制度框架体系,具体包括制定政府会计基本准则和具体准则及应用指南、健全完善政府会计制度、制定政府财务报告编制办法和操作指南、建立健全政府财务报告审计和公开制度。

(2) 编报政府部门财务报告。主要包括清查核实资产负债、编制政府部门财务报告、开展政府部门财务报告审计、报送并公开政府部门财务报告、加强部门财务分析五个方面。

(3) 编报政府综合财务报告。主要包括清查核实财政直接管理的资产负债、编制政府综合财务报告、开展政府综合财务报告审计、报送并公开政府综合财务报告、应用政府综合财务报告信息五个方面。

(二) 改革的配套措施和实施步骤

1. 改革的配套措施

(1) 修订《中华人民共和国会计法》《中华人民共和国预算法实施条例》等相关法律法规,为推进改革提供法律保障。

(2) 完善相关行政事业单位财务制度和《行政单位国有资产管理暂行办法》《事业单位国有资产管理暂行办法》等,保证改革顺利实施。

（3）完善决算报告制度和决算报表体系，侧重于反映预算收支执行情况，与政府财务报告有机衔接。

（4）构建覆盖政府财政管理业务全流程的一体化信息系统，提高政府财政管理效率和有效性。

（5）建立和实施行政事业单位内部控制机制，设置充足的财务会计管理岗位，加强政府财务报告编报内部控制，保证政府财务报告真实、完整、合规。

2. 改革实施步骤分三步走

（1）2014—2015 年，组建政府会计准则委员会；修订发布财政总预算会计制度；制定发布政府会计基本准则；研究起草政府会计相关具体准则及应用指南；制定发布政府财务报告编制办法和操作指南；开展政府资产负债清查核实工作；完善行政事业单位国有资产管理办法等；开展财政管理信息系统一体化建设。

（2）2016—2017 年，制定发布政府会计相关具体准则及应用指南；开展政府财务报告编制试点；研究建立政府综合财务报告分析指标体系。

（3）2018—2020 年，制定发布政府会计相关具体准则及应用指南，基本建成具有中国特色的政府会计准则体系；完善行政事业单位财务制度和会计制度、财政总预算会计制度等；对政府财务报告编制试点情况进行评估，适时修订政府财务报告编制办法和操作指南；全面开展政府财务报告编制工作；研究推行政府成本会计；建立健全政府财务报告分析应用体系；制定发布政府财务报告审计制度、公开制度。

## 14.3　我国试点地区的政府财务报告制度

无论是对各个政府职能部门来说，还是对财政部门来说，建立权责发生制政府综合财务报告制度都是政府管理理念的一项全新变革。2011 年 3 月，第十一届全国人民代表大会第四次会议批准的《中华人民共和国国民经济和社会发展第十二个五年规划纲要》提到"进一步推进政府会计改革，逐步建立政府财务报告制度"，正式提出了建立政府财务报告制度的要求。自 2011 年起，各级财政部门开始启动政府综合财务报告试编工作。2011 年，财政部率先选择了北京、天津等 11 个省份试编权责发生制政府综合财务报告；2012 年新增了上海等 12 个省（自治区、直辖市），试编范围增加到 23 个省（自治区、直辖市）及其所属 74 个市（县、区）；到 2013 年更是将试编范围扩大到全国 31 个省（自治区、直辖市）。至此，试编工作推广至全国所有的省（自治区、直辖市）。下面选择部分试点地区进行分析。

### 14.3.1　北京市试点

北京市自 2011 年开始在全国率先开始试编权责发生制政府综合财务报告，

2013年将试编区县扩大到10个。按照"抓规范、突重点、攻难点、保质量、上台阶"的总体工作思路,北京市的政府综合财务报告试编内容有创新,质量有保障。

(一) 试编内容有新突破

1. 准确核算固定资产折旧和净值

财政部门利用行政事业单位资产动态管理系统及行政事业单位资产清查工作成果,从资产动态管理系统中提取行政事业单位固定资产明细数据,研发用于计算各类固定资产折旧的软件程序,计算出各类固定资产的累计折旧、年折旧和净值,提高政府财务报表中固定资产折旧和净值数据的准确性。

2. 全面反映公共基础设施价值

财政部门提出较为详细明确的报表格式、编制方法及编表说明,经与相关处室和部门沟通完善后,交由交通、市政等部门组织所属单位进行填报,较为顺利地填报了公共基础设施价值数据。

3. 建立并完善公益性国有企业确认标准

财政部门提出对公益性国有企业的确认标准,并依照此标准确认了北京轨道交通路网管理有限公司等9家市本级公益性国有企业,将公益性国有企业报表数据列入政府综合财务报表和报告中反映,并对有关数据进行了分析。

(二) 试编质量有保障

(1) 理清各类报告、报表之间的关系,分析整理基础资料。在汇总编制工作表之前,首先理清政府综合财务报告与财政决算和部门决算报告的关系;对汇总决算报表、财务会计报表等的表间关系进行梳理,分析哪些项目可以通过直接加总记入政府财务报表、哪些需要进行抵消处理后再加总记入、哪些需要进行调整后再加总记入,并进行逐项标注,确保了调整后的汇总报表真实、准确。

(2) 编制汇总工作表,为政府综合财务报表编制奠定基础。试编过程中注重编好汇总工作表,研究摸索出了一套全列全调编制汇总工作表的方法,提高了汇总报表的准确率。

(3) 加强报表分析,提高服务决策水平。按照"突出重点、全面分析"的原则,财政部门自行设计制作了十多张分析表,从政府财务状况及运营情况等多个方面进行全面分析。在对重点项目、重点经费进行收支结构分析、两年数据对比分析的基础上,增加了增减趋势分析;计算了运行成本率、负债率、债务率、投资报酬率等十余个比率,用以分析量化有关数据。

《北京市人民政府关于深化预算管理制度改革的实施意见》指出,下一阶段,北京市将进一步扩大政府综合财务报告试编范围,将所有区县纳入试编范围。待条件成熟时,政府综合财务报告将向本级人大或人大常委会报告。研究将政府综合财务报告主要指标作为考核区县政府绩效的依据,逐步建立政府综合财务报告公开机制。

### 14.3.2 上海市试点

上海市自2012年开始启动政府综合财务报告试编改革。编制政府综合财务报告是一项复杂的、艰巨的系统工程,必须依靠各个政府职能部门共同努力。为此,上海市建立协同工作机制,成立由市财政局牵头,市国资委、市金融办、市发改委等有关职能部门参加的上海市政府综合财务报告试编工作小组,参与并协助财政部门开展试编工作。试编工作主要包括以下两个方面的内容:

(1) 梳理合并范围,全面清查资产负债。与财政预决算报告不同,政府综合财务报告不仅反映政府当期的收入和支出等流量数据,还反映历史资产和负债等存量数据。上海市试编政府综合财务报告,首先对本级政府综合财务报告的合并范围进行梳理,理清了不同单位主体应当采取的合并方法。对本级政府的资产情况特别是固定资产情况、负债情况进行了清查。尤其是针对一些重点难点问题,诸如公共基础设施的归属计量等,上海市结合国际经验和自身实际,努力将本级政府的资产负债信息完整地反映在报告中。

(2) 开展业务培训,提升基层财务会计人员的专业素质和职业技能。政府综合财务报告的基础数据来自各个基层单位,为适应政府会计改革的不断深化,上海市财政局逐步扩大对基层政府财务会计人员的相关业务培训范围,丰富培训内容,及时更新在职政府财务会计人员的专业知识,以使之胜任新政府会计准则的核算要求,为政府综合财务报告编制打好基础。

### 14.3.3 广东省试点

按照财政部统一部署,广东省财政厅自2011年开始探索开展权责发生制政府综合财务报告试编工作。为加强组织协调,省财政厅专门成立政府综合财务报告试编工作领导小组,并经报请省政府同意,建立与省直有关部门的沟通协调机制。2012年以来,在省本级开展试编的基础上,逐步选取部分市县(区)探索开展试编工作。目前,地市一级试编覆盖面已达到50%以上。从试编情况来看,各试编地区和部门结合各自实际情况开展了有益探索,积累了丰富的试编工作经验。

试编的主要创新:① 结合部门决算工作收集部门财务数据,将政府综合财务报告明细数据纳入部门决算编报范围,提高了数据报送的及时性和完整性;② 健全工作底稿制度,修改完善合并汇总公式,明确数据填列主体、程序、来源和口径,提高试编工作质量;③ 探索建立试编信息系统,通过系统编制和手工编制"双轨"运行的方式,提高试编工作的准确性,为今后实现试编工作的信息化做好前期准备。

试编的主要效果:① 初步反映了政府整体财务状况。通过试编政府综合财务报告,对预算会计数据按照权责发生制原则进行调整,补充完善相关资产负债数据,对分散在财政总预算会计、部门决算等多方面的政府财务信息进行整合,初步反映了一级政府整体的财务状况和运营情况,为及时监控政府债务规模、制订合理的融资偿债计划、有效配置政府资源提供了一定的数据支撑。② 促进了财政财务管理工作。对于在财政财务数据收集整理过程中发现的部分政府资产负债数据口径不统一、有的事项会计核算资料不齐全等问题,主动向有关主管部门反映并共同研究探讨解决方法,促进了政府财政财务管理基础工作的加强。

## 14.4 我国政府财务报告制度存在的问题及其原因分析

新《预算法》明确要求各级政府财政部门应当按年度编制以权责发生制为基础的政府综合财务报告,报告政府整体财务状况、运行情况和财政中长期可持续性,报本级人民代表大会常务委员会备案。这一决定意味着权责发生制政府综合财务报告制度的建立有了正式的法律要求。改革势在必行。从过去四年各地的试编工作来看,我国的政府财务报告制度在具体推进过程中仍存在一些难点和障碍,有待突破。

### 14.4.1 缺乏统一的政府会计准则和制度体系

政府预算及财务核算信息是编制综合财务报告的基础,直接决定了政府财务报告编制的难易程度及数据质量。我国现行的政府会计体系包括财政总预算会计制度、行政单位会计制度和事业单位会计制度,事业单位会计制度又由一般会计制度和行业会计制度(如医院、高校等)共同组成。与之配套的现行预算会计报告只反映预算收支的执行情况,不能充分反映政府的财务状况,更不能提供反映整个政府运营业绩进而客观评价政府财务受托责任的会计信息。目前我国规范政府会计核算的主要会计制度多达二十多个,其中除了仅适用于事业单位的事业单位会计准则以外,没有统领整个政府会计核算规范的基础规范。由于财政总预算会计制度尚未完成修订,统一的政府会计准则还未出台,各个部门、单位遵循着不同的会计制度,会计核算的要求不一致,这给编制、合并政府综合财务报告带来一定的难度。

目前政府综合财务报告试编工作不是以政府会计为基础,而是采取调整报表数据和估算办法进行的。以财政部试编指南为编报依据,采用会计与统计并用的方法,通过汇总和转换预算会计数据来形成政府综合财务报告。由于缺乏政府会计准则和统一标准,试编政府综合财务报告难以确认某些重大事项和会计要素。有些虽然有标准但难以操作,如对采取BT或BOT模式建设的公路等公共基础设施的确认仍没有统一的、可操作的标准,虽然财政部规定公共基础设施的计量要按照"谁管理、谁反映"的原则确认,但实际情况是许多公共基础设施(如公路)分布在各市县,省市两级财政都进行了投入,无法分清各级政府的投入量,按"谁管

理、谁反映"只能将其全部作为管理者(如省级)资产反映,造成资产和支出不匹配。

因此,政府会计制度体系有待进一步统一和规范。当务之急,一方面要尽快出台政府会计准则,从源头上把各个会计制度统一起来;另一方面要加快修订财政总预算会计,构建适应我国公共财政管理需要、匹配于政府预算会计和政府财务会计双轨并行的新政府会计体系,为建立权责发生制政府综合财务报告制度夯实技术基础。

**14.4.2　权责发生制的运用范围、程度和实施路径不明确**

我国各级政府目前还没有正式编制能够全面反映资产负债状况的财务报告,每年只向同级人大提交以收付实现制为主要会计核算依据的预算执行情况和年终决算报告。随着时代的进步和社会的发展,以收付实现制会计核算形成的政府预决算报告已不能满足我国民主政治和财政可持续发展的要求,即使将报告内容扩展到资产和负债,如果不改变收付实现制会计核算基础,仍不能全面准确地反映政府财务状况。相对于收付实现制,权责发生制政府综合财务报告制度的会计基础有助于提供更全面的政府资产和负债信息,更能全面真实地反映政府负债、政府服务成本信息,有助于准确预测未来的财政现金流量,从而为政府绩效评价、中期预算、政府信用评级和债务风险评定提供技术基础和所需会计信息,满足政府内部管理和外部监管的信息需求。

新《预算法》第九十七条要求"各级政府财政部门应当按年度编制以权责发生制为基础的政府综合财务报告,报告政府整体财务状况、运行情况和财政中长期可持续性,报本级人民代表大会常务委员会备案"。这一条款将权责发生制会计确认基础上升至法律高度,标志着我国已通过立法以法律形式确定了权责发生制在政府综合财务报告中的地位。从现实看,我国政府财务管理目标的多样性、业务活动的广泛性、财政资金使用过程的多环节、政府行为和财政资金使用结果影响的延伸性,决定了权责发生制的运用要比在营利性组织中更为复杂,考虑的因素更为综合。近年来,虽然我国对行政事业单位会计制度进行了较大幅度的修改,增加了不少权责发生制元素,但在部分事项上还缺乏明确的规定。因此,现阶段我国政府综合财务报告尚无法一步到位采用完全的权责发生制。我国长期以来实行以收付实现制为基础的决算报告制度,若贸然在原预算报告体系中摒弃收付实现制,直接采用权责发生制,不仅收付实现制和权责发生制难以协调匹配,还将削弱预算会计功能,造成预算管理目标和绩效受托责任目标都不能有效实现的两难境地。这么做显然不符合改革的初衷。

《权责发生制政府综合财务报告制度改革方案》强调权责发生制在政府财务报告中的使用,在决算报告中仍坚持收付实现制。政府财务报告按两种口径编制,做到信息披露与预算管理相衔接,财务状况与整体风险相吻合。表明我国未来政府会计系统将实行收付实现制和权责发生制双轨并用的制度:一方面保留收付实现制的预算会计,另一方面政府综合财务报告系统中引入权责发生制,在明确各自目标的情况下完成预算会计与财务会计系统的衔接,最终为政府预算管理目标和财务报告目标服务。从实践操作来看,由于我国的行政单位会计、事业单位会计和财政总预算会计都属于预算会计的范畴,一直以来实行收付实现制的会计核算基础,并没有真正意义上的公共部门财务会计和财政财务会计,所以即便提出政府财务会计的模式,也只能先从收付实现制开始,逐步过渡到修正的收付实现制。因此,在现行法律框架下,结合我国政府会计改革的需求,如何把握好权责发生制的适用范围、程度和实施路径,将成为制约我国政府综合财务报告编制改革进度和质量的关键一环。

### 14.4.3 政府综合财务报告的合并范围和标准不清晰

政府综合财务报告的合并范围和标准是影响报告所提供信息的广度和信息整合情况的重要因素。在从"预算决算报告"这个供给方视角的制度转向"政府综合财务报告"这个需求方视角的制度过程中,立法机构、政府和公众等不同信息使用者的监督、决策和问责等不同信息需求以及国家治理的宏观需求等,都是影响合并范围的因素。合并标准则决定了被合并方的哪些信息能够进入合并财务报告,直接影响到纳入政府整体财务报告的单位。

国际上不同国家采用不同的合并标准,比如英国和国际公共部门会计准则理事会(IPSASB)选择"控制"标准,美国选择的是"财务责任"的标准,澳大利亚采用的是"控制+财务责任"的标准。我国《2012 年度权责发生制政府综合财务报告试编指南》中指出政府财务报告包含主体范围的界定,主要有受托责任法、控制法和基金授权分配法。由于"控制法"较难把握,试编阶段主要采用受托责任法和基金授权分配法界定政府综合财务报告范围。主要包括两个层面:一是本级政府财政;二是纳入部门决算管理范围的行政单位、事业单位、社会团体。此外,为了反映国有资产受托责任履行情况,土地储备金、公益性国有企业、物资储备资金等也需要纳入政府综合财务报告范围。上述报告主体范围的界定似乎很全面,但具体执行起来却很难清晰地界定究竟哪些类型的事业单位、国有企业和政府基金应该纳入合并范围。因此,必须立足于现行政府管理模式及行政事业单位的隶属关系,借鉴国际经验,合理界定我国政府财务报告主体范围和合并标准。此外,从财政部发布的《办法》看,我国目前只试编政府整体层面的报表,并不提供部门和基金层面的财务报告。从国际经验看,政府整体的财务报告应该是基金财务报告和部门财务报告的汇总。为了更好、更准确地编制我国政府整体的财务报告,首先应该编制权责发生制的部门和基金财务报告,然后再在此基础上合并编制政府整体的财务报告。纳入政府整体财务报告的单位也可以采取逐步扩大的途径:先从核心机构,即行政单位汇总,再扩展到全额事业单位、差额预算单位,最后到履行政府职能的国企和自收自支事业单位和社会团体。

#### 14.4.4 集中统一的政府综合财务报告管理信息系统还未建成

自2012年开始试编的政府综合财务报告,主要采取由财政部门直接根据各部门收付实现制的决算报告调整编制权责发生制财务报告的办法。由于会计制度尚未根本改变、仍旧按照收付实现制基础核算,故要求各个会计单位编制权责发生制财务报告有很大困难,因此才采用了由财政部门直接调整编制的过渡方式,很多资产、负债、收入、费用数据往往不准确或者有缺失。伴随着政府会计制度改革,建立政府综合财务报告制度必须在各单位日常会计处理的基础上,从编制政府单位的财务报告做起,建立自下而上、自部门至整体的编报体制。

目前我国还未建成覆盖政府财政管理业务全流程的一体化信息系统,还不能通过信息系统完成政府综合财务报告的编制和汇总工作。从试编省份的试编经验来看,试编工作涉及大量的数据之间的转换、合并,单纯依靠人工进行操作,不但时间较长、计算复杂,而且极容易出现错误,需加快建立集中统一、互联互通、信息共享的政府综合财务报告管理系统:一是在现行的财政账务系统和决算系统的基础上进行完善,并开发出相关的信息系统,让相关数据的转换和合并趋于简单、便捷,提高效率;二是有必要推行预算单位统一财务核算系统,以便有效解决数据信息转换、合并问题;三是开发出能与相关事业单位、国企等单位财务数据相连接的系统。

#### 14.4.5 相关领域管理制度尚不能满足报告编制需求

政府综合财务报告的核心内容是编制政府的资产负债表和收入费用表,这离不开所有政府单位的相关数据基础。从编制政府综合财务报告要求的数据基础看,目前政府会计核算中尚有很多空白。要填补这些数据空白,需要做好以下工作:对公共基础设施确权、评估、入账;甄别、登记政府融资平台企业负债;确认政府对企业的股权投资资产;采用权责发生制对政府财务会计要素项目进行核算等。从试编情况看,政府综合财务报告对政府资产、负债等的含义有比较全面准确的界定,但相关领域管理制度、核算基础与综合财务报告试编工作的实际需求相比差距较大,如有的部门没有对公共基础设施等进行产权登记和价值核算,仅按实物量进行统计,不利于数据汇总和比较。在未开展全面清产核资,摸清政府"家底"之前,推进政府会计改革、编制政府综合财务报告均缺乏真实依据。因此,对行政事业单位进行全面的清产核资工作,核查行政事业单位各类资产和债权债务,核实人员状况、收入来源、支出结构及水平等基本情况,根据清查结果对固定资产进行确认或核销,以真实、完整地反映行政事业单位资产和财务状况,为编制政府综合财务报告提供真实依据。在清产核资中,政府应要求预算单位对其负责建设的公共基础设施进行清理核查,必要时可以委托中介机构进行清理,在此基础上建立公共基础设施台账,以全面反映行政事业单位管理的各项资产情况。

政府财务报告编制是一个复杂的过程,牵涉面广,专业性又非常强,从数据收集、分类整理、合并抵消到最终形成报告,都需要有一套明确的报告编制流程、数据报送机制以及相关部门的分工配合。基础财务数据的真实性是编制任何财务报告的基础。目前政府综合财务报告处于试编阶段,但所有工作基本上局限于财政部门内部,各预算单位对此也知之甚少。而许多按权责发生制确认的事项需要从财政部门外的预算单位索取,由于各预算单位对政府综合财务报告的目的、所提供数据的用途不了解,加上缺乏相应法律法规的制度约束和审核机制,各预算单位难以提供全面真实、符合要求的基础数据。一方面,财政部门的会计、国库、预算、行政、司法、教科文卫等内部机构需要凝聚共识,形成合力;另一方面,通过制订政府综合财务报告制度改革实施方案,明确其他政府会计主体的分工职责,按照政府会计准则的要求将相关核算工作做好,为改革提供全面、规范的基础数据,共同推进。

此外,借鉴国际经验,开展政府综合财务报告的审计,并将审计报告作为综合财务报告体系的一个组成部分一起对外公开,是在政府综合财务报告制度的建立健全过程中需要考虑的。政府财务报告审计及公开制度应当对政府财务报告审计和财务报告公开的主体、内容、形式、程序及法律责任等方面分别做出相应的规定。

# 第15章 我国政府财务报告使用者的使用需求分析

## 15.1 政府财务报告使用者使用需求概述

我国目前的政府财政报告主要由以收付实现制政府会计核算为基础的决算报告构成,主要反映政府年度预算执行情况的结果,对准确反映预算收支情况、加强预算管理和监督发挥了重要作用。

但随着经济社会的发展,以收付实现制原则编制的、仅仅反映政府预算资金收支情况的决算报告因为其无法科学、全面、准确地反映政府资产负债和成本费用,不利于全面了解国家的财政状况、统筹规划,不利于强化政府资产管理、降低行政成本、提升运行效率、有效防范财政风险,不利于政府债务评级、筹措资金,难以满足建立现代财政制度、促进财政长期可持续发展和推进国家治理现代化的要求等缺陷,越来越无法满足新时期各方面使用者对于政府财务信息的使用需求,而编制全面、准确地反映政府财务状况的财务报告的呼声也日趋高涨。

因此,必须推进政府会计改革,建立全面反映政府资产负债、收入费用、运行成本、现金流量等财务信息的权责发生制政府综合财务报告制度,编制各级政府部门的综合财务报告。

在编制权责发生制政府综合财务报告前,首先应当了解政府财务报告的具体使用者,掌握各类不同使用者的特殊需求,明确政府财务报告的目标。在此基础上,才能编制全面而详细地反映政府财务状况、运营绩效和现金流量等信息的财务报告,才能尽可能地满足各方面使用者的需求。

政府财务报告不可能也不需要满足公共受托责任中所有的信息需求,试图满足所有信息需求的做法是行不通的。因为一方面,会计系统不是政府唯一的信息源,财务报告也不是公共受托责任披露的唯一方式,还有如政府专项报告、统计报告等弥补财务信息单一的缺憾;另一方面,如果要满足所有信息需求而极大地扩充政府财务报告的内容,是难以实现而且成本高昂的。普通的社会公众作为外部信息需求者,对政府的监管成本大于收益,因其高度分散化,难以形成合力,实质上形成了强势受托和弱势委托,他们在获取信息以及保证信息的真实性与内部信息需求者相比处于劣势。政府财务报告与其他信息源相比,准确性更高,并且获取途径相对来说更为便捷和廉价。因此,外部信息需求者对于政府财务报告高度依赖,政府会计系统应当以普通公众作为财务报告的使用对象,重点考虑他们的需求。

财务报告的使用对象确定之后,就要考虑信息边界的确定。根据政府信息公开的一般规定:涉及公民、法人或者其他组织切身利益的,需要社会公众广泛知晓或者参与的,反映本行政机关机构设置、职能、办事程序等情况的信息应当主动公开的。对危及国家安全、公共安全、经济安全和社会稳定的信息,一般不能公开。所以应当依据这样的规范:"以公开为原则,以不公开为例外"。这个例外主要包括两方面的内容:一是政府受托管理的许多资源(如自然资源、历史遗迹等)价值难以计量,或者计量成本大于收效,或者一些特定事项的不确定性高而不计入政府财务报告,例如政治承诺等。如果把这些信息强行纳入政府财务报告,将导致信息披露中主观因素的影响增加,削弱会计信息的可靠性。另外,对于涉及国家安全、国防以及外交关系方面的信息,都不需要也不能够在财务报告中充分披露。

除了不公开的信息之外,政府需要公布全面的财务信息,保证公众获得尽可能充分的政府财务信息,包括政府的所有预算和预算外活动、政府的汇总财政状况、预算外资金的明细表、政府的资产和负债状况、运营情况和现金流量状况。除此之外,还应包括描述政府或有负债、税式支出以及准财政活动的性质及其财政影响的报表。

综合来说,政府财务报告的主要使用者有负责监督和管理的上级政府、国内及国外的债权投资者、该级政府部门自身的部门主管以及作为政府最终负责对象的社会公众四大群体。

## 15.2 使用者的具体需求

### 15.2.1 上级政府的需求

上级政府作为管理者,主要希望能了解政府各部门的运营情况,同时也希望能够获取必要的相关数据和信息用以进行宏观决策。所以,上级政府对财务报告主要有宏观数据信息获取和政府部门本身运营绩效评价两方面的使用需求。

1. 宏观决策信息需求

为了实现社会资源的优化配置,国家需要通过税收政策、货币政策和财政政策进行宏观经济管理。在宏观调控过程中,国民经济体系所提供的数据是调控的重要依据。国民经济核算与各级政府部门的会计核算之间存在着十分密切的联系,各级政府部门的会计核算资料是国家统计部门进行国民经济核算的重要资料来源。像国家税务部门进行的税收征管就是以财务会计数据为基础的。例如,流转税征收中的原始凭证稽核和流转额的确定以及所得税征收中应纳税所得额的确定,都离不开财务会计所提供的信息。

上级政府在制定未来长期规划、进行重大项目建设决策前,都希望能够尽可能翔实准确地收集相关资料和信息。但是各种宏观经济数据信息由于信息量庞大,单靠上级政府本身无法完全做到,且所耗成本将非常大。所以,各项宏观经济数据,如税收总收入、财政总支出等宏观经济数据如能由下级政府收集上报、再由上级政府进行汇集整理,则将大大提高政府的工作效率,减少所消耗的资源和成本。

下级政府部门在汇报各类经济信息的方式上,可以选择将各项数据单独制成报告提交,也可以将各项经济数据汇总在财务报告中披露。如果单独提交,则不仅会增加自身的任务工作量,而且上级部门由于不仅仅只进行规划决策,更要进行对下级政府部门的监督管理,所需要使用的信息各种各样,这样做会增加上级部门的数据资料查找难度。所以,将该类经济数据信息整合到财务报告中一并提交不失为提高政府部门内和部门间工作效率的有效方法。

但是,政府自身的财务信息和数据中包含大量涉及国家机密或其他需要保密的内容,如果政府在财务报告中过多地披露自身的信息和数据,将有极大的泄密风险,对国家和政府将极为不利。另外,与政府财务报告的外部信息使用者不同,上级政府属于信息的内部使用者,在了解下级政府工作状况时,可以通过其他不公开的渠道了解需要保密的内容。所以,政府财务报告一方面需要披露报出必要的财务信息,另一方面也不能过多或过于详细地展示自身的具体财务数据。

2. 各级政府及各部门绩效评价管理需求

上级政府在评价该级政府部门运营绩效时希望了解该部门本年度的具体运营成果和成本,政府部门通过财务报告披露该类信息反映了该级政府部门对其上级所负有的受托责任(Accountability)。

受托责任是受托人在委托代理关系中所承担的责任,被视为具有现代政治学和经济学的制度性特征,是当代政治学和经济学中最为重要的概念之一。委托关系可以由聘请行为而建立,可以由托付行为而形成,可以由任命而建立,也可以由民主选举而建立。委托关系建立之后,作为受托人要以最大的善意、最经济有效的办法、最严格地按照当事人的意思来完成委托人所托付的任务,这种责任就是受托责任。

在公司中存在的受托责任称为经营受托责任,而存在于公共部门的受托责任则是公共受托责任。政府部门与其上级政府虽然都属于公共部门,但是此处所说的受托责任是下级政府对上级政府所负有的内部关系,应该属于经营受托责任的范畴。

美国政府会计准则委员会(GASB)在其1987年发布的1号概念公告(Concept Statement No.1)中说道,政府财务报告的目标中包含:

- 通过提供资金收支相关数据和信息、各项目资金使用情况、财务状况的变化情况等相关信息,帮助报告使用者(亦即上级政府部门及监管机构)评估政府部门在该年度的运营绩效。
- 通过提供财务状况、法律规章制度带来的风险以及其他相关信息,帮助报告使用者了解政府提供服务和履行其职能的能力。

陈立齐、李建发(2003)也认为,促进健全的财务管理是政府会计的目标之一。财务管理包括收税和其他收支、举债和还债等活动。对于一个运作良好的政府而言,这些活动都是通过预算或计划事先安排的,并通过适当的授权交易,将交易过程和结果记录在财务会计系统中。改革者希望政府的运营活动具有经济性、效率和效益。在这种情况下,政府也需要一个管理或成本会计系统,以便确定其提供公共服务的成本是最小的或服务得更好。

同时他们还认为,公务员对行政长官的受托责任以及行政部门对立法部门的受托责任也是政府会计的目标,并且是最高层次的目标,而这一目标的实现,将有赖于政府通过财务报告的形式披露其相关信息。

由此可见,在政府财务报告的使用者中,作为监督和管理的上级政府部门主要希望通过财务报告帮助其完成以下两项任务:评价该政府部门上一年度的运营成果;评价该政府部门以后年度的行政能力。

而为达到这两个目标,可以把每个评价再细分为四个维度:该级政府部门整体的运营绩效;该级政府部门本年度开展的各项目的成果;该级政府部门本年度总体的资金使用效率和资金成本;该级政府部门各专项基金的收支情况。

要做出上述评价,上级政府部门就需要政府财务报告中能够提供以下信息:该级政府部门总的年度资金收支数据和信息;该级政府部门本年度开展各项活动各自的资金使用情况和最终成果;通过一个年度的运营,该级政府部门本年度财务状况同以前年度的变化情况;相关法律法规对该级政府部门从事各项活动带来的潜在风险。

### 15.2.2 国内及国外投资者的需求

政府不同于企业的地方在于,当企业出现资金短缺等情况时,企业可以通过增发股票和发行债券两种方式筹得资金。而政府部门作为公共管理事业机构,不能将自己的所有权分拆出来转让于某一个人或投资机构持有,所以当政府部门出现资金周转困难需要筹集额外资金时,所能选择的筹资渠道只能是通过发行政府债券来筹集获得。所以在讨论政府部门投资者对政府财务报告信息需求时,所说的政府部门的国内及国外投资者主要指政府债券的投资者,亦即政府的债权人。

债权人是发债方信贷资金的提供者。债权人提供信贷资金的目的是按照约定的条件收回并获取利息收入。也就是说,债权人关心的主要是发债方能否如期还本付息。基于此,他们需要了解发债方资产与负债的总体结构,分析发债方资产的流动性,评价发债方的获利能力以及产生现金流量的能力,从而作出是否向发债方提供贷款、维持原贷款数额、追加贷款、收回贷款或改变信用条件的决策。

由此可见,政府的现时和潜在的投资者、信贷者及其他信息使用者对政府财务报告的使用需求,主要是希望通过政府发布的财务报告,获得有利于其投资和信贷决策及其他决策的信息。该类信息需求主要反映了财务报告所应当具备的决策有用的特质。

决策有用观(Information Usefulness Perspective)认为,财务报告的目标就是向会计信息使用者提供对其决策有用的信息,会计信息的生产和报告必须满足信息使用者决策的需要。因此,该观点强调相关性甚于可靠性,在会计确认上不仅要确认实际发生的经济事项,还要确认那些虽未发生但对企业有重要影响的事项。

具体来说,所谓决策有用观,就是指会计是为企业各利害关系人进行决策提供有用信息的观点。1953 年,斯多波斯(G. J. Staubus)率先提出了财务会计的目标是决策有用性的观点。20 世纪 70 年代,美国注册会计师协会出资成立的特鲁彼拉特委员会(Trueblood)在对会计信息使用者进行了大量的实证调查研究后,在 1973 年提出的研究报告中,明确提出了十二项财务报表的目标,其基本目标是"提供据以进行经济决策所需的信息"。

关于财务会计与报告目标的认识,美国财务会计准则委员会(FASB)的决策有用观认为,财务报告应以服务报告使用者、帮助其做出经营投资决策为首要目标,即编制财务报告应为现在和潜在的投资者、信贷者及其他报告使用者,提供全面、准确和有用的信息,以便其做出合理的投资、信贷等相关决策。

1978 年,美国财务会计准则委员会(FASB)在其《财务会计概念公告》中对财务报表的目标做出了进一步的阐述:

● 财务报告应提供对投资者、债权人以及其他使用者做出合理的投资、信贷及类似决策有用的信息;

● 财务报告应提供有助于投资者、债权人以及其他使用者评估来自销售、偿付到期证券或借款等的实得收入的金额、时间分布和不确定性的信息;

● 财务报告应能提供关于企业的经济资源、对这些经济资源的要求权(企业把资源转移给其他主体的责任及业主权益)以及使资源和对这些资源要求权发生变动的交易、事项和情况影响的信息。

William R. Scott(2009)认为,决策有用论经过了广泛的实证检验,"决策有用学派"强调会计信息的生产和报告以服务于决策为目标取向,认为会计研究的逻辑起点是财务报告目标,应对财务报告的利益相关者进行识别、分类,具体确认其范围,分析说明使用者的决策及其信息需求。

20 世纪 80 年代起源于新西兰等欧洲国家的,在公共管理的基础上演化而来的新公共管理理论认为政府也是一种特殊形式的"企业",有上级政府作为管理者,有民间或者国外的机构或个人债权投资者作为企业的投资者。新公共管理最早由胡德(Christopher Hood)提出,他将新公共管理看作一种责任制、产出导向和绩效评估的分权结构,提倡采用企业管理方法、技术和工具,引入市场机制,以改善以缺乏竞争为特征的公共部门管理新途径。企业在日常经营过程中有可能会面临资金短缺需要通过债券融通资金的情况,而政府亦有可能面临如此情况。在从事某些活动如大型基建设施项目筹划时,政府会面临预算资金不足的情况,此时通过发行政府债券融资不啻为一个解燃眉之急的可行途径。

而政府若想要通过发行债券来筹集资金,则首先需要第三方评级机构来对该级政府部门的偿债能力和信用进行评级,这样才能评定该级政府部门发行债券所适用的利率。

政府部门的投资者主要为政府债券的购买者,包括国内及国外的机构投资者,以及国内及国外的个人投资者。这些投资者对该政府所发行债券的信贷评价主要基于该级政府部门本身的财务状况等信息。

在评价企业的偿债能力时,主要使用全部或部分资产与债务的比率为评价指标,而这需要发债主体能够提供自身的资产总额及各项明细,以及债务总额及各项明细。

2012 年的欧债危机刚过去,2013 年 7 月 18 日美国底特律又申请破产保护。公民对政府的信心有了动摇,也逐渐开始对政府的偿债能力提出了质疑,政府债券的投资者也对政府的偿债能力更加地关心。投资者对于国家债券的风险尚且不是非常质疑,但对市政债券的偿付能力已经有了明显的担忧,由此也需要相关政府部门提供更加全面而准确的财务信息。

由此,与投资企业相似,投资者在评价政府的偿债能力时,也开始要求政府部门能够通过财务报告的形式披露其资产债务状况等财务相关信息,以便对该级政府部门的偿债能力有一个准确的判断,从而决定是否进行投资。所以为了满足该类使用者的需求,政府财务报告中需要全面列示出政府部门所拥有的资产、负债以及现金流状况。

### 15.2.3 财务报告主体自身的需求

除去政府财务报告的外部使用者外,该级政府部门本身也希望能够从财务报告中获得有用的信息,用以了解本级政府或部门自身的财务状况,从而为提高运营效率提供帮助。政府的主管人员虽然在日常运营和财务决策中所使用的信息

比政府财务报告中所提供的信息更为详细和及时,但他们仍然需要财务报告中的数据,因为利用财务信息做出正确决策是其职能所在。

在企业中,企业管理当局是会计信息的内部使用者。企业要完成既定的经营目标,就必须对经营过程中遇到的各种重大问题进行决策,而正确的决策必须以相关的、可靠的信息为依据。例如,在企业做出通过贷款来筹集资金的决策前,需要利用财务报表所提供的信息以企业目前的资产负债率、资产构成及流动情况进行分析。当然,企业管理当局在决策过程中,除利用财务会计信息外,还可通过其他途径获取外部信息使用者无法掌握的内部信息。

如果把政府比作企业,那么政府内部主管人员则相当于企业的管理决策者。作为政府这一"企业"的管理决策者,政府内部管理人员主要是对上级领导部门负有完成既定工作建设目标的责任。为了保证预期工作目标的完成,政府内部主管人员会希望了解本级政府部门自身的财务状况和具体的运营绩效,判断自身是否达到预计的工作目标以及要达到任务目标需要采取的改进措施。财务报告主体自身对财务报告的信息需求主要反映了财务报告者应履行其所承担的受托责任。

在财务会计界,受托责任观认为,财务报告的目标就是以适当的方式有效反映受托人的受托责任及其履行情况。换言之,会计应向委托人报告受托人的经营活动及其成果并以反映经营业绩及其评价为中心。其依据是,资源所有者将资源的经营管理权授予受托人,同时通过相关的法规、合约和惯例等来激励和约束受托人的行为,受托人接受委托,对资源进行有效管理和经营并通过向资源提供者如实报告资源的受托情况来解除其受托责任。受托责任学派更强调信息的可靠性,它在重视资产负债表的基础上格外重视损益表。

政府财务披露的程度和方式反映了政府受托责任和政治制度的模式。政府的内部管理者在从事日常行政管理活动中也需要考虑每项活动的成本和效益。同企业管理者一样,政府管理者日常运营管理中也需要做成本核算分析。虽然政府不需要像企业那样创造经济利润来维持自身资金需求,但预算拨款以及外部通过发债筹集到的资金也不是无限的。如果资金使用安排不当,导致效率低下、资金严重浪费,那么将很有可能出现资金短缺而达不到工作发展规划目标的情况。所以政府内部管理者也需要这样一份财务报告来提供各项工程项目成本费用的明细情况、政府部门当前的现金流情况,以合理规划政府部门内部的预算及资金使用,从而顺利完成各项工作规划,达到预期建设目标。

具体而言,在政府部门的日常运转中,政府部门的主管人员主要需要通过政府财务报告所提供的信息做出如下决策事项:(1) 政府部门的筹资相关决策,包括是否需要额外筹集资金、所需筹集资金的数量、所筹集资金是长期筹资还是短期筹资、筹资成本高低等;(2) 政府部门的资金配置决策,包括资金配置到哪些项目、各项目资金配置的数量、各项目活动的开展所需资金的数量等。

对于政府内部管理者来说,对于财务报告信息的使用需求更多的是与日常运营决策相关。所以管理者们更希望能够通过财务报告获知以下信息:(1) 该级政府部门本年度已完成的各项活动各自的资金使用情况和最终成果;(2) 该级政府部门本年度仍在进行中的各项目资金使用情况、项目进度以及该项目剩余资金情况;(3) 该级政府部门本年度现金流变动的总体情况、影响现金流变动的各项目明细;(4) 该级政府部门目前的现金存量总体情况。

与上级领导部门对信息的具体需求和获取途径相似,政府内部主管人员所需获取的财务与绩效相关信息涉及大量的保密信息,不宜全部都详细地披露在对外公布的政府财务报告中,以免导致机密信息的泄露。而同时具体各项详细的财务与绩效相关数据信息完全可以由政府主管人员通过其他可替代的、更加安全保密的途径获得,一如企业中供管理人员使用的管理用财务报告一样。对外披露的政府财务报告只需要大体上披露相关的关键数据信息,以供内部主管人员进行参考即可。

### 15.2.4 社会公众的需求

随着物质生活水平的提高,以及权利意识的觉醒,中国公民逐渐开始关注到国家事务的管理,也越来越希望参与到国家运转决策当中,由此便也开始对政府信息的公开提出更进一步的要求。普通民众对政府财政的收支情况、政府办事的效率高低以及政府本身的廉洁情况开始越来越多地关注,对政府的执政能力提出了越来越高的要求,希望对政府内部的运转管理情况更深入地了解。同时,让政府的财政和运作更加透明化不但有利于群众的监督,从而提高政府本身的工作效率、有效降低政府内部行政人员出现贪污腐败案件的概率,也有利于化解群众对政府的误解、维护社会的安定团结、提高政府的公信度,从而提高国家的政治经济运行管理工作效率。而为了满足公众的知情权,政府必须更加公开透明自己的财务状况,以便于公众进行监督。

政府对公众的财政透明反映了政府所负有的公共受托责任。GASB 将公共受托责任解释为"对资源或活动从公众那里转移给政府当局而应负责任的一种转换"。美国 GAO 认为,公共受托责任就是指受托管理并有权使用公共资源的机构向社会公众说明其全部活动情况的义务。最高审计机关亚洲组织认为:公共受托责任是指受托管理公共资源的机构报告管理这些资源及其有关的规划、控制、财务的责任。李建发教授等认为,公共受托责任应当是受托管理公共资源的政府、机构和人员,履行社会公共事务管理职能并向公众报告的义务。

从以上观点中我们可以看出,学术界对于公共受托责任并没有一个统一的定义,但都有一个共同点,即都围绕着受托客体是公共资源,政府接受社会公众的委托,利用公共权力,管理、分配公共资源,行使公共管理职能。简单来说,公共受托责任是政府与社会公众建立委托关系所必定带来的附带责任。

财政透明度起源于欧盟,最早是由 George Kopits 和 Jon D. Craig 在 1998 年提出的,即向公众最大限度地公开关于政府的结构和职能、财政政策的意向、公共部门账户和财政预测的信息,并且这些信息应是详细的、可靠的、可理解的、及时的和可比的,便于社会公众和人民准确地估计政府的财政状况和政府活动的效用。

另外,经济合作与发展组织(OECD)将透明度定义为政策取向、表达和执行的公开,并将预算透明定义为及时、系统地充分披露所有相关的财政信息。

财务透明度的主要观点有:① 强调政府财务信息的公共可得性。财务透明度要求提高政府财务报告信息的公开性,使社会公众能够方便地获取政府财务信息,利于评价政府公共受托责任的履行情况。② 政府财务报告信息的披露要及时、充分和全面。财务透明度要求政府财务报告中应当及时披露与政府公共受托责任有关的一切信息,包括预算内活动的信息和预算外活动的信息,除此之外,还应包含潜在的资产和负债等隐性信息。③ 政府财务报告信息的可靠性。如实反映是财务透明度的基础,虚假的信息不能反映政府公共受托责任的履行情况。所以,政府财务报告信息在披露之前应当接受独立审计机构的审核,以确保信息的可靠性。

财政透明是公共财政的本质要求。只有财政透明,才能建立起廉洁、高效的政府,促进财政的公共化、法制化和民主化;反之,则滋生腐败,导致政府的无效率,阻碍财政的公共化和法制化进程。

根据 IMF 确立的有关财政透明度的四项一般原则是:(1) 对角色和责任的澄清,涉及政府的结构和职能、政府内部的责任以及政府与经济中其他部门的关系;(2) 信息的公共可得性,强调在明确规定的时间公布全面财政信息的重要性;(3) 公开预算的编制、执行和报告,涉及提供关于预算程序信息的种类;(4) 对诚实性的独立性保证,涉及数据的质量以及对财政信息进行独立检查的需要。

李建发对财政透明度的基本特征进行的概括有:完整性、及时性、可靠性、可理解性、一贯性和可比性。

无论从财政透明度的一般原则还是从基本特征来看,财政信息的"公开"都是财政透明度的关键;所披露的信息是否及时、全面、可靠、可理解等,则能够从不同方面促进财政透明度。

普通国民作为外部信息需求者,他们的信息获取能力以及甄别能力较差,对政府公开信息的依赖度较高。如果把政府比作企业,那么公众作为纳税人则是"企业"的股权投资人也即股东,作为股东最想了解的当然是自己所投入的资金有没有被代理人花到正确的地方去、有没有被代理人有效率地使用在自己希望其使用的地方，代理人是否完成了自己所期望的目标，代理人是否存在浪费资源或其他低效率使用资金的情况，以及代理人是否存在贪污腐败的风险。如果作为代理人的政府没有良好地履行自己的职责，没有达到作为"投资者"的公众的目标，那么普通民众则有动机想要更换代理人，如果无法更换代理人，则会出现"用脚投票"的情况，国家将面临大量的人才资本的流失，对国家的发展将极为不利。

综上所述可以知道，公众对于从政府财务报告中所想要获得的关于政府财务的信息主要是政府资金的投入领域、在各领域的资金投入量以及各领域各项公共事务的总体建设成果，以便借此来评价代理人的工作效率和廉洁情况。

# 第16章 我国政府会计财务制度及其改革

政府会计是政府组织(公共部门)适用的会计。由于各个国家的政治经济体制和管理体制不同,政府会计的内涵也有一定差别。根据国际会计准则委员会(IASC)的定义,区别于企业(营利性组织)会计和民间非营利性组织会计,政府会计是指用于确认、计量、记录和报告政府和政府单位财务收支活动及其受托责任履行情况的会计体系。功能完善的政府会计体系应该包括预算会计、财务会计与成本会计三大系统。

目前,我国还没有能够建立起全面反映政府经济资源、现时义务和业务活动全貌的政府会计体系,各级政府的官方文件中也未出现"政府会计"这一表述。长期以来,我国的传统政府会计基本等同于预算会计核算系统。根据国家预算组成,预算会计分为财政总预算会计和单位预算会计。单位预算会计按单位业务活动特点分为行政单位会计和事业单位会计。

## 16.1 我国政府财务会计制度的发展历程

早在公元前11世纪的西周,我国就有了政府会计的雏形——"官厅会计"("宫廷会计"),有"司会"官职专管朝廷财务和税赋,对朝廷收支进行"岁计月会",其后不断发展至汉朝和清朝时期的"国计"。北洋政府时期,开始将普通政府会计与官办事业特种会计(事业单位会计)区分开来。

新中国成立初期,我国的政府会计体系基本上借鉴了苏联的预算会计体系,后经多次修订和变革,最终形成目前由财政总预算会计、行政单位会计和事业单位会计三部分构成的"政府预算会计"体系。伴随着过去五十余年国家政治、经济体制的变革,我国的政府预算会计制度也相应形成独特的变迁轨迹,经历了从初步形成到成熟发展的蜕变。这一发展历程大致可以划分为四个阶段:新中国成立后至1978年的政府预算会计制度初步创立阶段;1979年至1992年的制度调整阶段;1993年至2000年的现行制度建立阶段;以及2001年至今的发展完善阶段。

### 16.1.1 我国政府预算会计制度的初创阶段(1949—1978)

新中国成立后,适应计划经济体制,我国建立了高度集中、统收统支的预算管理体制。与之相适应,我国预算会计制度的发展也经历了前后两个阶段。

(一) 政府预算会计暂行制度的创立和初步形成(1949—1952)

新中国成立初期,财政部根据中央人民政府政务院公布的《预算决算暂行条例》和《中央金库条例》提出了建立我国预算会计体系的设想。1950 年 10 月,财政部召开"第一次全国预算会计金库制度会议"。这次会议通过了适用于各级财政机关的《各级人民政府暂行总预算会计制度》和适用于各级行政事业单位的《各级人民政府暂行单位预算会计制度》两部法规,并于同年 12 月 2 日正式颁布。这两项暂行预算会计制度从 1951 年开始实施,标志着我国预算会计的诞生,初步确立了总预算会计和单位预算会计分立的框架。

两项暂行制度对预算会计体系和方法做出了重要规定:① 预算会计由财政总预算会计和单位预算会计两部分组成;② 总预算会计与单位预算会计都以收付实现制为基础;③ 以"实际支出数"作为支出口径,记账方法以现金收付记账法为主,借贷记账法为辅;④ 两项会计制度采用统一的会计要素:"总预算会计"规定的会计科目分为岁入、岁出、资产、负债和资产负债共同类五类,"单位预算会计"规定的会计科目为收入、支出、资产、负债和资产负债共同类五类;⑤ 总预算会计报表包括资产负债表、收入支出决算表,分为日报、月报、季报、年报四类;⑥ 单位预算会计报表包括资产负债表、支出计算表和基本数字表,分为日报、月报、年报三类。

(二) 政府预算会计制度的修订和正式颁行(1953—1965)

1953—1965 年,借鉴苏联的管理经验,我国对预算会计的总则、会计科目、凭证、账簿和记账方法、会计报表等进行了全面修订,并于 1954 年取消了以上制度中的"暂行"两字,改为正式颁布执行。主要修订事项包括:

(1) 适用范围:将《总预算会计制度》区分为中央、省和县(市)两部分。《单位预算会计制度》的适用范围明确为各级人民政府所属行政机关、事业单位、企业主管机关和团体。差额预算单位由财政部另行规定《差额预算机关会计制度》。

(2) 会计要素:1953 年的预算会计要素为金库存款、预算支出、预算收入、往来款项、预算执行结果五项。1956—1962 年,会计要素修订为货币资金、预算支出、预算收入、贷出款项、借入款项、预算执行结果六项。

(3) 支出口径。基建拨款支出以"银行支出数"列支报销;财政机关直接经办的支出以"财政拨款数"列支;单位预算机关的行政事业经费支出,1956—1998 年的 42 年间全部采用"银行支出数"列报。

(4) 记账方法:从 1954 年开始,统一采用借贷记账法。

(5) 会计报告:总预算会计报表改为月报、季报和年报三类。1955 年会计报表基本定型,月报为"预算收支执行情况表";季报共三种,分别是"预算收支计算表""资产负债表""定员定额情况表";年报分为"最终资产负债表""收入支出总决算表"以及附表类。

1965年8月,财政部召开全国预算会计工作会议,再次修订预算会计制度。这次修订颁行《行政事业单位会计制度》,取代原《单位预算会计制度》,并补充了《财政总预算会计制度》。主要修订事项包括:

(1) 会计科目修改为资金来源、资金运用和资金结存三类。会计基本等式由"资产＝负债"调整为"资金来源－资金运用＝资金结存"的平衡方法。

(2) 记账方法由"借贷记账法"改为"资金收付记账法"。经过这次修订,我国已基本上形成一套以总预算会计为先导,以单位预算会计为补充,区别于企业会计的独立政府会计体系。

### 16.1.2 我国预算会计的调整与变动阶段(1979—1992)

1979年开始,伴随着改革开放后经济社会的巨变,为适应国家财税、金融和预算管理体制改革的要求,财政部着手进行预算会计的改革,分别于1983年和1988年两次修改预算会计制度,最终形成了以总预算会计为主导、行政事业单位会计为补充、以制度形式确定的独立预算会计系统。

(一) 调整总预算会计制度

1984年开始执行新的《财政机关总预算会计制度》。该制度加强了总预算会计的组织管理职能,包括更灵活地调度预算资金,协助国库做好库款的收纳、划分、报解、支拨,制定各项预算会计、国库制度和实施办法,以及组织指导本地区的预算会计工作等。

1989年《财政机关总预算会计制度》再次修订,改称"财政总会计",规定是财政部和地方各级财政机关核算、反映、监督国家和地方各级总预算执行的会计。总会计的核算范围也进一步拓宽,由核算预算资金和预算外资金拓宽为包括财政信用资金在内的全部财政资金,并区分预算资金和预算外资金"两条线"分别核算和报告。修订后的总预算会计报表分为月报和年报两类。月报主要有"资金活动情况表""经费支出明细表"两种;年报主要有"资金活动情况表""财政收支决算总表""预算外资金收支决算表"等。

(二) 调整单位会计制度

1989年颁布新的《事业行政单位预算会计制度》,将原"行政事业单位会计"改称"事业行政单位会计",并将其界定为核算、反映和监督中央和地方各级事业行政单位预算执行和其他经济活动的专业会计。为了与修订后的总预算会计相适应,单位预算会计的会计要素分类、记账方法和会计等式等进行了一些调整。此外,这一时期我国行政事业单位的预算管理方式区分为全额预算单位、差额预算单位和自收自支单位三类,并提出"三过渡",即对有条件的事业单位逐步由全额预算管理向差额预算管理过渡,差额预算管理向自收自支管理过渡,自收自支管理向企业化管理过渡。这项改革措施和预算管理背景对预算会计框架调整产生了极大的影响。

（1）各级各类事业行政单位的会计组织系统，根据机构建制、经费领拨或财务隶属关系，一般分为主管会计单位、二级会计单位和基层会计单位三级。三级统称为预算会计单位，分别建立独立的单位预算，实行比较完整的会计核算，并负责组织管理本单位内部的全部会计工作。

（2）三类预算管理单位的会计科目设置各不相同。

（3）事业行政单位的会计核算一般实行收付实现制（现金基础会计），简单成本费用核算的会计事项可以采用权责发生制（应计基础会计）。

（4）会计报表也因不同预算管理方式而存在差异。其中，"资金活动情况表"是通用的主要会计报表。此外，全额预算单位还编报"拨入经费增减情况表""经费支出明细表"等；差额预算单位编报"业务收支表"；自收自支单位编报"收益表"等。

### 16.1.3 现行政府预算会计制度的建立阶段（1993—2000）

随着市场经济改革的深化，我国政府职能发生了重大转变，传统预算会计模式和核算办法表现出不能适应市场经济要求、无法满足会计单位经济活动需要，会计信息也不能满足社会多方面需求的缺陷。因此，财政部自1993年开始启动预算会计改革，于1997年正式颁布《财政总预算会计制度》《行政单位会计制度》《事业单位会计制度》和《事业单位会计准则》等系列预算会计改革文件，并于1998年1月1日起全面实行，简称为"一则三制"。

与当时的经济体制和行政管理体制基本相适应，"一则三制"实现了财政总预算会计的统一以及事业单位会计与行政单位会计的分离，是我国预算会计理论和实务的一次重大突破。这一改革奠定了我国现行预算会计制度体系的基本框架，标志着我国现行由各级人民政府财政总预算会计、各级行政单位会计和各类事业单位会计以及参与预算执行的国库会计和税收征解会计（包括税收会计、农业征解会计、海关征解会计）、基本建设拨款会计等组成的预算会计体系正式形成。改革同时设计了比较完备的预算会计报告体系。这套新的预算会计报告体系根据相关会计规范的条款，主要由资产负债表、收入支出表（总预算会计为"预算执行情况表"）及相关的明细表、附表和报表附注（或"报表说明书"）等组成。这次改革所形成的预算会计报告体系沿用至今。

这一阶段的预算会计具有以下特征：① 预算会计具体区分为财政总预算会计、行政单位会计和事业单位会计三个分支；② 总预算会计由若干重要分支组成，金库会计、基建拨款会计、税收征缴会计等也属于预算会计范畴；③ 明确事业、行政单位范围，事业单位形成单独的政府会计分支；④ 事业行政单位按其同各级财政总预算的缴拨款关系进行分类,相应分设会计科目和会计报表;⑤会计核算基础主要采用现金制,只有部分业务采用应计制;⑥财务报表包括总预算会计报表、行政单位报表和事业单位报表。

### 16.1.4 现行政府预算会计制度的发展完善阶段(2001年至今)

21世纪初,为加强财政预算管理,我国先后推行了编制部门预算、政府收支重新分类、收支两条线、政府采购、国库单一账户制度等预算管理改革措施,初步构建起与公共财政相适应的政府预算管理框架。与此相适应,财政部对自1998年开始实施的"一则三制"进行了相应改进,海南省等部分地区更是先行一步,探索开展政府会计试点改革。

(一)预算会计制度调整

为适应公共财政改革要求,财政部先后发布了十几个补充规定对财政总预算会计核算方法进行调整,对单位会计制度也进行了相应的修订完善。主要变化:对各类事业行政单位不再按其同财政总预算的缴拨款关系分类组织核算;对事业行政单位的预算内外资金进行统一核算;在行政事业单位会计之外逐步建立了若干预算会计的分支,如社保基金会计、住房公积金会计等。

(1)为适应国库管理制度改革引起的支付方式变化,财政部先后于2001年、2002年发布了《财政国库管理制度改革试点会计核算暂行办法》和《〈财政国库管理制度改革试点会计核算暂行办法〉补充规定》,以满足集中支付改革对会计核算的需求。

(2)随着财政国库管理制度改革的深化,适时对财政总预算会计部分事项,以及行政单位、事业单位和国有建设单位年底应支未支留存国库的结余资金会计核算实行权责发生制。

(3)为适应实施国债余额管理、试行国有资本经营预算、建立预算稳定调节基金及政府收支分类改革的需要,对《财政总预算会计制度》《预算外资金财政专户会计核算制度》《行政单位会计制度》《事业单位会计制度》等进行了相应的修订完善。

(4)适应工资和津贴补贴改革的需求,出台《行政事业单位工资和津贴补贴有关会计核算办法》。

(5)为适应事业单位分类改革和公共财政预算管理改革的要求,财政部将2012年确定为"事业单位会计准则制度改革年",相继修订发布了《事业单位会计准则》《事业单位会计制度》《高等学校会计制度》《中小学校会计制度》和《科学事业单位会计制度》,制定发布了《彩票机构会计制度》。

(6)随着公共财政体系的建立健全和财政预算管理改革的深入推进,原行政单位会计科目设置相对简单、核算内容不够全面的缺陷开始显露。财政部将2013

年确定为"行政事业单位会计制度改革年"。2013年12月18日,财政部颁布了修订的《行政单位会计制度》,要求各行政单位于2014年1月1日开始实行。

(二) 政府财务(预算)报告制度改进

为适应财政预算管理制度改革的需要,配合预算会计制度的调整,政府预算报告制度也有了一定程度的改进。

(1) 中央政府和地方政府财政部门按照《预算法》规定,定期向各级人民代表大会提交政府执行预算情况(草案)和决算报告。重点提供当年政府预算(包括一般预算和中央政府性基金预算)收支执行的信息。

(2) 国务院向全国人大报告的年度收支预算执行情况前后有三次(另有季报),目标是便于立法机关及时监督。

(3) 从1998年起,财政部逐步建立了全国统一的会计决算管理体系。2002年财政部又颁布了《行政事业单位会计决算报告制度》,并据此每年都汇编部门决算报表。报表资料既有收支预算执行信息,又有资产负债信息,主要供财政部门加强管理使用。其中,全国行政事业单位汇总的收支决算和资产负债信息资料,在《中国会计年鉴》刊出。

(4) 政府决算报表(年度预算执行情况表)与部门决算报表不合并,未向人大提交政府层面的综合财务报告。

(5) 政府决算报表的数据,以收付实现制为基础编制。

(6) 审计部门对政府决算报告和部门决算报告基本不做鉴证性审计,主要是对资金使用进行合规性审计。

"十二五"规划明确提出,进一步推进政府会计改革,逐步建立政府财务报告制度。财政部在地方政府成功试编政府综合财务报告的基础上,着手全面推进政府综合财务报告试编工作,并适时制定出台建立政府财务报告制度的总体方案,发布统一的政府财务报告编制办法。2012年,我国已有23个省份试编政府综合财务报告。2014年12月12日,国务院发布《关于批转财政部权责发生制政府综合财务报告制度改革方案的通知》。根据改革方案,将力争在2020年前建立具有中国特色的政府会计准则体系和权责发生制政府综合财务报告制度,各级政府都要编制财务报告,全部"家底"经审计并报人大备案后,将向社会公开。

(三) 海南省政府会计改革试点

2009年6月,海南出台《权责发生制改革会计核算办法(试行)》(以下简称《核算办法》),依托强大的政府财政管理信息系统和集中核算体制优势,在全国率先启动政府会计改革。改革的主要做法:

(1) 建立预算会计与财务会计"二位一体"的政府会计运行体系,实现预算执行信息与财务状况信息合理分立,两大系统相互独立而又相互协调运行,以分别提供政府预算执行报告和政府财务报告。

预算会计系统以收付实现制为基础,按总分类账模式,设置预算收入、预算支出、预算结余和预算经费四个总账科目,在总账科目下按支出功能分类科目、资金分类、资金来源和支出经济分类科目等预算管理维度设置分类账,全面、精细地反映政府会计主体的预算执行信息,以满足预算管理和决策的需要。

财务会计系统借鉴企业会计的做法,按资产、负债、净资产、收入和费用五大部类设置财务会计要素,以修正的权责发生制为会计核算基础,兼顾反映政府会计主体的财务状况、成本费用和绩效水平。

(2)统一与合并政府部门会计信息,设计了适用于所有政府部门单位的政府财务会计制度模型和会计核算标准体系。通过整合行政单位会计制度、事业单位会计制度和国有建设单位会计制度,解决制度条块分割、五花八门的问题。《核算办法》在整合、归并原行政事业及基建会计科目基础上,新增待摊和预提费用科目及对应的资产和负债科目,体现权责发生制基础和配比原则;并赋予政府部门会计主体净资产新的含义和合理分类,构建起一套能涵盖行政、事业及基本建设单位所有的经济业务事项的会计科目体系。其中,资产类科目22个,负债类科目13个,净资产类科目4个,收入类科目4个,费用类科目6个,还包括了生产成本、劳务成本、研发支出和项目成本4个成本类科目。

(3)选择修正的权责发生制作为财务会计系统核算和报告基础,分别针对资产、负债、收入、费用确定不同的权责发生制引入程度。

资产部类。将资产分为金融资产和非金融资产。试点阶段先按权责发生制确认金融资产,待试点成功后再扩及非金融资产。暂时只确认、记录和报告金融资产及非金融资产,文物文化资产仅对其数量进行表外披露。与此同时,资产还要灵活确认其折旧、摊销和坏账损失。对非金融资产的折旧及处置采取过渡办法处理。考虑到固定资产因其多样性难以确定折旧期限,折旧处理与预算编制衔接难度较大,故折旧确认不引入完全的权责发生制。对原有固定资产的折旧实行虚折旧,即不确认费用,仅参照相关方法计算折旧金额,相应冲减固定基金,以反映其账面净值;新增固定资产折旧则确认为费用或成本。固定资产处置的账务处理也相应采取两种办法:对原有固定资产的处置,冲销固定资产的原值;对新增固定资产的处置,按固定资产的净值直接列支,并冲减原值和折旧。

负债部类。将负债分为短期负债和长期负债。试点阶段先按权责发生制确认直接负债,同时表外披露预计负债。待试点成功后,再确认预计负债。强调对会计主体负债的确认和计量,应与其资产的确认和计量,在范围以及应用权责制的步调上,保持相互协调,以客观反映会计主体的资产负债情况。

收入部类。将收入划分为交易性收入(主要指公共部门提供商品和服务所取得的收入)和非交易性收入(主要指财政收入)。严格按经济业务事项的权责关系和收入实现原则确认收入,并针对不同类型的收入分别确认时点,如财政经费拨款收入、财政专户返还收入,以用款计划的下达作为行政事业单位的收入确认时点;经营收入、投资收益和其他收入以收入的实现原则作为确认依据。

费用部类。按照配比原则将费用划分为经营活动费用、行政事业活动费用、财务费用等。各类费用严格按权责发生制进行确认,而不论现金及现金等价物是否真正流出。

(4) 改变现行财务报表纵横交错、条块分割的做法,将会计报告分为预算报告和财务报告,分别编报。

预算报告由预算会计账套提供,编制预算执行收支表,用于反映预算收支的执行情况和结余状况,并为决算报告提供数据。

财务报告由财务会计账套提供,主要由三张主表和一张附表组成。主表包括资产负债表、经营业绩表和现金流量表。资产负债表结构进行了较大调整,将收入与支出的内容从现有报表中删除,将拨出经费从现行报表的支出类项目调整为负债类项目。同时,将现行基本建设单位的资金平衡表中资金来源及资金占用的相关元素并入资产负债表,如"在建工程""预付工程款"等总账科目。经营业绩表主要反映主体在一定会计期间的运行绩效;现金流量表主要用于评价主体短期偿还债务及支付能力。财政批复给单位的财政用款额度也视同现金对待。此外,为了说明预算执行收支表与经营业绩表的勾稽关系,还要编制经营业绩表与预算执行表的调节表。

(5) 严格区分资本化和费用化支出,实行项目成本的合理归集。为了能正确反映资产的价值和准确计算各期损益,试点将行政事业单位的支出划分为资本性支出和费用性支出。资本性支出除了包括构成固定资产、无形资产、递延资产的支出外,还包括项目成本。根据试点单位的需求列出成本归集的项目清单,项目成本按照具体项目进行合理归集,在项目完工后进行一次性结转(而不论支出发生在哪个会计期间),若项目跨年度才完工,则在年终时按完工百分比法结转。据此,更能反映交易的经济实质,也有利于评价项目的成本绩效水平。

## 16.2 财政总预算财务会计制度及其发展

### 16.2.1 财政总预算会计的概念和基本架构

(一) 总预算会计的概念和制度变迁

财政总预算会计也称为总会计、预算会计,是指各级政府部门对财政性资金活动的相关核算和监督活动的专业会计。《财政总预算会计制度》规定:财政总预算会计是各级政府财政部门核算和监督政府预算执行和财政周转性资金活动的专业会计。总预算会计的主要职责是进行会计核算,反映预算执行,实行会计监督,参与预算管理,合理调度资金。①

如表 16-1 所示,现行的财政总预算会计制度自 1997 年颁布实施。随着预算管理改革的深入推进,总预算会计制度的诸多问题和局限性逐渐显现。1997 年制度颁布以后,为了适应各项预算管理改革,财政部先后发布了若干补充规定对财政总预算会计核算方法进行调整。

表 16-1 财政总预算会计改革进程

| 序号 | 相关文件 | 主要内容 |
| --- | --- | --- |
| 1 | 财政部关于印发《财政总预算会计制度》的通知 | 财政总预算会计制度 |
| 2 | 财政部关于新旧财政总预算会计制度衔接问题的通知 | 财政总预算会计新旧账务衔接问题 |
| 3 | 财政部关于印发《预算外资金财政专户会计核算制度》的通知 | 规范各级财政部门预算外资金财政专户会计核算制度 |
| 4 | 《财政总预算会计制度》暂行补充规定 | 为适应预算和国库支付制度改革的需要,对《财政总预算会计制度》做相应补充 |
| 5 | 财政部关于政府收支分类改革后财政总预算会计预算外资金财政专户会计核算问题的通知 | 为适应政府收支分类改革,进一步规范财政总预算会计和预算外资金财政专户核算 |
| 6 | 财政部关于印发《财政部代理发行地方政府债券财政总预算会计核算办法》的通知 | 规范财政部代理发行地方政府债券中地方财政总预算会计账务处理。在《财政总预算会计制度》中增设收入类科目"408 债务收入""409 债务转贷收入";支出类科目"508 债务还本支出""509 债务转贷支出" |
| 7 | 财政部关于预算外资金纳入预算管理后涉及有关财政专户管理资金会计核算问题的通知 | 在《财政总预算会计制度》增设 3 个会计科目:净资产类"财政专户管理资金结余"科目,收入类"财政专户管理资金收入"科目,支出类"财政专户管理资金支出"科目 |
| 8 | 关于印发《财政总预算会计管理基础工作规定》的通知 | 为适应财政国库管理制度改革的需要,进一步加强和规范财政总预算会计管理 |

(二)总预算会计的基本架构

我国政权划分为中央、省、市、县、乡五级,总预算会计也相应划分为五级,也就是一级政府要建立起一级总预算,每一级政府的总预算都在财政部门设立财政

---

① 《财政总预算会计制度》第三、四条。

总预算会计。具体地讲,在财政部设中央级财政总预算会计;在省(自治区、直辖市)财政厅(局)设省(自治区、直辖市)级财政总预算会计;在市(地、州)财政局设市(地、州)级财政总预算会计;在县(市)财政局设县(市)级财政总预算会计;在乡(镇)财政所设乡(镇)级财政总预算会计。

此外,国库会计、收入征解会计和基本建设拨款会计也参与构成了总预算会计的有机整体。(1)国库会计兼具预算会计和银行会计的双重属性,是运用银行会计核算方法,对预算收入、支出、退付、划拨、清算等资金运动进行真实、准确、及时、全面的确认、计量、记录和报告,确保国库资金的安全与完整,促进预算的顺利执行。

(2)收入征解会计是核算、反映以及监督中央预算和地方预算中各项税收征管、缴库等各种资金运动,负责核算各项税收的组织、实现与缴纳的会计。

(3)基本建设拨款会计是核算、反映和监督预算内用于基本建设支出的专门会计。主要核算基本建设有偿资金、无偿投资和资本金的投入使用情况。

### 16.2.2 财政总预算会计的现行制度和特点

(一)现行财政总预算会计制度

1. 总预算会计的核算对象

各级政府财政部门负责执行各级总预算。一方面,按照核定的预算,从国民经济各部门取得总预算收入,包括一般预算收入和基金预算收入;另一方面,按照核定的预算,将集中起来的预算资金分配出去,用于各项支出,形成总预算支出。总预算收入与总预算支出的差额,形成预算收支结余。同时,在执行总预算的过程中,由一级财政部门掌管的货币资金和债权形成一级财政的资产;由发行公债、与上下级财政、与预算单位之间的应付款项形成一级财政的负债;各项结余和基金形成一级财政的净资产。

2. 总预算会计的会计要素和会计科目

资产是一级财政掌管或控制的能以货币计量的经济资源。包括财政性存款、有价证券、暂付及应收款项、预拨款项、财政周转金放款、借出财政周转金以及待处理周转金等。

负债是一级财政所承担的能以货币计量、需以资产偿付的债务。包括应付及暂收款项、按法定程序及核定的预算举借的债务、借入财政周转金等。

净资产是指资产减去负债的差额。包括各项结余、预算周转金及财政周转基金等。结余是财政收支的执行结果。财政各项结余包括一般预算结余、基金预算结余和专用基金结余。

财政收入是国家为实现其职能,根据法令和法规所取得的非偿还性资金,是一级财政的资金来源。收入包括一般预算收入、基金预算收入、专用基金收入、资金调拨收入和财政周转金收入等。

财政支出是一级政府为实现其职能,对财政资金的再分配。包括一般预算支出、基金预算支出、专用基金支出、资金调拨支出和财政周转金支出等。总预算会计科目与上述会计要素对应,包括资产、负债、净资产、收入、支出五类,并对每一类会计科目规定借方、贷方、结余和明细账。

3. 会计结账和结算

各级总预算会计定期、及时地进行会计结账。结账期限为每月一次。各级总预算会计在会计年度结束前全面进行年终清理结算。年度终了,组织征收机关和国库进行年度对账,进行年终财政结算。各级财政要在年终清理的基础上,结清上下级财政总预算之间的预算调拨收支和往来款项;要按照财政管理体制的规定,计算出全年应补助、应上解和应返还数额,与年度预算执行过程中已补助、已上解和已返还数额进行比较,结合借垫款项,计算出全年最后应补或应退数额,填制"年终财政决算结算单",经核对无误后,作为年终财政结算凭证,据以入账。

4. 会计报表的编审

各级总预算会计定期编制和汇总预算会计报表。会计报表是各级预算收支执行情况及其结果的定期书面报告,是各级政府和上级财政部门了解情况、掌握政策、指导预算执行工作的重要资料,也是编制下年度预算的基础。总预算会计报表有资产负债表、预算执行情况表、财政周转金收支情况表、财政周转金设放情况表、预算执行情况说明书及其他附表等。其他附表有基本数字表、行政事业单位收支汇总表以及所附会计报表。各级总预算会计报表按旬、按月、按年编报。

总预算会计的年报,即各级政府决算,反映年度预算收支的最终结果。决算经本级人民代表大会常务委员会(或人民代表大会)审查批准后,如需更正原报决算草案收入、支出数字,则要相应调整旧账,重新办理结账和记入新账。

(二) 现行总预算会计的特点

(1) 总预算会计与预算管理联系密切,受预算管理制度制约。

(2) 总预算会计记账采用借贷记账法,以收付实现制为会计核算的基础。除中央财政总预算会计的个别事项外,财政总预算会计核算以收付实现制为主。

(3) 没有现金、材料、固定资产、无形资产等实物资产的核算业务。政府的实物资产由行政单位会计、事业单位会计等专业会计核算。

(4) 政府部门不以盈利为目的,活动不计盈亏,因此政府会计不计提折旧,不进行专门的成本费用核算。

(5) 总预算会计反映的信息具有宏观性和公共性,其反映的信息范围是各级政府的财政预算收入(税收、行政事业性收费、政府性基金等)、财政预算支出(一般预算服务、公共安全、公共教育、社会保障等)及其相关信息。

### 16.2.3 财政总预算会计的问题

我国的财政总预算会计制度自1997年颁布实施以来,在加强预算管理、规范财政业务核算等方面发挥了重要作用。随着新一轮财税体制改革,尤其是预算管理改革的深入推进,总预算会计制度的诸多问题和局限性也逐渐产生和显现出来,需加以改进。1997年制度颁布以后,为了适应各项预算管理改革,财政部先后发布了十几个补充规定对财政总预算会计核算方法进行调整,打补丁式的调整方法使得总预算会计核算制度依据相对分散、缺乏系统性,这样既不利于会计人员全面掌握会计制度,更不利于预算改革的系统推进和整体把握。

(一)核算范围过窄,难以全面真实地反映政府资金运作及结果

财政总预算会计应能够反映包括拨款、承诺、核实及付款在内的预算全过程。而现行预算会计仅仅停留在政府直接拨款的核算环节,没有将"触角"延伸到部门单位的具体交易层面,无力记录和报告旨在完整监控预算过程、妥善管理财政风险、有效控制公共支出所必需的一系列前瞻性信息,特别是关于预算授权、支出承诺与义务的信息。究其根本原因,在于我国现行的以组织类别界定的预算会计的概念框架存在先天缺陷,导致无法提供反映支出周期中上游阶段预算运营情况的上述关键信息。[①]

此外,现行总预算会计只能对当期财政支出进行核算,只反映当期预算执行相关的财务收支情况和财务状况,而没有从连续、全面、系统、完整的角度,反映预算收支对政府财务活动情况及财务状况产生的累积影响,对于政府的长期债权、固定资产、股权投资、长期债务等内容没有系统反映,无法全面真实地反映资金运作和政府资产状况。

(二)收付实现制核算基础具有一定的局限性

现行财政总预算会计制度以收付实现制为核算基础。在收付实现制的基础上,总预算会计对本期已发生,但尚未支付现金的支出,或在以后年度应偿还的债务本金或利息无法反映,从而导致不能全面、准确地记录和反映资产和负债的真实状况,可能掩盖部分债务信息,不利于防范财政风险。收付实现制还会造成财政支出与财政收入在会计期间上的非配比性,不利于评价收支结余的真实情况,从而影响预算信息的真实性,削弱政府管理力度。

(三)难以与行政事业单位会计制度改革相衔接

目前,行政事业单位会计制度已经修订并颁布实施,新的行政事业单位会计

---

① 王雍君:《支出周期:构造政府预算会计框架的逻辑起点——兼论我国政府会计改革的核心命题与战略次序》,《会计研究》,2007年第5期。

制度无论是核算内容还是核算方法都做了较大改动,对部分核算内容引入权责发生制,采用"双分录"方法进行核算。为维护我国政府会计体系的统一完整,作为政府会计体系重要组成部分的财政总预算会计制度也应进行相应修订。

## 16.3 行政单位财务会计制度及其改革

行政单位会计(Accounting Of Governmental Units)是指各级行政党派、政协机关核算和监督国家预算资金的取得、使用及其结果的一种非营利组织会计,这种会计的主体是中华人民共和国各级权力机关、行政机关、审判机关和检察机关以及党派、政协机关,客体是国家预算资金的取得、使用和结果。2013年12月18日,我国财政部颁布了修订的《行政单位会计制度》,各行政单位于2014年1月1日开始实行。

### 16.3.1 行政单位会计的概念和制度变迁

(一) 行政事业单位的概念和基本框架

1. 概念

行政单位会计是国家各级行政单位对单位预算资金的运动过程和结果进行全面、系统、连续的核算和监督的专业会计。制度适用于各级各类国家机关、政党组织(以下统称行政单位)。行政单位会计核算目标是向会计信息使用者提供与行政单位财务状况、预算执行情况等有关的会计信息,反映行政单位受托责任的履行情况,有助于会计信息使用者进行管理、监督和决策。行政单位会计信息使用者包括人民代表大会、政府及其有关部门、行政单位自身和其他会计信息使用者。

2. 核算对象

为了履行其职能,行政单位一方面从财政部门和上级单位领取行政经费并在依法行政的过程中收取预算外收入;另一方面按照国家的有关规定和开支标准,安排人员经费、公用经费等各项经费支出,收支相抵为行政单位的结余。同时,在行政单位资金运动过程中,由行政单位掌管的各种财产和债权形成行政单位的资产;各项应缴和暂存款项形成行政单位的负债;固定基金和结余形成行政单位的净资产。因此,行政单位会计的核算对象,就是各级行政单位在预算执行过程中的经费收支、预算外收入及其结余,以及在行政单位资金运动过程中所形成的资产、负债和净资产。

3. 基本框架

行政单位是指进行国家行政管理、组织经济建设和文化建设、维护社会公共秩序的单位,包括国家权力机关、行政机关、司法机关、检察机关以及各级党政和人民团体。包括:① 国家权力机关:中央和地方各级人民政府及工作机构。② 审判、检察机关:各级人民法院和检察院。③ 国家各职能部门。包括国务院所属的部、委、办;省、市、县级政府所属的厅、局、处等部门。④ 国家的派出机构。如中央委派各国的大使馆、各级政府驻各地的办事处。⑤ 党派、人民团体(共青团、妇联、工会)(不属于行政单位,但预算管理和会计核算比照行政单位执行)。

行政单位的会计组织系统,根据机构建制和经费领报关系,分为主管会计单位(一级单位)、二级会计单位(二级单位)和基层会计单位三级(三级单位)。其中,向财政部门领报经费,并发生预算管理关系的,为主管会计单位;向主管会计单位或上级会计单位领报经费,并发生预算管理关系,下面有所属会计单位的,为二级会计单位;上级会计单位领报经费,并发生预算管理关系,下面授有所属会计单位的,为基层会计单位。向同级财政部门领报经费,下面没有所属会计单位的,视同基层会计单位。以上三级会计单位实行独立会计核算,负责组织管理本部门、本单位的全部会计工作。不具备独立核算条件的,实行单据报账制度,作为"报销单位"管理。

有些单位就其本身性质而言不属于行政单位,如党派、人民团体、协会等,但因其经费来源主要为国家财政拨款,或因其财政收支业务与行政单位类似,因而也被视同行政单位,实行与行政单位相类似的会计核算办法。

(二) 行政单位会计的制度变迁

行政单位会计在1998年以前与财政总预算会计分立,与事业单位会计相融合成为单位预算会计的组成部分。社会主义市场经济体制确立后,为适应政企分离、转变政府职能的需要,行政单位主要执行政府的管理职能,行政单位会计主要核算和监督拨付预算资金的取得、运用,形成与事业单位会计不同的行政单位会计。至此,原预算会计的两个组成部分(总预算会计和单位预算会计)变为三个会计系统(各级人民政府财政会计、事业单位会计和行政单位会计)。

财政部于1998年颁布《行政单位会计制度》(以下简称原制度),对规范行政单位会计核算、加强行政单位财务管理发挥了重要作用。随着公共财政体系的建立健全和财政预算管理改革的深入推进,原制度会计科目设置简单、核算内容不够全面的缺陷开始显露。因此,财政部先于2013年1月1日起,全面实施新修订的《行政单位财务规则》。在此基础上,为适应部门预算、国库集中收付制度、政府采购、非税收入管理、政府收支分类等各项财政改革的深入推进,2013年12月18日,财政部颁布了修订的《行政单位会计制度》(以下简称新制度),自2014年1月1日开始实行至今。我国行政事业单位会计制度变迁如表16-2所示。

表 16-2 行政事业单位会计制度变迁

| 序号 | 相关文件 | 主要内容 |
| --- | --- | --- |
| 1 | 《各级人民政府暂行单位预算会计制度》，自 1951 年 1 月 1 日起实施 | 适用于各级行政事业单位，规定单位预算会计体系和方法 |
| 2 | 1954 年修订后正式颁行《单位预算会计制度》《差额预算机关会计制度》 | 取消"暂行"两字，改为正式颁布执行 |
| 3 | 1965 年 8 月修订颁行《行政事业单位会计制度》 | 取代原《单位预算会计制度》，修改会计科目和记账方法 |
| 4 | 1989 年颁布新的《事业行政单位预算会计制度》 | 按全额、差额预算单位和自收自支单位三类不同预算管理方式设置会计科目 |
| 5 | 1997 年颁布《财政总预算会计制度》《行政单位会计制度》《事业单位会计制度》和《事业单位会计准则》，1998 年 1 月 1 日起全面施行 | "一则三制"实现了事业单位会计与行政单位会计的分离 |
| 6 | 《事业单位财务规则》，2012 年 4 月 1 日起施行 | 适用于各级各类事业单位的财务活动。 |
| 7 | 《行政单位财务规则》，2013 年 1 月 1 日起施行 | 适用于各级各类国家机关、政党组织的财务活动 |
| 8 | 《事业单位会计准则》，2013 年 1 月 1 日起施行 | 适用于各级各类事业单位。事业单位会计制度、行业事业单位会计制度等由财政部根据本准则制定 |
| 9 | 《事业单位会计制度》，2013 年 1 月 1 日起施行 | 适用于各级各类事业单位。参照公务员法管理的事业单位对本准则的适用，由财政部另行规定 |
| 10 | 《行政单位会计制度》，2014 年 1 月 1 日起施行 | 适用于各级各类国家机关、政党组织（以下统称行政单位） |

### 16.3.2 行政单位会计的现行制度和特点

新制度修订遵循以下原则：

（1）坚持厉行节约，降低行政成本，控制不合理的行政成本过快增长，重点在于"三公"经费的压缩控制；

（2）坚持制度与财政改革要求相适应，把部门预算、国库集中支付制度、非税收入管理、政府收支分类等一系列财政改革的成果吸纳、体现到制度中来；

（3）保持原有框架体系，充实完善相关内容。

（一）行政单位会计的现行制度

1. 会计核算目标

行政单位核算是向会计信息使用者提供与行政单位财务状况、预算执行情况等有关的会计信息，反映行政单位受托责任的履行情况，有助于会计信息使用者进行管理、监督和决策。行政单位会计信息使用者包括人民代表大会、政府及其有关部门、行政单位自身和其他会计信息使用者。

2. 会计核算方法

行政单位会计核算一般采用收付实现制,特殊经济业务和事项应当按照本制度的规定采用权责发生制核算。

3. 会计核算要素

资产:是指行政单位占有或者使用的,能以货币计量的经济资源,包括流动资产、固定资产、在建工程、无形资产等。

负债:负债是指行政单位所承担的能以货币计量,需要以资产等偿还的债务,分为流动负债和非流动负债。

净资产:净资产是指行政单位资产扣除负债后的余额,包括财政拨款结转、财政拨款结余、其他资金结转结余、资产基金、待偿债净资产等。

收入:收入是指行政单位依法取得的非偿还性资金,包括财政拨款收入和其他收入。

支出:支出是指行政单位为保障机构正常运转和完成工作任务所发生的资金耗费和损失,包括经费支出和拨出经费。经费支出是指行政单位自身开展业务活动使用各项资金发生的基本支出和项目支出。拨出经费是指行政单位纳入单位预算管理、拨付给所属单位的非同级财政拨款资金。

4. 会计科目

行政单位会计所设科目如表16-3所示。在不影响会计处理和编报财务报表的前提下,行政单位可以根据实际情况自行增设本制度规定以外的明细科目,或者自行减少、合并本制度规定的明细科目。

表16-3 行政单位适用的会计科目

| 序号 | 科目编号 | 科目名称 | 序号 | 科目编号 | 科目名称 |
| --- | --- | --- | --- | --- | --- |
| 一、资产类 | | | 9 | 1215 | 其他应收款 |
| 1 | 1001 | 库存现金 | 10 | 1301 | 存货 |
| 2 | 1002 | 银行存款 | 11 | 1401 | 长期投资 |
| 3 | 1011 | 零余额账户用款额度 | 12 | 1501 | 固定资产 |
| 4 | 1101 | 短期投资 | 13 | 1502 | 累计折旧 |
| 5 | 1201 | 财政应返还额度 | 14 | 1511 | 在建工程 |
| 5 | 120101 | 财政直接支付 | 15 | 1601 | 无形资产 |
| 5 | 120102 | 财政授权支付 | 16 | 1602 | 累计摊销 |
| 6 | 1211 | 应收票据 | 17 | 1701 | 待处置资产损益 |
| 7 | 1212 | 应收账款 | 二、负债类 | | |
| 8 | 1213 | 预付账款 | 18 | 2001 | 短期借款 |

(续表)

| 序号 | 科目编号 | 科目名称 | 序号 | 科目编号 | 科目名称 |
|---|---|---|---|---|---|
| 19 | 2101 | 应缴税费 | 33 | 3302 | 财政补助结余 |
| 20 | 2102 | 应缴国库款 | 34 | 3401 | 非财政补助结转 |
| 21 | 2103 | 应缴财政专户款 | 35 | 3402 | 事业结余 |
| 22 | 2201 | 应付职工薪酬 | 36 | 3403 | 经营结余 |
| 23 | 2301 | 应付票据 | 37 | 3404 | 非财政补助结余分配 |
| 24 | 2302 | 应付账款 | 四、收入类 | | |
| 25 | 2303 | 预收账款 | 38 | 4001 | 财政补助收入 |
| 26 | 2305 | 其他应付款 | 39 | 4101 | 事业收入 |
| 27 | 2401 | 长期借款 | 40 | 4201 | 上级补助收入 |
| 28 | 2402 | 长期应付款 | 41 | 4301 | 附属单位上缴收入 |
| 三、净资产类 | | | 42 | 4401 | 经营收入 |
| 29 | 3001 | 事业基金 | 43 | 4501 | 其他收入 |
| 30 | 3101 | 非流动资产基金 | 五、支出类 | | |
| | 310101 | 长期投资 | 44 | 5001 | 事业支出 |
| | 310102 | 固定资产 | 45 | 5101 | 上缴上级支出 |
| | 310103 | 在建工程 | 46 | 5201 | 对附属单位补助支出 |
| | 310104 | 无形资产 | 47 | 5301 | 经营支出 |
| 31 | 3201 | 专用基金 | 48 | 5401 | 其他支出 |
| 32 | 3301 | 财政补助结转 | | | |
| | 330101 | 基本支出结转 | | | |
| | 330102 | 项目支出结转 | | | |

5. 财务报表

行政单位会计报表包括资产负债表、收入支出表、财政拨款收入支出表等。

资产负债表是反映行政单位在某一特定日期财务状况的报表。资产负债表应当按照资产、负债和净资产分类、分项列示。

收入支出表是反映行政单位在某一会计期间全部预算收支执行结果的报表。收入支出表应当按照收入、支出的构成和结转结余情况分类、分项列示。

财政拨款收入支出表是反映行政单位在某一会计期间财政拨款收入、支出、结转及结余情况的报表。

附注是指对在会计报表中列示项目的文字描述或明细资料,以及对未能在会计报表中列示项目的说明等。

(二) 现行行政单位会计的特点

(1) 非营利性。行政单位会计的会计主体是行政单位,它的经济活动是以政府职能的有效性为目标的,基本上是不会考虑实现价值的增值,不以营利为目的,没有利润及利润分配的核算等。会计目标侧重于满足预算管理的需要,兼顾内部管理需要和其他信息需要,目的是满足社会公共需要。

(2) 服从预算管理要求。行政单位会计核算适应国家预算管理要求,与总预算会计保证核算口径一致,便于汇总编报总预算会计的决算报告,用以反映监督总预算的执行情况。

(3) 会计核算基础以收付实现制为主。

(4) 一般不进行成本计算。即使有成本核算,也是内部成本核算。

### 16.3.3 现行《行政单位会计制度》的主要变化和问题

(一) 新制度的主要变化

新制度通过完善会计科目和财务报表体系,详细规定会计科目使用和财务报表编制,较为全面地规范了行政单位经济业务或者事项的确认、计量、记录和报告。修订既继承了原制度的合理内容,又体现了若干突破和创新。与原制度相比,新制度主要有以下变化:

(1) 会计核算目标更加清晰。新制度明确规定行政单位会计核算目标是向会计信息使用者提供与行政单位财务状况、预算执行情况等有关的会计信息,满足了行政单位预算管理和财务管理的双重需求。

(2) 完整体现财政改革对会计核算的要求。新制度中统一体现了近年来为适应财政改革要求分别发布的会计核算补充规定。

(3) 充实资产负债核算内容。对原制度中的资产负债科目进行细分,新增了无形资产、在建工程等会计科目,更好地满足财务管理需要。

(4) 新增行政单位直接负责管理的为社会提供公共服务资产的核算规定。增设"政府储备物资""公共基础设施"科目,单独核算反映为社会提供公共服务资产情况,与行政单位自用资产相区分,使会计信息反映更科学。

(5) 增加固定资产折旧和无形资产摊销的会计处理。明确要求在计提折旧和摊销时冲减相关净资产,而非计入当期支出,在真实反映资产价值的同时,也利于编制权责发生制政府综合财务报告,为核算反映行政成本信息奠定基础。

(6) 规定基建会计信息要定期并入行政单位会计"大账",解决了基建会计信息未在行政单位"大账"上反映的问题。

(7) 完善净资产核算。增设"资产基金"和"待偿债净资产"科目,反映非货币性资产和部分负债变动对净资产的影响,以便准确反映单位净资产状况。

(8) 调整收支类会计科目设置,规范单位收支会计核算。

(9) 完善财务报表体系和结构。增加财政拨款收入支出表,改进资产负债表和收入支出表的结构和项目。

## (二) 新制度的问题

随着行政单位承担的社会管理和公共服务职责越来越重,其财务管理水平与履行职能需要相比还有很大的差距,行政单位财务管理中出现了一些新情况、新问题,都需要财政部门在行政单位财务制度层面予以明确,以注重投入与产出、提高公共产品质量和公共服务水平为目的。

(1) 现行的单位预算会计的划分不利于和国际会计接轨。

(2) 行政单位专用基金的核算缺乏对应性和专用性,在一定程度上混淆了往来款项的性质。

(3) 行政单位会计报表结构不合理,且报表体系不健全,不能动态地反映单位的资金流向。

(4) 缺乏成本核算,不能满足政府绩效管理改革的财务信息需求。政府日益注重支出绩效管理,而成本核算是支出绩效管理的基础。因此,缺少成本核算将不利于政府绩效管理的全面推行。

(5) 关于具有行政管理职能的事业单位应执行何种财务会计制度依据不清晰。按照新制度规定,凡未列入行政编制但完全行使行政管理职能的事业单位在进行财务活动时,应执行行政单位财务与会计制度。具体划分上,目前大都以单位的人事管理是否按照(或比照)公务员制度进行管理为标准,即凡是按照(或比照)公务员制度进行管理的事业单位应执行行政单位财务与会计制度。具体到某一事业单位应执行何种制度,则由同级财政部门确定,单位不能自行选择,缺乏清晰依据。

## 16.4 事业单位财务会计制度及其改革

事业单位预算会计是指以事业单位实际发生的各项经济业务作为核算对象,并以财务人员记录反映事业单位预算执行过程以及结果的专业会计。2013 年 1 月 1 日起,我国开始实行新的《事业单位会计准则》和《事业单位会计制度》。

### 16.4.1 事业单位会计的概念和制度变迁

(一) 事业单位会计的概念和核算对象

事业单位会计是各类事业单位对其预算资金及经营收支过程和结果进行全面、系统、连续的核算和监督的专业会计。

事业单位是指受国家机关领导,一般不具有生产职能,但直接或间接地为上层建筑、生产建设和人民生活服务的单位。包括:(1) 科学文化事业单位:科学、教育、文艺、广播电视、信息服务、卫生、体育等;(2) 公益事业单位:气象、水利、地震、环保、计划生育等公益单位;(3) 社会福利救济事业单位:孤儿院、养老院;(4) 社会中介机构:咨询服务、民间公证(会计师事务所)、法律服务(律师事务所)。

事业单位为了执行事业任务,保证业务活动的资金需要,一方面要向财政部门或上级主管单位按照核定的预算领取经费,在国家规定的范围内组织创收,取得财政补助收入、事业收入和经营收入等各项收入;另一方面要按照国家的有关规定和开支标准,安排人员经费、公用经费以及各项专业业务和经营业务的各项支出,收支相抵为事业单位的结余。同时,在事业单位资金运动过程中,由事业单位掌管的财产物资、债权和其他权利形成事业单位的资产;由事业单位承担的借入、预收款项和应付、应缴款项形成事业单位的负债;各项基金和结余形成事业单位的净资产。因此,事业单位会计的核算对象,是各类事业单位在单位预算执行过程中的各项收入、支出和结余,以及在事业单位资金运动中形成的资产、负债和净资产。

(二) 事业单位会计的制度变迁

事业单位会计在1998年以前与财政总预算会计分立,与行政单位会计相融合成为单位预算会计的组成部分。社会主义市场经济体制确立后,事业单位进入市场,会计不仅要核算预算资金的领报,而且要核算自行组织的收入、支出,以及收支的盈亏情况,形成与原事业行政单位会计不同的事业单位会计。

财政部于1998年颁行《事业单位会计准则》和《事业单位会计制度》。之后,财政部为适应事业单位分类改革、公共财政预算管理改革、事业改革发展的要求,将2012年和2013年分别确定为"事业单位会计准则制度改革年"和"行政事业单位会计制度改革年",在这两年相继修订发布了《事业单位会计准则》《事业单位会计制度》《高等学校会计制度》《中小学校会计制度》和《科学事业单位会计制度》,制定发布了《彩票机构会计制度》。事业单位会计准则制度改革顺应了中央分类推进事业单位改革的要求,对于规范事业单位会计行为,保证会计信息质量,提高公共资金透明度,促进各项事业健康发展发挥了重要作用。同时,也为政府会计改革积累了经验。我国事业单位会计的制度变迁具体如前面的表16-2所示。

### 16.4.2 事业单位会计的现行制度和特点

(一) 事业单位会计的现行制度

1. 会计核算目标

事业单位会计核算的目标是向会计信息使用者提供与事业单位财务状况、事业成果、预算执行等有关的会计信息,反映事业单位受托责任的履行情况,有助于会计信息使用者进行社会管理、作出经济决策。事业单位会计信息使用者包括政府及其有关部门、举办(上级)单位、债权人、事业单位自身和其他利益相关者。

2. 会计核算方法

事业单位会计核算一般采用收付实现制,但部分经济业务或者事项的核算采用权责发生制。

## 3. 会计核算要素

事业单位会计要素包括资产、负债、净资产、收入和支出。

**资产**：是指事业单位占有或者使用的能以货币计量的经济资源，包括各种财产、债权和其他权利。按照流动性，分为流动资产和非流动资产。事业单位的资产应当按照取得时的实际成本进行计量。应收及预付款项应当按照实际发生额计量。

**负债**：是指事业单位所承担的能以货币计量，需要以资产或者劳务偿还的债务，分为流动负债和非流动负债。

**净资产**：是指事业单位资产扣除负债后的余额，包括事业基金、非流动资产基金、专用基金、财政补助结转结余、非财政补助结转结余等。

**收入**：是指事业单位开展业务及其他活动依法取得的非偿还性资金，包括财政补助收入、事业收入、上级补助收入、附属单位上缴收入、经营收入和其他收入等。

**支出或者费用**：是指事业单位开展业务及其他活动发生的资金耗费和损失，包括事业支出、对附属单位补助支出、上缴上级支出、经营支出和其他支出等。事业支出是指事业单位开展专项业务活动及其辅助活动发生的基本支出和项目支出。事业单位的支出一般应当在实际支付时予以确认，并按照实际支付金额进行计量。

## 4. 会计科目

行政单位会计所设科目如表16-4所示。在不影响会计处理和编报财务报表的前提下，事业单位可以根据实际情况自行增设、减少或合并某些明细科目。

表16-4 事业单位适用的会计科目

| 序号 | 科目编号 | 会计科目名称 | 序号 | 科目编号 | 会计科目名称 |
|---|---|---|---|---|---|
| 一、资产类 | | | 10 | 1502 | 累计折旧 |
| 1 | 1001 | 库存现金 | 11 | 1511 | 在建工程 |
| 2 | 1002 | 银行存款 | 12 | 1601 | 无形资产 |
| 3 | 1011 | 零余额账户用款额度 | 13 | 1602 | 累计摊销 |
| 4 | 1021 | 财政应返还额度 | 14 | 1701 | 待处理财产损益 |
| 4 | 102101 | 财政直接支付 | 15 | 1801 | 政府储备物资 |
| 4 | 102102 | 财政授权支付 | 16 | 1802 | 公共基础设施 |
| 5 | 1212 | 应收账款 | 17 | 1901 | 受托代理资产 |
| 6 | 1213 | 预付账款 | 二、负债类 | | |
| 7 | 1215 | 其他应收款 | 18 | 2001 | 应缴财政款 |
| 8 | 1301 | 存货 | 19 | 2101 | 应缴税费 |
| 9 | 1501 | 固定资产 | 20 | 2201 | 应付职工薪酬 |

(续表)

| 序号 | 科目编号 | 会计科目名称 | 序号 | 科目编号 | 会计科目名称 |
|---|---|---|---|---|---|
| 21 | 2301 | 应付账款 | | 350121 | 固定资产 |
| 22 | 2302 | 应付政府补贴款 | | 350131 | 在建工程 |
| 23 | 2305 | 其他应付款 | | 350141 | 无形资产 |
| 24 | 2401 | 长期应付款 | | 350151 | 政府储备物资 |
| 25 | 2901 | 受托代理负债 | | 350152 | 公共基础设施 |
| 三、净资产类 | | | 30 | 3502 | 待偿债净资产 |
| 26 | 3001 | 财政拨款结转 | 四、收入类 | | |
| 27 | 3002 | 财政拨款结余 | 31 | 4001 | 财政拨款收入 |
| 28 | 3101 | 其他资金结转结余 | 32 | 4011 | 其他收入 |
| 29 | 3501 | 资产基金 | 五、支出类 | | |
| | 350101 | 预付款项 | 33 | 5001 | 经费支出 |
| | 350111 | 存货 | 34 | 5101 | 拨出经费 |

5. 财务报表

事业单位的财务会计报告包括财务报表和其他应当在财务会计报告中披露的相关信息和资料。会计报表至少应当包括：

（1）资产负债表是指反映事业单位在某一特定日期的财务状况的报表，应当按照资产、负债和净资产分类列示。

（2）收入支出表或者收入费用表是指反映事业单位在某一会计期间的事业成果及其分配情况的报表，应当按照收入、支出或者费用的构成和非财政补助结余分配情况分项列示。

（3）财政补助收入支出表是指反映事业单位在某一会计期间财政补助收入、支出、结转及结余情况的报表。

（4）附注是指对在会计报表中列示项目的文字描述或明细资料，以及对未能在会计报表中列示项目的说明等。

（二）现行事业单位会计的特点

事业单位与企业的不同之处在于其不具有社会生产职能，与行政单位的不同之处在于其不具有国家管理职能。事业单位业务范围广，其性质、职责、财务管理以及对市场的依赖程度等都与行政单位存在着明显的差异，因此事业单位会计同行政单位会计既有共性，又有一定的差别。其主要特征表现为：

（1）经费来源既有财政预算拨款，又有自己创收的收入；

（2）以核算收支余额为主，有些有经营活动的事业单位还要进行成本核算；

（3）可根据情况选用不同记账基础，目前我国预算会计是以收入实现制为记账基础，经营性业务可以采用权责发生制；

(4) 事业单位可以兴办经济实体,进行对外投资,会发生对内对外投资和投资收益的核算。

### 16.4.3 事业单位会计的主要变化和问题

(一) 新制度的主要变化

为提高事业单位会计核算的标准和会计信息的可靠性,财政部于2012年年底颁布了新的事业单位会计准则和制度,并要求各行政事业单位于2013年1月1日执行新制度。新制度从会计原则、会计要素的确认、计量、记录和报告等方面均有较大变化,主要表现在以下方面:

(1) 会计核算目标更加明确。新制度明确了事业单位会计核算目标应当反映受托责任,同时兼顾决策有用。在会计科目增减、修改上更为关注会计信息质量和事业单位的资产价值管理。事业单位与企业单位核算制度更加趋同。

(2) 合理界定会计核算基础。新制度规定事业单位会计核算一般采用收付实现制,部分经济事项或业务可以采用权责发生制。这样既能如实地反映资产与负债情况,也能满足收入与费用相配比的原则。

(3) 引入了固定资产折旧和无形资产摊销。新制度提出"虚提"折旧和摊销的处理方法,明确了事业单位应按其财务规则和制度规定来确定能否计提折旧的新标准,从而兼顾了预算管理和财务管理的双重需要,既不影响事业单位支出预算的口径,又可以反映资产的价值消耗情况,为事业单位的内部成本核算提供了较为精确的会计数据,更好地将实物管理与价值管理相互结合。

(4) 明确规定基本建设投资核算按月并入会计"大账"。新制度规定事业单位的基本建设投资执行《国有建设单位会计制度》,单独建账核算,与其相关的基建账数据定期至少每月并入会计"大账",以保持事业单位会计信息的完整性,强化资产负债管理,降低财务风险。同时,在资产构成项目中增加了"在建工程",为将基建账套相关数据并入会计"大账"奠定了基础。

(5) 对财政补助收入的预算口径进行了新的界定。增加了"财政补助结转""财政补助结余"科目,使得整个事业单位的财务处理流程更清晰,有利于预算科学化和精细化管理。

(6) 调整净资产项目构成。新制度增设了"财政补助结转""财政补助结转结余""非财政补助结转""事业结余""经营结余"等新科目,统一了事业单位财政补助收入的核算口径,也明确区分了财政补助和非财政补助结转结余核算,使制度规定与部门预算管理更加吻合。

(7) 突出资产记账和入账管理。在事业单位原有会计管理中,接受捐赠、无偿调入资产计量口径不统一、相关资产不入账等问题较为突出。新制度规定在缺少相关凭据、同类或类似资产的市场价格不确定的时候,须将该部分资产按名义金额入账,并在会计报表中备注清楚。这样既确保了资产入账的及时性,也能够提高事业单位会计信息的可比性,强化国有资产的安全管理。

(8) 完善财务会计报告体系。新制度增加了"财政补助收入支出表";同时,对各报表的项目、结构和排列方式等进行了系统改进,以满足事业单位多方面的管理信息需求,并明确规定事业单位账务会计报表应按月度和年度进行编制。

(二) 新制度的问题

1. 事业单位会计主体难以清晰划分

我国事业单位数量庞大(占到公共部门总数的60%以上)。特殊政治体制下形成的众多事业单位,大多性质模糊、职能混杂、分布广泛、涉域交叉、利益关系复杂、责任边界不清,甚至有些事业单位还继续履行政府职能,造成政事难分(事业单位行政化),难以用统一的会计政策来规范。客观上存在应按照什么标准进行划分,哪些应界定为政府会计主体的问题——这不仅是政府会计改革面临的挑战,更是事业单位分类改革,甚至行政体制、政治体制改革的重要任务。

事业单位会计主体划分进一步延伸出系列问题:主要依靠财政补助的事业单位和部分具有行政管理职能的事业单位,是否更适合按行政单位会计制度核算?那些进一步走向市场、与财政脱钩的事业单位,是否应该比照企业会计制度或非营利组织会计制度,采用权责发生制进行核算?

2. 分行业的事业单位会计制度条块分割、相互交叉

现实当中,我国的事业单位会计制度又细分为科学事业单位会计制度、医院会计制度、测绘事业单位会计制度、高等学校会计制度及中小学会计制度等。不同行业类型的单位实行不同的会计制度,分设不同的会计科目,提供不同的会计报表,核算内容相互交叉,缺乏协调,必然给政府财务信息分析决策以及政府综合财务报告编制带来困难。

## 16.5 我国政府财务会计制度改革的总体评价

如前所述,我国现行的政府预算会计体系自1998年开始执行,该框架按照财政总预算会计、行政单位会计和事业单位会计三大分支设立,已经形成了以《财政总预算会计制度》《行政单位会计制度》《事业单位会计准则》和《事业单位会计制度》为主体框架的"一则三制"的格局,三类制度采用不同会计科目记录"各自"的交易,相应的财务报告也自成体系。这一会计体系中的各个子系统正在不断地与部门预算、国库集中收付、政府采购以及政府非税收入管理等方面的改革相融合,基本完成了向政府会计过渡的准备工作。但是从全面反映政府预算和会计信息,满足各方会计信息需求,为编制政府综合财务报告奠定基础的角度看,还存在一些问题,面临诸多挑战。

### 16.5.1 政府会计体系不健全,成本会计缺失

健全的政府会计体系应该由政府预算会计、政府财务会计和政府成本会计组成。预算会计主要通过反映预算计划及其执行结果来实现其管理功能,提供与支出周期各阶段交易相关的信息用以监控预算过程;财务会计主要反映政府的财务运营状况,提供现金信息或应计信息,主要用于报告和披露政府财务状况;成本会计反映政府提供公共服务的成本和费用,以实现成本控制,为政府绩效管理提供全面信息。

目前我国实行的预算会计体系,将预算会计与政府财务会计混淆在一起,加之成本会计缺失,无法对政府经济资源、现时义务和业务活动全貌进行全面有效的反映,限制了信息的质量和决策的准确性。

1. 政府预算会计

政府预算会计应当反映立法机构批准的预算及政府执行该预算的情况及结果,通过设立一套自我平衡的预算账户体系,运用会计的程序和方法,对预算及预算收支执行情况进行确认、计量和记录,以加强预算的会计控制,并通过预算与实际执行情况的比较分析,定期向政府行政长官、立法机构及其他相关部门报告预算执行情况的会计信息,借以评价和考核政府执行预算收支的财务责任。

预算会计的目的是加强预算管理和控制,而不是反映政府的财务状况。政府职能的特殊性决定了预算会计的特殊性,基于其在政府会计体系中的重要性,我国应建立真正意义上的独立预算会计,以预算资金而不是价值运动为核算对象,遵循与预算相吻合的收付实现制原则,采用基金会计的模式,对预算的全过程进行反映和监督,这样既有利于对预算的单独反映和控制,也使预算会计和财务会计划清界限。

2. 政府财务会计

随着我国社会主义市场经济进一步发展和完善,政府会计的信息需求者必将不断扩展,除了政府管理部门、立法机构等传统政府会计信息需求者外,审计部门、社会公众、政府的债权人、投资者、与政府的项目合作者甚至一些咨询评级机构等必然对政府会计提出除预算信息外的更广泛而翔实的政府会计信息需求。而财务会计是连续、全面、系统、完整地反映一个会计主体的财务状况、运营情况和现金流量的对外会计信息系统。财务会计使用权责发生制或修正的权责发生制原则,遵循一系列会计准则的约束,采用确认、计量、记录、报告等一系列会计方法,真实而全面地反映政府的资产、负债、净资产、收入、费用等财务信息,准确记录与报告政府财务状况和财务业绩,以全面地反映政府的履责状况与财务风险,提高财政透明度。

顺应强调政府全面公共资源受托责任的国际趋势,我国有必要在应计制基础

上,以公共部门资产、负债、净资产、收入、费用五大财务会计要素为框架,建立起独立于政府预算的政府财务会计核算系统,用以关注和追踪政府活动的长期结果和影响,满足各类需求者不断增加的信息需求。

3. 政府成本会计

传统观点认为政府部门不以盈利为目的,政府活动不计盈亏,所以政府会计不计提折旧,不必进行成本费用核算。早在20世纪30年代,国外会计就已经开始讨论将成本会计引入政府会计系统,目前美国、英国、澳大利亚、新西兰等国家已将成本会计应用于政府会计系统,实行政府绩效评价、行政成本控制和项目成本控制等。政府部门引入成本会计,能提供完全成本信息依据,帮助政府部门在预算编制过程中估计未来政府活动的成本支出,从而合理确定预算,控制和减少成本,减少不必要的浪费;政府采用成本会计,也能为公共产品合理定价提供依据;政府项目评价及相关经济决策也离不开政府成本会计信息,成本信息是进行政府绩效评价不可代替的基础信息。新公共管理关注对政府履责的业绩与其所消耗的公共资源配比情况。在新的历史时期,我国公共管理日益重视对政府业绩的考量,因此,以应计制为基础,构建并完善政府成本会计核算系统,核算政府、部门所提供的公共产品与服务的完全成本,具有现实的重要性与紧迫性。

综上所述,建立健全政府会计体系应推进财务会计与预算会计适度分离并相互衔接,在完善预算会计功能基础上,增强政府财务会计功能。政府会计科目设置要实现预算会计和财务会计双重功能:预算会计科目完整反映政府预算收入、预算支出和预算结余等预算执行信息;财务会计科目全面准确反映政府的资产、负债、净资产、收入、费用等财务信息。条件成熟时,推行政府成本会计,规定政府运行成本归集和分摊方法等,反映政府向社会提供公共服务支出和机关运行成本等财务信息。

### 16.5.2 缺乏"支出周期"概念,不能全面反映政府资金运动

我国现行的政府会计体系按照组织类别分为总预算会计、行政单位会计和事业单位会计三个分支。这种按组织类别构造会计核算框架的做法,客观上形成了相互分割、互不衔接的"三张皮"格局,一方面导致会计信息支离破碎,失去可比性,另一方面导致总预算会计和核心部门无力追踪支出机构层次上的交易信息。更严重的是:现行预算会计的三个分支虽然都记录各自的交易,但没有哪一个分支完整地记录了支出周期上游阶段的预算拨款(授权)信息、中游阶段的支出义务(对应承诺交易)和应计支出(对应核实交易)、(事前)财政监督、管理财政风险、评估财务状况和财政政策的可持续性这些关键的管理决策(Managerial Decision)职能几乎完全落空(王雍君,2004)。

由于支出周期概念缺失,我国政府会计历次改革都未能突破按组织类别构造

会计框架的思维定式。现行政府会计核算只是对预算收支过程的事后描述性反映,无法实现对预算执行过程的追踪与控制,不能全面地反映政府的资金运动和政府财政管理工作的全貌。总预算会计只记录拨款信息,行政、事业单位预算会计只记录付款阶段信息,与支出周期相关的承诺与核实阶段的信息无论在核心部门还是在支出机构都无法进行核算。三类会计所持"会计语言—科目"不同,财政总预算会计无法同步记录、获取为数众多的支出机构基于支出周期的承诺、核实以及付款阶段的财政交易信息,使得核心部门难以对支出机构实施有效、集中的预算执行过程监管与财政风险管理。

在现代法治社会里,预算运营流程起始于立法机关批准预算(实质是支出授权),期间经历支出承诺(Commitment)和核实(Verification)两个阶段,终于对商品与服务供应者的付款(Payment),由此形成一个完整的支出周期:

(1) 授权是指通过法律,由立法机关授权某个政府单位,为特定的目的在特定期间内可以开支的法定数额。

(2) 授权是支出周期的起始阶段,包括确定拨款数额和分配拨款两个环节。

(3) 承诺是指政府、支出机构做出的已导致财政支出义务发生并且需要在未来某个时间履行的决定,构成承诺的一般标准是签署了购买商品与服务的订单。

(4) 核实是指对供应商交付的商品与服务和所签署的合同、订单进行核对,确保与之相符。

(5) 付款是指公共组织向商品与服务供应商支付款项。

与支出周期概念相适应,我国建立全面政府预算会计系统的重点是对支出层面实施有效的预算执行控制,以确保公款的取得、使用和结果符合相关法律法规的意图和要求。首先,现行预算会计核算应由"拨款"阶段扩展延伸至预算执行全过程,即拨款(对应预算授权而非资金划拨)、承诺(对应支出义务)、核实(对应应计支出)与付款(对应现金支出)四要素,每一要素构成一个特定的预算账户(Budget Accounts)。其次,核心部门与支出机构应使用相同的账户体系核算,拓展总预算会计交易的记录模式,实现对机构层交易的同步记录。

### 16.5.3 政府会计权责发生制改革任重道远

国际公共部门会计准则委员会(IPSASB)在其发布的第2号研究报告《中央政府财务报告的要素》中界定并阐述了四种可供政府主体采用的会计确认基础:完全的现金制、完全的权责发生制、修正的现金制和修正的应计制。各国政府会计分别采用不同确认基础,存在三种基本模式:

(1) 权责发生制(又称应计制)单一模式,即预算会计与财务会计均采用权责发生制,以澳大利亚和新西兰为代表。

(2) 收付实现制(又称现金制)单一模式,代表国家是德国。

(3) 收付实现制与权责发生制并存,即预算会计与财务会计分别实行不同程度的权责发生制和收付实现制。如美国的财务会计采用完全权责发生制,预算会计以收付实现制为主,部分事项采用权责发生制。现金制核算基础下,政府资产不记录房屋、建筑物等固定资产,政府负债不包括中、长期国债中尚未偿还的部分,以及社会保险基金支出缺口、政府为企业贷款提供担保产生的或有负债和地方政府欠发工资等,政府权益不反映国有资产权益,政府支出和成本费用反映不合理,无法全面完整地反映政府的财务状况及政府行为长期持续能力的信息,难以对政府履行公共受托责任开展科学合理的评价。应计制基础则能全面地反映政府的资产和债务,有效分析政府资金的运用效果,帮助政府做出合理的经济决策,以期实现公共资源的优化配置。

纵观推行政府会计改革的世界各国,对引入权责发生制的时机、应用的程度和推进方式等都非常慎重。即便如此,还有很多问题:

(1) 改革成本巨大;

(2) 部分项目无法计量,如英国、法国政府在资产负债表上仅以1元分别列示公园绿地和文化遗产;

(3) 财务报告难以得到审计机构的无保留意见,被认为某些会计和报告实务存在明显的重大缺陷。

从我国政府会计改革的历史发展来看,政府会计三大主体虽然仍以收付实现制为基础,但都已或多或少地引入了权责发生制。财政总预算会计规定五类个别事项可以采用权责发生制,对年终预算结余资金可以实行个别事项的权责发生制账务处理。行政单位会计制度增设了"应付工资离退休费""应返还限额"等应付未付项目的负债类会计科目。事业单位会计经营性收支业务核算可采用权责发生制,另外规定单独设置"累计折旧""累计摊销"科目分别核算固定资产、无形资产耗费。从高校、中小学、科学事业单位等行政事业单位会计制度来看,都表现出清晰反映单位资产、负债和成本的目标。2012年起执行的新《医院会计制度》中则直接规定采用权责发生制会计。总体来看,我国政府会计领域已完成由收付实现制向修正的收付实现制转变,除部分事业单位引入较多权责发生制外,大部分仍以收付实现制为基础。因此,积极稳妥、分步引入权责发生制是我国政府会计改革的必然趋势,改革任重道远。结合我国国情,预算会计应主要以收付实现制为基础,财务会计则应采用修正的权责发生制,以充分反映我国政府的财务状况与运营状况。

### 16.5.4 政府会计基本准则缺失

作为规范会计账目核算、会计报告的文件,会计准则的目的在于把会计处理建立在公允、合理的基础之上,并使不同时期、不同主体之间的会计结果的比较成为可能,为各行各业会计核算提供一个共同遵循的标准。按其使用单位的经营性质,会计准则可分为营利组织会计准则、非营利组织会计准则和政府会计准则。

现阶段,我国没有统一的政府会计准则,只针对事业单位制定了相应的会计准则,但是准则的范围又过宽,包括了一部分已经实行市场化、企业化管理的部门和单位。现行的政府会计体系由各级政府财政总预算会计、各级行政单位会计和各类事业单位会计三大主体以及参与预算执行的国库会计和税收征解会计(包括税收会计、农业征解会计、海关征解会计)、国有建设单位会计等组成。各组成部分条块分割、相互交叉,协调性较差,缺乏统一的核算基础,不利于政府整体财务报告的生成。因此迫切需要进行整合,形成一套系统完整的,适应于所有政府单位的政府会计准则及应用指南。

政府会计基本准则将用于规范政府会计目标、政府会计主体、政府会计信息质量要求、政府会计核算基础,以及政府会计要素定义、确认和计量原则、列报要求等原则事项,并指导具体准则的制定,为政府会计实务问题提供处理原则,规范政府发生的经济业务或事项的会计处理。例如:政府债务的具体口径是什么、政府掌握的储备商业性建设用地价值如何确定等敏感而又存在较大争议的问题,应基于国际惯例,通过准则予以统一规范。应用指南是对具体准则的实际应用做出的操作性规定。我国的政府会计准则应由财政部制定。采用准则形式构建政府会计概念框架,更切合我国目前的实际制度背景。建立政府会计概念框架,应在尽量强调政府会计特殊性的同时尽可能地与企业会计概念框架结构保持一致,此观点已获学术界普遍认同,澳、英等西方发达国家的政府会计实践也已付诸实践(陈志斌,2012)。

现阶段,新修订的《事业单位会计准则》《事业单位会计制度》和《行政单位会计制度》已经先后施行,财政总预算会计也正在修订过程中。总体上,制定政府会计准则的时机基本成熟。2014 年 12 月 26 日,财政部发布《政府会计准则——基本准则》(征求意见稿),表明这一改革已正式启动。

### 16.5.5 政府会计信息系统有待完善

政府会计信息的传递、加工和生成离不开强大的信息系统。比起其他国家,我国的政府级次更多、政府单位数量更大、范围更广,如要编制政府整体财务报告,必须研究开发出能同时满足政府部门和各单位会计核算要求的政府会计信息系统作为支撑,把财政性资金运行的上、中、下游的管理,包括预算编制、国库集中支付、政府采购、会计核算等各环节都纳入到一个总体框架中,做到无缝对接。具体包括:

(1) 构建新的总预算会计系统。目前总预算分为总预算会计、国库会计、税收征解会计等几部分,这一做法不能真实地反映资产与负债的确认和计量,不能完整地反映预算的执行，不能真实地反映政府的运行成本。为此应构建新的总预算会计信息管理系统，使上述三部分合为一体，形成一个从征税收入到具体使用都能得到实时信息的系统，利于政府管理统计决策。

（2）实现预算数据和财务数据的自动流转。海南的试点表明：预算会计和财务会计是政府会计的两个必要组成部分，缺一不可，不可相互替代。两个会计系统并行不悖，各自按自身规律设置相对独立的会计要素和账户体系。两个系统并行会加大工作量，通过建立标准统一的政府财政管理信息系统和政府会计信息子系统，利用系统实现预算数据和财务数据的自动流转，即一笔业务可以形成两个账套的会计分录，进而实行数据处理的智能化和一体化，这样可以简化处理，在不增加人工成本的前提下实现两者的有机结合。

### 16.5.6　不能满足编制政府综合财务报告的需要

党的十八届三中全会《决定》明确提出"建立权责发生制的政府综合财务报告制度"。政府综合财务报告要从收入费用、资产负债等方面全方位地反映政府运营情况，这不仅要求政府会计系统能够准确地反映政府预算收支执行情况，满足财政预算管理要求，而且还要全面地反映政府财政资产负债状况。当前我国政府总预算会计中，缺乏用于核算偿债资金、财政基金、股权投资、借出款项的相关科目，将地方债作为收入而不是债务核算，不能真实反映政府财政负债情况。我国财政总预算会计、行政单位会计和事业单位会计制度中均规定了相应的一套会计报表。但是，政府会计报表中的资产负债表不能全面地反映政府资产负债情况，收入支出表不能完全地反映成本和费用的使用、控制情况，且由于不存在严格意义上的现金流量表，现金流的具体情况缺乏客观反映。而且各报表自成体系，分别编制，没有一套能够完整地反映各级政府财务状况全貌的汇总会计报告和综合财务报告。

财政每年向人大提交预算决算报告，也只是一种反映政府收支预算决算的单一模式，对于使用财政资金所形成的固定资产及其使用情况、政府举借的债务以及还本付息情况、预算资金的使用效果、政府运行过程中的成本控制等缺乏有关的信息披露。这使得全国人大、社会公众等难以对政府财务活动进行有效监督，反映的会计信息资源也难以为政府做决策所利用。因此，现行的政府会计制度和财政报告制度还无法全面地反映政府资产负债、收入费用、运行成本、现金流量等财务信息，尚不能满足编制权责发生制政府综合财务报告制度的需要。为了为政府综合财务报告编制创造条件，政府会计制度的配套改革和完善显得更为迫切。

# 第17章 预算体系及其综合财务报告体系的构建

## 17.1 我国预算体系的发展历程

### 17.1.1 1994年《预算法》的相关规定

我国旧的预算体系在1994年《预算法》第二十六条中明确规定:中央预算和地方各级政府预算按照复式预算编制。在1995年11月2日颁布的《中华人民共和国预算法实施条例》第二十条中更加明确地规定:各级政府预算按照复式预算编制,分为政府公共预算、国有资产经营预算、社会保障预算和其他预算。

政府公共预算,是政府凭借国家政治权力,以社会管理者身份筹集以税收为主体的财政收入,用于保障和改善民生、维持国家行政职能正常运转、保障国家安全等方面的收支预算。政府公共预算收入主要是税收收入,以及部分非税收入;支出则涵盖公共财政的各个方面。

国有资产经营预算,是国家以所有者身份依法取得的国有资本收益,分配用于国有企业改革和发展等方面的收支预算。国有资本经营预算收入是指各级人民政府及其部门、机构履行出资人职责的企业上交的国有资本收益,主要包括应交利润、国有股利、股息、国有产权转让收入、企业清算收入和其他收入;支出根据国家宏观经济政策以及不同时期国有企业改革和发展的任务统筹安排确定,主要包括资本性支出、费用性支出和其他支出。

社会保障预算,是政府编制的全面反映各项社会保障资金收支规模、结构和变化情况的计划。现阶段,先行编制社会保险基金预算。社会保障基金预算,是根据国家社会保险和预算管理法律法规建立、反映各项社会保障基金收支的年度计划。

政府公共预算、国有资产经营预算、社会保障预算和其他预算,这四个预算模块,是1994年《预算法》对我国预算体系的一个界定,并且要求各个部门进行四个预算模块的编制,但是,实际上,社会保障预算和其他预算并没有进行编制,国有资产经营预算只有部分地区国资委进行了编制。

### 17.1.2 2000—2013年进一步完善复式预算体系,规范公共资金管理

这一阶段,包括公共预算、政府性基金预算、国有资本经营预算和社会保险基

金预算在内的政府预算体系形成,复式预算体系进一步完善。不同性质的公共资金有了更适合的子预算加以管理。

1. 政府性基金预算的编制

政府性基金预算的编制与预算外资金管理的改革有着密切的关系。2001 年,国务院办公厅转发财政部《关于深化收支两条线改革进一步加强财政管理的意见》。2004 年《财政部关于加强政府非税收入管理的通知》明确提出政府非税收入的概念。

1982 年开征的能源交通重点建设基金,1989 年开征的预算调节基金,1992 年开征的三峡工程建设基金,都属于政府性基金。关于政府性基金预算管理,早在 1996 年,财政部会同有关部门全面清理整顿基金,逐步改革原先的预算外资金管理制度,将预算外管理的基金纳入财政预算管理。2002 年,财政部将公布保留的 33 项基金全部纳入预算管理。2006 年 12 月 26 日,国务院发布《关于规范国有土地使用权出让收支管理的通知》,首次明确土地出让收支的管理问题,规定从 2007 年 1 月 1 日起,国有土地出让收入全部缴入地方国库,支出一律通过地方基金预算,实行彻底的"收支两条线"管理。2008 年,彩票收益金等纳入基金预算管理。

2010 年 6 月 1 日,财政部发出《关于将按预算外资金管理的收入纳入预算管理的通知》,其中规定,从 2011 年 1 月 1 日起,交通运输部集中的航道维护收入纳入政府性基金预算管理。2010 年 9 月 10 日,为加强政府性基金管理,财政部发出《关于印发〈政府性基金管理暂行办法〉的通知》。《政府性基金管理暂行办法》要求政府性基金收支纳入政府性基金预算管理,并对预算管理做了全面的规定。

2. 国有资本经营预算的编制

2003 年,《中共中央关于完善社会主义市场经济体制若干问题的决定》提出"建立国有资本经营预算制度",第一次明确了"国有资本经营预算"的提法。从此,"国有资产经营预算"和"国有资本金预算"不再采用。2005 年,《中共中央关于制定国民经济和社会发展第十一个五年规划的建议》提出:坚持和完善基本经济制度,加快建立国有资本经营预算制度,建立健全金融资产、非经营性资产、自然资源资产等监督体制。2007 年,《国务院关于试行国有资本经营预算的意见》规定,中央本级国有资本经营预算从 2008 年起试行,地方试行国有资本经营预算的时间、范围和步骤由各省(自治区、直辖市)及计划单列市人民政府决定。为配合国有资本经营预算的试行,2007 年财政部和国资委联合印发《中央企业国有资本收益收取管理暂行办法》,明确中央级次政府国有资本收益收取管理的相关政策。

作为试点,2007 年对国资委所监管企业 2006 年实现的国有资本收益进行收取,其中,企业税后利润按标准减半收取。2008年起,中国烟草总公司、中国邮政集团公司以及教育部、文化部、农业部、国家体育总局、卫生部、广电总局、工业和信息化部、民航局、国资委等中央部门所属企业和文资办履行出资人职责的中央文化企业逐步纳入征收范围。

2008年10月,第十一届全国人民代表大会常务委员会第五次会议通过的《中华人民共和国企业国有资产法》(以下简称《企业国有资产法》)要求"国家建立健全国有资本经营预算制度,对取得的国有资本收入及其支出实行预算管理"。按照《企业国有资产法》,国家从国家出资企业分得的利润、国有资产转让收入、从国家出资企业取得的清算收入和其他国有资本收入,以及取得上述收入的支出,应当编制国有资本经营预算。国有资本经营预算按年度单独编制,纳入本级人民政府预算,报本级人民代表大会批准。国有资本经营预算支出按照当年预算收入规模安排,不列赤字。

2010年,中央国有资本经营预算首次提交全国人大审议。十一届全国人大三次会议通过了《关于2009年中央和地方预算执行情况与2010年中央和地方预算草案的审查结果报告》,提出"2011年地方试编国有资本经营预算"。2010年5月17日,财政部《关于推动地方开展试编国有资本经营预算工作的意见》,从此,地方试编国有资本经营预算工作也有了统一的规范。

按照全国人大及国务院的要求,财政部积极推动地方开展国有资本经营预算工作。2012年,首次汇总编制地方国有资本经营预算并上报全国人大,除福建、厦门外,全国其他省(自治区、直辖市、计划单列市)的124个地市开展了国有资本经营预算工作。

3. 社会保险基金预算的编制

2010年,国务院决定试行社会保险基金预算。社会保险基金预算是根据国家社会保险和预算管理法律法规建立、反映各项社会保险基金收支的年度计划。社会保险基金预算按统筹地区编制执行,统筹地区根据预算管理方式,明确本地区各级人民政府及相关部门责任。社会保险各项基金预算严格按照有关法律法规规范收支内容、标准和范围,专款专用。在预算体系中,社会保险基金预算单独编报,与公共财政预算和国有资本经营预算相对独立、有机衔接。社会保险基金不能用于平衡公共财政预算,公共财政预算可补助社会保险基金。社会保险基金预算坚持收支平衡,适当留有结余。社会保险基金预算按险种分别编制,包括企业职工基本养老保险基金、失业保险基金、城镇职工基本医疗保险基金、工伤保险基金、生育保险基金等内容。根据国家法律法规建立的其他社会保险基金,条件成熟时,也应尽快纳入社会保险基金预算管理。2013年,财政部首次向全国人大报送社会保险基金预算。社会保险基金预算管理进入了新阶段。①

表 17-1 至表 17-6 是 2014 年前的预算表。

表 17-1 中央公共财政收入预算表　　　　　　　单位：亿元

| 项目 | 上年执行数 | 预算数 | 预算数为上年执行数的百分比 |
|---|---|---|---|
| 一、税收收入 | | | |
| 　国内增值税 | | | |
| 　国内消费税 | | | |
| 　进口货物增值税、消费税 | | | |
| 　出口货物退增值税、消费税 | | | |
| 　营业税 | | | |
| 　企业所得税 | | | |
| 　个人所得税 | | | |
| 　城市维护建设税 | | | |
| 　印花税 | | | |
| 　　其中：证券交易印花税 | | | |
| 　船舶吨税 | | | |
| 　车辆购置税 | | | |
| 　关税 | | | |
| 　其他税收 | | | |
| 二、非税收入 | | | |
| 　专项收入 | | | |
| 　行政事业性收费 | | | |
| 　罚没收入 | | | |
| 　其他收入 | | | |
| 中央公共财政收入 | | | |
| 调入中央预算稳定调节基金 | | | |
| 支出大于收入的差额 | | | |

---

① http://www.bengbu.gov.cn/czcw/article.jsp?articleId=481608280

表17-2　中央公共财政支出预算表　　　　　　　　　　　　　　　单位：亿元

| 项目 | 上年执行数 | 预算数 | 预算数为上年执行数的百分比 |
| --- | --- | --- | --- |
| 一、一般公共服务 | | | |
| 二、外交 | | | |
| 三、国防 | | | |
| 四、公共安全 | | | |
| 五、教育 | | | |
| 六、科学技术 | | | |
| 七、文化体育与传媒 | | | |
| 八、社会保障和就业 | | | |
| 九、医疗卫生 | | | |
| 十、节能环保 | | | |
| 十一、城乡社区事务 | | | |
| 十二、农林水事务 | | | |
| 十三、交通运输 | | | |
| 十四、资源勘探电力信息等事务 | | | |
| 十五、商业服务业等事务 | | | |
| 十六、金融监管等事务支出 | | | |
| 十七、地震灾后恢复重建支出 | | | |
| 十八、国土资源气象等事务 | | | |
| 十九、住房保障支出 | | | |
| 二十、粮油物资储备事务 | | | |
| 廿一、预备费 | | | |
| 廿二、国债付息支出 | | | |
| 廿三、其他支出 | | | |
| 廿四、对地方税收返还 | | | |
| 廿五、对地方一般性转移支付 | | | |
| **中央公共财政支出** | | | |
| **补充中央预算稳定调节基金** | | | |

表 17-3　中央政府性基金收入预算表　　　　　　　　　　单位：亿元

| 项目 | 上年执行数 | 预算数 | 预算数为上年执行数的百分比 |
|---|---|---|---|
| 一、三峡工程建设基金收入 | | | |
| 二、中央农网还贷资金收入 | | | |
| 三、铁路建设基金收入 | | | |
| 四、民航基础设施建设基金收入 | | | |
| 五、民航机场管理建设费收入 | | | |
| 六、港口建设费收入 | | | |
| 七、旅游发展基金收入 | | | |
| 八、文化事业建设费收入 | | | |
| 九、国家电影事业发展专项资金收入 | | | |
| 十、新增建设用地土地有偿使用费收入 | | | |
| 十一、森林植被恢复费收入 | | | |
| 十二、中央水利建设基金收入 | | | |
| 十三、南水北调工程基金收入 | | | |
| 十四、大中型水库移民后期扶持基金收入 | | | |
| 十五、大中型水库库区基金收入 | | | |
| 十六、三峡水库库区基金收入 | | | |
| 十七、中央特别国债经营基金财务收入 | | | |
| 十八、彩票公益金收入 | | | |
| 十九、国家重大水利工程建设基金收入 | | | |
| 二十、船舶港务费收入 | | | |
| 廿一、贸促会收费收入 | | | |
| 廿二、长江口航道维护收入 | | | |
| 廿三、核电站乏燃料处理处置基金收入 | | | |
| 廿四、铁路资产变现收入 | | | |
| 廿五、其他政府性基金收入 | | | |
| **中央政府性基金收入** | | | |
| **上年结转收入** | | | |

表 17-4　中央政府性基金支出预算表　　　　　　　　　　　　　　　　　单位：亿元

| 项目 | 上年执行数 | 预算数 | 预算数为上年执行数的百分比 |
|---|---|---|---|
| 一、三峡工程建设基金支出 | | | |
| 二、中央农网还贷资金支出 | | | |
| 三、铁路建设基金支出 | | | |
| 四、民航基础设施建设基金支出 | | | |
| 五、民航机场管理建设费支出 | | | |
| 六、港口建设费支出 | | | |
| 七、旅游发展基金支出 | | | |
| 八、文化事业建设费支出 | | | |
| 九、国家电影事业发展专项资金支出 | | | |
| 十、新增建设用地土地有偿使用费支出 | | | |
| 十一、森林植被恢复费支出 | | | |
| 十二、中央水利建设基金支出 | | | |
| 十三、南水北调工程基金支出 | | | |
| 十四、大中型水库移民后期扶持基金支出 | | | |
| 十五、大中型水库库区基金支出 | | | |
| 十六、三峡水库库区基金支出 | | | |
| 十七、中央特别国债经营基金财务支出 | | | |
| 十八、彩票公益金支出 | | | |
| 十九、国家重大水利工程建设基金支出 | | | |
| 二十、船舶港务费支出 | | | |
| 廿一、贸促会收费支出 | | | |
| 廿二、长江口航道维护支出 | | | |
| 廿三、核电站乏燃料处理处置基金支出 | | | |
| 廿四、铁路资产变现支出 | | | |
| 廿五、其他政府性基金支出 | | | |
| **中央政府性基金支出** | | | |
| **结转下年支出** | | | |

表 17-5　中央国有资本经营收入预算表　　　　　　　　　　单位：亿元

| 项目 | 上年执行数 | 预算数 | 预算数为上年执行数的百分比 |
|---|---|---|---|
| 一、利润收入 | | | |
| 　烟草企业利润收入 | | | |
| 　石油石化企业利润收入 | | | |
| 　电力企业利润收入 | | | |
| 　电信企业利润收入 | | | |
| 　煤炭企业利润收入 | | | |
| 　有色冶金采掘企业利润收入 | | | |
| 　钢铁企业利润收入 | | | |
| 　化工企业利润收入 | | | |
| 　运输企业利润收入 | | | |
| 　电子企业利润收入 | | | |
| 　机械企业利润收入 | | | |
| 　投资服务企业利润收入 | | | |
| 　纺织轻工企业利润收入 | | | |
| 　贸易企业利润收入 | | | |
| 　建筑施工企业利润收入 | | | |
| 　房地产企业利润收入 | | | |
| 　建材企业利润收入 | | | |
| 　境外企业利润收入 | | | |
| 　对外合作企业利润收入 | | | |
| 　医药企业利润收入 | | | |
| 　农林牧渔企业利润收入 | | | |
| 　邮政企业利润收入 | | | |
| 　转制科研院所利润收入 | | | |
| 　地质勘查企业利润收入 | | | |
| 　教育文化广播企业利润收入 | | | |
| 　机关社团所属企业利润收入 | | | |
| 　其他国有资本经营预算企业利润收入 | | | |
| 二、股利、股息收入 | | | |
| 三、产权转让收入 | | | |
| 　其他国有股减持收入 | | | |
| 　金融类国有股减持收入 | | | |
| 四、清算收入 | | | |
| 五、其他国有资本经营收入 | | | |
| **中央国有资本经营收入** | | | |
| **上年结转收入** | | | |

表 17-6　中央国有资本经营支出预算表　　　　　　　　单位：亿元

| 项目 | 上年执行数 | 预算数 | 预算数为上年执行数的百分比 |
|---|---|---|---|
| 教育 | | | |
| 文化体育与传媒 | | | |
| 社会保障与就业 | | | |
| 农林水事务 | | | |
| 交通运输 | | | |
| 资源勘探电力信息等事务 | | | |
| 商业服务业等事务 | | | |
| 地震灾后恢复重建支出 | | | |
| 转移性支出 | | | |
| **中央国有资本经营支出** | | | |
| **结转下年支出** | | | |

### 17.1.3　2014年新《预算法》与相关预算表格内容

2014年我国进行了《预算法》的重新修订,将一些已经实施的但还没有进行法律规定的变化列入法定条文,并进行了一些补充与修改,以法律的形式对我国的预算体系进行了较大的变革。2014年新《预算法》第五条明确规定了我国的预算体系:预算包括一般公共预算、政府性基金预算、国有资本经营预算、社会保险基金预算。该《预算法》从2015年1月1日起开始实施,因此,我国现行的《预算法》将预算体系分为四大模块。

一般公共预算是对以税收为主体的财政收入,安排用于保障和改善民生、推动经济社会发展、维护国家安全、维持国家机构正常运转等方面的收支预算。一般公共预算包括了中央一般公共预算和地方一般公共预算,2014年新《预算法》中明确规定了中央和地方一般公共预算的范围。

政府性基金预算是对依照法律、行政法规的规定在一定期限内向特定对象征收、收取或者以其他方式筹集的资金,专项用于特定公共事业发展的收支预算。是国家通过向社会征收以及出让土地、发行彩票等方式取得收入,专项用于支持特定基础设施建设和社会事业发展的收支预算。

国有资本经营预算是对国有资本收益做出支出安排的收支预算。

社会保险基金预算是对社会保险缴款、一般公共预算安排和其他方式筹集的资金,专项用于社会保险的收支预算。

为了配合新《预算法》的实施,2014年11月财政部出台了《关于完善政府预算体系有关问题的通知》,进一步规定不同预算之间的衔接关系,同时改进四大预算中所包含的范围。第一,该通知将本来属于政府基金预算的 11 项基金收支转列为一般公共预算,并相应地修订了《2015 年政府收支分类科目》。由于一般预算的支出中,有教育支出等项目,而这些项目的收入本来在政府性基金科目中,这导致了信息的不匹配,这项改变对这个缺点做了改进。第二,该通知要求加强不同预算之间的统筹。在一般预算与政府性基金预算之间,要求结合政府性基金预算安排情况,统筹安排一般公共预算相关支出项目。政府性基金预算安排支出的项目,一般公共预算可不再安排或减少安排,对一些一般公共预算和政府性基金预算都安排支出的项目,应制定统一的资金管理办法,实行统一的资金分配方式,避免交叉重复,盘活存量资金,将政府性基金项目中结转较多的资金,调入一般公共预算;在国有资本经营预算与其他预算之间,要求国有资本经营预算支出范围除调入一般公共预算和补充社保基金外,限定用于解决国有企业历史遗留问题及相关改革成本支出、对国有企业的资本金注入及国有企业政策性补贴等方面,一般公共预算安排的用于这方面的资金逐步退出。第三,该通知对一般预算本身的问题改进提出要求。要求结合税费制度改革,完善相关法律法规,逐步取消城市维护建设税、排污费、探矿权和采矿权价款、矿产资源补偿费等专款专用的规定,统筹安排这些领域的经费。

从 2014 年《预算法》的四大预算与 1994 年《预算法》的四大预算比较之中可以看出,首先,预算体系中取消了定义模糊并且没有得到实际编制的其他预算;其次,将政府公共预算中的两个部分(一般公共预算和政府基金预算)明确规定为两个模块,分开编制;另外,正式将国有资产经营预算改为国有资本经营预算;最后,将社会保障预算更名为社会保险基金预算,明确了其中包含的范围。

从 2015 年 1 月 1 日起,四大预算体系必须按照法律规定,进行预算表格的编制,本部分以上海市 2015 年预算表格为例说明现行体系下我国预算表格所包含的内容(见表 17-7 至表 17-14)。

表 17-7　上海市 2015 年一般公共预算收入预算表　　　　　单位:亿元

| 项目 | 上年执行数 | 预算数 | 预算数为上年执行数的百分比 |
| --- | --- | --- | --- |
| 税收收入 | | | |
| 　其中:增值税 | | | |
| 　　营业税 | | | |
| 　　企业所得税 | | | |
| 　　个人所得税 | | | |

(续表)

| 项目 | 上年执行数 | 预算数 | 预算数为上年执行数的百分比 |
|---|---|---|---|
| 城市维护建设税 | | | |
| 房产税 | | | |
| 印花税 | | | |
| 城镇土地使用税 | | | |
| 土地增值税 | | | |
| 车船税 | | | |
| 耕地占用税 | | | |
| 契税 | | | |
| 非税收入 | | | |
| 其中:专项收入 | | | |
| 教育费附加收入 | | | |
| 地方教育附加收入 | | | |
| 文化事业建设费收入 | | | |
| 残疾人就业保障金收入 | | | |
| 教育资金收入 | | | |
| 农田水利建设资金收入 | | | |
| 水利建设专项收入 | | | |
| 其他专项收入 | | | |
| 行政事业性收费收入 | | | |
| 国有资源(资产)有偿使用收入 | | | |
| 其他收入 | | | |
| 一般公共预算收入合计 | | | |
| 中央财政税收返还和补助收入 | | | |
| 上年结转收入 | | | |
| 地方政府债券收入 | | | |
| 调入资金 | | | |
| 调入预算稳定调节基金 | | | |
| 动用历年结余 | | | |
| 总计 | | | |

表 17-8　上海市 2015 年一般公共预算支出预算表　　　　　　　单位：亿元

| 项目 | 上年执行数 | 预算数 | 预算数为上年执行数的百分比 |
| --- | --- | --- | --- |
| 一般公共服务支出 | | | |
| 国防支出 | | | |
| 公共安全支出 | | | |
| 教育支出 | | | |
| 科学技术支出 | | | |
| 文化体育与传媒支出 | | | |
| 社会保障和就业支出 | | | |
| 医疗卫生与计划生育支出 | | | |
| 节能环保支出 | | | |
| 城乡社区支出 | | | |
| 农林水支出 | | | |
| 交通运输支出 | | | |
| 资源勘探信息等支出 | | | |
| 商业服务业等支出 | | | |
| 金融支出 | | | |
| 援助其他地区支出 | | | |
| 国土海洋气象等支出 | | | |
| 住房保障支出 | | | |
| 粮油物资储备支出 | | | |
| 预备费 | | | |
| 国债还本付息支出 | | | |
| 公共基础设施建设支出 | | | |
| 其他支出 | | | |
| 一般公共预算支出合计 | | | |
| 上缴中央财政支出 | | | |
| 调出资金 | | | |
| 地方政府债券还本 | | | |
| 结转下年支出 | | | |
| 增设预算周转金 | | | |
| 安排预算稳定调节基金 | | | |
| 总计 | | | |
| 当年结余 | | | |

表 17-9　上海市 2015 年政府性基金收入预算表　　　　　　　单位:亿元

| 项目 | 上年执行数 | 预算数 | 预算数为上年执行数的百分比 |
|---|---|---|---|
| 新增建设用地土地有偿使用费收入 | | | |
| 城市公用事业附加收入 | | | |
| 国有土地使用权出让收入 | | | |
| 国有土地收益基金收入 | | | |
| 农业土地开发资金收入 | | | |
| 彩票公益金收入 | | | |
| 城市基础设施配套费收入 | | | |
| 车辆通行费收入 | | | |
| 港口建设费收入 | | | |
| 彩票发行销售机构业务费收入 | | | |
| 其他政府性基金收入 | | | |
| 政府性基金收入合计 | | | |
| 中央财政对本市政府性基金补助收入 | | | |
| 动用上年结转收入 | | | |
| 调入资金 | | | |
| 总计 | | | |

表 17-10　上海市 2015 年政府性基金支出预算表　　　　　　　单位:亿元

| 项目 | 上年执行数 | 预算数 | 预算数为上年执行数的百分比 |
|---|---|---|---|
| 新增建设用地土地有偿使用费支出 | | | |
| 城市公用事业附加支出 | | | |
| 国有土地使用权出让支出 | | | |
| 国有土地收益基金支出 | | | |
| 农业土地开发资金支出 | | | |
| 彩票公益金支出 | | | |
| 城市基础设施配套费支出 | | | |
| 车辆通行费支出 | | | |
| 港口建设费支出 | | | |
| 彩票发行销售机构业务费支出 | | | |
| 其他政府性基金支出 | | | |
| 政府性基金支出合计 | | | |
| 结转下年支出 | | | |
| 总计 | | | |

表 17-11 上海市 2015 年市本级国有资本经营收入预算表　　　　单位：亿元

| 项目 | 上年执行数 | 预算数 | 预算数为上年执行数的百分比 |
|---|---|---|---|
| 利润收入 | | | |
| 　其中：电力企业利润收入 | | | |
| 　　　　化工企业利润收入 | | | |
| 　　　　运输企业利润收入 | | | |
| 　　　　电子企业利润收入 | | | |
| 　　　　机械企业利润收入 | | | |
| 　　　　　投资服务企业利润收入 | | | |
| 　　　　　贸易企业利润收入 | | | |
| 　　　　　建筑施工企业利润收入 | | | |
| 　　　　　境外企业利润收入 | | | |
| 　　　　　转制科研院所利润收入 | | | |
| 　　　　　教育文化广播企业利润收入 | | | |
| 股利、股息收入 | | | |
| 　其中：国有控股公司股利、股息收入 | | | |
| 产权转让收入 | | | |
| 清算收入 | | | |
| 其他国有资本经营预算收入 | | | |
| 国有资本经营收入合计 | | | |
| 动用上年结转收入 | | | |
| 动用历年结余 | | | |
| 总计 | | | |

表 17-12 上海市 2015 年市本级国有资本经营支出预算表　　　　单位：亿元

| 项目 | 上年执行数 | 预算数 | 预算数为上年执行数的百分比 |
|---|---|---|---|
| 科学技术支出 | | | |
| 　其中：战略性产业发展支出 | | | |
| 　　　　支持科技进步支出 | | | |
| 文化体育与传媒支出 | | | |
| 　其中：国有经济结构调整支出 | | | |
| 　　　　战略性产业发展支出 | | | |
| 节能环保支出 | | | |
| 　其中：生态环境保护支出 | | | |

(续表)

| 项目 | 上年执行数 | 预算数 | 预算数为上年执行数的百分比 |
|---|---|---|---|
| 城乡社区支出 | | | |
|   其中:公益性设施投资补助支出 | | | |
| 交通运输支出 | | | |
|   其中:公益性设施投资补助支出 | | | |
| 商业服务业等支出 | | | |
|   其中:国有经济结构调整支出 | | | |
|       战略性产业发展支出 | | | |
|       保障国家经济安全支出 | | | |
| 其他支出 | | | |
|   其中:改革成本支出 | | | |
|       其他国有资本经营预算支出 | | | |
| 国有资本经营支出合计 | | | |
| 结转下年支出 | | | |
| 总计 | | | |

**表 17-13　上海市 2015 年社会保险基金收入预算表**　　　　　单位:亿元

| 项目 | 上年执行数 | 预算数 | 预算数为上年执行数的百分比 |
|---|---|---|---|
| 社会保险基金收入 | | | |
|   其中:基本养老保险基金收入 | | | |
|       基本养老保险费收入 | | | |
|       基本养老保险基金财政补贴收入 | | | |
|       其他基本养老保险基金收入 | | | |
|       失业保险基金收入 | | | |
|       失业保险费收入 | | | |
|       失业保险基金财政补贴收入 | | | |
|       其他失业保险基金收入 | | | |
|       基本医疗保险基金收入 | | | |
|       基本医疗保险费收入 | | | |
|       基本医疗保险基金财政补贴收入 | | | |
|       其他基本医疗保险基金收入 | | | |
|       工伤保险基金收入 | | | |
|       工伤保险费收入 | | | |
|       工伤保险基金财政补贴收入 | | | |
|       其他工伤保险基金收入 | | | |
|       生育保险基金收入 | | | |

(续表)

| 项目 | 上年执行数 | 预算数 | 预算数为上年执行数的百分比 |
|---|---|---|---|
| 生育保险费收入 | | | |
| 生育保险基金财政补贴收入 | | | |
| 其他生育保险基金收入 | | | |
| 新型农村合作医疗基金收入 | | | |
| 新型农村合作医疗保险费收入 | | | |
| 新型农村合作医疗基金财政补贴收入 | | | |
| 其他新型农村合作医疗基金收入 | | | |
| 城镇居民基本医疗保险基金收入 | | | |
| 城镇居民基本医疗保险费收入 | | | |
| 城镇居民基本医疗保险基金财政补贴收入 | | | |
| 其他城镇居民基本医疗保险基金收入 | | | |
| 城乡居民基本养老保险基金收入 | | | |
| 城乡居民基本养老保险费收入 | | | |
| 城乡居民基本养老保险基金财政补贴收入 | | | |
| 其他城乡居民基本养老保险基金收入 | | | |
| 小城镇基本养老保险基金收入 | | | |
| 小城镇基本养老保险费收入 | | | |
| 小城镇基本养老保险基金财政补贴收入 | | | |
| 其他小城镇基本养老保险基金收入 | | | |
| 小城镇基本医疗保险基金收入 | | | |
| 小城镇基本医疗保险费收入 | | | |
| 小城镇基本医疗保险基金财政补贴收入 | | | |
| 其他小城镇基本医疗保险基金收入 | | | |

表 17-14　上海市 2015 年社会保险基金支出预算表　　　　单位：亿元

| 项目 | 上年执行数 | 预算数 | 预算数为上年执行数的百分比 |
|---|---|---|---|
| 社会保险基金支出 | | | |
| 　其中：基本养老保险基金支出 | | | |
| 　　基本养老金 | | | |
| 　　医疗补助金 | | | |
| 　　丧葬抚恤补助 | | | |
| 　　其他基本养老保险基金支出 | | | |
| 　失业保险基金支出 | | | |
| 　　失业保险金 | | | |

(续表)

| 项目 | 上年执行数 | 预算数 | 预算数为上年执行数的百分比 |
|---|---|---|---|
| 医疗保险费 | | | |
| 丧葬抚恤补助 | | | |
| 职业培训和职业介绍补贴 | | | |
| 其他失业保险基金支出 | | | |
| 基本医疗保险基金支出 | | | |
| 医疗保险待遇支出 | | | |
| 其他基本医疗保险基金支出 | | | |
| 工伤保险基金支出 | | | |
| 工伤保险待遇 | | | |
| 其他工伤保险基金支出 | | | |
| 生育保险基金支出 | | | |
| 生育保险金 | | | |
| 其他生育保险基金支出 | | | |
| 新型农村合作医疗基金支出 | | | |
| 医疗保险待遇支出 | | | |
| 其他新型农村合作医疗基金支出 | | | |
| 城镇居民基本医疗保险基金支出 | | | |
| 医疗保险待遇支出 | | | |
| 其他城镇居民基本医疗保险基金支出 | | | |
| 城乡居民基本养老保险基金支出 | | | |
| 养老保险待遇支出 | | | |
| 其他城乡居民基本养老保险基金支出 | | | |
| 小城镇基本养老保险基金支出 | | | |
| 养老保险待遇支出 | | | |
| 其他小城镇基本养老保险基金支出 | | | |
| 小城镇基本医疗保险基金支出 | | | |
| 医疗保险待遇支出 | | | |
| 其他小城镇基本医疗保险基金支出 | | | |

## 17.2 我国预算体系评价

### 17.2.1 1994年旧《预算法》下预算体系存在的问题

(一) 国有资本经营预算和社会保障预算并没有全面编制

虽然1994年的《预算法实施条例》规定我国应该编制政府公共预算、国有资产经营预算、社会保障预算和其他预算。除了部分地方国资委试编制国有资产经营预算外,有些地方并没有真正编制国有资产经营预算。社会保障预算也没有真正独立地编制过,1994年《预算法》中,我国对全部社会保障资金的预算管理,分为预算内和预算外两种形式。其中社会保险基金与政府一般预算分开,在预算外以财政专户的形式实行收支两条线管理;而社会福利、社会救济和社会优抚方面的资金在政府一般预算内管理。

另外,我国1994年的《预算法》并没有具体规定政府公共预算、国有资产经营预算和社保预算的收支范畴,更没有具体规范国有资产经营预算和社保预算的预算管理和预算监督。

(二) 政府公共预算问题

1. 政府公共预算范围还不够全面

虽然2007年政府收支分类改革把预算外资金也纳入了政府收支科目中,但各级政府(除中央政府)都是按照一般预算和基金预算编制预算,预算外资金并没有纳入一般预算或者基金预算内。预算外资金分为纳入财政专户的预算外资金和不纳入财政专户的预算外资金,不纳入财政专户的预算外资金虽然已经不多,但毕竟还是没有纳入预算管理的范畴。另外,纳入财政专户的预算外资金的预算管理各地也不一样,而且各级政府一般都不把纳入财政专户的预算外资金的预算提交人大。政府公共预算的收支不全面,影响了我国宏观政策的制定,削弱了预算监督职能的发挥。

2. 预算二次分配权的存在,影响了预算的科学性

我国的一些部门如国家发改委等都有预算的二次分配权,这使得财政部门其实是在汇总预算,而不是真正地编制预算,影响了预算编制的整体性和科学性。

(三) 国有资产经营预算本身的问题

我国1994年的《预算法》没有规定国有资产经营预算的收支。2007年国务院颁发的《关于试行国有资本经营预算的意见》,将"国有资产经营预算"的说法改成了"国有资本经营预算"。2008年全国人大常委会又通过了《企业国有资产法》,规定财政部门编制国有资本经营预算,对前面两个文件的收支范围做了一定的规定。但是1994年的《预算法》中没有以法律的形式规定国有资本经营的收支范围。

另外,我国1994年《预算法》中并没有规定国有资产经营预算的编制机构,在2014年以前,都是国资委编制的,有些地方的国资委还要求营运机构编制国有资产经营预算。但是按照法律的规定,国有资本经营预算应该由财政部门编制,因此,如何协调财政部门和国资委的关系,以及国资委是否应该监督和审批营运机构的国有资产经营预算也必须有明确的法律予以规定。

(四) 社会保障预算本身的问题

2006年3月,我国政府公布的2007年政府预算收支科目中,将社会保险基金

和预算外收入纳入政府收入分类范围,使一部分社会保障资金项目逐步在政府预算中归类反映,2007年政府预算支出科目中就列有【208类】"社会保障与就业"和【209类】"社会保险基金"。其中【208类】"社会保障与就业支出"反映政府在社会保障和就业管理事务、财政对社会保险基金的补助、补充全国社会保障基金、行政事业单位离退休、就业补助、抚恤、退役安置、社会福利、城镇社会救济、农村社会救济、自然灾害生活救助等方面的支出。【209类】"社会保险基金支出"反映社会保险中基本养老保险基金支出、基本医疗保险基金支出、事业保险基金支出、工伤保险基金支出等。这一变动为社会保障预算的完善奠定了基础。

虽然我国2007年的政府预算已经对传统的预算科目进行了必要的改革,并且预算科目按照"功能"进行分类,将社会保险基金的收支科目纳入预算内,使得新的预算科目更加全面、准确,更好地体现了预算的科学性。但是就社会保障这一块而言:第一,2007年的政府预算科目仍没有完整地反映社会保障的各项收支情况,尚有不够清晰和明确之处,需要进一步发展和完善;第二,我国在编制预算时,财政承担的部分主要体现在"社会保障与就业"大类中,而社会保险基金收支预算各地的做法则不一样,国家颁发的收支分类中并没有把社会保险基金收支作为一般预算收支或者基金预算收支;第三,社会保障预算的列示还需要逐步地规范,有些科目虽然已经进行了反映,但在编制和执行中由于处在初级阶段,还没有严格和明确的规定,在社会保障预算的规范性上带来了困难;第四,随着我国预算管理体制改革的不断深入,特别是新的企业会计准则的实施和电算化程度的提高,社会保障资金的核算更加快捷方便,这也要求我们将社会保障预算向更加规范科学的层次推进,技术的进步和提高为社会保障预算的编制提供了客观的技术条件和可行性。

(五) 1994年的《预算法》没有明确国有资产经营预算和社保预算的编制主体

我国1994年的《预算法》并没有明确规定国有资产经营预算和社保预算的编制、执行和监督主体。由于这两个预算都是新生事物,因此无法按照传统进行。现在主要存在两种相反的观点:一种观点认为预算应该全部都由预算编制部门进行,而现在的预算编制职能主要由财政部门执行,所以国有资产经营预算和社保预算应该由财政部门编制,不应该由国资委与劳动和社会保障部门编制,这种观点还认为国资委与劳动和社会保障部门只是一个职能部门,国有资产经营预算和社保预算又不是部门预算,而是功能预算,所以不应该由它们来编制,但可以由它们来执行。另一种观点则截然相反,认为国有资产经营预算应该由国资委编制,社保预算应该由劳动和社会保障部门编制,因为它们是具体的管理部门,拥有更详细的信息。

(六) 各预算之间的关系界定不清

现行的《预算法》《企业国有资产法》都没有明确规定政府公共预算、国有资本经营预算和社会保障预算之间的关系。社会保障资金一般很难自求平衡,需要政府公共预算和国有资本经营预算资助,必须有法律规定补助制度,才能确保社会保障的正常进行。国有资本是全民共有的投资金,应该将投资回报用于公共服务,而不应该只顾国有资本自身的发展,现行的《企业国有资产法》没有规定国有资本经营预算的支出,2007年的《关于试行国有资本经营预算的意见》规定国有资本经营预算的支出用于资本支出、费用支出和其他支出,没有明确国有资本经营收入对社会保障和政府公共预算支持的制度规定。除社会保险与公共预算之间的资金转移外,各法律没有规定其他特定的科目使得各预算之间进行衔接。

### 17.2.2 2014年新《预算法》的改进与仍存在的问题

**(一) 国有资本经营预算和社会保险基金预算已经开始编制**

2014年《预算法》明确规定四大类预算表格均要进行编制,并且已经得到了具体的实施,而且,由于我国社会保障分为社会保险基金和社会福利、社会救济、社会优抚两个方面的资金,并且分开管理,所以2014年的《预算法》已经将社会保障预算改名为社会保险基金预算,作为民众给予政府的信托基金进行单独的列示,这是一个改进。在国有资本经营预算方面,虽然在2003年以后我国已经将国有资产经营预算改成了国有资本经营预算,区分了资产与资本所代表的不同概念,但是2014年新的《预算法》第一次从法律层面上进行了规定。

但是在编制范围上,虽然2014年发布的《关于完善政府预算体系有关问题的通知》中规定了要提高国有资本收益上缴公共财政的比例,并期望2020年提高到30%,但是并没有对2020年以前的国有资本收益如何上缴公共财政,按照多少的比例上缴以及不同行业国企的比例是否应该有所不一致进行规定,这会导致不同地区不同企业形成不同的标准,此标准应当在后续得到进一步的明确。

**(二) 政府预算范围得到了改进**

2014年《预算法》明确规定了四大预算编制的收支范围,将原本的预算外资金全部囊括在预算范围之内,2014年《预算法》第六条至第十一条明确规定了各预算应该包含的内容。但是,在预算范围上,对于一些事业单位的收支,比如高等学院的学费收入等,我国现行的《预算法》仍然没有明确规定需要将这些纳入预算中,这对于国家来说,其实是一种隐性的财政收支。因此,我国现行《预算法》虽然是一种全范围的预算,但是还有许多属于政府的收支,仍然游离在预算之外。

**(三) 预算二次分配权仍然存在**

我国目前主要按照功能分类来编制预算,但是,由于编制预算的时候按照部门来各自编制预算最后进行汇总,因此导致了财政按照功能分类得出来的预算总额与各部门汇总的并不一致,而且,在财政划拨资金的时候,会出现资金实际用途与预算并不一致的情况。

### (四) 国有资本经营预算的问题得到改进

第一,2014年《预算法》中,将本来名为国有资产的预算以法律形式正式更名为国有资本经营预算,"资本"这个词,代表着国有企业所使用的是"国家"这个股东所拥有的资源,有责任和义务向国家上交自己的利润。第二,2014年《预算法》明确了国有资本经营预算的编制范围。第三,现国家已经明确国有资本经营预算的编制者为国资委,国资委拥有更多的直接信息,能够更好地编制预算,但是国家并没有以法律的形式明确编制主体。

### (五) 社会保障预算方面的问题

在2014年《预算法》中,我国将原本的社会保障基金预算修改为社会保险基金预算,将范围限定在社会保险这个概念框架之下,同时明确了社会保险基金的收支科目,明确了社会保险的基金预算收支,这个改变解决了原本存在的收支不明确的状况。但是,对于社会保障这个整体,将其拆分成了"社会保障与就业"和"社会保险"两块,"社会保障与就业"应由国家财政负担,"社会保险"由国家财政与公民个人共同负担,到底应该将这两部分拆分还是综合反映,有不同的观点存在。本书认为国家财政作为国家的一个支持,负有对公民进行保障、维护社会稳定的职能,应当将社会保障作为一个整体进行反映,体现国家履行职能的情况。

### (六) 明确国有资本经营预算和社保预算的编制主体,但并无法律规定与监督

现在,我国国有资本经营预算和社保预算的编制主体已经明确为国资委和社保局,国资委和社保局拥有更多的信息资源,对预算的编制能够更加详细,但是在2014年的《预算法》中没有明确规定,并且在监督方面,并没有明确监督职责,如何对国资委以及社保局的预算进行监督,是一个有待解决的问题。

### (七) 各预算之间的关系界定仍旧不清楚

2014年《预算法》明确规定,政府性基金预算、国有资本经营预算、社会保险基金预算应当与一般公共预算相衔接。但是这四大预算之间应当如何进行相互之间的资金互动,没有相关的文件做出规定,只有在2014年《关于完善政府预算体系有关问题的通知》中提及到2020年国有企业收益的百分之三十转入一般公共预算,并将11项政府性基金归入到一般公共预算中,重新明确了一些预算的应属范围,但是并没有明确地规定各科目之间资金如何进行转移和衔接。

#### 17.2.3 我国预算体系与日本预算体系的比较

日本作为发达国家的代表之一,其预算体系经过了长久的试验与改革之后,形成了一个比较成熟的体系,因此本部分从日本的预算体系出发,分析日本预算体系的构成,与我国现行预算体系进行对比。

日本实行复式预算制度,中央预算分为一般会计预算、特别会计预算和政府关联机构预算三大类。

一般会计预算是管理中央政府的一般性财政收支,它以税收、国债收入等为来源,为中央政府的行政管理、社会保障、教育、公共投资等活动提供财力支持。在日本,通常情况下所讲的预算就是一般会计预算。

特别会计预算是分类管理型事业预算。它包括五大类:① 事业特别会计预算。它是指经营特定事业的预算,如邮政事业特别会计预算、道路建设特别会计预算等。② 管理特别会计预算。它是由1956年之前的贸易特别会计转化而来的,是指从事特定产品、业务管理或调节供求关系的特别预算,如粮食管理和外汇资金特别会计预算等。③ 保险特别会计预算。它是指管理政府社会保险业务的特别会计预算。④ 融资特别会计预算。它是指管理中央政府融资贷款的特别预算。⑤ 整理特别会计预算。它是指管理中央政府特殊资金的特别会计预算,如国债偿还基金特别会计预算等。

政府关联机构预算,是指各政府关联机构的财务预算。政府关联机构,是指依据法律设立的、中央政府提供全部资本金的法人,是经营事业尤其是融资性业务的机构。如日本进出口银行、日本开发银行、中小企业金融公库等。

日本的预算十分详细,对于科目的分类,一般会计预算有5级细分;特别会计预算先根据部门分列目,再根据用途,最后根据账户,在这之后还有类款项的细分;政府关联会计预算先按照部门分类,再根据业务,最后根据类款项细分。日本预算表格十分庞大,本章对日本预算表格进行简化列示,并只展示其中的部分内容(如表17-15至表17-17所示),主要是为了展示日本预算的编制方法。

表17-15 日本一般会计预算收入表(部分)

| 部门 | 部·款·项·目 |
| --- | --- |
| 国会 | 杂项收入 |
| | 国有财产利用收入 |
| | 各种收入 |
| 法院 | 杂项收入 |
| | 国有财产利用收入 |
| | 缴纳款 |
| | 各种收入 |
| 审计局 | 杂项收入 |
| | 国有财产利用收入 |
| | 各种收入 |
| 内阁 | 杂项收入 |
| | 国有财产利用收入 |
| | 各种收入 |

(续表)

| 部门 | 部·款·项·目 |
|---|---|
| 内阁府 | 政府企业总收入及财政产业收入 |
| | 　财政产业收入 |
| | 政府资产整理收入 |
| | 　国有资产处理收入 |
| | 　回收金等收入 |
| | 杂项收入 |
| | 　国有财产利用收入 |
| | 　缴纳款 |
| | 　各种收入 |
| 总务省 | 杂项收入 |
| | 　国有财产利用收入 |
| | 　各种收入 |
| | 　缴纳款 |
| …… | |

表17-16　日本特别会计预算收入表(部分)

| 管辖权部门 | 特别会计 | 账户 | 款·项·目 |
|---|---|---|---|
| 内阁府、总务省和财务部 | 交付税和转让税分配 | | 其他预算转入 |
| | | | 　一般会计预算转入 |
| | | | 　东日本大震灾复兴特别会计转入 |
| | | | 　财政投融资特别会计转入 |
| | | | 租税 |
| | | | 　地方法人税 |
| | | | 　地方挥发油税 |
| | | | 　石油和天然气税 |
| | | | 　汽车重量税 |
| | | | 　航空燃料税 |
| | | | 　特别飞行税 |
| | | | 　地方法人特别税 |
| | | | 借入金 |
| | | | 　借入金 |
| | | | 杂项收入 |
| | | | 　杂项收入 |
| | | | 上年剩余转入 |
| | | | 　上年度剩余转入 |
| | | | 　上年东日本大震灾复兴剩余金转入 |
| | | | 交通犯规者缴款 |
| | | | 　交通犯规者缴款 |

(续表)

| 管辖权部门 | 特别会计 | 账户 | 款·项·目 |
|---|---|---|---|
| 财务部 | 地震保险 | | 保险费收入 |
| | | |  保险费收入 |
| | | | 杂项收入 |
| | | |  杂项收入 |
| | 国债整理基金 | | 其他预算转入 |
| | | |  其他会计预算转入 |
| | | |  东日本大震灾复兴其他会计转入 |
| | | | 租税 |
| | | |  卷烟特别税 |
| | | | 公债金 |
| | | |  公债金 |
| | | |  重建贷款公债金 |
| | | | 资产处理收入 |
| | | |  东日本大地震的股票销售收入 |
| | | | 股息收入 |
| | | |  股息收入 |
| | | |  东日本大地震的股息收入 |
| | | | 投资收益 |
| | | |  投资收益 |
| | | |  东日本大地震的投资收益 |
| | | | 杂项收入 |
| | | |  杂项收入 |
| | | |  东日本大地震的杂项收入 |
| | | | 上年剩余转入 |
| | | |  上年剩余转入 |
| | 外汇资金 | | 外汇等买卖差价 |
| | | |  外汇等买卖差价 |
| | | | 投资收益 |
| | | |  投资收益 |
| | | | 杂项收入 |
| | | |  杂项收入 |
| …… | | | |

表 17-17　日本政府关联机构预算收入表（部分）

| 政府关联机构 | 业务 | 款·项·目 |
|---|---|---|
| 冲绳振兴开发金融公库 | | 营业总收入 |
| | | 　营业总收入 |
| | | 杂项收入 |
| | | 　一般会计预算转入 |
| | | 　能源对策特别会计转入 |
| | | 　劳动保险特别会计转入 |
| | | 　住宅贷款手续费等收入 |
| | | 　投资收益 |
| | | 　杂项收入 |
| 日本政策金融公库 | 国民一般消费业务 | 营业总收入 |
| | | 　营业总收入 |
| | | 杂项收入 |
| | | 　一般会计预算转入 |
| | | 　能源对策特别会计转入 |
| | | 　劳动保险特别会计转入 |
| | | 　住宅贷款手续费等收入 |
| | | 　投资收益 |
| | 农林渔业交易业务 | 营业总收入 |
| | | 　营业总收入 |
| | | 杂项收入 |
| | | 　一般会计预算转入 |
| | | 　东日本大震灾复兴特别会计转入 |
| | | 　投资收益 |
| | | 　杂项收入 |
| | 中小企业业务 | 营业总收入 |
| | | 　营业总收入 |
| | | 补偿费收入 |
| | | 　补偿费收入 |
| | | 杂项收入 |
| | | 　一般会计预算转入 |
| | | 　能源对策特别会计转入 |
| | | 　劳动保险特别会计转入 |
| | | 　投资收益 |
| | | 　杂项收入 |

(续表)

| 政府关联机构 | 业务 | 款·项·目 | |
|---|---|---|---|
| 日本政策金融公库 | 信用保险等业务 | 营业总收入 | |
| | | | 营业总收入 |
| | | 保险费收入 | |
| | | | 保险费收入 |
| | | 回收金 | |
| | | | 回收金 |
| | | 杂项收入 | |
| | | | 投资收益 |
| | | | 杂项收入 |
| | 危机应对业务 | 营业总收入 | |
| | | | 营业总收入 |
| | | 补偿费收入 | |
| | | | 补偿费收入 |
| | | 杂项收入 | |
| | | | 一般会计预算转入 |
| | | | 投资收益 |
| | | | 杂项收入 |
| | 激励企业的特定业务 | 营业总收入 | |
| | | | 营业总收入 |
| | | 杂项收入 | |
| | | | 一般会计预算转入 |
| | | | 投资收益 |
| | | | 杂项收入 |
| …… | | | |

　　日本的预算表格，通常以好几种分类方式向公众展示，最主要的一种方式为按照部门编制，OECD 大多数成员，预算主要是按照部门编制，但是我国的预算主要是按照功能编制。按照部门编制，能够更加明确部门的职责，并能够在财政拨款的时候，更加明确地将资金分配到各个部门；按照功能编制，能够更加便于公众理解财政资金的用处与流向，但是容易引起财政资金无法按照部门所编制的具体预算进行分配，并且往往不便于财政总预算的整合。

　　日本的预算是全预算，将所有与政府有关的财务情况包括进预算中，没有任何预算外的资金，相比之下，在我国，虽然现在名义上已经是全面预算，但是实际上还有很多隐性资金没有包括在预算体系之内，在这个方面，需要不断地发现并将预算外资金纳入预算体系中，才能真正意义上实现全面预算。

## 17.3 不同预算的综合财务报告体系

### 17.3.1 预算体系的重构

（一）理想的长远的预算体系

借鉴西方国家的做法,我国理想的预算体系应该分为政府公共预算、社会保障基金预算、债务预算和税式预算,政府公共预算再区分一般政府预算和特种政府基金预算。

我们主张建立上述预算体系的依据是各种预算资金的所有者不同:政府公共预算资金的所有权归属于政府;而社会保障基金是信托基金,所有者是信托者,即缴纳社会保障基金的大众;债务预算资金的所有权归属于债权人;税式支出预算比较特殊,是为了更好地体现真实政府的财政净收入。

在理想的模式中我们主张取消国有资本经营预算,把国有资本经营收支合并入一般政府预算,因为国有资本经营收入的所有权同样归属于政府,并适合于统筹使用。

我们主张将社会保险基金预算扩大为社会保障基金预算,除了所有权性质外,还基于社会保障基金有自己的收入来源、收支对应性较强的性质。把社会保障基金单列,便于对这些基金的管理,如果将这些基金列入公共预算,则这些资金有可能会被挪用。我国 2014 年《预算法》采用社会保险基金预算,在我国社会保险基金范围较狭窄,特指养老、医疗、失业、工伤和生育。社会保障基金可以将所有与社会保障相关的具有信托基金性质的资金包括在内,如住房公积金等。

（二）我国现行可采用的预算体系

由于我国现在已经开始编制国有资本经营预算,所以按照理想的预算体系将国有资本经营预算列入政府公共预算的一般预算中,会破坏政府预算管理的延续性,所以我们建议现阶段还是保留国有资本经营预算,但我们可以把国有资本经营预算作为政府公共预算中特种基金预算的一种进行编制,为以后纳入一般预算奠定基础。

另外,虽然我国地方政府的债务风险较大,但地方政府隐性债务需要一段时间的梳理,等地方隐性债务梳理完整,才能建立政府投融资预算,所以我们建议先设立显性债务预算。

由于我国没有编制包括社会补助、社会安抚等在内的社会保障预算,目前根据 2014 年《预算法》规定的是社会保险基金预算,所以我们认为现阶段我们可以在现行的社会保险基金预算基础上将其扩展为社会保障基金预算。

近阶段除理顺预算体系外,还应该扩大预算范围,把事业单位的事业收入和其他收入、政府的财政专户资金全部纳入政府公共预算体系。将所有国有资本经营收益纳入国有资本经营预算的范围,而不仅仅是来自几家国企的国有资本经营收益。

### 17.3.2 现行各预算综合财务报告体系

(一) 我国现行预算会计制度的不足

我国现行的预算会计体系主要以收付实现制核算基础为主,事业单位的经营性收支项目采用权责发生制进行核算。以收付实现制为基础的预算会计体系对反映收支状况、加强政府预算资金管理以及监督控制资金使用发挥了重要的作用。但是随着社会经济的发展以及经济全球化的进行,以收付实现制为核算基础的预算会计体系逐渐变得不能满足现代化需求。

收付实现制下的预算会计体系以实际收到或支出现金为依据来进行计量和记录,它能密切关注预算资金的流向和收支大小,却不能反映在预算资金流入或流出时政府资产和政府负债的变化情况。一方面,不能准确客观地反映政府资产的变化情况,将不利于提高政府资产的利用效率,更不利于政府资产管理机制的完善,其最终导致政府的受托责任难以解除,也不利于提高政府的长期持续能力。另一方面,政府隐性负债无法在报告中全面真实地反映,将不利于政府对财政风险的预测、监控和控制。希腊危机的形成在很大程度上是因为政府报告不能反映政府的负债情况。基于此,2012年3月21日,鉴于主债务问题频发,国际会计师联合会(IFAC)的最新政策立场档再次呼吁各国政府采用权责发生制会计原则,尤其是采用国际公共部门的会计准则(IPSASs)。这从一个侧面再次印证了收付实现制不能正确客观地反映政府债务的缺陷。

(二) 国际经验——美国政府会计

由于美国的政府会计是使用权责发生制进行报表编制的代表性国家,本部分以美国为例,分析其财务报告的组成部分,从而为我国现有的四大预算报告的组成部分提出基本框架建议。

美国的政府会计系统以基金为基础来组织和运营。所谓基金是按照特定的法规、限制条款或期限,为从事某种活动或完成某种目的所分离形成的,依靠一套自身平衡的科目来记录现金及其他财务资源,以及相关负债和剩余权益或余额及其变动情况的一个财务与会计主体。

美国的基金会计系统分为政府基金、权益基金以及信托基金。

1. 政府基金

(1) 普通基金:普通基金用于处理除了要求用另外的基金处理之外的所有财务资源。

(2) 特种收入基金:用于处理除了可消耗信托或重要资本项目之外,按照法律限制用于特定目的支出的特种收入来源。

（3）资本项目基金：用于处理除了那些由权益基金和托管基金处理之外用于取得或建造资本设备的财务资源。

（4）偿债基金：用于处理为普通长期负债和利息的偿付所进行的资源积累和支付。

2. 权益基金

（1）企业基金。用于处理这样的经营活动：运营活动类似于私营企业的融资和经营活动。在运营中，政府机构的目的是在持续经营的基础上，主要通过向使用者收取费用来取得资金或者弥补向公众提供货物或服务发生的成本或费用，或者在这类活动中，政府机构已经明确对资本保全、公共政策、管理控制、经营管理或者其他目的而言，按期确定取得的收入、发生的费用和净收益是恰当的。

（2）内部服务基金。用于处理因政府单位的一个部门或机构为其他部门或机构，或者为其他政府单位按照成本补偿原则提供货品或劳务的资金转付。

3. 信托基金

信托和代理基金用于处理某一政府机构以受托人身份或代理人身份为公民个人、民间组织、其他政府单位以及其他基金持有的资产。

美国为了控制政府普通固定资产和普通长期负债的经管责任，通过"账群"来实现对其监管。

政府普通固定资产是指除了在权益基金或托管基金中处理之外的所有固定资产，是不可用于支付的财务资源。政府普通长期负债指的是除在权益基金或托管基金中处理的长期负债，这些未到期的普通长期负债本金也不需要在当期利用财务资源进行拨款或者支付。因此，这些账群并不在政府基金中处理，而是在自相平衡的账群中处理。

从美国政府的基金会计系统分类以及我国的四大预算的比较中，我们可以发现，美国政府基金中的普通基金与我国现行预算中的一般公共预算类似，美国政府基金中的其他基金与我国的政府性基金类似，都用于特定的目的，美国基金会计中的权益基金，其实相当于我国预算会计中的国有资本经营预算，而信托基金，类似于我国现有的社会保险基金预算，都属于公民对政府部门的一个委托代理。由此分类的相似性，我们可以参考美国的政府会计报表，对我国预算会计中的资产负债、收入支出进行定位。

（三）结合我国实际情况对四大预算财务报告的定位

借鉴美国政府会计的经验，并结合我国实际国情和社会经济情况，按照我们之前设计的现阶段的预算体系，可以对我国的预算综合财务报告进行定位。

## 1. 一般公共预算

在上文所讨论的预算体系的重构中，一般公共预算资金的所有权归属于政府，我国可以向美国学习，将一般公共预算的不同组成部分的资产负债编制在同一张表上，第一，便于总预算的相加汇总，第二，便于公众对政府所有的资产负债、收入支出有整体的把握。如表17-18至表17-23所示。

表17-18  一般公共预算资产负债表

年  月  日

编制单位：                                                                            单位：亿元

| 项目 | 年初数 | 期末数 | 项目 | 年初数 | 期末数 |
|---|---|---|---|---|---|
| 资产 | | | 负债 | | |
| 　现金 | | | 　短期借款 | | |
| 　银行存款 | | | 　应缴财政款 | | |
| 　零余额账户用款额度 | | | 　应付职工薪酬 | | |
| 　财政应返还额度 | | | 　应付账款 | | |
| 　其他货币资金 | | | 　预收账款 | | |
| 　应收税款 | | | 　应付利息 | | |
| 　应收非税款 | | | 　应退税款 | | |
| 　应收账款 | | | 　应退非税款 | | |
| 　应收票据 | | | 　应付政府补助 | | |
| 　其他应收款 | | | 负债合计 | | |
| 　预付账款 | | | | | |
| 　对外投资 | | | 净资产 | | |
| 　固定资产 | | | 　专用基金 | | |
| 　在建工程 | | | 　财务盈余 | | |
| 　其他资产 | | | 净资产合计 | | |
| 资产合计 | | | 负债净资产合计 | | |

表17-19  一般公共预算收入支出表

年  月  日

编制单位：                                                                            单位：亿元

| 项目 | 预算数 | 执行数 | 项目 | 预算数 | 执行数 |
|---|---|---|---|---|---|
| 收入 | | | 支出 | | |
| 税收收入 | | | 一般公共服务支出 | | |
| 增值税 | | | 国防支出 | | |

(续表)

| 项目 | 预算数 | 执行数 | 项目 | 预算数 | 执行数 |
|---|---|---|---|---|---|
| 营业税 | | | 公共安全支出 | | |
| 企业所得税 | | | 教育支出 | | |
| 个人所得税 | | | 科学技术支出 | | |
| …… | | | 文化体育与传媒支出 | | |
| 非税收入 | | | 社会保障和就业支出 | | |
| 专项收入 | | | 医疗卫生与计划生育支出 | | |
| 　教育费附加收入 | | | 节能环保支出 | | |
| 　地方教育附加收入 | | | 城乡社区支出 | | |
| 　文化事业建设费收入 | | | …… | | |
| …… | | | | | |
| 一般公共预算收入合计 | | | 上解支出 | | |
| | | | 调出到社会保障基金支出 | | |
| 政府性基金预算转入 | | | 结转下年支出 | | |
| 国有资本经营预算转入 | | | 增设预算周转金 | | |
| 税收返还和补助收入 | | | 安排预算稳定调节基金 | | |
| 上年结转收入 | | | 支出合计 | | |
| 调入资金 | | | | | |
| 调入预算稳定调节基金 | | | | | |
| 动用历年结余 | | | | | |
| 收入合计 | | | 本年结余 | | |

**表 17-20　国有资本经营预算资产负债表**

年　月　日

编制单位：　　　　　　　　　　　　　　　　　　　　　　　　　　　　　　　　　单位：亿元

| 项目 | 年初数 | 期末数 | 项目 | 年初数 | 期末数 |
|---|---|---|---|---|---|
| 资产 | | | 负债 | | |
| 　现金 | | | 　短期借款 | | |
| 　银行存款 | | | 　应付职工薪酬 | | |
| 　其他货币资金 | | | 　应付账款 | | |
| 　应收账款 | | | 　预收账款 | | |
| 　应收票据 | | | 　应付利息 | | |
| 　其他应收款 | | | 　应上缴利润 | | |
| 　预付账款 | | | 负债合计 | | |

(续表)

| 项目 | 年初数 | 期末数 | 项目 | 年初数 | 期末数 |
|---|---|---|---|---|---|
| 原材料 | | | | | |
| 产成品 | | | 净资产 | | |
| 对外投资 | | | 当期盈余 | | |
| 固定资产 | | |  历年累积 | | |
| 在建工程 | | | 净资产合计 | | |
| 无形资产 | | | | | |
| 其他资产 | | | | | |
| 资产合计 | | | 负债净资产合计 | | |

**表 17-21　国有资本经营预算收入支出表**
年　月　日

编制单位：　　　　　　　　　　　　　　　　　　　　　　　　　　　单位：亿元

| 项目 | 预算数 | 执行数 | 项目 | 预算数 | 执行数 |
|---|---|---|---|---|---|
| 收入 | | | 支出 | | |
| 　利润收入 | | | 科学技术支出 | | |
| 　　电力企业利润收入 | | | 文化体育与传媒支出 | | |
| 　　化工企业利润收入 | | | 节能环保支出 | | |
| 　　运输企业利润收入 | | | 城乡社区支出 | | |
| 　　电子企业利润收入 | | | 交通运输支出 | | |
| 　　机械企业利润收入 | | | …… | | |
| 　　投资服务企业利润收入 | | | | | |
| 　　贸易企业利润收入 | | | 转出到一般预算 | | |
| 　　…… | | | 转出到社会保险预算 | | |
| 　股利、利息收入 | | | 其他支出 | | |
| 　产权转让收入 | | | | | |
| 　清算收入 | | | 支出合计 | | |
| 　其他国有资本经营收入 | | | | | |
| 收入合计 | | | 本年结余 | | |

**表 17-22 其他政府性特种基金预算资产负债表**

年　月　日

编制单位：　　　　　　　　　　　　　　　　　　　　　　　　　　　　单位:亿元

| 项目 | 年初数 | 期末数 | 项目 | 年初数 | 期末数 |
|---|---|---|---|---|---|
| 资产 | | | 负债 | | |
| 　现金 | | | 　短期借款 | | |
| 　银行存款 | | | 　应付账款 | | |
| 　零余额账户用款额度 | | | 　应付职工薪酬 | | |
| 　财政应返还额度 | | | 　预收账款 | | |
| 　其他货币资金 | | | 　应付利息 | | |
| 应收账款 | | | 负债合计 | | |
| 其他应收款 | | | | | |
| 预付账款 | | | | | |
| 　对外投资 | | | | | |
| 　固定资产 | | | 净资产 | | |
| 　在建工程 | | | 　固定基金 | | |
| 　无形资产 | | | 　专用基金 | | |
| 　其他资产 | | | 　财务盈余 | | |
| | | | 净资产合计 | | |
| 资产合计 | | | 负债净资产合计 | | |

**表 17-23 其他政府性特种基金预算收入支出表**

年　月　日

编制单位：　　　　　　　　　　　　　　　　　　　　　　　　　　　　单位:亿元

| 项目 | 预算数 | 执行数 | 项目 | 预算数 | 执行数 |
|---|---|---|---|---|---|
| 收入 | | | 支出 | | |
| 新增建设用地土地有偿使用费收入 | | | 新增建设用地土地有偿使用费支出 | | |
| 城市公用事业附加收入 | | | 城市公用事业附加支出 | | |
| 国有土地使用权出让收入 | | | 国有土地使用权出让支出 | | |
| 国有土地收益基金收入 | | | 国有土地收益基金支出 | | |
| 彩票公益金收入 | | | 农业土地开发资金支出 | | |
| 城市基础设施配套费收入 | | | 彩票公益金支出 | | |

(续表)

| 项目 | 预算数 | 执行数 | 项目 | 预算数 | 执行数 |
|---|---|---|---|---|---|
| 车辆通行费收入 | | | 城市基础设施配套费支出 | | |
| …… | | | …… | | |
| 其他政府特种基金收入 | | | 其他政府特种基金支出 | | |
| 其他预算补助 | | | 结转下年支出 | | |
| 上年结转收入 | | | | | |
| 收入合计 | | | 本年结余 | | |

2. 显性债务预算(见表 17-24 和表 17-25)

**表 17-24　显性债务预算资产负债表**

年　月　日

编制单位：　　　　　　　　　　　　　　　　　　　　　　　　单位：亿元

| 项目 | 年初数 | 期末数 | 项目 | 年初数 | 期末数 |
|---|---|---|---|---|---|
| 资产 | | | 负债 | | |
| 　现金 | | | 　到期账户 | | |
| 　应收账款 | | | 　付息债 | | |
| 贷出款 | | | 　未到期债务 | | |
| 　外汇账户 | | | 　其他负债 | | |
| 　对外投资 | | | 负债合计 | | |
| 　预付账款 | | | | | |
| 　存货 | | | 净债务 | | |
| 　固定资产 | | | 本年债务增(减)量 | | |
| | | | 　以前年度累积债务 | | |
| 资产合计 | | | 净债务合计 | | |

**表 17-25　显性债务预算收入支出表**

年　月　日

编制单位：　　　　　　　　　　　　　　　　　　　　　　　　单位：亿元

| 项目 | 预算数 | 执行数 | 项目 | 预算数 | 执行数 |
|---|---|---|---|---|---|
| 收入 | | | 支出 | | |
| 本年发行内债 | | | 基建支出 | | |
| 　短期债 | | | 　公路 | | |
| 　中期债 | | | 　机场 | | |

(续表)

| 项目 | 预算数 | 执行数 | 项目 | 预算数 | 执行数 |
|---|---|---|---|---|---|
| 长期债 | | | 水电 | | |
| 本年发行外债 | | | …… | | |
| 　国外负债 | | | 利息支出 | | |
| | | | 　债务还款 | | |
| 　外汇差异 | | | 弥补财政赤字 | | |
| | | | …… | | |
| 上年结转收入 | | | 支出合计 | | |
| | | | 结转下年支出 | | |
| | | | 结余 | | |
| 收入合计 | | | 本年债务增(减)量 | | |

3. 社会保障基金预算(见表 17-26 和表 17-27)

表 17-26　社会保障基金资产负债表

年　月　日

编制单位：　　　　　　　　　　　　　　　　　　　　　　　　　单位:亿元

| 项目 | 年初数 | 期末数 | 项目 | 年初数 | 期末数 |
|---|---|---|---|---|---|
| 资产 | | | 负债 | | |
| 　银行存款 | | | 　应付利息 | | |
| 　应收利息 | | | 　应付账款 | | |
| 　应收股利 | | | | | |
| 　其他应收款 | | | | | |
| 　短期债券投资 | | | 负债合计 | | |
| 　一年内到期的长期债券投资 | | | | | |
| 　指数投资 | | | 基金权益 | | |
| 　资产证券化产品 | | | 　社保基金 | | |
| 　委托投资 | | | 　风险准备金 | | |
| 　收回证券资产 | | | | | |
| 　股权资产 | | | | | |
| 　长期债券投资 | | | | | |
| 　其他投资 | | | 基金权益合计 | | |
| 资产合计 | | | 负债和基金权益合计 | | |

表 17-27　社会保障基金资产收入支出表

年　月　日

编制单位：　　　　　　　　　　　　　　　　　　　　　　　　　　　　　单位：亿元

| 项目 | 预算数 | 执行数 | 项目 | 预算数 | 执行数 |
|---|---|---|---|---|---|
| 收入 | | | 支出 | | |
| 　社会保险收入 | | | 　社会保险支出 | | |
| 　　基本养老保险基金收入 | | | 　　基本养老保险基金支出 | | |
| 　　其他养老保险基金收入 | | | 　　失业保险基金支出 | | |
| 　　失业保险基金收入 | | | 　　基本医疗保险基金支出 | | |
| 工伤保险基金收入 | | | 工伤保险基金支出 | | |
| 生育保险基金收入 | | | 生育保险基金支出 | | |
| …… | | | …… | | |
| 社会保障转入 | | | 　社会保障支出 | | |
| 　安抚基金收入 | | | 　　安抚基金支出 | | |
| 救济基金收入 | | | 救济基金支出 | | |
| 福利基金收入 | | | 福利基金支出 | | |
| 就业补助基金 | | | …… | | |
| 退役安置基金 | | | 　行政费用 | | |
| …… | | | 　　职工薪酬 | | |
| | | | …… | | |
| | | | 结转下年支出 | | |
| 上年结转收入 | | | 支出合计 | | |
| | | | 结余 | | |
| | | | 社会保险基金结余 | | |
| 收入合计 | | | 社会保障基金结余 | | |

# 第18章 我国财务报告制度的基本要素

政府财务报告是政府财务信息披露体系中最重要的组成部分,政府财务报告制度的设计直接影响了政府财务信息披露的广度和深度。政府财务报告制度由财务报告的目标,以及与目标密切联系的其他基本要素,如信息范围、报告主体、编制基础、报告形式等共同组成。政府财务报告的目标规定了其目的和宗旨,是构建整个政府财务报告制度的逻辑起点,而其他要素则是政府财务报告在确认、计量、列报时需要遵循和采用的原则和工具。这些要素之间相互关联,相互影响,共同形成了指导、评估和发展政府财务报告的理论基础。

由于国情不同,当前世界各国所采用的政府财务报告制度存在着显著的差异。只有充分结合我国社会主义市场经济体制和当前社会转型期的特点,从建设服务型政府出发,明确我国政府财务报告制度的各个基本要素内容,才能不断地丰富和完善我国政府财务报告制度,更好地服务于我国政府公共服务改革实践。

## 18.1 我国政府财务报告的目标

不同的国情决定了政府财务报告目标不同的定位。美国政府会计准则委员会(GASB)在其第1号概念公告《财务报告的目标》中指出,政府财务报告的目标受经济、法律、社会和政治环境等因素的影响,并随着环境的变化而变化。国际会计师联合会(IFAC)的《公立单位委员会研究报告第1号——中央政府财务报告》指出,主体的运营环境影响了财务报告的目标。因此,要明确我国政府财务报告的目标,首先必须系统地分析我国的政治、经济和社会等影响因素。

### 18.1.1 我国政府财务报告目标的影响因素

1. 政治因素

计划经济时期,我国在政治上实行高度集权的管理体制,政府对国家各项事务具有绝对的控制力,立法机关和上级行政部门是政府财务信息的主要使用者。虽然在这个时期还没有系统的政府财务报告概念,但反映政府财务信息的各类文件是普遍存在的,其目的主要是向立法机关和上级行政部门提供决策信息,以满足国家宏观调控和政府内部管理的需要,并不对社会公众公开。

改革开放以来,随着我国政治体制改革的不断深化,政府在经济和社会事务中的职能定位不断明确。党的十八届三中全会指出,"必须切实转变政府职能""全面正确履行政府职能",各项社会事务由过去政府独家管理,向社会多方共管的新格局转变。虽然在这一时期,立法机关和上级行政部门仍是政府财务信息的重要使用者,但伴随着公众的民主意识和纳税人意识不断增强,客观上也对政府财务信息的公开和披露提出了新的需求。因此,向公众提供内容丰富、透明度高的政府财务信息,以解除政府的受托责任,逐渐成为政府财务报告的重要目标。由此可见,从政治影响的角度上看,我国政府财务报告的目标正在从满足国家宏观调控和政府内部管理的需要逐渐向解除受托责任转变。

2. 经济因素

在经济制度方面,以公有制为主体、多种所有制经济共同发展的基本经济制度,是中国特色社会主义制度的重要支柱。党的十八届三中全会指出,"必须毫不动摇地巩固和发展公有制经济,坚持公有制主体地位,发挥国有经济主导作用,不断增强国有经济活力、控制力、影响力"。与西方国家不同,公有经济在我国的国民经济中占据着主导地位,体量大,影响面广,而政府代表社会公众行使对国有资产的所有权,构成了我国政府受托责任的重要组成部分,因此政府有责任向社会公众提供国有资产的运营和保值增值情况,由此也形成了我国政府财务报告不同于西方国家的目标之一。

在经济体制方面,我国实行社会主义市场经济体制。改革开放以来,统一开放、竞争有序的现代市场体系不断得到完善,市场在资源配置中的决定性作用不断加强,政府干预经济的程度不断减弱,进而转向为市场经济服务。因此,政府财务信息的使用者范围突破了原有的内部管理者,并随着社会主义市场经济的不断发展而进一步扩大。因此,政府财务报告的目标也应随之发生变化,从为单一的内部管理者提供决策信息,不断地向为更多不同的使用者提供种类更加多样、内容更加全面的政府财务信息转变。

在政府资金来源方面,伴随着我国资本市场的发展,政府财政资金的来源不再局限于税收收入。通过股票市场减持国有股和股利分红获得资金,通过债券市场发行公债,向国内外的投资者募集资金,也成为政府财政收入的来源之一。随着地方债的有限放开,政府通过资本市场获得的债务资金将逐渐成为财政收入的重要组成部分。随着公债发行和管理制度的不断完善,以及公债投资者出于对投资收益和风险的衡量需要,必然对政府财务信息披露提出更多需求。因此,为保证公债的顺利发行,稳定财政收入来源,政府必须面向公债投资者等利益相关群体披露更多的反映政府财务状况和绩效状况的决策信息,这将成为政府财务报告的重要目标之一。

3. 社会因素

在社会文化方面,由于深受两千多年封建文化的影响,长期以来公众对国家事务的关心和参与热情相对较低,社会事务的各项决策依赖于政府,遵从政府的意志和各项决定。于是纳税成了天经地义的事情,很少有人去监督政府财政资金的使用情况,更没有人会对政府财政资金的使用提出自己的建议。随着改革开放的不断深入,公众的思想不断得到解放,尤其是随着新公共管理运动理念的不断深入人心,我国社会公众的公民意识不断增强,"国家养人民"的财政幻觉逐渐消失。作为纳税人,公众意识到是他们在养国家而不再是国家在养他们。公众与政府关系的本质是一种委托代理的社会契约关系,政府作为受托人在掌握了公共权力的同时也承担了相应的公共责任,社会公众对政府财务信息公开和监督的需求不断增强。因此,向公众提供全面透明的政府财务信息,充分反映财政资源的筹集和使用情况、政府的财务状况和绩效信息,接受公众的监督,从而解除公共受托责任是我国政府财务报告的重要目标。

在管理思维方面,历史上我国是一个较为传统和保守的国家,在国家事务管理过程中,更多地体现着"遵从"和"规范"的原则。体现在政府财政管理上,则表现为下级对上级意志的无限遵从,以及上级对下级执行在规范上的片面要求。受多年计划经济的影响,长期以来上级部门更多地关心下级部门对各项计划的完成情况,以及各项决定的执行情况。反映在财政管理上,则体现为特别重视预算的执行情况是否规范,而往往忽视了资金的使用效率和使用效果。这也导致了我国现行的政府会计体系中,无论行政单位会计还是事业单位会计,在本质上都属于预算会计,更多地反映了预算的执行情况,但对政府财务状况和成本绩效情况的反映并不充分。随着对公共财政管理理念的深入实践,"重投入、轻产出""重规范、轻绩效"的固有思维不断得到纠正,财政风险、财政绩效等问题得到了更多重视。因此,在反映政府预算执行度及合规性的同时,全面地反映政府的财务状况和成本绩效情况,满足政府内部管理人员对政府财务信息的更高需求,也是我国政府财务报告的目标之一。

综上所述,由于受到政治、经济、社会文化等因素的共同影响,对我国政府财务报告目标的要求是多元化的。一方面,政府财务报告需要向政府内部管理人员提供包括财政资金使用的合规性、预算执行进度、政府财务状况和成本绩效等决策有用信息;另一方面,政府财务报告需要向社会公众、纳税人全面披露包括各类国有资产在内的政府财务信息以解除公共受托责任,同时需要向公债投资者等利益相关群体披露政府财务状况、运营和绩效情况等决策有用信息。

## 18.1.2 我国政府财务报告目标的现状

与海洋法系国家通过会计职业团体或有关政府部门联合组成专门机构来制定政府会计概念框架不同,我国属于大陆法系国家,长期以来,对政府财务报告的目标并没有独立和明确的表述,而是散见于各类有关制度法规中。我国政府会计自1998年改革以来,逐渐形成了包括《预算法》《会计法》《事业单位会计准则》《财政总预算会计制度》《行政单位会计制度》《事业单位会计制度》以及其他与预算管理有关的会计制度在内的政府会计法规体系。其中,《预算法》和《会计法》属于法律规范,其余的则属于会计准则和制度规范。以此为基础,形成了包括财政总预算报表、行政单位财务报告、事业单位财务报告在内的预算会计报告体系。虽然以收付实现制为基础,尚未整合统一的预算会计报告,并不是严格意义上的政府财务报告,但对我国政府财务报告目标当前的定位取向可在上述各个会计制度或准则之中略见一斑(见表18-1)。

表18-1 我国当前政府预算会计报告目标

| 报告类别 | 报告内容 | 相关制度或准则中关于报告目标的阐述 |
| --- | --- | --- |
| 财政总预算报表 | 资产负债表、预算执行情况表、财政周转金收支情况表、财政周转基金变动表、基本数字表及其他附表和说明书 | 总预算会计报表是各级预算收支执行情况及其执行结果的定期书面报告,是各级政府和上级财政部门了解情况、掌握政策、指导预算执行工作的重要资料,也是编制下年度预算的基础 |
| 行政单位财务报告 | 资产负债表、收入支出表、支出明细表、附表和报表说明书 | 会计信息应当符合国家宏观经济管理的要求,适应预算管理和有关方面了解行政单位财务状况及收支结果的需要,有利于单位加强内部财务管理。会计报表是反映行政单位财务会计状况和预算执行结果的书面文件 |
| 事业单位财务报告 | 资产负债表、收入支出表、财政补助收支表、基本数字表、财务情况说明书 | 事业单位会计报表是反映事业单位财务状况和收支情况的书面文件,是财政部门和上级单位了解情况、掌握政策、指导单位预算执行工作的重要资料,也是编制下年度单位财务收支计划的基础 |

由表18-1可以看出,虽然我国尚未正式制定明确、独立的政府财务报告概念框架,但纵观相关制度或准则中对政府财务报告目标的阐述,还是可以归纳整理出一些规律的。结合当前环境对我国政府财务报告目标的要求,这些规律反映了当前我国政府财务报告目标定位中存在的几个问题:

首先,目标中没有体现外部使用者的信息需求。上述各类财务报告片面地强调了"政府和财政部门""国家宏观经济管理"和"指导预算执行"等内部使用者的需要,但忽视了外部使用者,如纳税人、债权人的信息需求。其次,目标中没有体

现政府的公共受托责任。上述各类财务报告片面强调了要对"上级财政部门""上级单位"等政府内部权威者负责,但忽视了对公共权力的最终所有者——公民的财政受托责任。最后,目标中没有体现对财政成本绩效的考察。上述各类财务报告制定的目的大多是"加强内部财务管理""指导预算执行"和"编制下年度财务收支计划",其目的更加侧重于对预算执行的管理,但忽视了对政府各项活动支出的成本以及运营绩效的考察。

由此可见,当前我国政府财务报告目标在概念上尚未形成完整体系,在内容上也难以满足实际环境的客观需求。这不仅不利于综合的政府财务报告制度的建立,也无法满足现实中内部和外部使用者对政府财务信息的需求。明确我国政府财务报告的目标,厘清目标的层次和内容是建立我国政府财务报告制度的起点和必然要求。

### 18.1.3 我国政府财务报告目标的选择

由于国情不同,当今世界上诸多国家对政府财务报告目标的选择存在着一定的差异。如以英美为代表的国家强调政府财务信息主要为广大外部使用者提供,报告内容多而且细,以阐明政府的受托责任和满足外部决策有用需要为主。而以德法为代表的国家强调政府财务信息主要向立法机关、行政部门提供,报告内容以财政预算信息为主。近年来,随着构建我国政府综合财务报告的现实需求不断加强,许多学者对我国政府财务报告的目标选择进行了研究,主要形成了以下三类观点。

1. 以解除公共受托责任为主

张琦(2007)认为,公共受托责任不同于企业的受托责任,它具有授权关系层级结构复杂、授权方与被授权方多元化以及信息披露内容与方式多样化等特点。政府财务报告目标应定位于提供授权事项中能予以货币量化的相关信息。刘笑霞(2007)认为,我国政府财务报告应当从目前的为预算管理服务为主转变为向公众提供反映公共受托责任履行情况的信息为主。王建新(2008)认为,现阶段政府财务报告的首要目标宜定位为反映预算收支的合规性和财政管理的要求为主,远景目标是反映政府的公共受托责任。常丽(2008)认为,政府财务报告的总体目标应定位于反映政府公共受托责任的履行情况而不是强调决策有用。

2. 以提供决策有用信息为主

陈晓悦(2005)认为,政府财务报告的目标是要全面反映政府的经济行为及其对资源产生的现实后果和未来影响,以帮助政府作为内部使用者了解其现状,评价自己的行为,为未来的资源配置决策和政府行为的改变提供依据。张国生(2006)提出改进我国现行的资产负债表的局限性,增加偿债能力表、资本资产表、或有负债表和大量统计信息,以满足我国财政管理的现实需要。于国旺(2007)认为,我国政府财务报告的目标在于通过提供预算执行信息为内部相关部门和人员的预算资源配置决策服务。陈穗红(2007)提出评价政府财务状况是政府财务报告具体目标的重要方面。

3. 政府财务报告目标的多元论

多元论认为政府财务报告目标的选择既体现决策有用观,又体现受托责任观。赵合云、陈纪瑜(2008)认为,我国政府财务报告的目标层次需进一步提升,其直接目标应该定位于提供绩效评价的有用信息,定位于帮助评价政府公共部门的绩效和反映政府公共部门的公共财务受托责任。李兰、景宏军(2008)认为,我国政府财务报告的总体目标应该是反映政府的受托责任和做出决策,在中央政府层次强调"受托责任",在地方政府层次重视"决策有用"。

由此可见,国内学者对政府财务信息应主要向内部使用者还是外部使用者提供,以及政府财务报告的目标应该以反映公共受托责任为主还是以提供决策有用信息为主,尚未形成完全一致的结论。笔者认为,我国政府财务报告目标的选择,应在我国现有政府会计体系发展现状的基础上,结合我国当前政治、经济和社会的发展特点,借鉴国外先进经验,根据我国政府综合财务报告制度改革的逻辑顺序,以不同类别的信息使用者为基础,按照重要性和改革推进的难易程度,分层次、分类别地加以确定。

对于内部使用者,即政府内部的管理人员来说,为国家宏观调控和政府内部管理提供决策有用信息是我国政府财务报告的目标之一。这体现在如实、公允地反映某一时点政府各类资产和负债情况,当期的财政收入应对财政支出的情况,各类隐性负债、或有负债可能导致的财政风险情况,财政收支受经济环境影响以及反之对经济发展的影响情况。只有准确地掌握上述信息,政府内部的管理人员才能合理地制定各项经济政策,保证政府对各项经济、社会事务的良好管理。而向财政部门和上级管理部门反映政府部门间的受托责任也是我国政府财务报告的目标之一。这体现在及时地反映预算部门和下级部门的预算完成进度,预算执行是否合规,以及各项活动的成本绩效情况等,体现了政府内部的监督机制。

对于包括立法监督机构在内的外部使用者,提供全面、透明、高质量的政府财务信息,以解除政府公共受托责任是我国政府财务报告的目标之一。这体现在详细披露财政预算和实际的收支信息以及预算执行的合规性情况,披露政府提供公共产品和服务的数量、质量及其成本绩效情况,披露政府财务状况信息以评估财政风险及未来能够提供公共服务的潜力。只有全面地反映政府的公共受托责任,实现公众对政府的有效监督,政府才能真正转变为"看得见的政府",在防范舞弊和腐败的同时,降低财政风险,有效提升财政资源的使用效率。对部分外部使者提供充分的决策有用信息也是我国政府财务报告的目标之一。这体现在,向公债投资人和其他利益相关群体披露政府各类资产和负债的状况,披露政府收入的来源、种类和使用情况,提供未来经济政策取向和收支计划的分析,以帮助各类利益相关者做出理性的经济决策(见表18-2)。

表18-2 我国政府财务报告目标的选择

| | | 内部使用者 | | 外部使用者 | |
|---|---|---|---|---|---|
| | 基本目标 | 具体目标 | 基本目标 | 具体目标 |
| 反映政府受托责任 | 反映政府部门间受托责任 | 财政预算执行进度情况 | 反映政府的公共受托责任 | 财政预算和实际收入支出的规模、结构情况 |
| | | 财政预算执行合规性情况 | | 财政预算执行合规性情况 |
| | | | | 政府提供的公共产品和服务及其绩效情况 |
| | | 政府运营成本和服务成本信息 | | 政府财务状况信息及提供公共服务的潜力 |
| | 基本目标 | 具体目标 | 基本目标 | 具体目标 |
| 提供决策有用信息 | 为国家宏观调控和政府内部管理提供决策有用信息 | 政府和其他国有资产的各项资产和负债状况 | 为利益相关者提供决策有用信息 | 政府和其他国有资产的各项资产和负债状况 |
| | | 当期收入与支出比对情况 | | 政府收入来源及运用情况 |
| | | 潜在的财政风险情况 | | |
| | | 政府财政收支与经济环境间的相互影响情况 | | 政策取向和未来收支计划安排情况 |

由此可见,我国政府财务报告可选择的目标是多角度和多层次的。编制出一份能够满足上述所有目标的政府财务报告固然是理想的,然而财务报告的编制工作是有成本的,这体现在会计信息的提取、合并、列报、分析等多个方面,政府财务报告要完成的目标越多,其编制成本就越高。从成本收益的角度考虑,需要对目标按照重要性进行取舍和整合。

和许多西方国家不同,我国的政府财务报告改革是由行政部门本身来推动的,改革的逻辑起点正是对自身财务状况和内部管理的关注,加之我国政府对经济资源仍有着较强的掌控力,因此向内部使用者提供信息,仍然是我国财务报告制度不可忽视的目标之一。但对于政府内部使用者来说,由于分析的主体不同,需要解决的问题不同,使得信息需求的内涵是纷繁复杂的。我们很难预测一个内部使用者究竟需要从政府财务报告中了解哪些具体的信息,因此满足所有内部需求的财务报告必将是事无巨细的,其编制成本也必将是十分高昂的。同时,作为政府内部管理人员,本身可轻易获取各类详细的政府会计基础数据,完全可以根据实际需要提取有关信息,而不必从政府整体的财务报告中获取。因此,向内部管理者提供信息虽然是政府财务报告的目标之一,但并不适合作为其主要目标。

在公共财政理念影响下,我国多数学者对政府财务报告的目标选择倾向于反映公共受托责任,认为政府财务报告应更多地为外部使用者提供全面、透明的政府财务信息。一方面,外部使用者获取政府财务信息的途径非常有限,而作为政府财务信息披露系统的关键组成部分,政府财务报告承担着向外部使用者披露政府财务状况和成本绩效状况的重要使命,是财政预决算系统和财政统计系统无法取代的。另一方面,对于外部使用者来说,决策有用信息主要体现在政府的各项财务状况、营运效率情况和未来发展潜力等方面,这些同时也是公共受托责任的具体体现。因此,从广义上来说公共受托责任情况也包含着决策有用信息。

我国于2011年起在11个省份开展了权责发生制政府综合财务报告的试编工作,并制定了相关试编办法和指南。其中《2014年度权责发生制政府综合财务报告试编办法》中,对政府财务报告的目标描述为"向报告使用者提供与本级政府整体财务状况和运营情况等有关的信息,反映政府受托责任履行情况"。由此可见,我国政府财务报告应该是主要面向外部使用者的通用报告,其最重要的目标是反映政府的公共受托责任。具体体现在财政受托责任和运营受托责任两个方面,前者指政府需要证明当期活动遵守了短期内有关公共资金收入和支出的公共决策的责任,而后者指政府对其使用所有可能资源、有效和高效率地实现运营目标的程度,以及是否能够在可预见的将来继续实现目标进行报告的责任。而向利益相关群体提供决策有用信息和向政府内部管理人员提供财务信息则是其可以兼顾的两个次要目标。

## 18.2 我国政府财务报告信息的需求、范围及质量特征

### 18.2.1 我国政府财务报告信息的需求

如上所述,我国政府财务报告应该是面向外部使用者的,以反映政府公共受托责任为首要目标的通用型报告。因此,政府财务报告所披露的信息应该以解除政府受托责任为核心,同时向利益相关群体提供决策有用信息,兼顾向政府内部信息使用者提供财务信息。随着我国全面深化改革的推进,政府自身的改革发展以及社会舆论导向都要求政府掌握和公开更多的财务信息。

一方面,政府管理者、经济学家和社会人士普遍认为,当前我国政府面临着债务风险、民生保障、环保投入、经济转型、产能过剩和房地产泡沫等压力,摸清家底、完整展现政府资产负债信息是应对压力和财政风险的前提。另一方面,社会公众要求政府财政透明的呼声愈发强烈,反映的问题主要有已公开的财政数据内

容较为粗化,即便已细化公开的数据可理解性也较差,现行的会计核算体系很难让公众了解政府整体的财务状况,认为政府在信息公开上缺乏诚意,久而久之会对政府产生不信任感。因此,要求政府应增强财政的责任意识和效率意识,不仅从预算编制、执行、监督等各个环节加强制度建设,打造阳光预算,同时,通过政府财务报告制度,更加全面和客观地披露政府的财务状况信息和成本绩效信息,以解除政府的公共受托责任。

**18.2.2 我国政府财务报告信息的范围**

从我国政府财务报告的目标定位和信息需求可以看出,对其所披露的信息范围是相对广泛和多元的。从解除受托责任和提供决策有用信息的角度出发,要求政府财务报告不仅能够提供财政预算的执行信息,也要能全面客观地提供政府财务状况和收支情况信息;不仅能够提供财政收支的合规性信息,也要能够提供财政收支效果和成本的绩效性信息;不仅能够反映财务数据本身,也要包括对政府财政活动与经济社会间相互影响和作用的分析。

国内许多学者结合我国当前政府会计发展现状,对我国政府财务报告应提供的信息进行了研究,比较普遍的观点认为应包括三个方面:① 全面的资产负债信息。各级政府及其所属部门全面的金融资产和非金融资产信息,以及所承担的全部负债,包括或有负债和隐性负债信息。② 全面的政府活动信息。包括各级政府及其所属部门预算和预算外的全部活动信息。③ 准财政活动信息。例如事业单位按照低于市场的价格向社会提供服务、公益性国有企业的经营活动等。

常丽(2014)通过对政府财务信息内部和外部使用者的问卷调查研究认为,政府财务报告使用者需要的信息主要体现在三个方面:政府所控制的经济资源和承担的负债,政府的收支情况,政府的运营成本以及支出的效果。

结合我国政府财务报告目标定位,笔者认为,为充分地反映政府的公共受托责任,政府财务报告应至少提供合规性信息、财务状况信息、成本绩效信息这三方面的信息。其中,合规性信息主要反映政府预算和预算外资金的使用情况,要向公众清楚地反映,财政收入的来源及其变动情况,预算的执行情况如何,财政支出的规模、结构及其变动情况如何等。财务状况信息主要反映政府资产负债和政府财政资源流动情况,在静态上要向公众完整客观地呈现政府所持有或掌控的各类资产,包括公益性国有企业的资产状况以及非公益性国有企业中的国有权益,包括对固定资产、继承资产和无形资产的计量方式等。同时,向公众全面地披露政府的负债情况,包括债务类别和结构,对或有及隐性债务的估计等。在动态上要向公众披露当期政府各类财务资源的流入和流出情况,以及其对政府净资产的影响等。成本绩效信息主要反映政府提供各类公共产品和服务的规模、结构,以及其为了完成上述职能所发生的各项成本情况。同时,政府对各类财务资源的运作效率情况也是成本绩效的重要方面。此外,为向外部使用者完整地呈现政府的情况,政府财务报告还需要提供多层次的合并信息。合并信息是将不同部门、单位以及各级政府间的信息进行整合,以反映政府活动的某一领域或者一级政府财务信息的全貌(见表18-3)。

表18-3  我国政府财务报告信息范围

| | 基本信息 | 具体信息 | 合并信息 |
|---|---|---|---|
| 合规性情况 | 预算执行情况及预算外资金使用情况 | • 财政收入来源及其变动情况<br>• 预算的执行进度<br>• 财政支出规模、结构及其变动情况<br>• 未来的政策取向及财政收支安排 | • 各类政府部门、所属单位的合并信息<br>• 各级政府的合并信息 |
| 政府财务状况 | 政府资产负债情况 | • 政府各类资产规模和结构情况<br>• 政府资产的流动性情况<br>• 对固定资产等的计量方式<br>• 对继承资产、无形资产的列报方式<br>• 政府各类负债规模和结构情况<br>• 政府的隐性债务、或有负债情况<br>• 政府资产偿债能力情况 | |
| | 政府收入支出情况 | • 政府收入的规模和结构情况<br>• 政府支出的规模和结构情况<br>• 政府收入应对支出的能力<br>• 财政收支受外部经济环境的影响<br>• 政府净资产的变动情况 | |
| 成本绩效情况 | 政府运营绩效情况 | • 各类公共产品和服务的总量和结构<br>• 运营成本和支出绩效情况<br>• 政府的财务资源的运作效率<br>• 财政活动对外部经济的影响 | |

从实践上看,政府财务报告信息能够呈现的范围在很大程度上取决于政府会计体系的发展情况。大多数国家在政府财务报告制度建立和改革的过程中,根据有关会计信息获取的难易程度,采取了逐步扩大报告范围的做法。当前我国尚未制定政府财务会计制度,也未正式建立起统一完善的政府财务报告制度。因此在财务报告制度建立之初,在具体信息的披露上,应根据实际情况逐步对范围进行扩展。例如,在对政府资产负债信息的报告方面,可以先对现行预算会计中已经包含的银行存款、暂存款、暂付款、存货等短期资产负债事项予以披露。随着相关配套制度不断完善,可以逐步将政府股权、固定资产、基础设施资产、公务员养老金负债等长期资产负债事项纳入披露范围。当相关制度趋

于完善的时候,可以再逐步将文物资产、社会福利负债等复杂性强、难度大的事项纳入披露范围。

充分考察政府的公共受托责任履行情况,不仅需要政府的财务信息,同时也需要各类非财务信息。因此,从信息类别角度来看,政府财务报告的信息范围还需要进一步界定。当前,反映我国政府财务情况的信息主要来自各类政府财务报告系统、财政预决算系统、社会经济统计系统,此外也散见于各类政府文件当中。其中各类政府财务报告系统主要提供不同政府部门和单位的财务信息,财政预决算系统主要提供政府预算收支完成情况信息,社会经济统计系统主要提供与政府活动有关的各类非财务信息。各系统披露的信息虽有部分重合,但总体来看是相互补充的。从构建统一、完整的政府财务报告制度角度来看,若要全景式地反映政府所有公共受托责任的履行情况,就需要全面整合上述三大系统,将各类财务与非财务信息都纳入政府财务报告的范围中来。

显然,考虑到报告编制的成本收益,这并不是一个最佳的方案。每个系统无论从其披露的内容还是编制的机制来看,都是相对独立和自成体系的,过度地扩大某个系统的范围边界,并试图覆盖其他系统,不但会造成边界的重叠不清,更会造成社会资源的浪费。此外,并不是所有财政预决算系统和社会经济统计系统所披露的信息,都与反映政府公共受托责任直接相关。因此,财务报告系统不可能也没有必要完全取代其他信息披露系统。赵合云、陈纪瑜(2010)认为,财务报告系统边界的上限应该是信息披露的边际效益大于或等于边际成本的临界点,其下限应该以满足评价政府活动所需的定量信息为前提。

政府财务报告的信息范围应该以政府财务会计体系产出的财务信息为主体,同时有选择地整合与反映政府公共受托责任直接相关的预决算信息和社会经济统计信息,完整而简洁地展现政府收支的合规性、财务状况和成本绩效等情况,使之成为我国政府财务信息披露体系的核心。我国《2014年度权责发生制政府综合财务报告试编指南》中并未要求披露与预算执行有关的现金流量情况,其理由是:"鉴于以收付实现制为基础的预算执行报表,基本上能反映出政府现金流量情况,因此,暂不要求编制现金流量表。"笔者认为,出于对报告编制的简洁性的考虑,暂不纳入预决算信息有一定的合理性。但由于财政预决算情况无论对反映政府财政的合规性,还是政府活动的成本绩效情况都是十分关键的信息,因此在政府财务报告中纳入基本的预决算信息还是很有必要的。此外,应积极构建政府财务分析体系,以政府财务报告信息为基础,同时有机地结合其他两大系统披露的信息,实现对政府收支合规性、财务状况和成本绩效情况的深度挖掘。

### 18.2.3 我国政府财务报告信息的质量特征

针对财务报告质量特征,国际会计准则委员会提出了可理解性、相关性、可靠性和可比性四个原则。结合我国实际情况,我国政府财务报告的信息质量的描述也可借鉴上述四个原则。

(1) 可理解性。由于我国政府财务报告主要提供给社会公众使用,其群体十分广泛,既包括专业人士,也包括大量的非专业人士,每个群体对政府财务报告的需求不尽相同,因此报告信息的编制应尽可能地详细和简单,并配有必要的解释,提供能够为绝大多数使用者理解的有用的信息。

(2) 相关性。为外部使用者提供政府受托责任的履行情况和决策有用信息是我国政府财务报告的目标,因此报告编制的信息应该与使用者所做的分析和决策有高度的相关性。这要求政府财务报告的信息具有较高的及时性。不仅如此,在提供基本数据信息的基础上,还应在报告中对政府财务过去和未来的状况进行对比和分析。

(3) 可靠性。真实可靠的政府财务报告信息是政府解除公共受托责任的重要前提,因此报告编制的信息应能够经受检验,不带偏见,并能够公允地表达。因此,制定完整的政府财务报告编制操作手册,培训一支专业的政府财会人才队伍,完善相关监督和审计制度是构建我国政府综合财务报告的重要前提。

(4) 可比性。可比性要求政府结构内相似的主体对所有相似的交易和事项应使用相同或相似的会计原则和报告方法。由于我国政府结构分为五级,加之包含大量功能各异的党群机构、行政机关、事业单位等,因此对政府财务报告信息的可比性提出了更高的要求。我国现行的预算会计体系中,预算总会计、行政单位会计和事业单位会计在事项确认和记录方式上存在着一定的差异,如何统一标准,不仅便于合并报告信息的编制,更有助于全面地反映政府的各项财务活动信息。

## 18.3 我国政府财务报告主体

### 18.3.1 我国当前政府财务报告主体定位

国际会计师联合公会(IFAC)公立单位委员会(IPSASB)在其第 11 号研究报告中,对政府财务报告主体范围提出了四种界定方法,包括基金核准分配概念、法律主体方法、政治受托责任概念和控制概念。长期以来,由于我国实行的是政府预算会计制度,各类政府财务报告的主体实际上只包括完全或主要以财政预算来获得收入的主体(包括各类行政单位和事业单位),因此,虽然在各会计准则和制度规范中没有明确提出政府财务报告主体的界定方式,但实际上是采用了基金核准分配概念,以财政性资金的分配作为确定报告主体的标准,即由政府提供资金维持其营运的组织作为主体被纳入政府财务报告范围。基金核准分配概念的优点是界定简单,操作方便,与财政预算管理结合紧密。但其缺点也是显而易见的,即有些行使着政府职能,向社会提供公共产品或公共服务,但由于一直没有获得,或在某个报告年度没有获得财政资金支持的机构,可能会被排除在报告主体之外,比如公益性国有企业。此外,采用基金核准分配概念容易导致政府财务报告片面地关注预算的使用情况,导致其无法全面反映政府受托责任履行情况。在当前的预算会计制度下,每年"两会"期间,各级政府所作的政府工作报告、预算执行情况报告以及国民经济与社会发展计划执行情况报告中,仅对预算执行部门的预算执行情况进行了汇报,而对于政府财务状况、政府运营成本和绩效,未涉及预算执行,但提供公共产品和服务部门的情况则没有充分反映。除此以外,我国大多数政府组织中既有预算单位,也有非预算单位,因此在基金核准分配概念下,对于非预算资金的来源和使用情况也得不到充分的反映,政府可能通过经营某些其他主体来控制资金流动的时间,进而对财务报表形成影响,这也是基金授权分配法的缺点之一。

由此可见,当前我国各类会计准则和制度规范中对政府财务报告主体在界定方式上尚未明确,在实践中也仅定位于财政预算单位,披露的内容也仅限于预算执行的情况及合规性,难以全面地反映政府的财务状况,更难以反映政府活动的成本绩效情况。我国政府财务报告的首要目标是向外部使用者全面反映政府的公共受托责任履行情况,这就要求我国财政报告的主体应进一步明确。

**18.3.2 我国政府财务报告主体的界定**

除基金核准分配概念外,常用的界定政府财务报告主体的方法还有政治受托责任概念和控制概念。

政治受托责任概念是以是否承担着公众委托的社会责任作为确定政府财务报告主体的一种方法。即凡是履行政府职责,面向社会提供公共产品和公共服务的主体都应作为政府财务报告的主体。由于我国政府财务报告的首要目标是解除政府的公共受托责任,因此政治受托责任概念是一种比较理想的方法。但该方法也存在着一定的局限性,因为其要求对政府受托责任首先要有清晰的界定。在政治受托责任概念下,我国的各级政府及其所属行政单位、事业单位、部分社会团体以及公益性国有企业都应纳入政府财务报告的主体中来。

控制概念是政府将主体或交易是否具有控制力作为确定政府财务报告主体的一种方法。控制概念最大的难题是,尽管理论上可以界定"控制"的范围,但这种界定通常是原则性而不是规则性的,因此在实际操作中会产生巨大的困难。我国是以公有制为基础的社会主义国家,尽管政府职能在很大程度上发生了转变,但受历史影响,政府对许多社会组织和资源的控制力远远大于西方国家,如果没有清晰、合理的"控制"标准,政府财务报告的主体范围将过大。根据控制概念的界定原理,我国各级政府及其所属行政单位、公益性国有企业、竞争性国有企业中的国有权益、各类政府性基金、土地储备和物资储备资金等都应纳入政府财务报告的主体中来。

从各国政府财务报告的实践经验来看，西方国家大多采用了组织主体和基金主体并用的双重主体模式。例如美国政府财务报告就分为以各类基金，如政务基金、权益基金和信托基金为主体的报告，以及以政府整体为主体的报告。双重主体模式具有许多优点，值得我国借鉴。一方面，应以政治受托责任为界定方法，将履行各类职能的各级政府、行政单位、事业单位、公益性国有企业明确为政府财务报告主体，以全面地反映政府的财务状况、运营情况和成本绩效情况，全面、透明地反映政府公共受托责任，并提供部分决策有用信息。另一方面，以基金核准分配概念和控制概念为界定方法，采用基金会计模式，将一般类预算基金、政府性基金、政府托管基金等明确为政府财务报告主体。在对各基金按支出周期进行全过程核算和披露，保证财政性资金专款专用，防止政府在不同活动领域之间转嫁受托责任的同时，披露政府各项资金的财务状况，揭示隐性及或有债务和财政风险，更加全面地反映政府公共受托责任。

近年来我国在政府综合财务报告的试编工作中，已明确纳入政府综合财务报告合并范围的主体包括"单位主体"和"资金主体"。其中"单位主体"包含两个层次，一是本级政府财政，二是纳入部门决算管理范围的行政单位、事业单位和部分社会团体，以及编报基建项目决算的国有建设单位、政府直接管理的国有企业和政府部门管理的国有企业。"资金主体"主要包括财政一般预算资金、政府性基金预算资金、国有资本经营预算资金、国债转贷资金、农业综合开发资金、财政专户管理资金、国际金融组织贷款、外国政府赠款资金、外国政府贷款资金和其他财政专户资金。此外，为了反映政府对国有资产的受托责任履行情况，土地储备资金、公益性国有企业、物资储备资金等也纳入了政府综合财务报告范围。

由此可见，在实践中我国政府综合财务报告的双主体模式已初步确立，而且范围相对较广，划分相对较细。在"单位主体"部分，增加了国有建设单位和国有企业，对政府实际控制的资产、负债情况有了更全面的披露。在"资金主体"部分，不仅包括一般预算资金、政府性基金预算资金等财政性基金，也包含了大量资本项目基金和权益性基金，但对政府承担托管责任的基金，如社会保障基金则未纳入其中。托管基金的收支虽然在理论上相对独立，且严格意义上并不构成政府的财务资源，但政府实际上承担着最终担保义务，给政府带来了直接的隐性负债。因此，社会保障基金等各类政府托管基金虽不作为政府财务报告的主体，但在报告中也应对其收支状况做出披露和分析，以更全面地反映政府的财务状况。

## 18.4 我国政府财务报告的编制基础

### 18.4.1 我国当前政府财务报告的编制基础

根据财务报表的目的而决定何时确认交易或事项,可将当前世界通行的编制确认基础分为收付实现制和权责发生制,前者仅在现金流入和流出发生时,才对财务资源的增加或减少予以确认,而后者在交易或事项发生时,就对总经济资源的增加或减少予以确认,例如收入在赚得时予以确认,费用在一项负债发生时予以确认,而不管相关现金流入和流出的时间。在实践中,由于情况的复杂性,基于对交易或事项确认的标准和范围的不同,在完全的收付实现制和完全的权责发生制之间,还存在着修正的收付实现制和修正的权责发生制两种确认基础。

我国现行的政府会计实质上仍是预算会计,分为总预算会计、行政单位会计和事业单位会计三个部分。我国预算会计体系分为总预算会计、行政单位会计和事业单位会计三个部分。在财政总预算会计方面,我国 1997 年颁布的《财政总预算会计制度》中规定,我国各级政府的财政总预算会计以收付实现制为基础,2001 年颁布的《关于〈财政总预算会计制度〉暂行补充规定》进一步规定,中央财政总预算会计的个别事项可以采用权责发生制。在行政单位会计方面,我国 1998 年实行的《行政单位会计制度》规定我国行政单位会计实行收付实现制,而在自 2013 年起执行的新制度中,规定行政单位会计核算一般采用收付实现制,特殊经济业务和事项应按照规定采用权责发生制。在事业单位会计方面,原有制度规定对于非经营性业务采用收付实现制,而新颁布的《事业单位会计制度》中规定,事业单位会计核算一般采用收付实现制,但部分经济业务或者事项的核算应当按照有关规定采用权责发生制。

由此可见,我国现行的政府预算会计制度在总体上仍是以收付实现制为确认基础,而在此基础上编制出的各类政府财务报告自然也是以收付实现制为基础。虽然在实践中,收付实现制准确地反映了国库收支的流量情况,有利于拨款的安排和对预算的监督,有利于我国的财政预算管理工作,但其不足之处也是十分明显的,主要体现在以下两个方面:

1. 不能全面反映政府的财务状况

由于收付实现制对事项和交易的确认是以现金是否付出或收到为依据,侧重于对现金交易的记录,因此对政府资产和负债的反映是相对缺失的。

在资产方面,我国政府的行政单位以及事业单位根据现有规定,需要在部门决算报表中对固定资产的详细情况进行核算,但这些信息仅提供给统计部门作为参考,而在政府公开披露的预决算报告中则不提供这些信息。同时,这些信息往往是以统计数据的形式进行核算,并非真正意义上的财务会计核算,与其他财务信息是相对割裂的。这意味着,财政资金在用于购置固定资产后,就不再有后续的跟踪和记录,这不仅不利于财政资金使用的长期监督,也使得政府资产的记录缺乏完整性。此外,我国现行的预算会计对固定资产折旧的确认是不足的,使得财务信息中无法反映固定资产的真实价值。随着固定资产使用年限的增长,由于各种损耗而使得其真实的价值与预算会计中的账面价值偏离程度越来越大。而预算会计仍使用原值计量固定资产,则虚增了政府资产的总量。除固定资产外,我国基于收付实现制的政府预算会计对政府持有的股权和有价证券,以及政府拥有的自然资源、文化遗产等方面的资产也缺少相对完整的记录和报告。

在负债方面,我国以收付实现制为基础的预算会计对政府提供公共产品和服务时,发生的实际成本以及所带来的支出责任的反映是不充分的。例如,在政府发行的公债中,中长期尚未偿还的部分,以及欠发的公务员工资等,作为政府的显性负债没有得到反映;政府托管的社保基金的收支缺口作为政府的隐性负债没有得到反映;政府为企业贷款提供担保产生的政府或有负债也没有得到反映。政府的负债不能得到全面反映,将导致政府可支配的经济资源被夸大,给政府管理和宏观经济调控带来错误的决策信息,不利于对财政风险进行防范,在某种程度上也会对财政资金的挤占和挪用等违规行为提供管理上的漏洞。

2. 成本信息失真,无法反映政府的真实绩效

在收付实现制下,由于没有对固定资产进行确认与核算,因此在购置固定资产时会形成较多的支出。而在固定资产投入使用后,支出则相对减少,因此若仅以现金收支情况来衡量政府的运营成本,则会出现巨大的波动。这并不能真实地反映政府在每个报告周期中提供公共产品与服务的真实成本。此外,对无形资产不确认、不计量或在确认时一次性摊销也会产生类似的问题。此外,由于固定资产不计提折旧,开展业务活动的成本也就不包含折旧费用。同样地,长期债务不预提利息,将造成成本核算不完整,不能准确地反映政府提供公共产品和服务的成本耗费情况。从内部管理角度来看,政府可以通过代际债务将当期成本转嫁到未来,造成相同会计期间政府的权利和责任不相匹配,不能客观、全面地评价当期政府的绩效。

### 18.4.2 我国政府财务报告编制基础的选择

由上述分析可以看出,收付实现制为基础的预算会计存在着诸多问题,无法全面反映政府公共受托责任,也难以提供有效的决策有用信息。因此,在我国政府财务报告制度的构建中,必然要求引入权责发生制。2014 年年底国务院批转的财政部《权责发生制政府综合财务报告制度改革方案》以及《2014 年度权责发生制政府综合财务报告试编办法》中,都明确提出"政府综合财务报告以权责发生制为基础编制",其作用和意义体现在以下几个方面:

1. 有助于全面反映政府公共受托责任履行情况

长期以来,我国政府对外披露的财务信息产品主要由财政预算和决算报告、社会经济统计信息组成,反映的信息过于简单和笼统,即便已细化公开的数据可理解性也较差,使得公众认为政府在信息公开上缺乏诚意,久而久之会对政府产生不信任感。近年来,随着社会公众推进阳光财政,提高政府透明度的呼声越来越高,上述报告的信息范围和内涵也在不断改善。但基于收付实现制的财务信息产品本身固有的缺陷,使得披露的信息仅反映了年度预算及其执行情况,而对以下问题,如:政府拥有多少资产,未来提供公共服务的潜力如何?政府承担着多少负债,未来增加税收的可能性有多大?政府提供各类公共产品和服务的真实成本如何?则没有得到切实的回答。而这些问题恰恰是政府公共受托责任的重要方面。因此,鉴于我国政府财务报告的目标定位,其编制基础必然要求引入权责发生制。

2. 有助于防范财政风险

以权责发生制为基础编制政府财务报告,能够全面客观地反映政府的财务状况,使政府能够及时了解所拥有的全部经济资源和各种债务情况,提高防范财政风险的能力。

一方面,收付实现制仅记录了政府资金的支出情况,但并不是所有的支出都导致了政府资源的减少。比如固定资产的购置,在发生现金资产减少的同时也使得政府资产通过另一种形式得到了增加,两者相互抵消,实际上并未减少政府所持有的总资产。而权责发生制不仅记录了现金的支出情况,同时也记录了该支出是否导致了政府所拥有各项资源的变动情况,明确地区分了政府的经常性支出和资本性支出,使得由后者形成的政府资产得到了有效的核算和监督。

另一方面,收付实现制仅记录了当下政府资金的收支情况,并未充分反映由于政府活动导致的在未来需要兑付的支出责任。而权责发生制按一定的标准确认和反映了政府的各类显性、隐性以及或有负债,可以在很大程度上纠正政府财务信息失真的状况,能够较为真实地反映财政未来的支出压力,提醒各方面关注政府的财政风险,及时采取措施来应对。

由于更加全面和客观地反映了政府真实的负债情况,以及所拥有的可以用来偿还债务的各类资源情况,因此权责发生制在反映政府财务状况、防范财政风险上具有明显的优势。随着市场经济的不断发展,我国各级政府财政的资金来源发生了巨大变化,政府的债务规模不断增加,这在客观上增加了财政风险,也对政府负债情况的全面披露提出了更高要求。因此,在政府财务报告中引入权责发生制是十分必要的。

3. 有助于提高政府资金使用效率

在收付实现制下，政府财务报告仅能够反映政府为提供各类公共产品和公共服务所发生的资金支出情况，但当期支出的多少并不等于真实的成本。例如，政府为长期提供某项公共服务而购置固定资产，在当期报告中可能体现为巨大的财政支出，但在当期政府却并未提供与固定资产总价值相对应的公共服务。而在后期的报告中，可能并未发生任何财政支出，但政府却提供了公共服务。再如，政府委托某厂商提供某项公共产品但在报告当期并未支付货款，在当期报告中可能显示没有发生任何支出，但实际上却提供了公共产品，而在后期支付货款后会显示发生了财政支出，但却并未提供任何公共产品。因此，在收付实现制下，政府提供的公共品和公共服务与当期报告的有关财政支出并不完全匹配。而在权责发生制下，由于收入和费用均是在交易或事项发生时，就进行了确认，与资金的流入和流出并没有直接关系，因此对当期政府各项活动成本的反映更加客观。

建设服务型政府的一项重要任务是提高政府运行的绩效，降低政府运行成本，因此要求政府的财务报告能够准确核算和反映政府部门的各项业务活动的成本与费用。引入权责发生制有利于客观准确地核算政府提供的公共产品和服务的成本、费用和效果，提供考核评价政府部门工作绩效的准确计量依据，从而为政府实施绩效导向的管理模式、改进政府公共管理与服务的质量和效率打下良好的基础。

综上所述，以权责发生制为基础编制政府财务报告是符合实际需求的，也是我国政府财务报告发展的必然趋势。但同时应注意，对政府公共受托责任履行情况的反映是多角度和多层次的，对不同问题的关注和考察会要求使用者获取不同的财务数据。当使用者关注的问题是政府整体的财务状况和成本绩效状况时，权责发生制的优势是不言而喻的。但当使用者关注的问题是财政预算执行的合规性和进度时，由收付实现制所提供的财务信息是更加有说服力的。此外，与企业不同，政府在各种财务资源的使用上是有着诸多的政策和法规限制的，例如由于受到年度预算的限制，当政府发生了一项财政支出后，无论政府资产的总量是否减少，政府在当年可用的财务资源必然是减少的。若使用者关注更多的是政策限制内政府当期可用财务资源的流动和变化情况，那么收付实现制也是有其明显的优势的。因此，我国政府财务报告的编制应该以权责发生制为基础，但并不是说报告披露的任何信息都是以权责发生制来确认的。在披露以权责发生制为基础编制的资产负债表、收入费用表等诸多报表外，也同时需要披露以收付实现制为基础编制的收入支出表或现金流量表，以及预算执行情况表，以更加全面地满足外部使用者的分析需要，更加完整地反映政府的公共受托责任履行情况。

### 18.4.3 我国政府财务报告权责发生制改革的路径

虽然权责发生制有着诸多的优越性,但在使用中也存在着诸多客观上的局限性。一方面,权责发生制在一定程度上弱化了现金交易信息,为财政预算管理带来困难。因此,如上文所述,我国政府财务报告在以权责发生制为基础构建的同时,应编制现金流量表,或保留以收付实现制为基础的财政预算执行报告,以弥补权责发生制对信息需求的影响。另一方面,我国是以公有制为基础的社会主义国家,尽管政府职能在很大程度上发生了转变,但受历史影响,政府所掌握的社会资源规模和种类都要远远超过西方国家。在完全的权责发生制下,许多资产和负债如文化遗产等是难以计量的。因此在引入权责发生制的同时,应结合具体报告事项的情况,适当采用修正的权责发生制,对少数难以通过权责发生制计量的财务事项,保留收付实现制或通过其他形式予以呈现。

更重要的是,权责发生制的改革成本巨大。不仅要求在改革启动前对政府所拥有的全部资产进行评估,并按照评估后的价值登记入账,同时对当下的各类隐性负债、或有负债进行确认或合理估计,编制期初资产负债表,用来确认政府部门所占用的资源情况。还要编制科学完备的操作指南,培训专业的政府财务会计人才队伍,设计和建立完善的财务会计信息系统。因此,我国权责发生制的改革不可能一蹴而就,而应在充分考虑改革成本收益的基础上,先易后难,循序渐进。基于上述问题,在我国政府财务报告中引入权责发生制前,应对政府会计中权责发生制的确认范围,即哪些事项应当采用权责发生制,哪些事项保留收付实现制或采用其他方式记录,以及各个事项采用权责发生制的先后顺序,改革的步骤等问题进行深入研究。

首先应在原有政府预算会计的收付实现制基础上,逐渐向修正的收付实现制过渡,同时不断地扩大资产负债的确认范围。在政府资产的确认方面,除了收付实现制已确认的当期流动资产外,逐渐增加固定资产、无形资产、长期债券投资和长期股权投资等政府长期资产;在政府负债的确认方面,除了收付实现制基础已确认的当期流动负债外,逐渐增加长期负债,全面揭示政府的负债情况,不断增加权责发生制因素。在条件成熟后正式引入修正的权责发生制,同时进一步扩大政府各类资产和负债的核算范围,如文化遗产、自然资源以及隐性负债、或有负债,并最终实现完全的权责发生制。

我国政府会计的权责发生制改革已具有一定的实践经验。早在2005年,根据财政部部署,上海市于2005年酝酿制订市级重点项目预算支出试行权责发生制的会计核算改革方案,并于2006年开始作为试点试行。从改革进度上看,我国对权责发生制的引入是审慎和循序渐进的,在范围上实行地区试点,在内容上对原有收付实现制做渐进式改革,逐渐积累经验,稳步推进,符合我国实际情况。但多年来,除了个别地区和领域的尝试,我国的政府会计在总体上尚未真正地全面引入权责发生制。

2011年起,我国在11个省份开展权责发生制政府综合财务报告的试编工作,随后参与试编工作的地区范围不断扩大。虽然在试编的报告中,对各财务事项的列报是采用权责发生制的,但实际上由于我国尚未制定完善的政府财务会计制度,因此报告中是通过调整、转换预算会计数据来反映政府相关财务信息的,而预算会计数据的产生仍是以收付实现制为基础的。因此,严格来说,我国当前试编的权责发生制综合财务报告并未在纯粹意义上采用权责发生制。但这并不影响试编工作对于推进权责发生制改革的意义。一方面,通过试编工作对如何在当前预算会计制度下,按照权责发生制要求收集和补充相关数据,如何对原有收付实现制的数据进行调整、转换,如何做好相关报表的合并汇总,如何做好政府财务状况的分析等,都探索了有效方法,为政府会计的权责发生制改革积累了经验。另一方面,通过试编工作提高了参与试编人员的业务水平,培养出一批既熟悉预算会计,又通晓政府财务会计的人才,为下一步全面建立权责发生制政府综合财务报告制度打下了良好的基础。

## 18.5 我国政府财务报告形式

### 18.5.1 我国政府财务报告体系

当前,由于我国尚未正式制定政府财务报告制度,政府财务的各类信息产品散见于预算会计报表、预决算报告、政府工作报告、社会经济统计信息之中。其中,相对较为系统地反映政府财务信息的是我国预算会计制度所形成的最终信息产品,主要包括各类财务报表及相关附表和说明书(见表18-4)。

表18-4 我国当前预算会计主要信息产品

| 总预算会计 | 行政单位会计 | 事业单位会计 |
| --- | --- | --- |
| 资产负债表 | 资产负债表 | 资产负债表 |
| 预算执行情况表 | 收入支出总表 | 收入支出表 |
| 财政周转金收支情况表 | 支出明细表 | 基建投资表 |
| 财政周转金投入情况表 | 附表 | 附表及会计报表附注 |
| 预算情况说明书 | 报表说明书 | 收支情况说明书 |
| 其他附表 | | |

上述当前现有的财务信息产品存在着一些问题。首先,总预算会计、行政单

位会计、事业单位会计三者相互割裂,其产品不能全面提供政府整体的会计信息。其次,提供信息范围相对模糊,本应提供预算执行情况的总预算会计报表里夹杂着反映当期资产负债情况的一般财务会计信息,定位不清。最后,主要信息产品的编制是基于收付实现制的,对政府财务状况、成本绩效情况等一般财务信息则没能充分反映。

全面地反映政府公共受托责任,提供决策有用信息是我国政府财务报告的目标,这就要求我国政府财务报告的最终信息产品体系必然是多层次和明细化的。不仅能够反映预算的执行进度信息,也能够全面地反映政府财务状况信息;不仅能够反映财政收支的合规性信息,也能够反映财政收支效果和成本绩效信息;不仅能够披露财务数据本身,也能够对财政政策与经济社会间的相互影响和作用进行分析。

从国际经验来看,政府财务报告通常由文字说明、财务报表、财务报表附注等部分构成。其中,文字说明要阐述政府整体财政财务状况、运营情况等,并结合经济运行和政策要求,分析政府财政财务情况的未来走势;政府财务报表一般都有资产负债表和收入费用表,一些国家也包含了现金流量表等其他有关报表;报表附注要对报表反映的主体范围、会计政策、报表项目明细以及未在报表中反映的一些重要事项等进行解释说明(见表18-5)。借鉴国际通行做法,我国在近年来的试编工作中,将政府财务报告的内容形式确定为以下四个方面:

(1) 政府财务报表,主要包括资产负债表和收入费用表,同时试编工作认为以收付实现制为基础的预算执行报表,基本上能反映出政府现金流量情况,因此,暂未要求编制现金流量表。

(2) 政府财务报表附注,主要包括报表包括的主体范围及合并汇总方法、会计政策和方法、报表项目明细信息、未在报表中列示但对政府财务状况有重大影响的事项等,帮助报告使用者更好地理解财务报告。

(3) 政府财政经济状况。利用政府财务报表及报表附注中的有关信息,结合国民经济形势、相关政策要求等,分析政府财务状况、运营情况,研究政府财政能力、财政责任以及财政中长期可持续性等,更好地为领导决策服务。

(4) 政府财政财务管理情况。反映政府财政财务管理的政策要求、主要措施和取得的成效等,帮助报告使用者了解政府财政财务管理情况。结合政府财务报告的目标定位和我国的实际情况,为满足信息使用者的分析需求,我国政府财务报告体系应在此基础上进一步扩展。

表 18-5  我国政府财政报告体系的构建

| 信息范围 | | | 主要数据类信息产品 | 辅助数据类信息产品 | 非数据类信息产品 |
|---|---|---|---|---|---|
| 财务信息 | 预算执行信息 | 预算执行进度情况 | 预算执行报表 | 当期盈余与预算结余差异表 | 预算执行报告 |
| | | 预算执行合规性情况 | | | |
| | 财务状况信息(基金、单位) | 资产负债情况 | 资产负债表 | 货币资金明细表<br>存货明细表<br>固定资产明细表<br>借出款项明细表<br>应收股利明细表<br>应收及预付款明细表<br>对外投资明细表<br>借入款项明细表<br>应付利息明细表<br>应付及预付款项明细表<br>政府债券明细表<br>应付政府补助明细表<br>应收应退(非)税款明细表<br>公益性国有企业负债明细表<br>净资产变动表等 | 有关附注<br>对报表中未披露的资产、负债、收入、支出项目的说明<br>政府财政经济状况说明<br>政府财政财务管理情况说明 |
| | | 收入支出情况 | 收入费用表(按功能和经济分类) | 收入明细表<br>成本费用表<br>投资收益明细表等<br>收入支出表(按功能和经济分类) | |
| 非财务信息 | 微观运营信息 | | 政府在职人员统计表等 | | 政府组织结构说明 |
| | 宏观运营信息 | | 政府财政统计信息<br>国民经济核算统计信息等 | | |

首先,在完善政府财务报表、加入收入支出表(现金流量表)的同时,将预算执行信息单独列入报告体系。与西方国家不同,我国政府会计主体范围较为宽泛,不仅包括行政机构,也包括大量的事业单位,若再考虑公益性国有企业以及非公益性国有企业中的国有权益部分,则范围将继续扩大。这些会计主体除了财政性收入外,还会通过其他经营活动取得相当规模的非财政性收入,即便在财政性收入内,还是存在着一部分非预算收入。因此,以收付实现制为基础的预算执行报

表并不能完全反映现金流量情况。前者应侧重于反映政府的公共受托责任,突出预算执行的合规性,而后者应侧重于对政府财务状况进行补充,反映各类政府资产的变动情况。

其次,在披露财务信息的基础上,将有关非财务信息纳入报告信息范围。如部分财政统计信息和国民经济核算统计信息等。解除公共受托责任的目标要求政府财务报告应全面反映政府的运营情况,而财务信息反映的只是能够货币化的政府信息,对于无法货币化但与政府运营活动高度相关的信息则无法反映。只有在报告体系内补充有关的非财务信息,才能完整地反映政府运营的全部情况。

再次,在披露合规性信息的基础上,突出反映政府财务的成本绩效信息。无论是从解除受托责任,还是提供决策有用信息的角度,都需要对政府活动的成本和支出绩效进行考察。由于长期受预算会计的影响,我国当前试编的政府综合财务报告对成本绩效信息的反映并不充分。虽然在试编办法中,收入费用表中的各个项目已按照经济分类,比预决算报告中仅按照功能分类有了一定的进步,但若能够同时也按照功能分类,甚至形成矩阵式的二维报表,则将对深入评价政府活动的绩效有着深远的意义。

最后,鉴于政府财务信息的使用者既包括社会大众等一般使用者,也包括政府管理人员、立法和审计机关、公债投资者等利益相关群体、学术专家等专业使用者,每一类使用者对政府财务报告披露信息理解的层次、深度都不相同。因此,为满足各类使用者的需求,应在编制通用型报告的同时,针对当期的特殊问题、重要事项来细化有关辅助数据类信息和非数据类信息,在条件允许的情况下可制作专题型报告。

## 18.6 我国政府财务报表的表式

借鉴世界各国政府财务报告的内容,并结合上文的分析,我国政府财务报告主要报表的表式可设计为以下形式(见表18-6至表18-9)。

表18-6 资产负债表

| 资产项目 | 期初数 | 期末数 | 负债项目 | 期初数 | 期末数 |
| --- | --- | --- | --- | --- | --- |
| 一、资产 | | | 二、负债 | | |
| 货币资金 | | | 借入款项 | | |
| 借出款项 | | | 应付利息 | | |
| 应收利息 | | | 应付及预收款项 | | |
| 应收股利 | | | 应退税款 | | |
| 应收及预付款项 | | | 应退非税款 | | |
| 应收税款 | | | 应付薪酬 | | |

(续表)

| 资产项目 | 期初数 | 期末数 | 负债项目 | 期初数 | 期末数 |
|---|---|---|---|---|---|
| 应收非税款 | | | 应付政府补助 | | |
| 存货 | | | 政府债券 | | |
|   其中:公共储备物资 | | | 其他负债 | | |
|   对外投资 | | | **负债合计** | | |
| 固定资产 | | | | | |
|   其中:公共基础设施 | | | 三、净资产 | | |
|   在建工程 | | | 当期盈余 | | |
| 无形资产 | | | 以前年度累积净资产 | | |
| 其他资产 | | | **净资产合计** | | |
| **资产合计** | | | **负债和净资产总额** | | |
| 托管资产 | | | | | |

表 18-7　收入费用表(按支出经济性质分类)

| 项目 | 报告期累计额 |
|---|---|
| 一、收入 | |
| 税收收入 | |
| 非税收入 | |
| 事业收入 | |
| 经营收入 | |
| 投资收益 | |
| 政府间转移性收入 | |
| 其他收入 | |
| **收入合计** | |
| 二、费用 | |
| 工资福利支出 | |
| 商品和服务支出 | |
| 对个人和家庭的补助 | |
| 对企事业单位的补贴 | |
| 政府间转移性支出 | |
| 捐赠支出 | |
| 折旧费用 | |
| 财务费用 | |
| 经营支出 | |
| 其他费用 | |
| **费用合计** | |
| **净结余** | |

表 18-8　收入费用表(按支出功能分类)

| 项目 | 报告期累计额 |
|---|---|
| 一、收入 | |
| 税收收入 | |
| 非税收入 | |
| 事业收入 | |
| 经营收入 | |
| 投资收益 | |
| 政府间转移性收入 | |
| 其他收入 | |
| **收入合计** | |
| 二、费用 | |
| 一般公共服务 | |
| 外交 | |
| 国防 | |
| 公共安全 | |
| 教育 | |
| 科学技术 | |
| 文化体育与传媒 | |
| 社会保障和就业 | |
| 社会保险基金支出 | |
| 医疗卫生 | |
| 环境保护 | |
| 转移性支出 | |
| 燃料和能源 | |
| 农业、林业和渔业 | |
| 采矿业、制造业和建筑业 | |
| 运输通信业 | |
| 其他经济事项 | |
| 特殊目的 | |
| 国债利息 | |
| 自然灾害救助 | |
| **费用合计** | |
| **净结余** | |

表 18-9　预算执行表

| 预算项目 | 预算数 | 实际数 | 实际与预算百分比 |
|---|---|---|---|
| 一、收入 | | | |
| 　一、税收收入 | | | |
| 　　增值税 | | | |
| 　　营业税 | | | |
| 　　企业所得税 | | | |
| 　　企业所得税退税 | | | |
| 　　个人所得税 | | | |
| 　　资源税 | | | |
| 　　固定资产投资方向调节税 | | | |
| 　　城市维护建设税 | | | |
| 　　房产税 | | | |
| 　　印花税 | | | |
| 　　城镇土地使用税 | | | |
| 　　土地增值税 | | | |
| 　　车船税 | | | |
| 　　耕地占用税 | | | |
| 　　契税 | | | |
| 　　烟叶税 | | | |
| 　　其他税收收入 | | | |
| 　二、非税收入 | | | |
| 　　专项收入 | | | |
| 　　行政事业性收费收入 | | | |
| 　　罚没收入 | | | |
| 　　国有资本经营收入 | | | |
| 　　国有资源(资产)有偿使用收入 | | | |
| 　　其他收入 | | | |
| 　　债务收入 | | | |
| 　　转移性收入 | | | |
| 　　上年结余 | | | |
| 　　调入预算稳定调节基金 | | | |
| 　　调入资金 | | | |
| 　　地震灾后恢复重建调入资金 | | | |
| **收入合计** | | | |

（续表）

| 预算项目 | 预算数 | 实际数 | 实际与预算百分比 |
|---|---|---|---|
| 二、支出 | | | |
| 一般公共服务 | | | |
| 外交 | | | |
| 国防 | | | |
| 公共安全 | | | |
| 教育 | | | |
| 科学技术 | | | |
| 文化体育与传媒 | | | |
| 社会保障和就业 | | | |
| 社会保险基金支出 | | | |
| 医疗卫生 | | | |
| 环境保护 | | | |
| 转移性支出 | | | |
| 燃料和能源 | | | |
| 农业、林业和渔业 | | | |
| 采矿业、制造业和建筑业 | | | |
| 运输通信业 | | | |
| 国债利息支出 | | | |
| 自然灾害救助 | | | |
| 其他 | | | |
| **支出合计** | | | |
| **结余/赤字** | | | |

# 第 19 章 我国财务报表会计要素

对于企业来说,其财务报表要素一般分为资产、负债、所有者权益、收入、费用、利润六个方面。由于政府资产是用于提供公共产品和公共服务,而并不是用于分配的,因此政府总资产除去负债后的余额严格意义上并不能称为所有者权益,而定义为净资产,用于反映政府未来提供社会服务的潜力是更加适合的。此外,由于政府的非营利性质,其运营活动也不存在利润的概念,因此政府财务报表要素通常应分为资产、负债、净资产、收入和费用五大类。

当前,我国基于收付实现制的政府会计制度将会计科目分为资产、负债、净资产、收入和支出五大类。其中财政总预算会计使用的科目源自 1998 年起执行的《财政总预算会计制度》,此外 2007 年起执行的《政府收支分类科目》也成为财政总预算会计收入、支出、净资产等部分科目明细分类核算的重要依据。2012 年财政部再次发布了全面修订的《行政单位会计制度》,规定了当前行政单位会计科目的名称、核算内容、使用要求及所属明细科目的设置。而我国现行的事业单位会计科目是由 2013 年开始执行的《事业单位会计准则》和《事业单位会计制度》规定的。表 19-1 汇总了当前我国各类政府财务报表的要素科目设置情况。

表 19-1 我国现行各类政府财务报表要素

| 类别 | 资产 | 负债 | 净资产 | 收入 | 支出 |
|---|---|---|---|---|---|
| 财政总预算财务报表 | 国库存款<br>其他财政存款<br>财政零余额账户存款<br>有价证券<br>在途款<br>暂付款<br>与下级往来<br>预拨经费<br>基建拨款<br>财政周转金放款<br>借出财政周转金<br>待处理财政周转金 | 暂存款<br>与上级往来<br>已结报支出<br>借入款<br>借入财政周转金 | 预算结余<br>基金预算结余<br>国有资本经营预算结余<br>专用基金结余<br>预算周转金<br>财政周转基金<br>财政专户管理资金结余 | 一般预算收入<br>基金预算收入<br>国有资本经营预算收入<br>专用基金收入<br>债务收入<br>债务转贷收入<br>补助收入<br>上解收入<br>调入资金<br>财政专户管理资金收入<br>财政周转金收入 | 一般预算支出<br>基金预算支出<br>国有资本经营预算支出<br>专用基金支出<br>债务还本支出<br>债务转贷支出<br>补助支出<br>上解支出<br>调出资金<br>国有资本经营预算调出资金<br>财政专户管理资金支出<br>财政周转金支出 |

（续表）

| 类别 | 资产 | 负债 | 净资产 | 收入 | 支出 |
|---|---|---|---|---|---|
| 行政单位财务报表 | 库存现金<br>银行存款<br>零余额账户用款额度<br>财政应返还额度<br>应收账款<br>预付账款<br>其他应收款<br>存货<br>固定资产<br>累计折旧<br>在建工程<br>无形资产<br>累计摊销<br>待处理财产损益<br>政府储备物资<br>公共基础设施<br>受托代理资产 | 应缴财政款<br>应缴税费<br>应付职工薪酬<br>应付账款<br>应付政府补贴款<br>其他应付款<br>长期应付款<br>受托代理负债 | 财政拨款结转<br>财政拨款结余<br>其他资金结转结余<br>资产基金<br>待偿债净资产 | 财政拨款收入<br>其他收入 | 经费支出<br>拨出经费 |
| 事业单位财务报表 | 库存现金<br>银行存款<br>零余额账户用款额度<br>短期投资<br>财政应返还额度<br>应收票据<br>应收账款<br>预付账款<br>其他应收款<br>存货<br>长期投资<br>固定资产<br>累计折旧<br>在建工程<br>无形资产<br>累计摊销<br>待处理资产损益 | 短期借款<br>应缴税费<br>应缴国库款<br>应缴财政专户款<br>应付职工薪酬<br>应付票据<br>应付账款<br>预付账款<br>其他应付款<br>长期借款<br>长期应付款 | 事业基金<br>非流动资产基金<br>专用基金<br>财政补助结转<br>财政补助结余<br>非财政补助结余<br>事业结余<br>经营结余<br>非财政补助结余分配 | 财政补助收入<br>事业收入<br>上级补助收入<br>附属单位上缴收入<br>经营收入<br>其他收入 | 事业支出<br>上缴上级支出<br>对附属单位补助支出<br>经营支出<br>其他支出 |

表 19-1 中的所有科目构成了当前我国政府财务报表要素的全貌。不难发现，由于预算总会计、行政单位会计、事业单位会计制度的相互割裂，各要素间在科目设置、确认和计量方式上"各自为政"，没有形成完全统一的标准。

同时,报表要素的设置逻辑仍是以服务内部管理为核心的,这在财政总预算财务报表中体现得十分明显,即便在行政单位和事业单位财务报表中,"财政应返还额度""财政拨款收入""上缴上级支出"等科目仍然带有非常浓厚的内部管理色彩。我们知道,我国政府财务报告的定位应该是以向外部使用者反映政府公共受托责任履行情况为核心的,提供过多、过细的反映内部管理的要素科目,不仅无助于反映政府整体的财务状况和成本绩效情况,反而会为外部使用者对报表的解读增添困惑。

最后,由于生成报表数据的会计系统是以收付实现制为基础的,这导致部分财务报表要素并不适用于权责发生制。例如现有报表要素中的支出项目,反映的是当期资源的流出情况,在权责发生制下,当期流出的财务资源并不等价于政府真实的运营成本,同时也应包括发生的导致未来资源流出的义务。因此,以费用替代支出更加符合权责发生制的确认原则,也能更加客观地反映政府的成本绩效情况。当然,如前文所述,基于收付实现制的预算执行和收入支出信息仍是政府财务报表不可或缺的,但其主要是作为辅助信息来列报,作为基本的财务信息,资产负债和收入费用情况仍要以权责发生制作为基础。

在构建以权责发生制为基础的政府综合财务报告时,各财务报表的设计应充分考虑不同政府部门在业务职能、资产构成上的不同,以科学、准确、全面、合并可行为原则设计其各个要素。当然,目前使用的各类政府会计报表要素在很大程度上可以被综合财务报告吸收和借鉴。在我国政府综合财务报告试编工作中,对财务报表各要素内容进行了初步的界定,本章以《2014年度权责发生制政府综合财务报告试编办法》中的报表要素为基础,结合前文分析结论,对我国政府财务报表各要素进行讨论。

## 19.1 资产

### 19.1.1 资产的概念

国际会计准则委员会发布的《编报财务报表的框架》中将资产定义为:"由于过去事项而由企业控制的、预期会导致经济利益流入的企业的资源。"上述定义中将资产和经济利益联系在一起,对于政府部门来说,由于其非营利的属性和职能定位的不同,对资产的定义内容不应仅限于和经济利益相联系。许多国家公立单位会计准则的制定者普遍认为政府资产的定义应将经济利益和服务潜力一并考虑。而服务潜力通常是指一项资产单独或与其他资产一起,直接或间接为实现公立单位实体的目标而做出贡献的能力。

我国《2014年度权责发生制政府综合财务报告试编办法》中,将政府的资产明确定义为:政府过去交易或事项形成并由其拥有或控制的资源,该资源预期会导致政府服务潜能增加或经济利益流入。由此可见,是否能够带来公共服务潜能是政府资产定义与企业资产定义的主要区别。一般认为,政府的资产概念更多地强调未来公共服务潜能,企业的资产概念则更强调经济利益。但实际上,对于政府机构来说,由于其非营利的属性,所有的经济资源原则上均是用来提供公共产品和公共服务的,因此,资产所体现的未来服务潜能和带来的经济利益之间并没有十分明确的界限。也有一些国家采用"未来经济利益"来涵盖两个概念。如澳大利亚概念公告第4号所述,"未来经济利益的特征与服务潜力的特征是同义的"。

从我国对政府资产的定义中可以看出,政府资产的特征包括以下三个方面:

一是必须是过去交易或事项,包括过去购买、生产开发、建造等。这就界定了确认资产的时间边界,即"未来"的资产不可以在财务报表中确认。

二是必须是政府拥有或者控制的资源,即政府拥有资源的所有权,或者虽然只拥有部分所有权但能够决定资源的使用、处置等。这就要求资产必须有明确的控制主体,资产所可能带来的服务潜能或经济利益在报告日必须为报告主体所控制。有学者认为,政府托管基金,如养老金,由于政府对其肩负着保值增值的托管责任,同时政府在某种程度上掌握着一定的控制权,因此应纳入政府资产项目中。笔者认为,政府托管的资产并不为政府所拥有,同时在严格意义上政府对其控制也只是为了履行托管责任,而不可能增加政府的服务潜能和自身的经济利益。因此,将托管资产列入政府资产负债表是不合适的,但在报表附注内应予以披露,以反映政府的公共受托责任履行情况。

三是资产预期会带来服务潜能增强或经济利益流入,即政府能够利用该资产提供公共服务,或获取经济利益。这界定了确认资产的性质边界,即资产必须满足带来未来服务潜能或经济利益的属性要求。政府的一项支出,如果不能确定未来的服务潜能或经济利益,那么只能被确认为费用而不是资产。

### 19.1.2 资产的确认

我国《2014年度权责发生制政府综合财务报告试编办法》中规定,政府资产的确认不仅要符合资产的定义,还必须满足两个条件:一是与该资源有关的服务潜能很可能(一般认为大于50%)增加、经济利益很可能流入;二是该资源的成本或价值能够被可靠地计量。

关于确认标准的第一条,即服务潜能很可能增加和经济利益很可能流入,虽然看上去较为容易判断,但在实践中也需要根据实际需要予以权衡取舍。政府财务报告中列报各项资产的重要目的是对政府总体的财务状况进行评价。基于这样的考虑,对资产的确认口径应该和负债是匹配的,过大范围地确认资产往往会造成对政府偿债能力过于乐观的估计。马骏等学者在对构建国家资产负债表的研究中认为,政府资产负债表中不应包括除土地储备中心所持有土地价值以外的其他土地资源和矿产资源。首先,对已经探明储量和政府目前持有的大部分自然资源,包括土地和矿产品,无论是否纳入资产负债表中,并不改变未来政府收入能力,因此也不改变政府偿债能力。在政府资产负债表中过多地加入这些"资产",容易产生政府"净资产"和偿债能力大幅度提高的假象,有一定的误导作用。其次,因为尚未开发和开采,这些资产的可变现性十分有限,从债务偿还的能力上来说,远不如政府持有的现金和上市公司股份等流动性资产。因此,马骏等认为,虽然以上资产很可能会增加政府未来的服务潜力,但从衡量当前资产负债状况的需要来看,被确认为资产的意义并不大,甚至是有害的。笔者认为,虽然在表内披露这些资产项目会带来一定的风险性,但在表外通过附注等形式揭示这些信息对于合理评价政府长期财政风险和持续服务能力是具有重要意义的。

关于确认标准的第二条,即成本或价值能够被可靠地计量,在公立单位的实践中是存在一定困难的。与企业不同,对于某些公立单位资产来说,成本记录、计价方法、会计准则或市价可能并不存在,或者在计量时存在巨大困难。例如,马骏等学者的研究指出,矿产资源未来盈利能力十分不确定,是否应该用当期的市场价格来计算这些资产还有很大争议。从国际经验来看,在经济危机过程中,常常会伴随着债务危机发生,因此资产变现的需要十分迫切。而恰在此时土地和矿产品的价格一般会大幅下降,导致在政府最需要资金的时候,按历史价格计量的资产却大幅度缩水。此外,由于土地产权制度改革的前景还不明确,土地开发的补偿成本和土地出让的未来净收益也将面临相当的不确定性。再如,政府无形资产同样存在计量的困难,为达到制定会计政策的目的,可将政府的无形资产分为可辨认无形资产和不可辨认无形资产两类。可辨认无形资产是指可与其他资产相分离从而可以单独出售或取得的无形资产。不可辨认无形资产是指除可辨认无形资产外的所有其他无形资产,如商誉等。许多无形资产虽然都符合资产的定义,但就确认标准来说,只有可辨认且可计量的无形资产才有可能得到确认。以上这些,都对资源的成本或价值的计量带来巨大挑战。

即便如此,对于难以计量成本或价值的资源,在实践中还是存在一些其他替代的计量方式。例如,有些资产在购置后价值的变动导致与购置成本不再具有相关性时,通常需要对资产进行重新估价。当某类资产存在活跃的交易市场时,可以按照市场惯例对资产进行可靠的计价。一个地区之外也常常存在提供某种服务的市场,例如某类公共设施如供水、供电可能由私人经营,而经营实体的股份在其他地方交易。这些私人经营实体的价值可以为在同一领域的公立单位运作实体的价值评估提供基准。如果不存在成本记录或市场价格,那么就必须对资产的价值进行估计,例如对某些自然资源由于无法获得当前或未来市场交易的价值,或采用公允价值计量标准有难度,可以采用估计价值予以反映。有时,由于缺乏可靠的计量而使这类资产不能在表内被确认,可以用附注的形式来披露。会计信息质量特征中的相关性和可靠性之间存在的冲突是不可避免的,这就需要对两者进行权衡,以确定哪种特征能更好地满足使用者的需求。有时,在不对披露信息产生较大影响的前提下,为了操作简便,实践中会制定具体的资产确认最低标准,一般侧重于将小于一定金额的资产作为费用处理,在财务报表中,只有价值超过最低标准的资产才会在财务报表中被列示为资产。

除此之外,在进行资产确认时有一些特殊的情况需要加以考虑。例如,对于中央政府来说,军用资产从价值上说应该被列示为一般固定资产,但部分军用资产不完全符合固定资产的消耗特征,比如发生战争时军用资产可能一次性消耗。这样,一部分军用资产被作为当期支出可能更为合理,那么在报表中针对两种性质的军用资产应分别予以确认和列示。再如,相当多数使用权明确的矿产资源已经反映在政府持有的上市企业的股价中,当报告主体已经包括这些公益性国有企业或非公益性国有企业的国有权益时,由于已经将政府持有的上市公司股份的市值确认为资产,这部分矿产品资源就不应该重复地被再次确认为政府资产。

### 19.1.3 资产的类型

从财务报告的目标出发,资产的列报主要是为了反映政府的财务状况,以及未来提供公共服务的潜力,进而反映政府公共受托责任的履行情况。由于实际情况的不同,各国在构建政府财务报告制度时,对资产的划分方式是有所不同的。但通常情况下,政府资产可划分为金融资产、实物资产、无形资产三大类。会计师国际联合会公立单位委员会在其第 11 号研究报告中,将政府金融资产进一步细分为现金、临时性投资、应收账款、应收税金和应计税收、预付款等。实物资产通常包括流动实物资产,如存货及长期实物资产,后者可进一步细分为固定资产、基础设施、继承资产、国防或军用资产、自然资源等。相对企业来说,政府无形资产的范围要广泛得多,除了传统意义上的商誉、专利等无形资产外,通过政府公共权力也可产生某些无形资产。例如,政府通过发行许可证的方式,为某些私人部门带来无形资产,在这种权力已经正式得到确立,并且还没有将其出售或授权之前,实际上属于政府的无形资产。

我国政府财务报告的目标是向外部使用者反映政府受托责任履行情况,这既要求对资产的确认和分类要尽可能全面和详尽,向外部使用者提供更多的政府财务信息,但同时又需要尽可能简洁明了,有机地整合纷繁复杂的会计信息,从而便于外部非专业使用者的理解和分析。因此,对政府资产的分类在信息质量上要取得全面性和可理解性的平衡。

我国《2014 年度政府综合财务报告试编办法》在对资产类别项目的设计上,参考了我国现行预算会计报表项目,并对相关报表项目进行了归并、提炼和有机整合,尽可能使报告内容与当前预算会计系统产出信息相耦合,在尚未建立起完善的政府财务会计制度的条件下,减少改革成本。同时,充分借鉴了较为成熟国家的经验,增列了部分资产内容,如应收税款、应收非税款等。这些项目虽然没有在现行预算会计中反映,但权责发生制原则下,都属于政府的资产内容,符合资产确认条件,而且具备条件对其进行计量。由此将政府的资产分为货币资金、借出款项、应收利息、应收股利、应收及预付款项、应收税款、应收非税款、存货、对外投资、固定资产、在建工程、无形资产、其他资产共 13 个类别。同时,根据资产的变现能力在列报时进行了排序,变现能力相对较强的排在前面,如货币资金、应收及预付款项等,变现能力相对较弱的排在后面,如固定资产、在建工程等。上述资产分类方式对地方政府来说是相对成熟的,但鉴于试编工作中,报表信息是由现行预算会计系统产出的数据经过合并和转换而来,因此在确认和计量的细节上还需要进一步推敲。

1. 货币资金

货币资金反映了政府在报告期末拥有的全部现金、银行存款及其他货币的余额,是政府流动性最强的资产项目。在我国综合财务报告的试编工作中,货币资金由公共财政预决算报表、国有资本经营决算会计报表、财政专户会计报表、部门决算报表、固定资产投资决算报表、公益性国有企业的财务会计决算报表、土地储备资金财务报表中的国库存款、其他财政存款、在途款、库存现金、银行存款、货币资金等直接加总得到。也有学者将其进一步分类为现金、国库存款、其他财政存款等,但出于报表简洁性的考虑,笔者认为在资产负债表中应将其合并为货币资金一个项目,即可完整地反映此类资产的信息。同时可根据实际需要,在报表附注中披露货币资金的详细构成情况。

2. 借出款项

借出款项反映了政府在报告期借出的,且尚未收回的各类款项。在我国综合财务报告的试编工作中,借出款项由公共财政决算会计报表、政府性基金决算会计报表、国有资本经营决算会计报表、财政专户会计报表中的有偿资金放款、委托贷款、借出有偿资金、应收统借自还款、国家统借统还款、应收本金、应收联合融资款等项目,应收垫付款项目中的应收本金、暂付款、应收款等项目中有计息要求的款项等构成。由此可见,借出款项除为了保障政府组织正常运营的目的外,也有相当部分是出于获取利息等收益而产生的。根据到期时限的不同,可将借出款项分为短期借出款项和长期借出款项,前者指到期时限在 1 年以内,由于具有相关合约或制度设计保障,同样是政府流动性相对较高的资产项目之一。

3. 应收利息

应收利息反映了报告期末政府各类借出款项、债券投资、银行存款等计息项目产生应收未收的利息余额。在权责发生制原则下,当合约满足计息条件时,如在时间上达到了计息周期,即应确认应收利息。在我国综合财务报告的试编工作中,应收利息由财政专户会计报表、公益性国有企业的财务会计决算报表、土地储备资金财务报表中的应收款、应收利息、应收汇兑风险损益、应收承诺费等项目,应收垫付款项目中的应收利息和承诺费,以及有价证券、借出款项计提的应收利息等构成。由于应收利息通常收回期较短,因此也可视作政府流动性相对较高的资产项目之一。为进一步反映应收利息的构成情况,可通过报表附注形式分别披露借出款项、债券投资和银行存款产生的应收利息。

4. 应收股利

应收股利反映了政府在报告期末由于股权投资产生的应收未收股利和股息的余额。由于我国政府财务报告的主体包含了公益性国有企业和非公益性国有企业中的国有权益部分,因此应收股利应包括公益性国有企业的财务会计决算报表中的应收股利,以及非公益性国有企业应上交利润、股利和股息等。

5. 应收及预付款项

应收及预付款项反映了政府在报告期末各种应收和预付款项的余额,虽然与借出款项同属于在未来可收回的政府资产,但前者往往由于运营活动中的资金周转而被动产生,过高的应收款项往往意味着政府较低的资金管理效率,后者有相当部分是出于获取收益等目的主动产生。在我国综合财务报告的试编工作中,应收及预付款项由公共财政决算、政府性基金决算会计报表、国有资本经营决算会计报表、财政专户会计报表、部门决算报表、固定资产投资决算报表、公益性国有企业的财务会计决算报表、土地储备资金财务报表中的与下级往来、借出周转款、应收串换款、已生效未提取贷款、应收票据、应收账款、长期应收款、其他应收款、预付账款等项目,暂付款、应收款等项目中无计息要求的款项等组成。除长期应收款项外,大多数回收期相对较短,也是政府流动性较高的资产项目之一。

6. 应收税款

应收税款反映了政府报告期末各种应收未收的税收收入的余额。在权责发生制原则下,确认应收税款的时点有不同的选择,既可在应税交易或事项发生时确认,也可在纳税主体向税务部门报告或由税务部门向纳税主体通知应纳税金时予以确认。我国现行的政府预算会计制度中,尚未对应收税款进行反映,可根据税务、海关等部门提供的应收未收税收收入信息进行分析整合。

7. 应收非税款

应收非税款反映了政府在报告期末应收未收的非税收入余额,主要包括行政事业性收费、政府性基金收入、国有资产有偿使用收入、罚没收入和捐赠收入中的应收款项。从广义上来说,除上述收入事项外,政府的非税收入还包括国有资本经营收益、财政资金产生的利息收入,但两者的应收项目在应收股利和应收利息中已得到反映,因此在这里不再重复。我国综合财务报告的试编办法中规定,应根据非税收入执收单位提供的应收未收非税收入年末余额分析确认。

8. 存货

存货反映了政府在报告期末所持有的各类库存物资和在途物资的价值余额,是政府实物资产的重要组成部分。在一些修正的权责发生制原则下,如国际会计师联合会公立单位委员会第5号研究报告中指出:为出售目的持有的存货应属于金融资产,其余的则属于实物资产。但将存货划归为实物资产更符合权责发生制对"金融资产"概念的公认用法。在我国综合财务报告的试编工作中,并未将存货按是否出售用途继续细分,而是将部门决算报表、固定资产投资决算报表、公益性国有企业的财务会计决算报表,土地储备资金财务报表中的库存材料、材料、产成品、存货、受托代理资产、器材等项目,物资储备资金财务报表中的净资产,以及政府单位拥有或控制但未在上述报表中反映的相关存货价值等年末余额均纳入存货范围。存货的流动性虽然相对金融资产较弱,但由于仍有相当比例是出于出售目的而持有的,仍具有较强的变现能力,因此仍然是政府流动性较好的资产项目之一。但在政府存货资产中,公共储备物资作为一类特殊项目,反映了政府存货中用于维护国家战略安全、经济安全和应对突发事件等有特定用途物资价值,如石油、稀有金属、粮食、棉花、药品等,但不包括政府仅给予财政补贴而不拥有或控制的物资。公共储备物资往往有其限定用途或使用条件限制,因此并不适合视作政府的流动资产。

9. 对外投资

对外投资反映了政府在报告期末以有价证券和其他形式进行投资的余额,如股权和债券投资等。在我国综合财务报告的试编工作中,对外投资包括公共财政决算会计报表、政府性基金决算会计报表、国有资本经营决算会计报表、财政专户会计报表、部门决算报表、固定资产投资决算报表、公益性国有企业的财务会计决算报表中的有价证券、对外投资、短期投资、长期投资、交易性金融资产、可供出售金融资产、持有至到期投资、长期股权投资,以及非公益性国有企业的财务会计决算报表中的国有资本及权益项目等。

除此以外,对外投资还应包含中央政府持有相关国际金融组织股权和主权投资公司股权等主权投资,如国际金融组织贷款转贷会计报表中的缴付国际金融组织股本、主权投资公司财务报告中的所有者权益等。

10. 固定资产

固定资产反映了政府在报告期末拥有的房屋、建筑物、设备等固定资产的净值,其中公共基础设施,包括公路、铁路、水利、电力、市政设施等,在相当程度上反映了政府向社会提供公共服务的能力。固定资产的净值是其原值和累计折旧的差额。

固定资产的原值是固定资产原始的账面价值，原则上应采用历史成本，相关资料不齐全的，也可采用重置成本。在我国综合财务报告的试编工作中，固定资产原值由部门决算报表、固定资产投资决算报表、公益性国有企业的财务会计决算报表中的固定资产、固定资产原值，以及相关政府单位提供的，其拥有或控制但未在上述报表中反映的固定资产的原值等分析加总计算得到。其中，公共基础设施原值，根据已在部门决算报表、固定资产投资决算报表、公益性国有企业的财务会计决算报表中反映以及单位拥有或控制但未在上述报表中反映的公共基础设施的原值等，分析加总计算得到。

固定资产累计折旧，是固定资产在使用过程中累计消耗的价值。在我国综合财务报告的试编工作中，累计折旧部门决算报表、固定资产投资决算报表、公益性国有企业的财务会计决算报表中的累计折旧，以及相关政府单位提供的未在上述报表中反映的固定资产累计折旧等，经过分析加总计算得到。其中，公共基础设施累计折旧，根据已在部门决算报表、固定资产投资决算报表、公益性国有企业的财务会计决算报表中反映和未在上述报表中反映的公共基础设施累计折旧等，分析加总计算得到。折旧的计算方式有很多种，包括平均年限法、工作量法、年数总和法以及双倍余额递减法等。出于简便操作的考虑，我国在当前试编工作中规定，固定资产累计折旧的计提，采用平均年限法。因此，在资产负债表中披露资产净值的同时，应通过报表附注的形式披露各类固定资产采用的折旧年限，以方便外部使用者对固定资产未来提供公共服务的潜力，以及政府未来需要增加支出来新购置固定资产的可能性做出进一步的分析。

11. 在建工程

在建工程反映政府在报告期末尚未完工的固定资产建造、基建工程、安装工程等的总价值。根据我国政府综合财务报告试编办法，在建工程由部门决算报表、固定资产投资决算报表、公益性国有企业的财务会计决算报表中的在建工程、工程物资等相关项目年末余额加总得出。

12. 无形资产

无形资产反映政府拥有的不具有实物形态的非货币性长期资产的价值，包括专利权、非专利技术、商标权、著作权、商誉等。我国政府综合财务报告试编办法中，无形资产由部门决算报表、公益性国有企业的财务会计决算报表中的无形资产年末余额加总获得。

13. 其他资产

除了上述12项资产分类外的其他资产项目，都可列入政府的其他资产。例如我国综合财务报告试编办法中,将公共财政决算会计报表、政府性基金决算会计报表、国有资本经营决算会计报表、财政专户会计报表、部门决算报表、固定资产投资决算报表、公益性国有企业的财务会计决算报表、土地储备资金财务报表中的待处理有偿资金、固定资产减值准备、固定资产清理、待处理固定资产净损失、递延税款借项、文物文化资产、待处理器材损失、待核销基建支出、转出投资、待处理固定资产清理、投资性房地产、其他流动资产、一年内到期非流动资产、长期待摊费用、生产性生物资产、油气资产、开发支出、其他非流动资产、递延所得税资产、收储项目、待摊支出、其他等相关项目均列入其他资产。需要注意的是,如前文所述,文物文化等继承资产的数额是十分难以计量的,因此在无法获取准确的估值时,不应随意在表内列报数额。可取的方式是将其价值在表内确认为1,以表明该项资产的存在,随后在报表附注中说明该项资产的详细情况。同样,油气等自然矿产资源如果已经反映在政府持有的国有企业股权的价值中,那么在资产负债表中则不应重复确认。

## 19.2 负债

### 19.2.1 负债的定义

国际会计准则委员会发布的《编报财务报表的框架》中对负债的定义:"负债是企业由于过去事项而承担的现时义务,该义务的履行会导致含有经济利益的资源流出企业。"参照这一定义,可将政府的负债定义为:政府因过去交易或事项形成的现时义务,履行该义务预期会导致政府服务潜能减少或经济利益流出。政府负债的特征包括以下三个方面:

一是负债必须是过去形成的,即过去的一项交易或其他事项造成了还未履行的义务或责任。政府将在未来发生的承诺、签订的合同等交易事项,不形成负债。

二是负债是一种现时义务,即现行条件下已经承担的义务,未来发生的交易或事项形成的义务,不属于现时义务。

三是负债预期会导致政府服务潜能降低或经济利益流出,即政府提供公共服务的能力可能会降低,或者需要用新的负债,或支付现金,或处置其他资产给一个或多个主体,以偿还债务,给报告主体造成了不利的财务后果。通常情况下,负债和支出压力是形成政府财务风险的重要原因。

对于企业来说,其负债所代表的义务只有在具有法律效力的情况下才会发生,但对于政府来说,其负债义务不仅限于法律上的责任,还要承担一些社会公众期望的或迫于政治压力而必须承担的其他义务,例如对所托管的养老金负担着最终的补充责任。因此政府负债的范围要比私人部门更加广泛,同时也包含了更多的不确定性因素。

### 19.2.2 负债的确认

一般来说,当交易或事项同时满足负债的定义与确认标准时,就应予以确认。国际会计准则委员会发布的《编报财务报表的框架》中规定负债确认标准为:"如果由于一项现时义务的履行,含有经济利益的资源很可能流出企业,结算的金额也能可靠地加以计量,就应当在资产负债表内确认为负债。"我国权责发生制政府综合财务试编工作中将政府负债的确认进行了进一步的明确:"负债的确认不仅要符合负债的定义,还必须满足两个条件:一是与该义务有关的服务潜能很可能(概率大于50%)降低或经济利益很可能流出;二是未来降低的服务潜能或流出的经济利益能够可靠计量。"

对于某些符合负债定义事项来说,其发生的可能性,尤其是确定的数量只有在未来才能完全确定下来,这就对"能够可靠计量"提出了挑战,在许多情况下不得不进行估计确认。会计师国际联合会公立单位委员会在其第11号研究报告中认为:"在需要支付的负债总额中包含一部分估计值并不能成为延迟确认负债的充分理由。如果选择的计量技术是可以接受的方法,则对金额大的负债加以估计确认,要强于忽略这些负债的存在。"笔者认为,在政府财务报告中,对资产负债项目的列报是为了反映政府的财务状况,因此资产与负债的确认范围应该是大体匹配的。在表内资产项目均为确定性的情况下,对无法准确确定数量,需要进行估计的负债项目在其计量技术尚不成熟,或未得到公共认可的情况下列入资产负债表,是不大合适的。但可以通过报表附注的形式予以披露和说明。

### 19.2.3 负债的类型

世界银行经济学家 Hana Brixi(白海娜)提出的政府风险分析矩阵,将政府负债划分为直接显性负债、间接显性负债、直接隐性负债和间接隐性负债四类,从概念上突破了传统上政府关注显性和确定性债务的局限,要求政府正视其他类型的负债。其中,直接显性负债是由特定法律或合约规定的,在任何情况下都确定会产生的政府义务。例如政府举债,在任何情况下都由合约规定了政府必然的偿还义务;间接显性负债是由特定法律或合约规定的,由可能发生的某一具体事件而触发的政府义务。例如,政府提供担保的债务,由法律规定以被担保债务人到期无法清偿债务为前提;直接隐性负债是法律或合约并未规定,而基于公众的期望、政治压力或社会对政府责任的理解确立的,在任何情况下都确定会产生的政府义务。例如,政府对社会保障基金的支付义务等,并没有法律或合约制约政府,但社会公众会认为是政府应尽的责任,这种期望会迫使政府必须承担义务;间接隐性负债是法律或合约并未规定,而基于公众的期望、政治压力或社会对政府责任的理解而确立的一种不确定义务。例如,政府对自然灾害的赈灾义务等。

常丽(2014)认为,政府的负债项目中,较为难以确认的是政府公共养老金负债、环境负债和其他或有负债。或有负债是指过去的交易或事项形成的一种状况,其结果须通过未来不确定事项的发生或不发生予以证实。与风险矩阵的分类方法相对应,公共养老金对应的是直接隐性负债、或有负债对应的是间接显性负债和间接隐性负债,环境负债对应的是直接显性负债和间接隐性负债。

会计师国际联合会公立单位委员会在其第 11 号研究报告中将政府的负债分为以下几类:(1)购买商品和服务产生的应付账款;(2)应付利息;(3)应付工资;(4)应付法定假期工资和应计休假工资;(5)雇员养老金负债和其他应付雇员福利,包括应付退休福利;(6)担保和赔款条款中规定的有足够证据表明应该支付的金额;(7)与预收收入相关的负债;(8)应付转移支付款;(9)货币发行;(10)与融资租赁有关的租赁债务;(11)银行贷款和其他短期借款;(12)长期负债;(13)环境负债;(14)由于事故补偿方案而产生的债务。

我国《2014 年度权责发生制政府综合财务报告试编办法》中将负债项目分为借入款项、应付利息、应付及预收款项、应退税款、应退非税款、应付薪酬、应付政府补助、政府债券、其他负债共 9 个类别。总体来看,仅涉及了政府的直接显性负债,而对于或有和隐性的债务并没有涉及,而是通过报表附注予以披露,是属于相对稳健的报表要素设计,与资产项目设计的匹配性较好。该负债项目的设计一方面参考了我国现行的预算会计项目,即采用了现行预算会计报表项目,或对相关报表项目进行了归并、提炼,尽可能使报告内容与当前预算会计系统产出信息相耦合,在尚未建立起完善的政府财务会计制度的条件下,减少改革成本;另一方面也充分借鉴了政府会计管理比较成熟国家的做法,以权责发生制为确认原则,增设了短期债券、应付利息、应退税款、应退非税款、应付政府补助、长期债券等项目,这些项目虽然没有在现行预算会计中反映,但实际上都是政府承担的负债,符合负债确认条件,而且对其进行计量具备可操作性。

资产负债表中,对负债类项目排序主要考虑了其还款期限,即还款期限相对较短的排在前面,如应付利息、应退税款、应退非税款等,以突显近期即将面临的偿债压力;还款期限相对较长的排在后面,如应付政府补助、政府债券等,以反映政府的长期偿债压力。

1. 借入款项

借入款项反映了政府在报告期末向银行或有关机构借入的,且尚未偿付的各种借款本金。根据我国当前政府综合财务报告试编办法,借入款项包括公共财政决算会计报表、政府性基金决算会计报表、国有资本经营决算会计报表、财政专户会计报表、部门决算报表、固定资产投资决算报表、公益性国有企业的财务会计决算报表、土地储备资金财务报表中的借入有偿资金、应付本金、贷款协定总额、借入款项、短期借款、长期借款、基建借款等项目,以及暂存款项目中有计息要求的款项和单位提供的长期负债中有计息要求的款项。借入款项的往往是由于政府当下的流动资产无法应付支出需要而发生的负债项目,因此大多数情况下借入款项还伴随着利息等资金使用成本,与资产项目中的借出款项相对应。值得一提的是,我国当前地方政府债券发行的主体是省级政府,省级政府转贷给下级政府的资金是省级政府的借出款项,而在市县级政府则确认为借入款项,并非政府债券。因此,对于省级以下政府来说,借入款项中还包含着政府的公债。负债为政府财务状况带来的压力除了其规模数额外,也与其到期时限相关。一般来说到期时限越近,则政府面临的偿债压力越大,其财务状况也越不容乐观。因此,为了全面反映财务状况,政府财务报告在将借入款项总额列入资产负债表的同时,也应在报表附注中披露借入款项到期时限的详细情况。

2. 应付利息

应付利息反映了政府在报告期末,由于借入款项或发行债券产生的且尚未偿付的利息。在权责发生制原则下,当合约满足计息条件时,如在时间上达到了计息周期,即应确认应付利息。我国当前政府综合财务报告试编工作中,应付利息包括了财政专户会计报表、公益性国有企业的财务会计决算报表、土地储备资金财务报表中的应付利息、应付承诺费、应付汇兑风险损益等项目,以及根据政府债券和进行抵消处理后的借入款项等计提的应付利息等。

3. 应付及预收款项

应付及预收款项反映了政府在交易等事项中由于资金周转等原因产生的各种应付及预收性质款项。我国当前政府综合财务报告试编工作中,应付及预收款项包括公共财政决算会计报表、政府性基金决算会计报表、国有资本经营决算会计报表、财政专户会计报表、部门决算报表、固定资产投资决算报表、公益性国有企业的财务会计决算报表、土地储备资金财务报表中的与上级往来、其他应付款、提前回收贷款、借入周转款、应付串换款、预算周转款、应付人行款、应付票据、应付账款、预收账款、预收下年度财政性资金拨款、应付器材款、应付工程款、应付有偿调入器材及工程款、未交款合计、其他应付款、长期应付款、专项应付款、应付债券等项目,以及暂存款中无计息要求款项等。除长期应付款外,大多数应付款的偿付时限相对较短,而预收款虽然未必需要返还,但反映了短期内政府需要通过其他资产形式予以偿付的义务,因此应付及预收款项可视为政府的一项流动负债。

4. 应退税款

应退税款反映了政府在报告期末应退未退税收资金的余额。在权责发生制下,确认应退税款的时点有不同的选择,既可在满足退税条件发生时确认,也可在纳税主体向税务部门实际申报时予以确认。我国现行的政府预算会计制度中,尚未对应退税款进行反映,可根据税务、海关等部门提供的应退未退税收信息进行分析整合。

5. 应退非税款

应退非税款反映了政府在报告期末应退未退的各种非税收入。如上文所述,应退非税款中不应重复确认应退回的财政资金产生的利息收入,因为该项目已在应退利息中得到了反映。我国综合财务报告的试编办法中,应退非税款应根据非税收入执收单位提供的应退未退非税收入年末余额分析确认。

6. 应付薪酬

应付薪酬反映了按政策规定,政府在报告期末应付未付在职人员各类薪酬和离退休人员离退休费等的余额。我国当前政府综合财务报告试编中,应付薪酬包括了部门决算报表、固定资产投资决算报表、公益性国有企业的财务会计决算报表中的应付工资(离退休费)、应付地方(部门)津贴补贴、应付其他个人收入、应付福利费等项目,以及政府已出台薪酬调整政策但尚未支付的款项。

7. 应付政府补助

应付政府补助反映了按相关政策规定应支付给企业、个人或家庭,但在报告期末尚未支付的补助款项。由于公益性国有企业已作为我国政府财务报告的主体之一,故向公益性国有企业支付的补助在一级政府层面属于内部交易事项,在合并报表时需要予以抵消。因此应付政府补助中不应包含向公益性国有企业的应付补助。

8. 政府债券

政府债券反映了报告期末政府发行且尚未兑付的各种债券余额。我国政府公债分为中央政府债券和地方政府债券,后者当前的发行主体为省级政府,市县级政府如需通过公债筹集资金则需要通过省级政府的转贷获得。因此,政府债券项目仅在中央政府和省级地方政府的资产负债表中予以确认,省级以下政府相关负债通过借入款项来反映。此外,公债在发行时已明确了到期时限,其中1年内到期的政府债券属于政府的流动负债,反映了当前政府即将面临的偿债压力,为全面反映政府的财务状况,需要在报表附注中披露各债券到期时限的详细情况。

9. 其他负债

其他负债反映了政府除上述负债以外其他方面的负债情况。根据我国当前政府综合财务报告试编办法,其他负债一般包括部门决算报表、公益性国有企业的财务会计决算报表中的其他流动负债、递延税款贷项、其他长期负债、受托代理负债、交易性金融负债、应交税费、应付股利、预计负债、1年内到期的非流动负债、其他流动负债、其他非流动负债、递延所得税负债等项目。

## 19.3 收入

### 19.3.1 收入的概念

国际会计准则委员会发布的《编报财务报表的框架》中对收入的定义:"收入是指会计期间经济利益的增加,其形式表现为因资产流入、资产增值或是负债减少而引起的权益增加,但不包括与权益分享者出资有关的权益增加。"

参考上述定义,可将政府的收入定义为政府在日常活动中形成的、会导致净资产增加的服务潜能总增强或经济利益总流入。政府收入与企业有着本质的区别,企业收入必须通过生产交付产品或提供劳务而获得,而政府大部分收入具有无偿性的特征。由于政府运营大多数情况下是不以盈利为目的的,虽然也有可能向服务对象收费,但收取的费用往往低于付出的成本,不能为政府提供补足开展活动所耗费的资源。因此,向服务对象收费并不是政府的主要收入来源。政府的收入主要来自税收,无偿性和非交换性是政府收入的主要特征。

### 19.3.2 收入的确认

国际会计准则委员会发布的《编报财务报表的框架》规定了要素确认的标准,包括:(1) 与该项目相关的未来经济利益很有可能流入或流出企业;(2) 对该项目的成本和价值能够可靠地计量。"很有可能"意味着可能性要比"有可能"大,而"可计量"意味着可以合理地估计。收入通常要以很高的可靠性来计量,例如对于财产类税收收入在收取之前就能够知道应收数额,其无法收回的数额也可以做出合理的估计。但在某些情况下,收入金额的估计是比较困难的,例如流转税在收取之前无法确定应收数额,因此采用权责发生制来确认会比较困难。

此外,由收入的概念可知,收入的确认必须以政府净资产的增加或经济利益流入为前提。因此,在权责发生制下的"收入"与以收付实现制为基础的预算会计报告中的"收入"是有所区别的。我们通常说,财政收入可分为税收收入、收费收入、国有资产收益和公债收入,这里的"收入"实际上采用了收付实现制,更多地关注了政府预算周期内可用财政资源的流量。但在权责发生制下,公债收入并不能被确认为政府的收入项目,虽然在发行公债时政府取得了财政资金,用于应对当期的各项支出,但同时也为政府带来了未来偿还的义务,体现为政府的一项债务,而政府的净资产并未发生变化,从长期来看其服务潜力也没有发生实质性的增加。可见,权责发生制下的政府收入更多地关注其经济实质,而并非财政资金流动的现象。因此,不同于预算会计中的收入根据财政资金流入进行确认,政府财务报告的收入应根据经济事项实质进行确认。确认收入时,除了满足收入的定义外,还应满足以下条件才能确认:一是收入应具有可计量性、相关性和可靠性;二是收入的确认应符合实现原则,也即当服务潜能或经济利益已实现或很有可能实现;三是收入的结果会导致资产的增加或负债的减少。

最后,在以权责发生制为确认基础的条件下,由于交易和其他事项的影响要在它们发生时便予以确认,而不考虑收到现金的时间,因此意味着必须规定确定收入的时点。以税收收入为例,对其确认有很多时点,而且不同税种的确认时点也各不相同,比如对所得税的确认,以下几个时点都具有可能性:(1)当纳税人获得应税收益时;(2)纳税年底;(3)当纳税人填完纳税申报单时;(4)当税额被估计确定时;(5)当纳税人确认税收负债时;(6)当纳税人支付税款时。具体应该以哪个确认时点为准,需要根据税收部门与政府会计系统在技术上能够准确提供相应数据来决定。

### 19.3.3 收入的类型

会计师国际联合会公立单位委员会在其第11号研究报告中将政府部门的收入划分为:(1)非互惠性收入,包括直接或间接税收、关税、收费和罚款,其他非互惠性转移支付;(2)互惠性收入,包括出售商品与服务、股利、利息、出售资产的利得;(3)其他利得。常丽(2014)认为,政府收入按性质划分,可以分为经常性收入和资本性收入。经常性收入主要是各种税费收入,资本性收入主要是资产转让收益。区分经常性收入和资本性收入可以对不同性质收入的使用进行限制。此外,政府收入还可以划分为非交换性收入、交换性收入和其他利得。非交换性收入主要来自政府的公共权力,例如政府通过行使其权利可以取得税收收入、收费和罚没收入等。在政府的非交换性收入中,税收收入通常占绝大部分,因此,在评价政府当期财务业绩时,税收收入通常被视为一项非常重要的评价内容。交换性收入主要包括销售货品和服务收入、股利收入、利息收入和销售资产净利得等。其他利得主要包括市价变动利得和外币交易利得等。利得的产生主要是由于市场价值或货币价值的变动而引起资产价值的增加,也可能会由于诸如森林、家畜的成长等引起的自然增值而产生。当然,利得也包括由于货币价值的变动而引起的负债价值的减少。

政府财务报告的目标在于通过反映政府的财务状况和绩效信息来解除公共受托责任。不同来源、不同经济性质的收入,其稳定性、独立性和使用的灵活度均不同,对政府财务状况和成本绩效将产生明显的影响。因此,根据经济性质对政府财务报告中的收入项目进行划分是相对合理的。我国在权责发生制政府综合财务报告试编工作中,将收入项目分为税收收入、非税收入、事业收入、经营收入、投资收益、政府间转移性收入和其他收入。

1. 税收收入

税收收入反映了报告期政府税收收入的发生额,包括税务、海关等部门提供的各项税收收入。在权责发生制下,当年应收未收的税收也应包含在税收收入中,而应退未退的税收资金,以及收到的不属于报告期的税收资金应予以扣除。由于税收具备强制性和固定性,是政府最为稳定和可靠的收入来源,因此税收收入在政府收入中的比例越高,往往表明政府的财务状况越好。

2. 非税收入

非税收入反映了政府在报告期国有资源资产有偿使用收入以及罚没收入等非税收入的余额。通常包含了公共财政决算收入中的相关非税收入,政府性基金决算会计报表、财政专户会计报表中的政府性基金决算收入,非税收入执收单位提供的应收未收当年非税收入、应退未退当年非税资金以及收到的并不属于当期的非税资金等。值得一提的是,各类有价证券的利息收入由于已在投资收益项目中反映,因此在非税收入中不再重复确认。

3. 事业收入

事业收入在广义上属于政府的非税收入,但侧重反映的是政府开展专项业务活动向服务对象收取的款项,用于弥补相应的成本支出,在一定程度上属于交换性收入。在当前政府综合财务报告试编工作中,经营收入包括财政专户管理资金会计报表中的财政专户管理资金收入、部门决算报表中的事业收入等。

4. 经营收入

经营收入反映了政府在报告期内通过销售商品、提供服务等经营性活动而获得的收入,属于交换性收入。在当前政府综合财务报告试编工作中,包括部门决算报表、公益性国有企业的财务会计决算报表中的经营收入、营业总收入、营业外收入等。

5. 投资收益

投资收益反映了报告期内政府通过投资取得的收益或发生的损失。一般可包括公益性国有企业的财务会计决算报表中的投资收益,非公益性国有企业的财务会计决算报表中因国有资本经营损益导致国有资本及权益当年变动部分,公共财政决算会计报表的非税收入中有价证券利息收入以及根据有价证券计提的应收未收当年利息收入等。为全面反映政府投资收益的稳定性,应在报表附注中分别披露股权投资和债券投资收益的详细情况。

6. 政府间转移性收入

政府间转移性收入反映了报告期内获得上级政府、下级政府或同级其他政府无偿提供的各类款项。包括一般性转移支付、专项转移支付以及税收返还等。在我国当前试编工作中,政府间转移性收入由公共财政决算会计报表、政府性基金决算会计报表、国有资本经营决算会计报表、财政专户会计报表、部门决算报表中的补助收入、上解收入、地区间援助收入、拨入上级财政资金、乡级财政缴入资金、上级补助收入、附属单位缴款、非本级财政拨款等项目等构成。

7. 其他收入

其他收入是除上述收入项目外，政府在报告期内取得其他方面的收入。如公共财政决算会计报表、政府性基金决算会计报表、国有资本经营决算会计报表、财政专户会计报表、部门决算报表、土地储备资金财务报表中的其他收入、资金占用费收入、补贴收入、利息收入等相关项目，以及根据借出款项计提的当年应收未收利息收入等。

## 19.4 费用

### 19.4.1 费用的概念

国际会计准则委员会发布的《编报财务报表的框架》对费用的定义为：费用是指会计期间内主体经济利益的减少，其形式表现为因资产的流出、资产消耗或是发生负债而引起的权益减少，但不包括权益参与者的分配有关的权益减少。从上述定义中可以看出，费用与同样反映财务资源向外流动的支出是有所区别的。支出通常反映在收付实现制原则下，当期可用的财务资源向外流动的现象本身，而并未考察这种流动现象背后的经济实质。费用在权责发生制原则下，反映了主体经济利益减少的经济实质，其表现形式可能有很多种，如资产流出、消耗或发生负债，但并不是上述现象的发生都反映了主体经济利益的减少。例如，费用不适用于诸如债务偿还之类的融资现金流出，因为在支出发生的同时减少了等量的政府负债；同时，也不适用于诸如金融资产或实物资产的购置的投资现金流出，因为在支出发生的同时增加了等量的政府资产。区别费用要素和资产要素的关键在于区分收益性支出和资本性支出。收益性支出形成当期耗费，并不带来未来政府服务潜能的提高，应确认为费用要素；资本性支出形成未来政府服务潜能，应确认为资产要素。

会计师国际联合会公立单位委员会在其第 2 号研究报告中认为，国际会计准则委员会的费用定义适用于采用权责发生制会计并编制一套系统的财务报表的政府报告主体。同时，该研究报告指出，该定义中对术语"权益"的引用可能不适用于政府报告主体，因为这一术语在公立单位中的使用并不普遍，而诸如"净资产"或"净价值"这样的术语是更为适合的。我国《2014 年度权责发生制政府综合财务报告试编办法》中将费用定义为："政府为提供公共产品和公共服务所发生的、会导致净资产减少的服务潜能总降低或经济利益总流出。"

### 19.4.2 费用的确认

国际会计准则委员会发布的《编报财务报表的框架》中概括了费用确认的原则：如果未来经济利益的减少与一项资产的减少或一项负债的增加相联系，并且能够可靠地加以计量，就应当在表内确认为费用。这实际上意味着，确认费用的同时,也要确认负债的增加或资产的减少。

我国《2014年权责发生制政府综合财务报告试编办法》中指出,不同于决算报告中的支出根据财政资金流出进行确认,政府财务报告的费用根据经济事项实质进行确认。确认费用时,除了符合费用的定义外,在满足以下条件时才能予以确认:一是与费用相关的服务潜能很可能降低或经济利益很可能流出;二是服务潜能的降低额或经济利益的流出额能够可靠计量;三是费用的结果会导致资产的减少或负债的增加。可见,政府及其所属机构发生的许多费用与私人部门所确认的费用大抵相似,这些费用并没有给政府带来特别的会计或报告问题。

但是,在实物资产使用耗费的确认问题上,政府部门具有一定的特殊性。常丽(2014)认为,当政府实物资产的服务潜力被消耗时,其消耗的价值就构成这些资产使用期间的一项费用。在政府单位中,诸如建筑物、运输工具、办公设备等固定资产作为一类实物资产,其使用寿命是有限的,这类固定资产的服务潜力的消耗,与企业中相应固定资产的折旧相类似。道路、桥梁、隧道等基础设置资产是政府特殊的实物资产,这类资产如果在其使用寿命中按照算术基础进行折旧分配是不够准确的。基础设施资产由许多组成部分构成,但不同组成部分的服务潜力按不同的比率进行消耗。例如,道路系统、供水系统、下水道系统等,这些系统的使用寿命都非常长,并且由许多不同的部分组成。要想对这种系统从整体上确定单一的使用寿命和折旧率,是非常困难的。可选的方法有传统的折旧会计、更新会计、状态基础折旧会计等,完全折旧会计即为传统的折旧会计。由于基础设施资产的使用寿命长或不确定,那么这一特点意味着确认费用时考虑的某些因素对基础设施资产的状态和价值将产生较大的影响。所以,如果采用对固定资产计提折旧的会计政策,那么对于折旧费用的确定方法要因地制宜,避免固定资产账面价值与实际价值的过大背离。

### 19.4.3 费用的类型

会计师国际联合会公立单位委员会在其第11号研究报告中,将政府费用类型分为人事费用、商品销售成本、提供服务的成本、实物资产的使用(折旧和服务潜力的损失)、租金和租赁成本、维护和运行费用、利息、与金融资产有关的费用、政府转移支付、其他损失。我国在当前权责发生制政府综合财务报告试编工作中,根据我国政府财政收支实际情况,将费用项目分为工资福利支出、商品和服务支出、对个人和家庭补助支出、对企事业单位补贴、捐赠支出、政府间转移性支出、经营支出、折旧费用、财务费用和其他费用。可见,其费用类型主要是根据政府支出或运营费用的经济性质划分的。

长期以来,我国预决算报告的公开信息中,对政府支出项目均是按支出功能进行划分,虽然在披露科目上不断细化和完善,但始终无法对资金使用的合理性做出更深刻的反映。例如说有多少钱用于教育,大家就会感觉很笼统,只能知晓政府在某个项目上花费的总量。但如果能够将支出项目按照经济性质进行分类,例如多少钱给教师发工资,多少钱用于购买教学设施,就可以更加清楚地反映政府支出的合理性如何。当前我国政府综合财务报告试编工作中,将费用按照经济性质进行划分,是一个巨大的进步,对充分反映政府公共受托责任履行情况,尤其是成本绩效情况是有着积极意义的。但是,仅仅使用经济性质分类,就失去了按照支出功能分类的部分作用。通过披露的费用信息,我们仅能够了解到政府作为一个整体在成本绩效上的情况,而对政府在支出结构,以及某一职能领域中的表现情况就不得而知了。因此,我国政府财务报告的费用在以经济性质分类的同时,也应以支出功能进行分类,可以通过两张收入费用表分别报告。在可行的前提下,可将支出功能和经济性质分类置于一张费用表中,通过矩阵式地列报信息,更加全面和深入地反映政府的成本绩效信息,但这将对我国政府财务会计制度的建设提出更多挑战。

由于按支出功能的分类方式在实践中较为成熟,因此本章仅罗列按照经济性质对费用的分类项目。

1. 工资福利支出

工资福利支出反映了报告期内政府应支付给在职职工和编制外长期聘用人员的各类劳动报酬和福利,包括基本工资、津贴补贴、社会保障缴费等。在我国当前的试编工作中,工资福利支出包括部门决算报表中的工资福利支出、财政部门代列的工资福利支出,以及政府已出台工资福利调整政策但尚未支付的工资福利等。

2 商品和服务支出

商品和服务支出反映政府在报告期内购买商品和服务发生的各类支出,包括办公费、差旅费、招待费等,在权责发生制原则下,当期应付未付的此类支出也需要被确认。在当前试编工作中,可包括部门决算报表中的商品和服务支出、财政部门代列的商品和服务支出等。

3. 对个人和家庭的补助

对个人和家庭的补助反映了政府在报告期内用于对个人和家庭的补助支出,包括离休费、退休费、医疗费、住房公积金等,在权责发生制原则下,若补助对象满足有关政策条件,应发放而未发放的补助也应予以确认。在当前试编工作中,该项目包括部门决算报表中对个人和家庭的补助支出、财政部门代列的对个人和家庭的补助支出,以及政府已出台对个人和家庭补助调整政策但尚未支付的补助款项。

### 4. 对企事业单位的补贴

对企事业单位的补贴反映了报告期内政府对未进入部门决算编报范围的企业和事业单位的各类补贴。在确认该项目时需要特别注意政府财务报告的主体范围,在控制概念和政治受托责任概念下,大多数事业单位和公益性国有企业均纳入了报告主体范围,对此类单位的补贴则属于政府内部交易事项,在列报时应予以抵消,而并不能确认为对企事业单位的补贴项目。在当前试编工作中,一般包括部门决算报表中对企事业单位的补贴支出、财政部门代列的对企事业单位补贴支出,以及政府已出台对企事业单位的补贴调整政策但尚未支付的补贴款项等。

### 5. 政府间转移性支出

政府间转移支出反映了报告期内本级政府支付给上下级政府或其他政府的款项。在当前试编工作中,一般包括公共财政决算会计报表、政府性基金决算会计报表、国有资本经营决算会计报表、财政专户会计报表、部门决算报表中的补助支出、上解支出、地区间援助支出、补助下级支出、上缴上级支出、对附属单位补助支出等。

### 6. 捐赠支出

捐赠支出反映政府报告期内援助非政府社会组织、交纳国际组织会费等方面的支出。

### 7. 折旧费用

折旧费用反映了报告期内政府固定资产、公共基础设施资产由于使用损耗产生的折旧费用。出于简化操作的考虑,可采用平均年限法对固定资产及其重要组成部分确认折旧,同时应通过报表附注的形式披露各类固定资产采用的折旧年限。

### 8. 财务费用

财务费用反映了政府在报告期内有偿使用相关资金而支付的费用,是政府财务绩效评价的重要指标。在当前试编工作中,包含了公共财政决算会计报表、政府性基金决算会计报表、国有资本经营决算会计报表、财政专户会计报表、部门决算报表中的发行费支出、资金占用费支出、公共财政决算支出中相关债务利息支出、国内外债务发行费支出,以及计提的当年应付未付利息支出等。

### 9. 经营支出

经营支出反映了政府在报告期内相关经营活动发生的支出。在当前试编工作中,包括部门决算报表、公益性国有企业的财务会计决算报表中的经营支出、营业总成本、营业外成本、交纳所得税等项目。

### 10. 其他费用

其他费用反映了除上述费用项目外,未能列示的其他支出事项。

## 19.5 净资产
### 19.5.1 净资产的概念

一般来说,政府净资产可以定义为政府主体总资产扣除总负债之后的余额。政府主体的净资产与企业净资产要素的差别在于没有所有权归属的特定含义,政府的净资产不能用于分配,只能用于向社会公众和其他服务对象提供持续的服务或用于其他业务活动。

我国《2014年度权责发生制政府综合财务报告试编办法》中将净资产定义为:政府资产扣除负债后的差额,包括当期盈余和以前年度累计净资产。由此可见,政府主体的净资产主要来源于三个方面:一是按照预算、合同协议限定未支用的财务资源;二是政府主体通过预算安排动用当期财务资源购置或接受捐赠的长期资产对应形成的基金;三是历年运营收支结余的积累。

### 19.5.2 净资产的确认

在公立单位中,资产减去负债后的差额可以有多种名称来界定,如净资产、纳税人基金、业主权益、公共权益、净财务状况等。会计师国际联合会公立单位委员会在其第11号研究报告中选用净资产或权益的界定方法,认为政府的净资产或权益的信息可以帮助政府管理债务水平,即政府应当将负债和其持有的资产控制在一个合理的水平上。

常丽(2014)认为,净资产信息可以帮助政府做出关于政府业务活动范围和程度以及资金筹集活动的决策。例如在理想状态下,政府当期的业务活动费用应当由政府当期的收入提供资金支持,若政府的净资产发生了显著的增加或减少,那么往往意味着代际公平受到了影响。净资产信息还可以帮助政府做出关于是否需要出售资产的决策。政府开展业务活动所需要的资金可以通过采取减少净资产或权益的方法来提供。政府净资产可以同以下原因而减少:① 消费现存资产;② 销售资产,销售收入用于当期支出需求;③ 增加借款;④ 发生其他负债。在政府资产负债表中,净资产表现为资产减去负债后的差额。在政府财务报表中的资产和负债,都是同时满足其定义和确认标准的资产和负债。但是,政府还可能存在着某些较为重要的资产和负债,由于这些资产和负债不满足确认的标准,因此没有纳入政府财务报表。由此可以认为,在政府财务报表中反映的净资产或权益的数字,并不是一个对预期未来资金流动的完整计量。对这一问题的弥补,可以通过在财务报表注释中对净资产信息进行补充披露,以增加净资产信息的决策有用性。

# 第20章 我国财务报告制度的其他内容

## 20.1 财务报告合并的方式和范围

### 20.1.1 财务报告合并的定义及意义

政府整体财务报告能反映一级政府乃至一国的综合财务状况、运营成果和现金流量。西方各国编制政府整体财务报告在很多方面运用了企业合并财务报告模型,各级政府报告实体的定义大多基于控制基础,同时注重了协调合并报表与国家账户。借鉴这些经验,我国政府整体财务报告应以控制为基础,具体包括资产负债表、收入支出表、现金流量表、预算执行情况表和附注等。编制程序宜逐级调整合并:各受控会计主体编制各自的财务报表;行政事业单位按部门逐级汇总;财政部门汇总形成本级行政单位财务报表和事业单位财务报表;财政总预算会计将各受控会计主体的财务报表予以合并;上级政府将其下级政府的财务报表逐级汇总。

与个别财务报告比较,合并财务报告具有如下特点:① 合并财务报告反映的是政府整体的财务状况和经营成果,反映的对象是由若干个核算板块组成的会计主体,是经济意义上的会计主体,而不是法律意义上的主体;② 合并财务报告由中央政府负责编制,并不是所有级别的政府都必须编制合并财务报告;③ 合并财务报告是以个别财务报告为基础编制的,它不需要在现行会计核算方法体系之外,单独设置一套账簿;④ 合并财务报告不是简单地汇总个别财务报告,汇总财务报告主要采用简单加总方法编制。

合并财务报告的作用主要表现在两个方面:① 合并财务报告能够对外提供国家和政府整体经营情况的财务信息,中央政府和地方政府作为独立的法人实体,分别编报自身的财务报告,这些财务报告并不能有效地提供反映整个国家层面的政府的财务信息。② 合并财务报告可以将整个政府内部交易产生的收入和利润予以抵消,使财务报告反映国家政府客观真实的财务和经营情况,有利于防止和避免政府管理者及其他行政人员人为操纵、粉饰财务报告。

### 20.1.2 财务报告合并的方式

（一）国外经验借鉴

1. 新西兰合并报告方式

新西兰是首个采用政府合并财务报告的国家，1989 年的《公共财政法案》要求政府编制合并报表。

最初，采用权益会计的国有企业和皇冠实体(Crown Entities)包含在合并报表中。合并资产负债表包括国企和皇冠实体的净盈余和其他主体的净值。

在 2002 年 7 月后，新西兰合并报表的内容发生了变化，新的财务报告必须包括所有皇冠实体的利益(所有的国企、议会的所有部门、新西兰储备银行和其他被控制的实体)。但是，合并报表不包括地方政府，因为地方政府不受中央政府控制。权益会计仍然被高校采用。合并报表由新西兰审计署审计。

目前，皇冠实体采用等效于国际财务报告的新西兰准则(New Zealand Equivalents to International Financial Reporting Standards, NZIFRS)，在将国际财务报告准则运用到新西兰政府会计时做了很多调整。

2. 澳大利亚合并报告方式

澳大利亚联邦政府于 1999 年开始使用政府合并财务报告。

澳大利亚的合并报告的主体是每一层级的政府及受政府控制的实体(包括一般政府部门以外的实体)。联邦高校没有被纳入合并财务报告，但是其净资产被确认为联邦政府财务报告的一项投资。联邦政府合并财务报告包括 200 多个实体，从 2006 年起按照 AASs 和 AIFRS 的要求编制，由澳大利亚国家审计署(ANAO)审计。

合并报表的编制分为两个阶段：首先合并一般政府部门，然后合并非财务公司和财务公司。2008 年 7 月后，澳大利亚会计准则委员会(AASB 1049)规定 GAAP 和政府财政统计(GFS)的差异应该按照政府合并财务报告和一般政府部门财务报告的要求来处理。在某些情况下，AASB 1049 必须采用 GAAP 原则。在其他情况下，除了 GAAP 信息外，AASB 1049 还要求或允许编制政府财政统计信息，协调两个框架并解释两者的差异。AASB 1049 认为一般政府部门财务报告(一个政府仅仅合并一般政府部门内部的实体)和政府合并财务报告两者存在差异。AASB 1049 也要求披露额外的信息，如协调关键财政统计和预算信息(包括原始预算信息和解释原始预算与实际数字之间的差异)。

澳大利亚的政府合并财务报告和一般政府部门财务报告都包括资产负债表、确认所有收支的运营表、现金流量表和附注。

3. 英国合并报告方式

英国《政府资源和会计法案(2000)》要求财政部为每个履行公共职能的实体，

以及部分或全部由公共资金支持的实体准备政府整体财务报告,具体的合并范围包括英格兰、苏格兰、威尔士、北爱尔兰的1300多个公共实体。

这些实体分为三类:① 中央政府。包括政府部门资源账户、国家贷款基金账户等核心政府财政基金、非部门公共实体、养老金计划(包括中央政府养老金计划、国民保健服务、教师等其他非基金性的雇员养老金计划)、部门资源账户中未包括的国民保健服务实体等。② 地方当局。包括各类议会、消防机构、警察机构、缓刑委员会、旅客运输机构、废物处理机构、资源保护局、地方教育当局及学校等。③ 公营企业。包括国有行业、其他公营公司、营运基金等。

英国因此成为第一个将如此广泛的实体纳入合并账户的国家。最初的动机是编制一系列2004—2005财政年度的中央政府的合并账户,然后在2006—2007财政年度提供完全经审计的政府合并财务报告。由于当时国际财务报告准则(IFRS)同时被私人部门和公共部门采用,政府合并财务报告的发布被推迟到2009—2010财政年度,使它们能够按照IFRS编制,并且有时间协调中央政府和地方政府的会计政策。

4. 美国合并报告方式

美国联邦政府是西方发达国家较早编制权责发生制政府财务报告的国家,编报比较成熟。联邦政府财务报表合并的范围包括政府立法机关、行政机关和司法机关三个分支。联邦政府的合并财务报表包括六张报表:

(1) 净成本表。净成本表列报各联邦机构以及政府整体运营的净成本信息。报表分两个部分,第一部分列报主要的联邦机构(2010年列报的机构为35个)的总成本、赚得的收益和净成本。净成本表列报的总成本、赚取收益和净成本,以权责发生制(应计制)为基础计量,费用在产生付款义务时确认,因此,净成本不仅包括财政资源的使用,还包括资本设备使用的折旧费用和延期到未来支付的服务成本,如负债中的应付员工退休金。同时,由于联邦总务署和人事管理办公室提供内部服务的特殊职能,它们的大部分费用按一定的方法分配到接受其服务的各联邦机构中,联邦机构间的其他内部交易产生的重复因素也在合并中予以抵消。

(2) 营运和净资产变动表。营运和净资产变动表与企业的收入报表十分相似,它以联邦政府整体为报告主体,列报联邦政府的各项收入、净成本、政府内部转移,并揭示它们对政府净资产的影响。报表纵向列报各收入、成本的项目,横向分普通基金和特种收入基金对收入、成本项目进行分类列报。

(3) 净营运成本和统一预算赤字调节表。这一报表用于调节"营运和净资产变动表"上的净资产数额和综合预算赤字的差异。预算收入和支出主要以现金制为计量基础,财务报告中的收入以修正的现金制为基础,成本费用则以应计制为基础。调节表根据营运净成本和综合预算赤字各组成部分,逐项列报由于两者会计计量基础不同产生的差异。

(4) 统一预算和其他活动现金余额变动表。编制该报表的主要目的是通过调节一个财政年度内综合预算赤字与现金及其他货币资产变动额之间的差异,反映综合预算赤字与政府现金及其货币资产、公众持有的政府债务之间的关系,实际上也是解释预算赤字是通过什么方式得到融资的。

(5) 资产负债表。资产负债表披露联邦政府的资产、负债和净资产(或净负债)。资产负债表提供的信息,与政府托管资产的信息相结合,可以使公众更全面地理解政府的实际财务状况。

(6) 社会保险报表。从2006年起,社会保险报表成为联邦政府报表的一部分。社会保险报表提供了政府对社会保险预计负债和成本的长期预测。这些负债虽然并不构成政府会计意义上的债务,但基于现行法律中社会保险条款的延续性,它们具有成为未来费用或债务的潜在可能性。

社会保障管理局、卫生部、铁路退休理事会和劳工部管理分别负责社会保障、医疗保险、铁路退休保险、黑肺保险基金的管理与运作。各保险主管部门每年依据未来经济增长、人口变化等数据的合理假设,预测保险基金未来一定期间的收入、支出,并按规定的方法折算为现值,这个过程被称为保险精算。

由于社会保险项目规模巨大,政策十分复杂,收支测算所依赖的假设条件具有很大的不确定性,同时,折现率、折现日等参数也对精算结果有相当大的影响,因而导致精算结果会出现多种可能性。

(二) 我国政府合并财务报告方式的选择

根据上一节所介绍的各发达国家政府合并财务报告的编制经验来看,目前流行的政府财务报告合并方式主要有两种:一种是按政府资金的各项具体用途进行分类合并,主要的代表有美国联邦政府编制的政府财务报告和新西兰政府编制的政府整体财务报告;另一种是按政府的各级职能部门进行分类合并,主要的代表有英国的政府合并财务报告和澳大利亚的政府合并财务报告。

相应地,我国的政府合并财务报告的编制也有两种方式可选:一种是按四大基金分类进行汇总合并;另一种是按各级政府的各职能部门分类进行合并。

1. 按四大基金分类进行合并

目前我国政府财政按用途主要可以分类到四大基金中,分别是社会保险基金、政府性基金、一般公共预算和国有资本经营预算。主要的合并方法可以是先由地方政府将本级的财务数据按照用途归类到四大基金中,再从地方到中央、从县一级政府到省一级政府层层汇总,最后再将各省数据汇总到中央,编制成国家层面的政府财务报告。

(1) 社会保险基金是指为了保障保险对象的社会保险待遇,按照国家法律、法规,由缴费单位和缴费个人分别按缴费基数的一定比例缴纳以及通过其他合法方式筹集的专项资金。社会保险基金是国家为举办社会保险事业而筹集的,用于支付劳动者因暂时或永久丧失劳动能力或劳动机会时所享受的保险金和津贴的资金。社会保险基金按照保险类型确定资金来源,逐步实行社会统筹。

我国社会保险基金来源可以大致分为四个方面:由参保人按其工资收入(无法确定工资收入的按职工平均工资)的一定百分比缴纳的保险费;由参保人所在单位按本单位职工工资总额的一定百分比缴纳的保险费;政府对社会保险基金的财政补贴;社会保险基金的银行利息或投资回报及社会捐赠等。

社会保险基金主要包含五大类,分别是基本养老保险基金、基本医疗保险基金、工伤保险基金、失业保险基金和生育保险基金。各项社会保险基金按照社会保险险种分别建账,分账核算,执行国家统一的会计制度。

我国社会保险基金筹集方式实施部分积累制,即现收现付制和完全积累制的综合。按照有关规定,我国的社会保险基金是由地方税务部门或社会保险业务经办机构采用社会保险费的形式进行筹集的,这对不同征收形式下筹集基金时以不同的账户设置及管理提出了明确的要求。主要包括收入户和财政专户两个账户,前者由经办机构管理,后者由地方财政部门管理。实行经办机构征收社会保险费的地区,经办机构开设收入户暂存单位和个人的缴费收入及由此形成的利息收入等,并定期或定额转入财政专户;实行税务机关征收社会保险费的地区,不设收入户,缴费收入直接存入财政专户。就筹资而言,财政专户的主要用途是接受税务机关或社会保险经办机构征收的社会保险费收入和接受财政部门拨付的财政补贴收入。

(2) 政府性基金是指各级人民政府及其所属部门根据法律、国家行政法规和中共中央、国务院有关文件的规定,为支持某项事业发展,按照国家规定程序批准,向公民、法人和其他组织征收的具有专项用途的资金。包括各种基金、资金、附加和专项收费。

根据国务院《关于加强预算外资金管理的决定》的要求,从1996年起,将养路费、车辆购置附加费、铁路建设基金、电力建设基金、三峡工程建设基金、新菜地开发基金、公路建设基金、民航基础设施建设基金、农村教育费附加、邮电附加、港口建设费、市话初装基金、民航机场管理建设费等13项数额较大的政府性基金(收费)(以下统称"基金")纳入财政预算管理。道路收费改革之后部分养路费已不再适用。

(3) 一般公共预算是对以税收为主体的财政收入,安排用于保障和改善民生、推动经济社会发展、维护国家安全、维持国家机构正常运转等方面的收支预算。其中包括：中央一般公共预算包括中央各部门（含直属单位，下同）的预算和中央对地方的税收返还、转移支付预算；中央一般公共预算收入包括中央本级收入和地方向中央的上解收入；中央一般公共预算支出包括中央本级支出、中央对地方的税收返还和转移支付。

（4）国有资本经营预算是政府以所有者身份依法取得国有资本收益，并对所得收益进行分配而发生的各项收支预算，是政府预算的重要组成部分。

国有资本经营预算的基本内容包括收入预算和支出预算。国有资本经营预算收入包括：从国家出资企业分得的利润；国有资产转让收入；从国家出资企业取得的清算收入；其他国有资本收入。

国有资本经营预算支出主要用于国有经济和产业结构调整、中央企业灾后恢复生产重建、中央企业重大技术创新、节能减排、境外矿产资源权益投资以及改革重组补助支出等。

按四大基金分类进行合并的主要优点是操作方便，与财政预算管理结合紧密，便于计量和汇总。主要缺点则是，有些履行政府公共服务职能的机构会因某些年度没有得到政府资金支持而被排除在报告范围之外。此外，无法提供不同性质的财政资金来源和使用的具体信息，导致政府财务报告无法全面反映政府受托责任履行情况。除此以外，我国大多数政府组织中既有预算单位，也有非预算单位。

另外，在实行按基金进行合并这一方式下，我国目前尚存在一系列问题：

（1）四大预算的内容没能达到全口径预算的目标。2007年政府收支分类改革把预算外资金纳入了政府收支科目中，同时，随着近几年的改革，部分预算外资金逐步被纳入一般预算和基金预算，但仍有部分原预算外资金存在于四大预算之外，放在财政专户。这些资金现在不被称为预算外资金而被称为"财政专户资金"，但毕竟没有纳入四大预算，上缴人大审批，所以还是没能纳入全口径预算监督的范围。

另外，除了财政专户资金未能进入四大预算外，财政投融资平台筹集的资金也具有财政资金的性质，因为部分通过政府投融资平台筹集的资金都被用于政府的经济建设，同时也需要政府筹资来归还。所以这些资金也应该纳入全口径预算中。

最后，事业单位的部分事业收入和其他收入也未能纳入四大预算。这些收入虽然都进入了部门预算，但未能进入政府预算，使得政府的总预算未能体现全部的财政性资金。

（2）国有资本经营预算的范围也有待扩大。虽然我国有些地方现在已经编制了国有资本经营预算，但只将国资委管理的国有企业产生的国有资本经营收益纳入国有资本经营预算中,而其他部门管理的国有企业产生的国有资本经营收益未能纳入国有资本经营预算中,使得国有资本经营预算反映的国有资本经营收入和支出大大低于实际情况。

2. 按职能部门分类进行合并

按部门进行分类的政府合并财务报告的做法,相较于上文提到的按用途按基金分类合并的做法,其并没有关注各项预算支出的具体用途,而更侧重于关注各组织主体也就是各职能部门本身的总体财务状况。

按部门进行分类合并的主要做法有两种选择:一种做法是将各地方政府各部门的财务数据先进行分类,再按部门逐个部门逐个部门地汇总全国各地的财务数据,形成该部门在全国范围的财务报告。最后将各部门的财务报告汇总形成总体财务报告,再在总体财务报告中,列示各项财务数据的总数和各部门的份额。第二种做法是各地方政府先按部门汇总编制本级的财务报告,再逐级汇总到中央政府编制中国政府的整体财务报告,在报告中按部门分类列示各项财务数据。

中国的中央政府按部门分类主要可以分为四大块,分别是国务院、最高人民法院、最高人民检察院以及中央军委。其中组成最复杂也最重点的是国务院及其下属各部门,其余三个部门组成较为简单,财务报告的编制也较为方便。而国务院下属有25个部门、16个国家局、15个直属机构、13个事业单位以及4个办公室,组织结构非常庞大和复杂,统计工作相对较为烦琐。

中国地方政府的财务最后都会汇总到省一级的政府,包括各行政省和直辖市。而各地省政府的部门构成与中央政府的大致相同,主要由各行政部门、直属机构、部门管理机构、派出机构和直属事业单位构成,以上海市为例,上海市政府的组织结构主要如表20-1所示。

表 20-1　上海市政府的组织结构

| 组成部门 | 发改委、经信委、商委、教委、科委、民宗委、公安局、国安局、监察局、民政局、司法局、财政局、人保局、城交委、农委、环保局、规土局、水务局、文广局、卫计委、审计局、外事办 |
|---|---|
| 直属机构 | 国资委、地税局、工商局、质监局、统计局、新闻出版局、体育局、旅游局、知产局、市容局、房管局、交运局、安监局、食药监局、市管局、民防办、合作办、侨务办、法制办、研究室、金融办、口岸办 |
| 部门管理机构 | 参事室、粮食局、监狱局、社团局、公务员局 |
| 派出机构 | 化工区管委会、张江高新区管委会、临港产业区管委会、虹桥商务区管委会、自贸区管委会、度假区管委会 |
| 直属事业单位 | 公积金管理中心、上海图书馆、上海市孙宋文管委 |

按部门分类进行合并的主要优点是:即使有些履行政府公共服务职能的机构在某些年度没有得到政府资金支持,也不会被排除在报告范围之外,这使得政府财务报告的信息覆盖更加全面;此外,按部门分类进行汇总不考虑政府部门的属性,无论是预算单位还是非预算单位都要如实和全面地反映自身的财务状况,这减小了各级政府对本身财务数据进行操控从而虚假汇报的可能;还有就是按部门进行分类汇总,由于政府是按不同行政职能进行的部门设置,这一汇总方式可以清晰有效地反映出各部门的财务运营状况,从而为评价政府各方面工作的进展提供了极大的便利。

按部门分类进行合并的主要缺点是该种方式编制的财务报告与政府预算报告的结合不够紧密,报告中既列示了来自四大预算基金的财务数据,也有来自政府自身经营的财务数据。而按部门分类合并编制的财务报告无法直观反映四大基金用于各项用途资金的使用情况,只能反映各部门各级政府的运营情况,对评价宏观政策的效果和实施情况帮助不大。本章所讨论的政府合并财务报告主要服务对象除了社会公众和外部投资者外,还有更上一级的中央政府,中央政府需要借由财务报告分析各宏观调控政策的有效性从而做出决策调整,这也就给财务报告的信息提出了不同的要求,以政府部门作为分类标准汇总编制的财务报告在满足这一要求上显得较为无力。

按部门进行分类合并目前存在的问题主要有:

(1) 各部门之间的协调工作较难推进。各级政府层级太多,而各地方政府的部门构成又相对复杂,导致按部门汇总财务报告相对于按基金汇总财务报告的工作量大大增加,且不易于监测各项财务数据的来源。同时,因为之前没有过此类工作,让各部门重新开始编制自身的财务报告无形之中增大了各部门的工作负担,会导致各部门不愿意配合开展工作。财务报告的时效性较强,工作量大,各部门很难在规定时点前编制完成并提交自身的财务报告。新的财务报告与原先的预算报告在会计确认上存在较大出入,由收付实现制转而编制权责发生制财务报告需要对原有的财务数据和报告进行一系列的追溯调整,这也给协调各单位各部门配合工作增加了难度。

(2) 会计科目的设置以及二级科目的种类难以编制。以资产负债表为例,由于各个部门职能不同,所拥有的资产类别也大相径庭,如果资产二级科目设置过于宽泛,虽然方便编制和汇总,但无法有效地体现政府具体的资产持有状况;而如果资产二级科目设置过于细分,则可能某一个二级科目只有一两个部门能够用得上,同时将会产生非常庞大的二级科目目录,同样不利于分析政府的资产持有状况。所以如何成功设计政府财务报告所需的会计科目目录,从而达到全面、详细和有效地反映政府财务状况的目的,是目前存在的一个难题。

(3) 各级政府自身财务报告质量难以保证。由于政府内部工作人员的工作水平存在较大差异,导致各地各级政府编制的财务报告质量参差不齐,在汇总过程中不可避免地要进行大量的调整和协调工作,而有的较小的政府部门或直属单位往往只设置一个财务科室,其办事人员不具备编制财务报告的能力,这也给该种方式的可行性增加了难度。

### 20.1.3 财务报告合并的范围

根据 IPSAS 6,报告主体应涵盖所有政府经济主体,包括控制主体和被控制主体。控制这个概念需要重新界定,目前国际上还没有一致看法。IPSAS 将被控制主体定义为一个主体受另一个有权决定其财务和运营政策的主体控制,使它能够从控制主体的活动中受益。控制可能被延伸为多种方式:控制主体拥有直接或间接的权力来影响另一个主体的净资产或权益;在被控制主体清算或者非清算分配时,控制主体有权享有大部分净资产或权益;控制主体能够控制被控制主体按照其设定的目标来运营;控制主体需要承担被控制主体的剩余债务。由于公共部门结构复杂,很难决定哪些主体应归类为被控制主体。

澳大利亚联邦政府或州政府投资的高校是否该认定为被控制主体? Barrett(1997)认为这类高校应该认定为被控制主体,纳入合并范围。Miley(2002)指出澳大利亚高校面临两难的困境:州政府认为联邦政府应当将高校纳入合并范围;联邦政府则认为州政府应当将高校纳入合并范围。

张增莲(2010)认为每级政府都应该编制合并报表,全国所有的公共部门也可以看作一个报告主体。英国就有这样的合并报告,但澳大利亚没有提供全国所有公共部门合并报告,而是由联邦政府、州政府和地方政府分别编制各自的合并报表。这可能是由于澳大利亚每个州都有自己的立法,也独立于联邦政府。澳大利亚这种分级提供政府合并报告的做法受到了学术界的批评,Miley(2002)认为州政府有能力控制地方政府,应该将地方政府纳入其合并范围。澳大利亚会计准则第31号(AAS 31)却认为,州政府没有控制地方政府,因为州政府不能出售地方政府的资产;地方政府的治理主体,不管是被选举的议员还是被聘的管理者,都是按照地方政府的利益来配置资源。Moll(2004)认为"政府整体"意味着涵盖整个公共部门的一系列财务报表,如果地方政府或其他公共部门(例如高校)被排除在政府整体财务报告之外,政府整体这个概念将不正确。国际公共部门会计准则委员会(IPSASB, 2005)却认为中央政府编制的政府整体财务报告并不一定是这个国家所有的公共部门,因为其他层级的政府不一定被中央政府控制。

综上所述，本章认为目前适合我国的整体财务报告的合并范围应该包括以下几个部分：中央政府，包括国务院、最高人民法院和最高人民检察院；地方政府；由政府控制的非营利机构；由政府控制的企业。这其中，与西方国家差异较大的当属由政府控制的企业，因为西方国家虽然也有政府控股的国有企业，但是其占比较少，例如美国的国有企业资产和就业人数仅占全国总人数的1%左右，只占有了部分关系国计民生的行业。而中国的国有企业几乎涉及了所有行业，占全国市场的比重也大大超过美国，甚至占据了部分细分行业的绝大部分份额。所以，在中国政府整体财务报告中，应重点对待国有企业的财务状况，将其纳入政府合并财务报告中。

## 20.2 财务报告编制程序

政府整体财务报告在很多方面运用了企业合并财务报告模型，所以在设计政府财务报告的编制程序上也可以相应地参考企业合并财务报告的编制程序。

在企业合并财务报表的编制中，前期准备事项主要有：统一母子公司会计政策；统一母子公司会计期间等。合并财务报表的编制程序主要包括：编制合并工作底稿；将母公司和子公司个别报表各项目的数据录入合并工作底稿并进行加总，计算得出个别资产负债表、利润表、现金流量表、所有者权益变动表各项目合计数额；在合并工作底稿中编制调整分录和抵消分录；计算合并会计报表各项目的合并数额；汇总填列合并会计报表等。

IPSAS 6规定，编制合并财务报表时，主体通过把资产、负债、净资产/权益、收入和费用等相同项目逐项相加，来合并控制主体及受控主体的财务报表。

张增莲（2010）认为为了使合并报表能将经济主体视作单一经济主体来列报财务信息，应采取如下步骤：控制主体对各受控主体投资的账面金额，与其在各受控主体中所占的净资产/权益份额相互抵消；对被合并受控主体的盈余或赤字属于少数股权的部分应予以确定；被合并控制主体净资产/权益中的少数股权应与控制主体所占的权益分开确定。净资产/权益中的少数股权包括原合并日的少数股权金额以及合并日以后权益变动中少数股权的份额。经济主体内部往来余额、交易、收入和费用，应全额抵消。编制合并财务报表时，所有的控制主体和纳入合并范围的受控主体的财务报告日应相同；对类似环境中的相似交易和其他事项应采用统一的会计政策。

对我国而言，政府整体财务报告的编制程序按财务报告的合并方式可以分为两类。第一类：如果选择按部门进行分类合并政府财务报告，则编制程序应为：

（1）年终，各级政府部门按现行制度编制各自的财务报表。编报的单位包括

各级政府的组成部门、直属事业单位以及下辖的国有企业等。

(2) 行政事业单位按部门逐级汇总,由本级政府将所辖部门和直属事业单位和国有企业各自的财务报表汇总后报给本级财政部门。在汇总各部门及单位的财务报告的过程中应将部门内部的往来对应数额相互抵消。

(3) 财政部门分别按照行政单位、事业单位和国有企业再次分类汇总,形成本级行政单位财务报表、事业单位和国有企业财务报表。

(4) 财政总预算会计在现行总预算会计财务报表基础上,从国资委取得国有股权(不包括地方金融公共公司股权)统计数据并据此调整报表,在资产类增加国有资本金,在净资产类增加投资基金,把国债转贷业务从暂存款、暂付款调整到债权债务项目下。

(5) 财政总预算会计将各受控会计主体的财务报表予以合并,内部交易应相互抵消,其他同类项目直接相加,得到一级政府整体财务报告。

(6) 上级政府将其下级政府的财务报告逐级汇总,最后得到全国政府整体财务报告。

第二类:如果选择按四大基金进行分类合并政府财务报告,则编制程序应为:

(1) 年终,各级政府部门按四大基金作为预算资金来源分类汇总各项基金的去向,并统计各项目资金使用情况和具体进展,并编制财务报告。

(2) 各级政府将本级的各项资金使用明细编制的财务报告汇报给本级财政部门。

(3) 财政部门分别按照社会保险基金、政府性基金、一般公共预算和国有资本经营预算作为分类依据统计汇总本级政府各项资金使用情况和具体进展,形成本级政府的财务报告。

(4) 上级政府汇总下辖各政府的财务报告,按基金分类汇总后形成本级的财务报告,再以此类推逐级向上汇总到中央。

(5) 由中央政府汇总所有资金的使用情况明细,并汇总编制国家层面的政府整体财务报告。

## 20.3 财务报告附注及其他补充资料

### 20.3.1 财务报告附注

(一) 财务报告附注概述

为了充分揭示政府的财务状况、经营成果和现金流量,政府不仅需要编制资产负债表、收入支出总表和支出明细表等,还需要编制财务报表附注。财务报表

附注在形式上体现为表内的括号注释和表外的底注,其功能主要有:

(1) 了解政府部门的基本情况和会计核算的基础。这包括政府部门的基本情况、财务报表的编制基础、重要会计政策和会计估计等内容。当使用者拿到一套财务报表时首先可以翻阅附注的第一部分,从政府部门的基本情况中了解该政府部门的主要职能等。

(2) 帮助理解财务报表。财务报表附注的第二部分是"主要财务报表项目的注释",该部分是针对财务报表主要项目列示的金额所做的一一对应的解释。财务报表使用者在阅读报表过程中可根据各个项目旁的"注释号"在财务报表附注相应的地方找到解释该项目的详细内容。

(3) 修正已获取的财务报表信息。主要包括关联方关系及其交易、资产负债表日后事项、或有事项、承诺事项等其他重要事项的披露。这部分内容所披露的属于表外重要信息,能对已获取的财务报表信息起到修正作用。

财务报表附注的重要性主要体现在以下几个方面:

(1) 提高会计信息的相关性和可靠性。会计信息既要相关又要可靠,相关性和可靠性是会计信息的两个基本质量特征。由于财务会计本身的局限,相关性和可靠性的选择犹如鱼与熊掌的选择,很多时候都是不可兼得的(朱元午,1999)。但是,财务报表附注披露可以在不降低会计信息可靠性的前提下提高信息的相关性,如或有事项的处理。或有事项由于发生的不确定性而不能直接在主表中进行确认,但等到完全可靠或基本能够预期的时候,又可能因为及时性的丧失而损伤了信息的相关性。为此,可以通过在财务报表附注中进行披露,揭示或有事项的类型和影响,以此来提高信息的相关性。

(2) 增强不同政府部门之间信息的可比性。会计信息是由多种因素综合促成的,经济环境的不确定性、不同部门的不同特点,以及各个部门前后各期情况的变化,都会降低不同政府部门之间会计信息的可比性,以及政府部门前后各期会计信息的一贯性。财务报表附注可以通过披露政府部门的会计政策和会计估计的变更等情况,向外部信息使用者传递相关信息,使使用者能够"看透"会计方法的实质,而不为会计方法所误导。

(二) 财务报告附注方式

政府财务报告的附注及补充资料的设计形式可以参考企业财务报表附注的做法,目前国际上(IAS)的规范做法如表20-2 所示。

表 20-2 政府财务报告的附注及补充资料的设计形式的国际规范做法

一、总体要求
1. 提供关于财务报表的编制基础及选择并运用重要交易和事项的标准
2. 提供国际会计准则要求的,但未在别处提供的信息
3. 提供未在财务报表表内列报,但对于公允价值却是必要的附加信息
4. 附注通常按照下列顺序列示,这种顺序有助于使用者理解财务报表,并可用来同其他财务信息比较:(1) 遵循国际会计准则的声明;(2) 应用的计量基础与会计政策的说明;(3) 支持每个财务报表表内列报项目的信息;(4) 其他披露

二、会计政策的表述
1. 编制报表时使用的计量基础
2. 对于恰当地理解财务报表所必需的各项特定政策
3. 具体会计政策,如收入确认、合并原则、企业合并、风险投资、有形和无形资产的确认与摊销、借款费用资本化、建造合同、投资物业、金融工具和投资、租赁、研究开发支出、存货、所得税及递延税款、担保、职工福利费、外币折算和套期保值、现金及现金等价物的定义、通货膨胀会计、政策补助等

三、其他披露
1. 企业所在地和法定形式,公司的国家以及总部注册的地址
2. 企业经营的性质及其主要活动的描述
3. 公司及集团最高的母公司的名称
4. 当期期末或当期平均的雇员数量

目前我国财务报表附注的编制规范主要遵循《企业会计制度(2000)》的规定,具体需要附注的项目有:① 不符合会计核算基本前提的说明;② 重要会计政策和会计估计的说明;③ 重要会计政策和会计估计变更的说明;④ 或有事项的说明;⑤ 资产负债表日后事项的说明;⑥ 关联方关系及其交易的披露;⑦ 重要资产转让及其出售的说明;⑧ 企业合并、分立的说明;⑨ 会计报表中重要项目的明细资料;⑩ 收入;⑪ 所得税的会计处理方法;⑫ 合并会计报表的说明;⑬ 便于理解和分析会计报表需要说明的其他事项。

目前我国的政府财务报告的附注内容尚不完善,以上海市金山区政府财务报告为例,其附注内容只有政府资产的明细,并没有列示如所使用的计量基础、会计政策等必要信息。

参考企业财务会计中财务报告附注的编制经验,结合政府会计的特点,政府财务报告的批注应该包含以下内容:

(1) 编制报表时使用的计量基础。在将符合确认条件的会计要素登记入账并列报于财务报表时,应当按照规定的会计计量基础进行计量,确定其金额。会计计量基础主要包括历史成本、重置成本、可变现净值、现值、公允价值。在对会计要素进行计量时,一般应当以历史成本作为会计计量基础,采用其他计量基础的,应当保证所确定的会计要素金额能够取得并可靠计量。

（2）具体会计政策。如收入确认、合并原则、有形和无形资产的确认与摊销、建造合同、投资物业、金融工具和投资、租赁、研究开发支出、担保、职工福利费、外币折算和套期保值、现金及现金等价物的定义、通货膨胀会计、政策补助等。

（3）重要会计政策和会计估计变更的说明。包括对被投资单位的股权投资在成本法和权益法核算之间的变更、坏账损失的核算在直接转销法和备抵法之间的变更、外币折算在现行汇率法和时态法或其他方法之间的变更等。

（4）基准日后的事项说明。自资产负债表日次日起至财务报告批准报出日止的一段时间内又发生与资产负债表日后事项有关的事项，具体包括：调整事项（在资产负债表日已经存在，资产负债表日后得以证实的事项、对按资产负债表日存在状况编制的财务报表产生重大影响的事项等）；非调整事项，即表明资产负债表日后发生的情况的事项，该类事项虽然不影响资产负债日的存在情况，但不加以说明将会影响财务报告使用者做出正确估计和决策。

（5）财务报告中重要项目的明细资料。政府财务报告中重要项目的明细资料主要有各项预算资金的使用项目和具体金额、政府重大建设项目的进展情况和成效、政府部门所持有资产的明细表（土地、森林资源、矿产资源、水资源、政府管理的非经营性公共基础设施、国有企业管理的公共基础设施、社保基金、或有负债等）、政府部门内员工明细表等具体披露政府主要财务项目的资料。

（6）关于重要事项的揭示。对于承诺或担保事项、或有事项、重大资产转让或出售以及重大融资和投资活动等，均需在会计报表附注中予以说明。

（7）合并会计报表的说明。包括合并报表的具体编制流程、合并过程设计的业务内容、合并过程中的具体会计调整、无条件抵消分录和有条件抵消分录等。

（8）该级政府部门的主要职能和工作内容。包括该部门具体的设立目的和具体的各项工作职责等。

而政府财务报告附注的形式也可以多样化，参考企业财务报告附注的形式，主要可以有：

（1）括弧说明。常用于为财务报表主体提供补充信息，因为它把补充信息直接纳入财务报表主体，所以比起其他形式来，显得更直观，不易被人忽视，缺点是包含内容过短。

（2）尾注说明。这是附注的主要形式，一般适用于说明内容较多的项目。

（3）脚注说明。指在报表下端进行的说明，例如，说明已贴现的商业承兑汇票和已包括在固定资产原价内的融资租入的固定资产原价等。

（4）补充说明。有些无法列入财务报表主体中的详细数据、分析资料，可用单独的补充报表进行说明，如可利用补充报表的形式来揭示关联方的关系和交易等内容。

### 20.3.2 财务报告的其他补充资料

财务报表的补充资料,主要是用于对财务报表本身无法或难以揭示的重要细节或重大的财务信息进行补充揭示。这种补充揭示之所以是必要的,根本原因就在于财务报表在提供财务信息时要受到三个条件的限制:财务报表中的项目都必须符合会计要素的定义;所揭示的财务信息都必须同时满足相关性和可靠性的质量特征;表中的项目都能够用货币加以计量。由于受到这三个条件的限制,财务报表就会把一些可以定性但难以定量的,以及虽然相关和重大但可靠性较弱的财务信息排除在外。对此,只有通过补充揭示的方式来加以反映。

从国际经验来看,一个企业对财务报表应补充揭示到何种程度,主要取决于四个因素:会计准则的要求;会计信息用户的需要;会计信息用户的影响;管理当局奉行的哲学。Muener 等在 *Acounting : Anxnternational Per peetive* 中指出,会计制度和会计准则难以穷尽对财务报表进行补充揭示的内容,除一些根本性的和最具重要意义的内容由准则予以规范外,其余的可由会计主体自己定义,并可随着实践的发展,再逐步地规范下去。

就财务报表附注与补充资料的关系看,附注的重点是对表内个别项目的补充说明,它是采用固定的或静止的形态,利用数字形式表达的。补充资料除了对有关表内项目的细目和内容作说明外,还要说明这些项目的计算基准、事后项目的发生及解决情况,并且还注意到了报表资料的衍生等。这样既满足了外部信息使用者从不同侧面透视政府部门的财务情况,又可以满足公众、评级机构和上级主管部门从不同视野评价政府绩效的需要。

综合来看,我国政府财务报告补充资料的内容主要可以有:

(1)财务状况分析。包括资产负债总体情况分析、收入支出情况分析、政府债务情况分析、预计指标完成情况分析等。

(2)国有资本保值增值的情况明细及简要分析。包括国有资本保值增值结果情况表、国有资本保值增值率的计算过程以及国有资本保值增值情况分析说明等。

(3)政府工作人员变动情况和工资情况分析说明。

(4)其他事项说明等。

## 20.4 财务报告的披露

### 20.4.1 我国政府财务报告披露的目标设定

我国政府财务报告的披露目标应当以反映受托责任为主要目标。国际会计师联合会公立单位委员会在其《研究报告第 1 号——中央政府的财务报告》中认为:作为一项一般的原则,财务报告应当传送给使用者制定决策和明确受托责任需求相关的信息。同时,美国政府会计准则委员会在其《政府会计准则委员会概念公告第 1 号——财务报告的目标》中也认为:受托责任是政府财务报告的最高目标,并进一步指出受托责任是所有政府财务报告的基石。因此,将反映受托责任作为政府财务报告的首要目标不容置疑。但要注意的是,受托责任又可分为两个方面:外部受托责任和内部受托责任。外部受托责任是政府对广大人民的责任,内部受托责任是预算人员对"上面的"预算管理活动(如政策咨询、宏观经济预测等)所承担的责任。显然的是,美国等西方国家将政府财务报告的披露目标更多地定位于外部受托责任。国际会计师联合会公立单位委员会第 11 号研究报告也认为:政府财务报告是为一定范围内的外部使用者编制的,该报告是为了这些使用者的一般需求而设计的,并进一步指出其是对外报告而非对内报告。

在满足受托责任目标的同时,政府财务报告的披露还应当以决策有用性为次要目标。但决策有用这一目标在强调政治、社会、文化决策的同时,还要强调经济决策。决策有用性已经成为企业财务报告的主要目标,因为会计信息的使用者非常关注资源的效率和效益,他们希望通过企业财务报告获得更多的有利于决策的信息,并且这已经取得理论界和实务界的共识。陈晓、陈小悦、陆宇峰、朱元午等就此进行了理论考察和实证分析。当然,政府财务报告也一样。国际会计师联合会公立单位委员会认为帮助财务报告使用者制定决策是政府财务报告的主要目标,美国联邦会计准则顾问委员会认为决策有用性是构成政府会计和财务报告的两大根本价值之一,美国政府会计准则委员会更是进一步指出政府财务报告应当提供信息以帮助使用者作出经济的、社会的和政治的决策。有的学者认为政府财务报告的使用者需要会计信息的目的是以作出非经济决策为主。其理由是政府财务报告的使用者与政府的利害关系通常不表现为直接的经济利益关系,使用者不期望按照其所提供资源的某个比例收回资产或获得相应的经济利益,也不期望清算时分享一份剩余财产。从而说明政府财务报告的使用者不以做出经济决策为主。但亚洲、南美洲和俄罗斯的金融和经济危机,充分表明了我国政府财务报告所提供的信息仅满足政治和社会的决策是不够的,必须为经济决策提供更多的信息,以提高政府的透明度和会计责任。

在政府财务报告披露信息的质量上,应当以相关性为首要质量目标。相关性是财务报告的会计质量特征之一,有人认为财务报告目标高于会计质量特征,相关性不能作为财务报告目标。但是我们不能忽视这样一个事实,没有高质量的会计信息,政府财务报告的质量则无从谈起。政府财务会计也必须像企业财务会计那样,以相关性为首要质量目标,兼顾可理解性、可靠性、可比性等其他质量目标,解决历史信息滞后性与信息需求超前性矛盾,在相关性和可靠性之间建立一种平衡,最大限度地满足会计信息使用者的各种决策需要。国际会计师联合会在《国际公共部门会计准则第1号——财务报表的列报》附录二中专门就政府财务报告的质量特征提出了四点:可理解性、相关性、可靠性和可比性,并对相关和可靠信息的制约因素进行了讨论。我国目前关于政府财务报告的质量特征可以概括为真实性、相关性、可比性、一致性、及时性、明晰性、重要性等,这说明我国在政府财务报告质量目标上与西方发达国家比较接近。但李闻一(2012)认为我国应在可靠性原则基础之上,逐渐转向相关性原则。这样才能使我国的政府财务报告由仅向政府及组织内部提供信息转为向各个层次需求者提供信息;由提供滞后信息转为提供及时信息。

### 20.4.2 我国政府财务报告披露的主要问题

目前,我国各级政府对外披露的政府财务报告主要是每年年初和年中分别提交同级人民代表大会审议的政府预算报告。政府决算报告,体例基本相同,内容上都是侧重于对预算安排和预算收支实际执行情况方面的介绍说明。其中,中央政府预算报告、决算报告备受公众关注。我国的政府预算体系框架已经基本形成,由公共财政预算、政府性基金预算、国有资本经营预算组成。

综观我国政府财务状况信息披露的现状,李云强、李闻一(2007)认为我国政府财务报告目前存在的问题主要有:

(1) 没有全面、完整地反映政府承担的债务情况。反映政府所承担的债务情况的财务报告主要是资产负债表。目前,我国财政总预算会计的资产负债表反映一级政府承担的债务情况的项目主要有三个:"借入款"项目反映的是按法定程序由中央政府按全国人民代表大会批准的数额举借的国内和国外债务,以及地方政府根据国家法律和国务院特别规定举借的债务;"与上级往来"项目反映的是在预算执行期间本级财政对上级财政形成的债务;"暂存款"项目反映的是在预算执行期间财政对预算单位形成的债务。这样看来,目前政府财务报告披露的政府债务范围过窄,没有披露政府的隐性债务。长期以来,我国着重强调政府财务报告是为政府的预算管理服务的,因而一些与政府的预算收支没有直接关系的重要债务信息被忽视或遗漏,如政府欠发工资、社会保障支出缺口、政府承担的各种借款、国债的未来还本信息负担、国有商业银行的不良资产坏账等,因为它们都不涉及当前的预算支出,对于这些情况,不仅社会公众难以进行监督,财政部门也缺乏准确的了解。

(2) 没有真实地反映政府的运营成本和运营绩效。长期以来,我国的预算会计主要以收付实现制作为会计的核算基础,财政总预算会计、行政单位会计、教育等事业单位会计都不进行成本核算,对内不计算成本,对外也不报告成本,因而以收付实现制为基础编制的政府财务报告所披露的信息不能帮助使用者评判政府的运营成本,特别是有关的服务成本,如当前社会普遍关注的高等学校教育成本,目前就众说纷纭,社会公众很难从政府财务报告中得到权威的评判信息。除了没有如实地反映政府的运营成本外,现行的政府财务报告披露的信息也没有如实地反映政府的投入产出情况,不能准确地反映政府的运营绩效和受托责任,如政府对国有资产所有权和收益权的管理这一重要的信息并没有完整披露,这和当前我国强调的公共绩效管理理念有较大的差距,不利于公共绩效管理的开展与政府受托责任的强化。

(3)不能如实地提供国库现金管理方面的信息。从2001年起,我国开始推行国库集中收付制度改革,目前,这一改革在全国已基本完成。推行国库集中收付制度改革,建立国库单一账户体系后,所有财政性资金的收支活动都纳入国库单一账户体系管理,导致国库现金大大增加,但现行的政府财务报告既没有提供现金流量表,国库对外也没有公布"国库现金日报表"及"国库现金月报表",这就没有如实地披露政府国库现金管理方面的信息,如国库现金的流入、流出及结存情况,政府对国库现金余额采取了何种运营方式,取得了怎样的运营绩效,制定了什么样的风险控制机制等,社会公众知之甚少。

(4)没有包含审计报告,降低了政府财务报告的可信度。长期以来,我国政府的财政支出信息不很透明,预算如何编制、如何执行,财政资金如何使用,产生了什么效益,社会公众对这些不十分了解。另外,某些政府部门长期大量违规使用资金,国家审计署近几年每年都审计出高达几十亿甚至上百亿元的违规资金,如2005年审计署审计长在向全国人大常委会报告2004年度审计工作报告时,披露了中央部门违规资金高达90亿元。对社会公众而言,不包含审计报告,政府财务报告的可信度就会大大降低。

### 20.4.3 我国政府财务报告披露的内容改进

针对以上存在的诸项问题,政府财务报告在信息披露方面目前亟须做出的改进主要有以下几项:

(1)全面、系统地披露政府的债务。我国政府的债务目前主要包括我国政府向外国政府及国际金融机构借入的债务,国债的未来还本付息负担,国有商业银行的不良资产坏账,社会保障支出缺口,政府担保的各种借款等。这些债务有些已按收付实现制的确认条件,在会计上得到确认,并已在政府财务报告中予以披露,如我国政府向外国政府及国际金融机构借入的债务,而更多的隐性债务在会计上没有得到确认,在政府财务报告中也没有予以披露,如国债的未来还本付息负担、政府担保的各种借款等。从国际经验来看,一些市场经济国家能够在政府财务报告中全面、系统地披露政府所有的债务信息。我国政府财务报告也应改进对政府债务信息的披露,对于符合权责发生制原则下负债的确认条件和计量标准的政府债务,财政总预算会计应按权责发生制的要求进行会计确认、计量,并在资产负债表中的有关项目予以披露;对于不符合具体的负债确认条件和计量标准,无法量化的政府隐性债务,应在政府财务报告附注中披露相关信息,以全面、系统地披露政府所有的债务信息。

(2) 增加现金流量表。目前,我国学术界正在进行预算会计改革有关问题的探讨,在政府财务报告中是否增加现金流量表意见不一。但李云强、李闻一(2007)认为,我国政府财务报告应增加现金流量表,原因主要有两个:第一,在推行国库集中收付制度改革后,国库现金的流入、流出数量及余额大大增加了,为了加强对国库现金的监督管理,政府财务报告必须全面、真实地披露国库现金流入、流出信息及政府对国库现金余额的运营信息。第二,随着我国政府履行的受托责任越来越广泛,内、外部信息使用者对于政府财务报告信息的需求量越来越大,政府财政年度的现金流量情况是他们进行分析评价和做出各种决策必不可少的信息,特别是今后我国预算会计的核算基础由收付实现制度变为权责发生制后,这方面的信息更为重要。

(3) 在政府财务报告中增加审计报告。政府财务报告必须接受客观、公正的审计,只有在此基础上对政府财务报告进行分析才具有现实意义。李云强、李闻一(2007)认为,政府行政当局编制政府财务报告,社会公众、立法机构等使用政府财务报告,由于使用政府财务报告的立场与提供政府财务报告的立场不一致,政府行政当局提供的政府财务报告内容的真实性和可靠性就会受到使用者的怀疑,这就要求政府审计机关或其他社会审计机构以其公正、中立的身份通过对政府财务报告进行审计,提供客观、公正的鉴证报告,使政府财务报告取信于使用者,以解除其受托责任。因此,我国可以借鉴国外的经验,在政府财务报告中增加审计报告,借以保证政府财务报告披露内容的真实性和可靠性。

(4) 构建全面反映政府财务状况的报告体系。我国完整的政府财务报告应包括财务报表体系和非财务信息的说明部分,报表体系应能够充分反映政府的经济活动及其资产负债状况、公共资金使用情况、资金流量情况和政府履行财务受托责任情况,可以包括:反映报告主体在财政年度结束时的资产负债及净资产余额的资产负债表;反映财政年度内预算收支情况的预算收支表;反映报告主体在某个特定财政年度实际发生的财政收入、财政支出及其构成与差额情况的政府营运表;反映重大项目经营活动情况的项目经营情况表。非财务信息则用以反映说明政府部门的事业成效、受托责任完成情况和运营绩效,为社会公众全面评价政府部门的公共管理活动提供翔实的信息资料。

# 参考文献

[1] APB, Statement No. 4: basic concept and accounting principles underlying financial statements of business enterpristers, 1970.

[2] Barry E. Hicks. The Cash Flow Basis of Accounting: paper of the International Conference on Cash Flow Accounting Held in August 1980. Edited by Barry E. Hicks and Etc. Laurentian University, Sudbury, Ontario, Canada, 1981.

[3] Bevan and Brazier. Signalling and monitoring in public-sector accounting. *Journal of Accounting Research*, 1985(25).

[4] Canadian Pubilc Sector Accounting Board. Canadian Pubilc Sector Accounting Standards handbook.

[5] Cavalluzzo, K. S. , and Ittner, C. D. , Implementing performance measurement innovations: evidence from government. *Accounting, Organization and Society*, 2004, 29(3—4).

[6] CNOCP, CentralGovernmentAccounting standards France, Ministry of Finance, http://www.economie.gouv.fr/cnocp-en/central-government-accounting-standards-france.

[7] Davidson. S. , Stickney. C. P. , and R. L. Wei, *Accounting: the Language of Business*. Thonmas Horton and Daughters, Inc. 1979.

[8] Engle, R. F. and Granger, C. W. J. Co-integration and Error Correction: Representation, Estimation and Testing. *Econometrica*, 1987(55).

[9] FASAB. Statement of Federal Financial Accounting Concept No. 2 of FASAB: Entity and Display, 1995.

[10] http://www.dhvspeyer.de/lueder/Publikationen/STATEANDPERSPECTIVESGOVERN-MENTALACCOUNTINGREFORM.pdf.

[11] Heald D. The global revolution in governmental financial reporting. *Public Budgeting and Finance*, 2003(12).

[12] IFAC-PSC. Study 1-Financial Reporting by National Governments, 1991(2).

[13] IFAC-PSC. Study 2-Elements of the Financial Statements of National Governments, 1993(1).

[14] IFAC-PSC. Study 8-The Government Financial Reporting Entity, 1996(1).

[15] IFAC-PSC. Study 11-Governmental Financial Reporting: Accounting Issues and Practices, 2000(4).

[16] James Guthrie, Application of accrual accounting in the Australian public sector —Rhetoric

or reality? *Financial Accountability and Management*, 1998, 14(1).

[17] Jones, R. The Conceptual framework of federal financial accounting of FASAB: Entity and Display. *Financial Accountability and Management*, 1995, 16(2).

[18] Klaus Luder, State and Perspectives of Governmental Accounting Reform in.

[19] Noel Hepworth, Preconditions for Successful Implementation of Accrual Accounting in Central Government, *Public Money and Management*, 2003, 23(1).

[20] OECD. *Accounting for what?: the value of accrual accounting to the public sector*, Paris, 1993.

[21] Rose-Ackerman, S., *Corruption: A Study in Political Economy*. New York: Academic Press, 1978.

[22] Sacco, J. Financial reporting in government accounting. *Research in Governmental and Nonprofit Accounting*, 1992, (9): 3—12.

[23] http://www.bundesfinanzministerium.de/Content/EN/Standardartikel/Ministry/Laws/1969-08-19-federal-budget-code.pdf?__blob=publicationFile&v=4.

[24] Section 86, Bundeshaushaltsordnung, http://www.bundesfinanzministerium.de/Content/EN/Standardartikel/Ministry/Laws/1969-08-19-federal-budget-code.pdf?__blob=publicationFile&v=4.

[25] The office of the Auditor General of Canada and the United States General Accounting Office. Federal government reporting study: illustrative annual financial report of the government of Canada, 1985.

[26] United States General Accounting Office, Accrual Budgeting: experiences of other nations and implications for the United States, 2000.

[27] Wind 资讯数据库(http://www.wind.com.cn/)。

[28] 北京市预算会计研究会政府会计课题组:《关于政府会计管理模式的研究报告(五)——政府会计报告模式设计》,《预算管理与会计》,2007年第12期。

[29] 财政部、国库司考察团:《法国、瑞士的政府会计管理体系及其对我国的启示》,《财务与会计》,2011年第9期。

[30] 财政部国库司:《美国是如何编制政府财务报告的?》,《中国会计报》,2015年3月13日。

[31] 财政部会计司:《欧洲政府会计与预算改革》,东北财经大学出版社,2005。

[32] 财政部会计准则委员会:《政府绩效评价与政府会计》,大连出版社,2005。

[33] 财政部预算司、香港理工大学课题组译:《权责发生制预算国际经验》,中国财政经济出版社,2001。

[34] 常丽:《公共绩效管理框架下的政府财务绩效报告体系构建研究》,《会计研究》,2013年第8期。

[35] 常丽:《政府财务报告主体的国际比较及思考》,《会计与经济研究》,2012年第3期。

[36] 常丽:《政府财务报告主体的重整——基于财政透明度的视角》,《财经问题研究》,

2008 年第 4 期。

[37] 陈立齐、李建发:《国际政府会计准则及其发展评述》,《会计研究》,2003 年第 9 期。

[38] 陈胜群、陈工猛、高宁:《政府会计基础比较研究》,《会计研究》,2002 年第 5 期。

[39] 陈小玲:《基于权责发生制的我国政府会计改革研究》,西南财经大学硕士论文,2008。

[40] 陈学安、陈桂真:《加拿大政府会计改革给我们的启示》,《中国财政》,2005。

[41] 陈志斌:《政府会计概念框架结构研究》,《会计研究》,2011 年第 1 期。

[42] 葛家澍:《财务会计理论研究》,厦门大学出版社,2006。

[43] 葛家澍、叶丰滢、陈秧秧、徐跃:《如何评价美国 FASB 财务会计概念框架?》,《会计研究》,2005 年第 4 期。

[44] 葛家澍:《会计理论》,中国财政经济出版社,1997。

[45] 葛守中:《国际货币基金组织 2001 版政府财政统计再研究》,《统计研究》,2011 年第 4 期。

[46] 国际会计师联合会:《国际公共部门会计公告手册》,财政部会计准则委员会译,东北财经大学出版社,2004。

[47] 海南省财政厅课题组:《关于我国政府会计改革的研究报告(四)——政府会计的报告模式》,《预算管理与会计》,2007 年第 7 期。

[48] 何悦:《基于权责发生制确认基础的政府会计改革研究》,苏州大学硕士论文,2014。

[49] 贺敬平、王森林、杨晓林:《权责发生制在我国政府财务会计中的应用》,《会计研究》,2011 年第 6 期。

[50] 洪慧林:《中外政府会计信息披露体系比较研究》,山东科技大学硕士论文,2013。

[51] 黄同鹤、杨钧博、马奇巧:《权责发生制与收付实现制政府财务报告差异分析》,《财会月刊》,2014 年第 10 期。

[52] 蒋洪:《公共经济学(第二版)》,上海财经大学出版社,2011。

[53] 李红霞:《国际公共部门会计准则的回顾、基本框架及其启示》,《会计研究》,2005 年第 4 期。

[54] 李慧芳:《公共受托责任下的政府财务报告体系研究》,中央民族大学硕士论文,2010。

[55] 李建发、肖华:《公共财务管理与政府财务报告改革》,《会计研究》,2004 年第 9 期。

[56] 李建发:《政府财务报告概念框架构建及其相关问题》,中国会计学会、政府会计理论与实务研讨会,2010。

[57] 李建发:《政府财务报告研究》,厦门大学出版社,2006。

[58] 李兰、景宏军:《我国政府财务报告目标研究》,《学术交流》,2008 年第 7 期。

[59] 李蕾、曹雨露:《美国政府财务报告模式的沿革及启示》,《财务与会计》,2004 年第 1 期。

[60] 李扬:《2015 年中国经济形势分析与预测》,社会科学文献出版社,2014。

[61] 刘笑霞:《论我国政府财务报告制度的构建——基于财政透明度的考察》,《当代财

经》,2007。

[62] 刘谊、廖莹毅:《权责发生制预算会计改革:OECD 成员国的经验及启示》,《会计研究》,2004 年第 7 期。

[63] 楼继伟、张弘力、李萍:《政府预算与会计的未来——权责发生制改革纵览与探索》,中国财政经济出版社,2002。

[64] 路军伟、李建发:《政府会计改革的公共受托责任视角解析》,《会计研究》,2006 年第 12 期。

[65] 美国政府会计准则委员会(GASB):《美国州和地方政府会计与财务报告准则汇编》,马如雪、刘颖、陈胜群译,人民出版社,2004。

[66] 欧阳宗书、狄恺、张娟、米传军、邱颖:《美国、加拿大政府会计改革的有关情况及启示》,《会计研究》,2013。

[67] 潘琰、吴修瑶:《权责发生制政府综合财务报告探讨:欧盟的经验与启示》,《财政研究》,2015 年第 3 期。

[68] 全国预算会计研究会会计会计课题二组:《政府财务报告体系建设的研究》,《预算管理与会计》,2009 年第 5 期。

[69] 上海财经大学公共政策与治理研究院:《中国财政透明度报告》,2014。

[70] 上海市预算会计研究会课题组:《政府会计管理模式若干问题研究(二):政府财务报告的构成及主要内容》,《预算管理与会计》,2007 年第 5 期。

[71] 石英华:《发达国家政府财务信息披露对中国的借鉴与启示》,《财贸经济》,2006 年第 11 期。

[72] 宋衍蘅、陈晓:《西方国家政府会计的比较及其借鉴》,《会计研究》,2002 年第 9 期。

[73] 孙娜:《我国政府会计主体的界定问题研究》,首都经济贸易大学,2012。

[74] 王丹瑰:《IPSASB 通用目的财务报告概念框架评介》,《财会月刊》,2013 年第 11 期(上)。

[75] 王丹槐:《我国政府财务报告概念框架构建》,湖南大学硕士论文,2014。

[76] 王金秀、张澜:《论我国预算、财务和会计"三位一体"改革》,中国财政杂志社网站,2015 年 5 月 5 日。

[77] 王鑫:《我国现行政府财务报告的弊端及完善建议》,《财会通讯(学术版)》,2006。

[78] 吴联生:《会计目标——信息需求论》,《财会通迅》,1998 年第 9 期。

[79] 叶龙、冯兆大:《我国政府会计模式构建过程中主体界定问题初探》,会计研究,2006 年第 9 期。

[80] 殷红:《法国政府会计准则体系演进及其借鉴》,《财会通讯》,2010 年第 3 期。

[81] 张国清:《现金制与应计制比较研究》,厦门大学硕士论文,2002。

[82] 张国生、赵建勇:《政府和非营利组织会计的环境、特征与预算会计改革》,《财经论丛》,2005 年第 1 期。

[83] 张璐源:《政府综合财务报告研究》,财政部财政科学研究所博士论文,2014。

[84] 张宇蕊:《绩效导向下的政府财务管理控制系统研究》,湖南大学硕士论文,2008。

［85］赵爱玲、张婧玲:《构建适应我国公共财政的政府财务报告体系研究》,《甘肃社会科学》,2011年第2期。

［86］赵合云、陈纪瑜:《公共财务受托责任、绩效评价与政府财务报告改革》,《财经理论与实践》,2008。

［87］赵合云:《公共绩效管理框架下政府财务报告的扩展研究》,湖南大学博士论文,2012。

［88］赵建勇:《政府财务报告问题研究》,上海财经大学出版社,2002。

［89］赵建勇:《政府会计目标的国际比较》,《财经研究》,1998年第2期。

［90］周德阳:《基于公共受托责任的我国政府财务报告研究》,西南政法大学硕士论文,2008。

［91］朱海平:《政府财政统计体系采用权责发生制的现实基础和理论背景》,《经济体制改革》,2009年第1期。

［92］中华人民共和国财政部、中国财政年鉴编辑委员会:《中国财政年鉴》,中国财政杂志社,2002—2014。

［93］中华人民共和国财政部:《关于2013年中央和地方预算执行情况与2014年中央和地方预算草案的报告——2014年3月5日在第十二届全国人民代表大会第二次会议上》,2014。

［94］《关于2014年中央和地方预算执行情况与2015年中央和地方预算草案的报告》,http://www.mof.gov.cn/zhengwuxinxi/caizhengxinwen/201503/t20150306_1198633.html。

［95］http://www.mof.gov.cn。

［96］《2014年中央公共财政收入预算表》,http://yss.mof.gov.cn/2014zyjs/201403/t20140324_1058868.html。

［97］《关于2013年中央和地方预算执行情况与2014年中央和地方预算草案的报告》,http://www.mof.gov.cn/zhuantihuigu/2014ysbg/ysbg2014/201403/t20140315_1055691.html。

［98］《2015年部分省(区、市)财政预算报告汇编》,http://www.mof.gov.cn/zhuantihuigu/yshb2015/。

［99］中华人民共和国财政部预算司:《加拿大的权责发生制改革》,http://yss.mof.gov.cn/zhengwuxinxi/guojijiejian/200809/t20080922_76983.html。

［100］中华人民共和国财政部预算司:《加拿大政府财务与预算权责发生制考察报告》,http://yss.mof.gov.cn/zhengwuxinxi/guojijiejian/200809/t20080922_76895.html。

［101］中华人民共和国国家统计局(http://www.stats.gov.cn/)。

［102］中华人民共和国国务院:《关于加快发展现代职业教育的决定》,《中国教育报》,2014年6月23日。

［103］http://www.customs.gov.cn/publish/portal0/tab9368/。

［104］http://www.stats.gov.cn/。

［105］http://www.ce.cn/。

［106］http://db.cei.gov.cn/。